[L'É]DUCATION PUBLIQUE

ET LA

[V]IE NATIONALE

PAR

F. PÉCAUT

Ancien inspecteur général de l'instruction publique

TROISIÈME ÉDITION

PARIS

LIBRAIRIE HACHETTE ET Cie

79, BOULEVARD SAINT-GERMAIN, 79

Prix : 3 francs.

L'ÉDUCATION PUBLIQUE

ET LA

VIE NATIONALE

COULOMMIERS
Imprimerie Paul BRODARD.

L'ÉDUCATION PUBLIQUE

ET LA

VIE NATIONALE

PAR

F. PÉCAUT
Ancien inspecteur général de l'instruction publique

TROISIÈME ÉDITION

PARIS
LIBRAIRIE HACHETTE ET Cie
79, BOULEVARD SAINT-GERMAIN, 79

1907

AVANT-PROPOS

En réunissant les morceaux déjà publiés ou inédits qui composent ce volume, j'ai songé particulièrement à mes anciennes élèves de Fontenay, et c'est à elles que je me permets de le dédier, puisqu'en fait il leur appartient : je veux dire qu'elles y ont collaboré activement par l'échange quotidien d'expériences et de réflexions de toutes sortes qui s'est poursuivi familièrement entre nous durant seize années. J'ai essayé, à leur intention, de reproduire à la fin du livre quelques-unes de nos conférences du matin; mais qu'elles ne s'attendent pas à trouver dans ces pages mortes autre chose qu'un écho très affaibli de ces entretiens où leur jeunesse à la fois curieuse et réfléchie, en me donnant le ton, me suggérait aussi les pensées, et d'où nous sortions souvent, les uns et les autres, non seulement avec des idées mieux éclaircies ou approfondies, mais avec une provision accrue de courage, de confiance à la vérité, de force morale.

De force, ai-je dit : le don par excellence, celui que je

leur souhaite par-dessus tout, me le souhaitant à moi-même. Un vers de Mistral, dans son poème de *Mireille*, que j'ai lu il y a près de quarante ans, m'est toujours resté dans la mémoire; c'est une prière à la Madone :

S'ëy dé paz qué la faü, dé paz emplissés-la.
Si c'est de paix qu'elle a besoin, de paix remplissez-la.

Certes la paix est un bien de l'âme infiniment désirable : mais que vaut-elle sans la force intérieure? Et malgré moi, je me surprends souvent à murmurer pour nos Fontenaysiennes, déjà engagées dans la rude mêlée de la vie, la prière du poète ainsi transposée :

Si c'est de force qu'elles ont besoin, de force remplissez-les!

INTRODUCTION

La plupart des morceaux que renferme ce volume ont déjà été publiés à diverses dates, à partir de 1880, dans la *Revue de Pédagogie*, le *Dictionnaire de Pédagogie*, la *Correspondance générale de l'instruction primaire*, le *Bulletin de l'Association des élèves de Fontenay*. Bien qu'ils ne puissent aucunement prétendre à former un tout et ce qu'on appelle un *ouvrage*, ils empruntent cependant une suffisante unité à la pensée générale qui les traverse tous : c'est cette pensée que je voudrais dégager dans ses traits essentiels.

I

Il apparaît d'abord que l'éducation, soit publique, soit privée, vaut surtout par l'*esprit* plus que par le détail des programmes et des procédés. Là où il n'y a pas une idée inspiratrice et un principe régulateur, servis par d'autres idées générales, de qui relèvent le choix des matières d'enseignement, les méthodes, les exercices, les appareils divers d'instruction ou de discipline; là où manque un dessein supérieur et désintéressé, qui domine les desseins d'utilité pratique, et qui soit plus ou moins présent à la pensée de tout le corps enseignant, il n'y a pas d'éducation, ou bien il n'y en a qu'au moindre degré. Et quelles que soient ensuite la composition judicieuse des programmes, la science des maîtres, la bonne organisation et même l'application assidue des élèves, si l'*esprit d'éducation* qui a présidé à toute cette création vient à disparaître, ou seulement à faillir, aussitôt le mécanisme de la routine, avec ses trompe-l'œil et sa stérilité, tend à remplacer la vie.

II

Quel est le dessein d'ensemble, quel est le principe dirigeant, quel est l'*esprit* qui se retrouve à toutes les pages du présent livre? Celui-là même qui a inspiré les grandes lois scolaires de la République et les réformes qui en procèdent. C'est la patrie française que l'on a eu sans cesse en vue, c'est la démocratie et ses institutions, c'est particulièrement la classe populaire. Préparer par l'école une démocratie intelligente, juste et fraternelle, unie par une culture générale commune, nourrie des mêmes idées essentielles et des mêmes sentiments, sans rien de systématique, d'exclusif, de sectaire, tel a été le but que se sont proposé les pouvoirs publics, et qui rachètera, croyons-nous, aux yeux de la postérité impartiale bien des erreurs politiques. Ils n'ont pas seulement voulu — ce qui serait déjà un vœu sage et légitime entre tous — mettre chaque électeur en mesure de lire les professions de foi de ses députés et d'écrire avec discernement son bulletin de vote; — mais ils ont entrepris de transformer la multitude obscure, anonyme, inconsciente, instinctive, en un peuple capable d'examiner et de réfléchir; capable de raison et de justice: capable par conséquent de se gouverner. Il fallait pour cela éveiller chez tous les enfants de la cité, avec l'intelligence, le sentiment de la dignité personnelle, joint à celui de la responsabilité morale ; les disposer à penser librement, à bien penser et à penser d'accord entre eux dans les questions essentielles de la vie publique et de la vie privée, à respecter et à aimer les mêmes choses, à s'incliner devant la loi commune.

Un des traits caractéristiques de cette haute conception de salut social et d'intime rapprochement entre les classes, c'est que l'on a fait appel à la seule aristocratie restée debout parmi nous, à celle de la science et du talent, pour collaborer activement de parole, de conseil, d'écrits, à la fondation et à la direction des œuvres nouvelles.

J'ai dit le dessein général. L'un de nos derniers ministres de l'Instruction publique le résumait dans une lettre privée par un mot plein de signification : « Retrouver, avec l'âme de l'école, l'âme même du pays », âme dispersée, divisée, incertaine, contradictoire. C'est le même souci patriotique et populaire qui pénètre toute la pédagogie de ce recueil, mais sans mélange d'infatuation nationale ni de haine ou de dédain pour l'étranger. Si elle s'étudie à faire de nos jeunes plébéiens des Français, elle veut d'abord en faire des hommes.

III

Oui, des hommes, au plein sens du mot, que l'on trouvera mis en lumière dans tous les morceaux qui vont suivre. S'il est vrai, comme je le pense, que la plus haute civilisation, dont les âges successifs poursuivent à tâtons l'idée et la réalisation, soit celle qui, en procurant à tous les membres de la *cité* le minimum indispensable de bien-être, et en élevant le niveau des mœurs générales, réussit à susciter une élite d'esprits vigoureux, d'âmes généreuses, de caractères énergiques, capables d'initiative et au besoin de résistance, c'est aussi le but que doit se proposer une éducation digne de ce nom.

Vigueur d'esprit, vigueur de caractère, c'est de quoi, s'il faut en croire les voix les plus diverses, nous sommes le moins pourvus, c'est de quoi l'on reproche à la famille et à l'école de ne pas assez s'inquiéter. Seulement il arrive chaque jour, par la plus étrange des inconséquences, que les mêmes écrivains qui se plaignent de la faiblesse des caractères, s'élèvent contre les institutions et les doctrines les plus favorables à la restauration de l'énergie individuelle, leur reprochant, tantôt d'être trop individualistes et de faire violence au génie de notre race, tantôt d'encourager l'esprit d'indiscipline. Pour nous, au contraire, nous tenons pour certain qu'il n'y a pas de société forte, pas de nation solide et assurée de vivre, si elle n'a pas d'abord formé, à tous les degrés de l'échelle sociale, une élite assez nombreuse d'individus robustes d'esprit et d'âme, si l'éducation ne s'applique pas d'un effort constant à leur procurer en quelque mesure à tous santé, force, aptitude à se suffire, à oser, à entreprendre, à persévérer, et d'abord aptitude à se régler eux-mêmes. Et nous sommes également certains que c'est être fidèles au meilleur, au plus ancien génie de notre race comme à son intérêt vital que de faire incessamment appel, dans l'ordre spirituel comme dans l'ordre temporel, dans la discipline morale et dans les études, au libre et sérieux examen, à la raison et à la conscience souveraines, à la responsabilité personnelle. Telle est l'inspiration supérieure des réformes scolaires; c'est le principe régulateur que les *Instructions* officielles, et à leur suite nos modestes articles, ont appliqué à toutes les parties de l'enseignement.

IV

On le trouvera exposé particulièrement dans les morceaux qui touchent à l'éducation morale. Loin d'avoir à rougir, encore moins à se repentir d'avoir osé introduire dans l'école l'enseignement moral, la République doit s'en applaudir et s'en féliciter comme d'un grand devoir entrepris, qui était et qui reste encore le premier, le plus urgent, le plus inévitable des devoirs. Le suffrage universel, une fois établi, commandait l'instruction primaire universelle; et l'universalité de l'instruction commandait impérieusement l'universalité d'un enseignement régulier et laïque de la morale. La religion n'avait rien à y perdre, si même elle n'avait à y gagner en sérieux, en profondeur, en réalité pratique. Je me trompe; la religion, je dis la religion positive, constituée, n'y pouvait perdre que dans la mesure où, au lieu d'être vraiment religieuse, elle serait simplement ecclésiastique; où pétrifiée dans ses formules, ses rites, ses pratiques, son histoire surnaturelle, elle serait incapable de s'adapter à un nouvel état de culture intellectuelle et d'activité sociale. C'est aujourd'hui un lieu commun de polémique d'expliquer l'accroissement de la criminalité, et en géné, ral du désordre moral, par la suppression de l'instruction religieuse à l'école. Ceux qui développent ce thème se font de singulières illusions sur l'efficacité morale de l'enseignement qui se donnait autrefois par les soins de l'instituteur. S'ils étaient mieux informés, ils sauraient que les textes du catéchisme, déjà si peu accessibles ou assimilables à l'intelligence en maintes de leurs parties, étaient l'objet d'une simple récitation *selon la lettre*, sans explication du *fond*, par conséquent aussi disparates que possible avec l'esprit général de l'enseignement, le maître étant réduit au rôle de répétiteur mécanique, et à ce seul titre, d'auxiliaire du curé.

On parle souvent de l'esprit sectaire qui aurait dicté la loi et les programmes de laïcité. Il faudrait une fois s'entendre là-dessus. Il y a de ces mots en France qui font une rapide fortune à la faveur des préjugés régnants et de l'ignorance générale, et qui tiennent lieu de preuves. On affecte de confondre l'esprit laïque et l'esprit sectaire, comme si l'esprit laïque, c'est-à-dire l'esprit de raison, l'esprit de *tout le monde*, celui de la société générale, celui des traditions historiques de tout ordre, bref le libre esprit humain ou national, et non pas celui d'une église ou d'une école fermée, n'était pas, en son principe essentiel, l'opposé même de l'esprit de secte et de système, aussi ouvert à la pensée religieuse qu'à la pensée séculière. Sur quel fondement l'État, pressé par des nécessités aussi évidentes que le soleil, pouvait-il édifier une éducation nationale, sinon sur des programmes *laïques*, où ne figureraient que des matières ressortissant à la seule raison, entendue au sens le plus large, c'est-à-dire à l'intelligence, à la conscience, au cœur, éclairés par l'histoire, et d'où par conséquent seraient exclus les enseignements d'église, de confession particulière, qui ressortissent à l'autorité, à la *foi*? Et à quel personnel de maîtres aurait-il confié le soin de cette éducation, sinon à des maîtres et à des maîtresses laïques, mêlés au siècle, libres d'engagements confessionnels, et ne reconnaissant d'autres supérieurs scolaires que les inspecteurs de l'État? Par quelle étrange méprise une partie des classes qui se vantent d'être éclairées a-t-elle pu voir une intention jacobine ou positiviste, je ne dis pas dans les mesures intolérantes de tels conseils municipaux clairsemés, mais dans la loi même, laquelle n'excluait de l'école publique aucun de nos fils, aucune de nos filles, ni les catholiques en immense majorité, ni les protestants, les israélites, les libres penseurs, à la seule condition d'être les serviteurs de l'État, d'enseigner *selon la raison* les choses où la raison est compétente, en s'abstenant d'enseigner *selon l'autorité* des choses où la raison n'atteint point?

Cette entreprise n'était pas seulement légitime; elle était nécessaire dans un pays comme le nôtre, où l'Église a toujours affiché et trop souvent exercé le droit au monopole et au contrôle souverain de l'enseignement moral. Si elle se fût montrée moins hostile à nos institutions, plus disposée à la tolérance et aux transactions sociales, il eût été possible d'ouvrir à ses ministres les portes de l'école pour y donner l'enseignement confessionnel à leurs fidèles; mais dans ces conditions mêmes la société laïque aurait manqué à son devoir, elle se serait dépouillée de son droit essentiel, si elle eût renoncé à enseigner, elle aussi, la morale, à sa manière, selon son esprit et ses méthodes générales, en vue des besoins d'une démocratie qui est en train de s'organiser à travers mille hasards et périls.

V

Cette entreprise était-elle chimérique? Ceux-là seuls le penseront qui oublient que la société vit d'un certain fonds de croyances, de règles généralement adoptées, et que ce fonds, en dépit ou à la faveur des révolutions d'idées et d'institutions, va toujours se rectifiant, s'élargissant, s'approfondissant. N'est-ce pas à une certaine idée de l'*homme*, de l'homme individuel, de l'homme en famille, du citoyen, que se réfèrent implicitement les législateurs en promulguant leurs lois, les pères et les mères en élevant leurs enfants, les instituteurs en approuvant ou censurant leurs élèves, les moralistes en prononçant leurs jugements sur les actions et sur les caractères? Or, niera-t-on que, malgré les incertitudes doctrinales du temps présent, l'idée de l'*humanité*, cette idée qui, réalisée dans une vie, dans un caractère, fait dire à tous : « Oui, voilà bien l'homme! » ne soit aujourd'hui plus riche que jamais, et à maints égards plus active? Je dis plus riche de traits divers, d'applications pratiques, auxquelles les meilleurs autrefois ne songeaient pas. Je ne dis pas plus complète, ni surtout plus profonde; car il est certain que la conscience contemporaine, au moins en France, celle de la généralité de nos concitoyens, même des plus éclairés, a laissé s'effacer et presque se perdre des traits essentiels de l'*humanité*, ceux qu'on pourrait appeler de *piété religieuse*, distincts d'ailleurs (il faut toujours le rappeler) des traits *ecclésiastiques*. L'humilité, la résignation, le recueillement habituel, opposé à la dispersion de l'âme et de la vie, le goût du silence opposé au gaspillage ordinaire de la pensée et de la parole, la charité sincère envers le prochain, fruit de l'humilité et de l'exacte connaissance de soi, le contrôle vigilant de sa vie intérieure, et en général le juste prix attribué à cette vie *invisible*, d'où celle *qui se voit* s'écoule incessamment en paroles et en actes, mais dont le secret échappe aux autres et nous échappe le plus souvent à nous-mêmes,... tous ces traits sont, il faut bien en convenir, singulièrement oblitérés dans l'image idéale qui marche, telle qu'autrefois la nuée de feu, au-devant de la société présente. Mais si cette image est actuellement appauvrie, à notre grand détriment domestique et social, elle a pourtant retenu ou s'est approprié, par un travail d'assimilation originale, nombre de traits précieux, empruntés à l'idéal chrétien, à l'idéal antique, et à la philosophie du dernier siècle, qui composent une sorte de *credo* tacitement adopté de tous. Telle la justice ou l'idée du *droit*, qui s'est étendue, avec celle du *devoir* social, en des directions nouvelles; la *dignité de la personne* en tout homme, vrai fondement de la démocratie et des institutions libres, d'où découle le respect de soi et d'autrui, de la femme et de l'enfant; l'idée des *lois naturelles*, qui nous régissent et nous imposent la dure condition de l'effort, de la peine, de la persévérance, dans la morale comme en tout, dans la réforme de nous-mêmes comme dans la réforme des choses, et en particulier dans celle de l'état social; l'idée de la *destinée morale* de l'homme, et du haut prix qu'elle confère à la vie séculière présente, et à ses activités diverses, famille, État, science, art, industrie; l'idée que l'homme est appelé à *construire* sa destinée *librement*, c'est-à-dire à mettre incessamment l'ordre dans le chaos d'instincts, d'impulsions aveugles, de velléités obscures, de nobles aspirations qu'il porte en lui, en un mot à extraire de l'homme apparent et naturel l'homme véritable et caché, seul digne de son auguste nom; et l'idée qu'après l'avoir conçu, il est appelé par une vocation toute naturelle à le réaliser dans la vie ordinaire, et pour cela à se dompter, à se discipliner par de sévères habitudes. Pareille vue de l'éducation, que peu d'hommes autour de nous oseraient contredire ouvertement, nous met, je pense, bien loin du naturalisme indulgent et sceptique de Montaigne qui assiège de toutes parts l'esprit de notre génération, ainsi que du déterminisme absolu.

Un autre trait du *credo* contemporain *implicite*, c'est que la discipline morale, en même temps qu'elle porte avant tout sur l'intérieur, sur *la* santé de l'âme, comme disait le vieux Socrate, est *séculière*, par opposition à l'ascétisme ecclésiastique ou idéaliste. La vie présente est légitime, avec ses instincts fondamentaux; mais c'est une *matière* que l'*esprit* doit pénétrer; à la supprimer ou à l'amoindrir il n'y a plus de morale réelle; mais à supprimer la morale, c'est-à-dire le droit supérieur de l'esprit, il n'y a plus d'humanité : dès lors la vie n'a plus de prix; ce n'est plus la vie humaine, elle rentre dans les cadres de l'*histoire naturelle*.

De même, le principe de la *responsabilité personnelle*, qui, de l'aveu unanime, régit tout le domaine moral, et par conséquent, occupe la place d'honneur dans l'enseignement laïque, s'oppose à celui de la tutelle sacerdotale, le plus mortel des dissolvants pour les peuples et pour les individus, ainsi qu'à la simple discipline de l'usage, de la coutume établie, des convenances mondaines, au dressage civil ou religieux des esprits. C'est ce principe qui porte l'éducateur à former des âmes vivantes, des caractères, et non pas seulement des exemplaires du type social accrédité autour de nous. Que l'on joigne à ces idées le fait de la *solidarité de tous*, petits et grands, mieux compris, et venant en aide (sans toutefois le remplacer) au principe de fraternité par l'inévitable communauté des intérêts; la persuasion de jour en jour plus répandue que, dans la cité, nul ne peut à la longue vivre, prospérer, ni même se perfectionner tout seul; que le sort de chacun, au physique et au moral, est lié au sort de tous, que nous périrons ensemble ou que nous nous sauverons ensemble,... en dénombrant toutes ces vérités de croyance ou d'expérience, je n'ai pas encore tout dit, mais j'en ai dit assez pour montrer que l'âme contemporaine n'est pas démunie, sans règle, sans défense, sans moyens d'existence. Car on ne peut nier que tout cela ne se retrouve et ne vive en elle; qu'un père de famille, un professeur de lycée ou un maître d'école, un homme d'État ou un homme du monde n'y puisse faire appel avec la certitude d'éveiller un écho. Si ce n'est pas un *credo* dogmatique, ce sont pourtant des croyances réputées généralement monnaie de bon aloi et de cours loyal. C'est pourquoi, sans me faire illusion sur l'étendue ni sur la profondeur des résultats acquis, j'estime que la prédication (j'emploie le mot à dessein) de l'école, celle des nombreux et ingénieux manuels de morale, celle des intructions ministérielles, des inspecteurs dans leurs conférences, des instituteurs dans leurs classes, n'est pas restée infructueuse. L'enseignement primaire, personne n'y contredit, a éveillé une multitude d'esprits à la vie élémentaire de l'intelligence; mais il a fait, et chaque jour il fait mieux : il a suscité des forces personnelles en grand nombre; mieux encore il est en train de créer, pour discipliner ces forces, un commencement de tradition morale et rationnelle et de bons préjugés, je veux dire d'habitudes d'esprit et de sentiment. Il est vrai que ce n'est qu'un commencement sujet à bien des oscillations; les résultats sont de ceux qui se dérobent aux chiffres grossiers de la statistique; et, d'ailleurs, il est puéril d'attendre qu'une œuvre si nouvelle, et de cette nature, s'accomplisse en quelques années.

VI

Que manque-t-il cependant à ce *credo* contemporain, sur lequel repose *en fait* notre vie spirituelle, privée ou publique, et qui, observé en chacun de ses éléments, contient une grande vertu? Il lui manque sans doute ce qui en ferait une doctrine : à savoir un principe central ou supérieur, qui par sa seule présence imprime force et ordre à tous les autres, assignant à chacun son rang; un principe où l'âme entière s'appuie et s'attache, au lieu de se prendre successivement à des idées diverses, plus ou moins disparates entre elles. Tous ces traits de notre idéal sont vrais; ils sont bien *de l'homme*; mais ils flottent sans noyau d'agrégation, tantôt naturalistes, tantôt stoïciens, plus souvent utilitaires; quelquefois chrétiens. Nous savons à peu près de quoi est fait ou doit se faire le type de l'homme véritable qu'il faut proposer à nos enfants, à nos élèves : mais qu'est-il en son dernier fond? Fils de la terre ou Fils du ciel? Membre de la cité *sociale* seulement, ou de la cité divine? Certes, c'est une haute et féconde vérité, dont les moralistes sont encore bien loin d'avoir épuisé les applications, que celle de la *dignité excellente, unique*, de la *personne*; mais cette dignité, avec le *devoir* impératif qui en découle, quel en est le dernier fondement? ne reste-t-elle pas comme suspendue en l'air, si la personne humaine ne tient elle-même à l'Esprit éternel, si elle ne revêt par là un caractère inviolable, vraiment divin, qui la met à l'abri de notre arbitraire et de nos caprices?

« C'est là, diront quelques-uns, de la métaphysique, c'est-à-dire de l'inconnaissable. » Ils oublient que l'humanité, et en particulier notre Occident, a toujours vécu de métaphysique, et qu'elle ne semble pas disposée à s'en passer.

M. Renouvier a prononcé à ce sujet avec son autorité habituelle un jugement de grande portée : « On est, dit-il, forcé de constater dans les efforts louables que les gouvernements libéraux font pour l'instruction du peuple, l'absence d'une doctrine capable de remplir le vide moral des esprits et des cœurs. La religion, en son état actuel, peut fort peu de chose pour l'éducation; et là où elle manque entièrement, les hommes qui restent au plus bas degré de culture ne reçoivent que l'éducation insuffisante et de hasard de leurs milieux. *La civilisation des sociétés modernes ne porte en somme que sur une couche superficielle, dont l'instruction primaire, telle qu'on la comprend, n'augmentera pas beaucoup la profondeur.* »

Si nous comprenons bien M. Renouvier, il veut dire que l'enseignement public est dépourvu de principes rationnels, fermes et cohérents; qu'il flotte entre des doctrines différentes, le devoir d'une part, et à côté du devoir la sympathie, le respect de soi, l'honneur, le sentiment de la beauté ou de la *noblesse*, l'intérêt bien entendu, et même la simple coutume ou l'opinion du monde; qu'il n'a que des vues superficielles sur notre nature, sur sa faiblesse, sa malignité, sa grandeur; qu'il lui manque une idée partout présente de la place qu'occupe l'homme dans l'ordre universel, des rapports qu'il peut et doit entretenir avec le principe suprême de cet ordre; en d'autres termes, que l'idée religieuse, ou bien fait défaut, ou ne pénètre pas toutes les parties de la doctrine; que pour ces causes la morale pratique elle-même, celle que nous enseignons, manque de forte prise sur lesâmes, en particulier sur les âmes de mince culture; morale utilitaire ou d'intérêt, prêchant le « perfectionnement » plutôt que la réforme et la conversion.

Et tout récemment : « On en vient de plus en plus à reconnaître que l'instruction, instrument de la raison, n'est pas ce qui fait ou informe réellement la raison elle-même, encore moins ce qui engendre les sentiments moteurs du cœur humain. On nie que les connaissances scientifiques puissent jamais suppléer les croyances morales, non plus d'ailleurs que les renverser.... » (*Année philos.*, 1895, p. 4.)

Il y a sans doute une grande part de vérité dans ces jugements d'un philosophe qui n'est pas suspect de dénigrement à l'endroit du temps présent; et l'on ne peut que gagner à les prendre en sérieuse considération. Comment nier que l'instruction, dont le propre est de s'adresser à l'intelligence toute seule et d'y prendre son point d'appui, ne suffit pas à déterminer les actions; il y faut l'intermédiaire du *sentiment*, qui est le moteur par excellence; et le moteur du sentiment à son tour, ce n'est pas habituellement la simple raison, c'est la croyance, et, comme dit Pascal, la *foi* du cœur ; non pas sans doute que M. Renouvier pense à des croyances aveugles ou d'autorité, c'est-à-dire de pur instinct ou d'hérédité ; mais des croyances réfléchies et libres, où l'âme tout entière intervient en se prononçant librement, au seul nom de sa dignité propre, entre des conceptions générales opposées, entre la conception optimiste du monde et celle de l'ordre mécanique, ou entre la liberté et le déterminisme absolu, entre le devoir et le plaisir, entre l'esprit et la nature.

Mais ces croyances morales, que M. Renouvier, répétons-le, serait le dernier à confondre avec des dogmes imposés, il ne lui échappe certainement pas que le principal moyen de les communiquer à l'aide des formes symboliques de l'art, chant, poésie, fêtes, c'est l'*instruction*. Il reste toujours que « la dignité de l'homme est dans la pensée, et que c'est de là qu'il peut se relever ». Comment procurer la moralité, sinon en éclairant l'intelligence, en mouvant le cœur, et à sa suite la volonté, *par des idées*, c'est-à-dire, par l'instruction? Non pas, cela va sans dire, par un savoir quelconque, mais par des idées morales aussi vraies, aussi profondes que possible sur la nature et la destinée de l'homme, sur Dieu et l'ordre du monde. Ce que notre philosophe appelle des *croyances*, pour les distinguer de la connaissance rigoureusement observable ou démontrable, ne peut pourtant prendre figure et se rendre visible à l'esprit que par des *idées*. Les *habitudes* même, auxquelles de grands philosophes ont attribué dans la formation de la moralité une part exclusive ou prépondérante — à mes yeux excessive, — l'habitude, la coutume, que sont-elles, sinon des idées transmises, et en quelque sorte consolidées? Et par quel moyen les épurer, les améliorer, sinon encore par des idées, c'est-à-dire par l'*instruction*?

Grande serait donc l'erreur de se relâcher de l'instruction, sous prétexte que la croyance seule a la vertu de former les sentiments moteurs de la vie.

L'instruction, en général, a toujours le mérite d'éveiller l'intelligence, d'amener l'homme à prendre conscience de lui-même, de le mettre en état de recevoir les bonnes influences; mais c'est à l'instruction morale de lui présenter les vérités que nous appelons à la fois régulatrices et inspiratrices. Encore faut-il qu'elle soit prise du plus vif, du plus profond de la nature humaine, et que, destinée à mettre en branle toutes les puissances de l'âme en vue de déterminer la vie, elle soit donnée par le maître avec son âme entière, sous peine de rester un simple catéchisme de notions abstraites et inertes. Cela n'est pas moins vrai de l'enseignement laïque que de l'enseignement ecclésiastique, des maîtres laïques que des maîtres ecclésiastiques : d'un côté comme de l'autre la *vocation*, la ferveur communicative de croyance est rare, et de plus elle est intermittente, de sorte que le plus souvent l'intelligence parle seule à l'intelligence (quand ce n'est pas la mémoire qui parle à la mémoire), sans qu'il y ait échange d'une âme à l'autre.

On oublie trop d'ailleurs que l'instruction morale, non contente de viser, comme l'enseignement en général, à l'acquiescement de l'intelligence, lequel ne coûte aucun effort pénible, puisqu'on ne peut se refuser à l'évidence, prétend déterminer une activité pratique *militante*, réformatrice, une activité si l'on peut ainsi dire *contre nature*, contre soi, contre l'inclination innée ou intéressée et contre la tentation présente. Cela est d'un autre ordre. La moralité n'est pas seulement sagesse pratique, calcul intelligent; elle est aussi sacrifice, dévouement. Il faut donc compter ici avec le libre choix incessant et le plus souvent pénible de l'enfant ou de l'adolescent; soit avec le libre choix de son intelligence, partagée de bonne heure, chez le peuple comme dans les classes aisées, entre les maximes naturalistes et les maximes contraires, soit avec celui de la volonté, partagée entre les passions ou le laisser-aller d'une part et la rude discipline de l'autre. Certes ce ne sera pas trop pour emporter la décision, non seulement des vérités profondes exprimées avec force et clarté, mais encore d'y joindre la poésie, le chant, les habitudes régulières, les fêtes solennelles (autres habitudes!) qui, sans troubler ni énerver l'intelligence, inclinent l'*automate* et ébranlent l'âme.

En ce qui concerne le manque de cohérence doctrinale, de forte unité, que l'on reproche à l'enseignement laïque, il n'est que juste de rappeler que l'école publique, ainsi que je l'ai dit ailleurs, n'est pas une église ni une école de philosophie. Elle professe ce qui se pense, ce qui se dit, ce qui *vit* de meilleur dans la société générale, et d'abord dans la famille. Elle est, de sa nature, plutôt éclectique que systématique, n'ayant pas le pouvoir ni le droit d'être exclusive. Elle fait appel à tous les mobiles, à tous les motifs d'agir que nous invoquons tous les jours selon les personnes et les circonstances; au devoir d'abord, mais au devoir présenté sous des formes diverses et d'inégale valeur, quelques-unes plus saisissables et plus saisissantes que d'autres : le respect de soi, l'honneur, l'affection, l'intérêt bien entendu, la crainte de l'opinion, celle du ridicule, le souci du *convenable* et du *bienséant*. L'école ne proscrit aucun de ces agents de moralité, tout en les subordonnant de son mieux au mobile rationnel, celui du devoir pur. Elle fait comme le père de famille : elle dégrossit, dégage peu à peu de l'animalité le jeune enfant; elle le civilise, l'*humanise* par tous les moyens dont elle dispose; et si elle ne se croit pas incapable ni indigne d'aider à le *convertir*, c'est-à-dire d'accomplir dans le caractère un changement profond et durable, elle sait pourtant que les *conversions* sont rares sous tous les régimes d'éducation, et ce n'est pas elle en tout cas qui se glorifie des conversions en masse. Au reste, M. Renouvier ne se fait pas illusion. « La religion, dit-il, en son état actuel, peut fort peu de chose pour l'éducation. » Le mot est juste, mais il ne cache aucune intention dénigrante, dont les Églises aient lieu de s'offenser; car ce *fort peu* même mérite d'entrer en ligne de compte, et tout nous invite, les uns comme les autres, gens d'école ou gens d'église, à être modestes.

L'école fait ce qu'elle peut; si elle ne fait pas davantage, cela ne tient pas seulement à des raisons pour lesquelles, maîtres et inspecteurs, nous serions disposés à faire notre sévère examen de conscience, pédagogique ou moral; c'est surtout que la loi de sincérité intellectuelle est notre loi suprême, et qu'il ne nous est pas permis d'affirmer, de dogmatiser là où des motifs légitimes commandent à tous les esprits libres de notre temps de nier, de douter, d'attendre. Je conviens que cette manière de voir paraît étrange à beaucoup de gens en France, même de gens éclairés; elle est pourtant, si j'ose le dire, d'une moralité élémentaire; et c'est pour cela qu'on la trouvera développée à toutes les pages de ce livre. C'est une erreur pernicieuse de croire que le régime de la sincérité, dans l'éducation comme dans la religion et dans la philosophie, soit préjudiciable à un peuple. Sincérité, c'est virilité; et je ne me lasse pas de dire, parce que c'est à mes yeux une vérité capitale d'où dépend l'avenir de notre pays, que dans la compétition universelle l'avantage est assuré aux peuples qui auront eu le courage et la force de secouer l'absolutisme politique ou religieux, d'asseoir fortement la liberté au for intérieur, et, tout en gardant sous bénéfice d'inventaire l'héritage religieux et moral du passé, de prendre en leurs propres mains le gouvernement spirituel. M. Renouvier ne nous désavouerait pas si nous ajoutions que c'est ce régime de sincérité, pratiqué raisonnablement et sérieusement, sans libertinage d'esprit, qui est le plus propre à favoriser à la longue l'éclosion et la propagation des *croyances motrices* de la vie.

L'ÉDUCATION PUBLIQUE

ET

LA VIE NATIONALE

PREMIÈRE PARTIE

I

Rapport d'inspection générale (Académie de Bordeaux, 1880). — Conclusion [1].

Monsieur le Ministre,

Vous m'avez demandé de vous présenter, en manière de conclusion des rapports qui précèdent, un aperçu d'ensemble, où j'exposerais avec une entière franchise mes impressions sur l'état général de l'enseignement primaire. Quelque difficulté que présente une semblable tâche, j'essaye de me conformer à votre désir, en vous soumettant les simples notes que vous allez lire. Elles contiennent un certain nombre d'observations d'un caractère général, qui

1. On a pensé qu'il serait instructif de rapprocher, à l'entrée de ce recueil, les conclusions générales de deux *Rapports*, présentés à M. le Ministre, l'un en 1880, l'autre en 1894. On s'apercevra sans peine, en lisant le premier, que maintes choses ont changé dans nos écoles depuis sa publication, et que plusieurs des principaux vœux exprimés ont été, au moins en partie, réalisés.

auraient pu figurer dans chacun de mes rapports spéciaux. Je les consigne ici, telles que je les ai recueillies au jour le jour, sans prétendre d'aucune façon en composer un jugement complet sur l'ensemble ou sur une partie de notre instruction primaire, et encore moins tracer un système de réformes.

Une chose m'a frappé entre toutes : c'est que l'enseignement primaire, malgré les progrès incontestables des dernières années, ne paraît pas avoir de forte prise sur les mœurs publiques, sur le tempérament intellectuel et moral du pays. Il est vrai que les programmes vont se complétant : l'histoire, la géographie, les notions de sciences naturelles, le dessin, la rédaction française y prennent successivement place; les méthodes se perfectionnent : elles substituent la parole vivante du maître à la lettre rigide du livre, et le travail personnel de l'élève au simple effort de la mémoire. Ce mouvement remarquable, qui non seulement atteint, mais dépasse en étendue et en profondeur celui de 1833, gagne peu à peu tous les maîtres que l'âge ou une incurable médiocrité ne condamne pas à l'inertie.

Mais je remarque :

1° Qu'il y a dans la plupart des écoles peu de résultats précis et définitifs, en fait de savoir acquis. La méthode d'enseignement, en devenant plus spirituelle, en diminuant les inutiles devoirs écrits et la récitation mécanique au profit de l'exposé oral, laisse passer les faits, les règles, les idées à travers l'esprit, comme à travers un gros crible. On s'aperçoit que l'élève a beaucoup entendu, beaucoup appris, qu'il a une teinture de tout; mais il sait peu de choses de manière à en tirer profit. C'est qu'en effet il y a une appropriation nouvelle à créer pour le principe pédagogique nouveau. Il y a des procédés rigoureux à employer pour fixer et en quelque sorte consolider les leçons; par exemple, des épreuves hebdomadaires ou mensuelles de récapitulation soit orale soit écrite; enfin une juste part à réserver à la mémoire et à la répétition.

2° L'esprit des élèves les plus avancés n'est pas muni de

notions générales, propres en quelque mesure à devenir des principes dirigeants de la pensée et de la vie. Ainsi en histoire, en géographie, en langue française, ce sont des faits qui viennent du dehors enrichir la mémoire et meubler l'intelligence, mais qui, faute d'un travail d'élaboration convenable, acquièrent peu d'influence pratique.

3° Notre instruction primaire ne réussit pas encore à instituer des habitudes nouvelles ou à modifier sensiblement les anciennes, pas plus les habitudes d'hygiène ou de propreté corporelle, les mœurs domestiques ou sociales, que la manière de raisonner des choses et d'en juger. Le maître d'école, je parle des meilleurs, se borne à être professeur, non éducateur : son action s'arrête à la surface de l'âme, elle ne pénètre pas à cette profondeur où se forment les principes déterminants de l'intelligence, du cœur, de la volonté. Aussi n'y a-t-il pas lieu de s'étonner du peu de résultats appréciables qui persistent au bout de quelques années, soit que l'on regarde au savoir, soit que l'on regarde aux règles de conduite et d'opinion. On peut observer le fait, à la fois sur la génération des écoles de 1833 et sur celle qui croît sous nos yeux depuis une douzaine d'années.

Je n'ai garde d'en accuser le mauvais vouloir des instituteurs. Beaucoup d'entre eux pourraient, sans doute, enseigner avec plus de zèle, prendre plus de peine, donner plus de leur temps, de leur esprit, de leur cœur. Mais la vérité est qu'ils ne sont pas eux-mêmes convenablement préparés à ce haut office de l'éducation proprement dite; ils ne dépassent pas la zone de l'instruction, d'une instruction de plus en plus abondante, mais mal assimilée, et qui ne saurait devenir un ferment d'activité intellectuelle et morale.

A cela il convient d'ajouter, si l'on veut être équitable, que la tâche des maîtres primaires est infiniment plus difficile que celle des maîtres, même inférieurs, de l'enseignement secondaire. Ils ont affaire au peuple, c'est-à-dire à tout le monde, aux disgraciés de la nature comme aux intelligents, à toutes les conditions sociales, et non pas seulement à une classe d'élite ayant le loisir et les moyens de s'instruire. Ils sont aux prises avec tous les obstacles qui résultent de cette universalité même : pauvreté, ignorance héréditaire, éducation de famille souvent défectueuse, vicieuse ou relâchée, mauvaise santé, inassiduité opiniâtre, défaut de concours de la part des autorités ecclésiastiques et civiles, etc. Les plus rudes courages s'usent dans cette lutte quotidienne qui n'a point de terme, où l'on a peu de témoins et d'encouragements, et où l'on est toujours sûr de compter beaucoup d'échecs pour quelques succès.

Ces circonstances explicatives et atténuantes n'ôtent rien à la gravité du résultat que je signalais. Si nous voulons que l'instruction primaire remplisse l'office moral, politique, social, dont elle seule peut s'acquitter auprès de l'immense majorité de nos concitoyens, il faut nous proposer pour but principal dans toutes nos réformes, moins de multiplier les connaissances que de fonder les saines et fortes habitudes intellectuelles et morales. Je ne crains pas de dire que l'enseignement congréganiste, si vicieux dans sa direction générale, nous donne à cet égard des indications bonnes à recueillir : il excelle tout ensemble à « donner le pli », à dresser la machine humaine et à fixer les résultats de l'instruction; il a ses procédés multiples et bien concertés, ses questionnaires, ses résumés, ses épreuves, ses concours, en un mot sa discipline. Cette discipline, il est vrai, est d'autant plus efficace que l'idéal où elle tend est vulgaire et superficiel. Nous autres, séculiers et libéraux, qui professons le respect de l'intelligence, de la liberté et de la conscience humaines, nous avons à inculquer à nos élèves, qu'ils soient issus du peuple ou des classes riches, des goûts, des manières de penser, de sentir et d'agir conformes à nos principes. Nous avons à les former, par l'instruction et par la pratique habituelle, au viril exercice de la responsabilité personnelle. Régler la pensée d'après la vérité, non d'après la coutume, et la vie selon le devoir, non selon l'intérêt prochain ou selon des prescriptions arbitraires, quelle autre sagesse leur enseignerions-nous, et comment nous dispenser de leur enseigner celle-là?

Ne craignons donc pas de *perdre* chaque jour du temps, beaucoup de temps à fonder, au moyen de toutes les leçons et de tous les exercices : d'une part, des habitudes de propreté corporelle, d'ordre, de respect de soi, de justice, de bienveillance mutuelle; et de l'autre, des habitudes de pensée lucide, claire, précise, de droit et ferme jugement. Notre erreur ordinaire, à nous qui voulons instituer en chaque enfant un homme libre, c'est-à-dire clairvoyant et fort, c'est de ne pas assez tenir compte de la *machine*. L'instruction n'agit qu'à la condition de se transformer en un « état » de l'intelligence, du caractère, du sentiment, de l'imagination, du corps même. Et cette transformation ne s'opère qu'au prix d'efforts patients, quotidiens, combinés avec art.

Ce que je dis de nos écoles de l'enfance doit s'entendre aussi de nos écoles d'adultes. On constate partout qu'elles produisent un médiocre résultat, et je n'ai pas besoin de répéter ici les raisons, toutes également bonnes, qu'on en donne. Mais je fais seulement observer que le mal consiste encore moins dans le peu de savoir qu'acquièrent les jeunes gens que dans le peu d'habitudes régulatrices de l'esprit et de la vie qu'engendre ce peu de savoir. Les leçons ne servent tout au plus qu'à fournir aux meilleurs élèves un utile instrument pour écrire et calculer : ce qui, sans doute, est fort à priser; mais elles ne donnent ni le goût de lire et de s'instruire, ni des notions générales, justes et bien arrêtées sur l'histoire nationale, l'hygiène, les lois naturelles, ni surtout de fermes habitudes de penser et de juger qui puissent régler ultérieurement la vie. D'où il suit que les réformes à entreprendre, dans ces classes comme dans les classes primaires, ne doivent pas tant avoir en vue les programmes que l'esprit dans lequel on les applique. Il faut restreindre résolument la quantité, afin de perfectionner la qualité. Il faut viser à des résultats moins étendus et plus réels; il faut, en un mot, simplifier, pour pénétrer plus profondément dans l'âme de l'enfant. Hors de là, il n'y a que culture d'apparence, infructueuse et éphémère : il n'y a point d'éducation.

ÉCOLES NORMALES

C'est dans ce sens qu'à mon avis, il conviendrait de diriger l'enseignement théorique et pratique de nos écoles normales. Qu'on se défende de la tentation d'agrandir démesurément les programmes : quoi qu'on fasse, ils resteront toujours infiniment en deçà des limites actuelles de la science; mais que toutes les parties soient enseignées de manière à tremper fortement l'esprit et à le rendre capable de se développer ultérieurement par lui-même.

Je remarque, à ce propos, que la culture esthétique a été jusqu'à présent trop subordonnée, dans nos écoles normales, à la culture mathématique ou grammaticale, c'est-à-dire abstraite et formelle, et que ce manque d'équilibre retentit ensuite dans tout l'enseignement primaire. Il en résulte que nos élèves-maîtres, issus preque tous du peuple rural, et apportant, avec les précieuses qualités du paysan, son esprit exclusivement tourné à l'utilité sensible, au profit prochain et calculable, sont poussés, ainsi que plus tard leurs élèves, dans le sens où ils penchent naturellement. Les problèmes « d'intérêt », les questions de pur raisonnement, sont leur triomphe, avec l'orthographe et la grammaire : toutes choses où le jugement libre et le sens du vrai trouvent peu à s'exercer. De là cette rigidité, cette sécheresse, cette stérilité de savoir qu'on reproche souvent, non sans raison, à nos maîtres d'école, et qui les empêchent d'être, au sens élevé du mot, des instituteurs de l'intelligence et du caractère. Leur éducation n'est pas, si j'ose ainsi parler, assez libérale, c'est-à-dire assez profonde et assez personnelle; il est vrai qu'ils savent plus de choses que leurs devanciers ; même il est juste d'ajouter qu'ils les comprennent; et l'on peut être à peu près assuré qu'ils les transmettront aussi exactement qu'on les leur a apprises. La *vie* seule fait défaut, ou du moins elle n'abonde pas; leur sens intellectuel et moral, insuffisamment éveillé et exercé, fléchit sous la charge des connaissances acquises; faut-il s'étonner qu'ils soient plus tard peu propres à communiquer l'impulsion, le libre mouvement, les fermes allures qui leur sont étrangères à eux-mêmes? Songez, par exemple, qu'ils n'ont pas eu, à l'école, le loisir de faire des lectures personnelles d'histoire, de littérature, de morale, etc.; les professeurs n'ont pas davantage le temps ni l'art d'engager avec eux des entretiens familiers et stimulants; l'examen du brevet domine tout. Comment espérer qu'ils contracteront dans l'isolement et le laisser-aller du village l'habitude du travail personnel?

Je voudrais donc qu'un moment fût réservé chaque jour, et des heures entières le dimanche, à la lecture libre d'ouvrages de littérature, d'histoire, de géographie, de morale, de sciences; et que chaque semaine, le dimanche, par exemple, le directeur présidât à une séance de lecture en commun, où chacun serait invité à émettre ses réflexions, lesquelles subiraient le contrôle de tous.

Je voudrais aussi que les élèves-maîtres, en quittant l'école normale, emportassent avec eux une liste de vingt ou trente volumes, dressée avec soin par le directeur, de concert avec les professeurs, qui leur servît de guide pour la formation de leur bibliothèque privée. Un instituteur qui a la bonne pensée de se munir, dans les premières années, d'un certain nombre d'ouvrages choisis avec discernement, et qui s'abonne en outre à une feuille pédagogique, est un homme à peu près sauvé pour l'avenir.

Les épreuves pratiques de pédagogie commencent à s'établir dans nos écoles normales. On commence à comprendre que l'apprentissage de deux ou trois semaines par an dans l'école annexe, souvent sans direction, sert de peu et vaut à peine le temps perdu, s'il n'est accompagné d'exercices, de leçons, préparés à l'avance par les élèves-maîtres, présidés par le professeur de pédagogie, et couronnés par une leçon-modèle que donnerait le professeur lui-même. De ce côté, il y a presque tout à faire, et l'on s'y applique déjà; mais n'oublions pas que l'enseignement pédagogique le plus efficace sera toujours celui qui résulte de l'ensemble de l'éducation et non des leçons spéciales. Que l'élève apprenne de tous ses professeurs à voir clair, à juger par lui-même, à ne pas se contenter d'*à peu près* ou de formules, à observer avec méthode, à conclure avec circonspection, à s'exprimer avec netteté, et l'on peut être sûr d'avance, qu'après les tâtonnements inévitables de la première heure, il deviendra un bon maître. Gardons-nous de faire de l'art de l'éducation un art trop spécial : il a sans doute ses règles, ses procédés, sa tradition; mais il a surtout son principe intérieur de vie qui se confond, ainsi que je le disais plus haut, avec le libre mouvement d'un esprit sain et bien cultivé.

MAITRES-ADJOINTS

La situation des *maîtres adjoints*, dans les écoles normales, deviendra de plus en plus difficile à régler. A mesure que, par des exigences croissantes d'examens et de concours, d'ailleurs très justifiées, on arrive à faire d'eux des professeurs, il leur en coûte davantage de rester des surveillants. Leur répugnance à l'égard de cette partie de leurs fonctions et surtout de celle qui concerne le dortoir, n'a rien de surprenant; elle se comprend surtout de la part de chefs de famille. Il faudra trouver sans retard un moyen d'exempter du service de nuit les maîtres mariés, si l'on ne veut pas écarter de l'école normale des hommes très méritants. Quant aux célibataires, c'est chose désirable et tout ensemble praticable de diminuer d'une manière sensible les désagréments du dortoir; il n'y a qu'à leur ménager une chambre, une vraie chambre, ouvrant par une large porte sur le dortoir, ainsi que cela se pratique déjà dans certaines écoles, par exemple dans celle de Monbrun (Agen).

De plus, il n'y a point d'inconvénients, il y a plutôt des avantages, à réduire la surveillance de jour, soit dans la salle d'étude, soit dans les récréations, à un contrôle régulier, mais non incessant et immédiat. Il est bon pour l'éducation morale de nos jeunes gens de troisième année, destinés à avoir à bref délai charge d'âmes, non seulement d'être exercés au gouvernement d'eux-mêmes, sous une direction supérieure, mais aussi d'être responsables du maintien de l'ordre parmi leurs camarades de deuxième et de première année, soit dans la cour, soit dans la salle commune de travail. Le maître adjoint de service ne serait pas pour cela, je le répète, déchargé de sa surveillance, mais il pourrait l'exercer de plus loin et d'une manière intermittente. Avec les dispositions qui animent ordinairement nos élèves-maîtres, notamment ceux de troisième année, avec les prises de toute sorte que l'Administration a toujours sur eux, il est possible à un directeur, doué de quelque tact et d'une certaine autorité morale, de simplifier beaucoup le service des maîtres adjoints. Je ne ferais des réserves que pour les promenades, où il faut éviter le moindre écart et ne donner aucun prétexte à la malignité publique.

INSPECTEURS

Les inspecteurs primaires forment dans l'Université une des classes les plus dignes de respect : investis de fonctions délicates et complexes, et disposant d'une autorité bien restreinte; chargés d'une responsabilité très étendue, ayant à vaquer à la fois à l'enseignement et à l'administration, et aujourd'hui plus que jamais appelés à transmettre et à vulgariser les plus hautes inspirations pédagogiques et patriotiques, à leur donner un corps, à les faire passer dans la réalité, c'est-à-dire dans l'esprit et dans les mœurs populaires. Ils ont à parlementer sans cesse au nom de l'État avec les maires, les conseils municipaux; ils doivent maintenir leur dignité professionnelle et l'indépendance de leurs subordonnés contre toute sorte d'exigences injustes. Les inspecteurs formeront de plus en plus le rouage principal de notre organisation scolaire. De là la nécessité : 1° de les bien choisir, en écartant les candidats médiocres d'esprit ou de caractère; 2° de les déplacer le moins possible, et seulement après qu'ils ont accompli une œuvre appréciable; 3° de pourvoir à ce que leur propre éducation ne soit jamais interrompue, et qu'ils aient toujours l'esprit au-dessus de leur besogne.

C'est à l'inspecteur d'Académie qu'échoit en particulier ce dernier soin. C'est à lui de tenir en haleine ses collaborateurs, de les réunir fréquemment, et non pas toujours au chef-lieu, mais de préférence dans la circonscription de l'un d'eux, sur le champ d'expériences; de les associer à un dessein commun, de les pousser à l'étude personnelle non moins qu'à l'accomplissement exact de leurs devoirs de profession.

Nous n'en sommes pas là. Les inspecteurs primaires sont encore, dans maints départements, des *disjecta membra.* Ils vont chacun son chemin. L'isolement, qui cesse peu à peu pour les instituteurs, n'a pas cessé pour eux. Il faut leur savoir gré de tout ce que, réduits à leurs propres forces, ils conçoivent et exécutent de bon; mais il ne faut pas s'étonner qu'ils exercent une action peu profonde sur la marche générale de l'instruction primaire. Ils ne sont ni assez stimulés et encouragés, ni assez dirigés. J'ajoute que leurs tournées me semblent être souvent organisées d'une façon défectueuse, et que, combinées avec l'inspection par correspondance (examen des cahiers de classe envoyés par la poste) et avec les conférences *pratiques*, elles pourraient embrasser chaque année la totalité des écoles.

INSPECTION GÉNÉRALE

C'est, je crois, le vœu de la plupart des maîtres de nos écoles normales et de nos principales écoles primaires, que le même inspecteur général visite deux années de suite sa circonscription. Ce vœu me paraît mériter un sérieux examen. Quel autre moyen y aurait-il d'exercer une action efficace sur l'enseignement? Comment s'assurer que les conseils ont été suivis, que les réformes entreprises n'ont pas été interrompues, que les défaillants se sont ranimés? Je voudrais du moins que l'inspecteur général fût à même de parcourir rapidement une seconde fois les écoles normales de son ressort, au commencement de novembre par exemple, afin de veiller à ce que la campagne scolaire s'ouvre sous les meilleurs auspices. Deux semaines environ suffiraient pour visiter six écoles et pour donner le mot d'ordre aux inspecteurs primaires réunis.

Permettez-moi, Monsieur le Ministre, d'ajouter quelques observations sur l'*enseignement* même :

D'une manière générale, il manque de mordant, de vigueur, d'autorité. Ce défaut est déjà sensible chez beaucoup de maîtres adjoints de nos écoles normales : à plus forte raison chez les maîtres primaires. On dirait qu'ils ne se meuvent pas à l'aise dans les matières de leur programme, qu'ils n'en savent que juste ce qu'ils en enseignent ou qu'ils ne connaissent qu'une voie entre toutes celles qui peuvent conduire à l'esprit de l'élève. Pourquoi n'ajouterais-je pas aussi qu'un certain nombre d'instituteurs réduisent à la plus stricte mesure leur devoir professionnel? Ils ne comprennent pas toujours qu'ils ont à justifier devant les populations rurales et le clergé, par un redoublement de zèle, la situation pécuniaire et morale fort améliorée qu'on leur a faite, et qui excite plus d'un murmure dans nos campagnes.

Il est certain, par exemple, qu'on le prend trop à l'aise avec la correction des devoirs écrits, et en particulier des devoirs de style. On se contente d'en faire lire quelques-uns en classe, de saisir au vol les grosses fautes, d'avertir que cela est mal dit et qu'il aurait fallu dire de telle façon, et voilà tout. C'est en dehors de la classe, dans les heures de la soirée ou de la matinée, que l'instituteur doit corriger les principales tâches écrites, en les annotant autant que possible en détail et une à une selon un certain mode de roulement. L'erreur serait grande à lui de penser qu'avec les six heures réglementaires de classe, il a satisfait pleinement à ses obligations envers l'État, la commune, les familles. La profession d'instituteur rapportera d'année en année plus d'honneur et de profit, mais au prix d'un travail plus prolongé et plus intense.

Je regrette que les *leçons de choses*, une des plus heureuses innovations de notre temps, restent en grande partie infructueuses, faute d'un plan d'ensemble arrêté à l'avance par le maître, faute d'une préparation quotidienne assez sérieuse, et enfin parce qu'elles ne s'appuient presque nulle part sur une modeste collection d'objets réels. Les musées scolaires ne se développent que lentement. Quoi de plus facile pourtant que de recueillir tout près de chez soi, chez l'épicier, le pharmacien, le grainetier, le droguiste, dans les champs et les jardins, les éléments d'une collection utile? Je voudrais qu'aucune leçon de choses ne se donnât sans l'aide d'un objet : blé, sel, poivre, café, coton, lin, etc., dans ses transformations diverses; que le journal de classe tînt note à la fois du sujet de la leçon et des spécimens montrés; et que, dans l'armoire réglementaire, l'inspecteur pût voir les spécimens déjà utilisés et ceux que l'on destine aux leçons prochaines. Que faut-il pour cela? Un peu de soin et nulle dépense. Le département du Gers m'a offert de charmants exemples de ces musées utiles; je me borne à en citer un, des plus simples et des plus pratiques, celui de Villecomtal.

Je ne dirai rien de l'*orthographe*, sinon que les dictées continuent d'être démesurément longues, qu'elles occupent une place trop distincte, tandis que d'autres devoirs écrits pourraient en tenir lieu; ni de l'*analyse grammaticale*, sinon que la réaction légitime contre les exercices écrits dépasse quelquefois la mesure, et que les exercices oraux, bien qu'excellents en principe, ne peuvent suffire, si le profit n'en est en quelque sorte consolidé par des exercices écrits; ni de l'*analyse logique*, sinon qu'elle est tombée dans un injuste discrédit, et que la décomposition de la pensée en ses divers membres, rangés dans leur ordre rationnel, devrait être de bonne heure inséparable de la leçon de lecture et devenir comme une habitude instinctive chez les enfants.

J'aime mieux insister un peu plus sur la *composition fran-*

çaise. C'est généralement une lettre ou une narration reproduite d'un texte lu en classe ou *inventée* d'après un simple canevas.

Cette partie du programme prend une place de plus en plus importante dans nos écoles; elle coûte le plus de peine à nos maîtres, et, à les entendre, elle leur donne le moins de résultats. Il n'y a pas lieu d'en être surpris : cela tient en partie, sans doute, à ce qu'eux-mêmes sont mal préparés à donner cet enseignement : ils y avancent d'un pas mal assuré et comme dans les ténèbres; ils n'ont pas de méthode certaine, de tradition consacrée, d'instruments éprouvés. Jusqu'à présent ils n'ont cherché à tirer presque aucun profit de la récitation des bons auteurs; ce dernier exercice est très négligé, irrégulier, et le choix des morceaux est livré à la fantaisie; aussi ne sert-il ni à former le goût, ni à cultiver le sens moral, ni même à grossir le vocabulaire français, si indigent chez les élèves de nos provinces méridionales. — De plus, les maîtres n'observent aucun ordre de gradation méthodique dans le choix des sujets; on passe d'un thème très aisé, banal, souvent puéril, à un autre qui réclamerait un esprit mûr. Ils négligent souvent de faire précéder le devoir écrit d'une élaboration orale bien conduite. Enfin, ils ne donnent pas, ainsi que je l'ai dit plus haut, des soins rigoureux à la correction individuelle des devoirs; au lieu de les annoter discrètement, d'inviter les élèves à étudier ces indications pour en rendre compte en classe, de prescrire quelquefois, à la suite de ces éclaircissements, une nouvelle édition du même devoir, ils se contentent d'une revue sommaire, qui ne laisse aucune trace profonde dans l'esprit. Enfin il est rare qu'ils exercent les élèves, dès la classe inférieure, à reproduire en quelques lignes, en une demi-page, une page au plus, un récit familier, présenté par le maître lui-même, tel que la description d'un simple phénomène naturel, ou seulement une simple explication d'histoire, d'arithmétique, de langue. Certes nous savons bien que, même avec l'emploi combiné de tous ces moyens auxiliaires, on n'arrivera que lentement à un résultat appréciable, puisqu'en définitive ce que l'on poursuit ici n'est pas seulement affaire de mots, de formes, de correction grammaticale, mais se rapporte aux qualités essentielles de l'esprit : la justesse des idées, la clarté, l'ordre, la précision, la propriété des termes, etc. Qu'y a-t-il donc à attendre d'un défaut presque complet de discipline, de procédés réguliers, de corrections attentives?

ÉDUCATION MORALE

J'ai parlé ailleurs (écoles de Bordeaux) des secours que nous devons demander aux chefs-d'œuvre de notre littérature, à la poésie surtout, pour l'éducation morale. Si le sens moral et religieux consiste surtout dans l'hommage de respect, de soumission, rendu à meilleur que soi, à l'idéal, au bien, et en dernière instance à l'Être parfait, quoi de plus propre à l'éveiller que de faire appel au sens de l'admiration pour ce qui est beau, beau de pensée, de sentiment, de forme, d'ordre; pour tout ce qui, en dépassant notre niveau vulgaire, nous sollicite à sortir de nous-mêmes et à monter plus haut. Reconnaissons ici une lacune immense, que je me borne à indiquer : la religion officielle, dogmatique se retire de nos écoles, et rien encore ne vient tenir sa place; la morale ne fait que d'apparaître sur le seuil; l'art, sous ses diverses formes, mais en particulier sous la forme éminemment éducatrice de la poésie, ne remplit à aucun degré son office de haute culture. Le chant même, le chant choral, qui a toujours été l'instrument par excellence de l'éducation religieuse, morale, patriotique, n'existe pour ainsi dire nulle part dans nos écoles du sud-ouest.

Il va sans dire que ce n'est pas à l'instituteur ni même à l'inspecteur primaire qu'il faut demander des réformes si complexes et si délicates : elles doivent venir de l'école normale, où elles ne sont pas même à l'ordre du jour. Pourtant disons-nous bien que dans la crise difficile où sont aujourd'hui engagés les peuples européens, l'influence de l'Église déclinant et les anciennes habitudes de famille s'affaiblissant, une très grande partie du peuple ne peut guère attendre que des écoles primaires le viatique moral indispensable à ses enfants. C'est là une responsabilité redoutable, dont il ne nous est possible de nous décharger sur personne; mais un tel office, je le répète, suppose chez les maîtres une éducation préalable qui n'est qu'ébauchée, avec des *moyens d'action*, livres, procédés, etc., qui sont encore incomplets ou mal éprouvés.

HISTOIRE

Je ne dirai que deux mots sur cet enseignement. On insiste partout, et avec raison, pour que les maîtres exposent eux-mêmes d'avance la leçon; toutefois il convient, ce me semble, de mitiger cette exigence et de s'en tenir au possible. Le possible, dans la plupart des cas, c'est que l'instituteur lise le texte du livre de classe (Lavisse, Grégoire, Foncin, Ducoudray, Magin, Brouard ou tout autre) et qu'il ajoute, *viva voce*, des explications préparées avant la classe. Cela dit, j'ajoute que les résultats sont encore peu satisfaisants, au moins chez le très grand nombre des élèves; ils le seraient, je crois, davantage si l'on avait soin de récapituler souvent et d'apprendre par cœur un bref résumé. Il ne faut pas que la réaction contre l'abus de la mémoire aille jusqu'à nous priver de l'usage de cette précieuse faculté. Il ne serait pas non plus inutile que le maître composât lui-même deux tableaux chronologiques, très succincts : l'un de 25 ou 30 dates et faits principaux, à l'usage de la 1re classe; l'autre de 10 ou 12 dates et faits pour la 2e division, qu'il aurait soin d'écrire en gros caractères et de placarder au mur sous les yeux de tous. Ces tableaux, auxquels on adresserait chaque jour les élèves, une fois bien gravés dans la mémoire, leur fourniraient des points de repère pour s'orienter dans leurs lectures et des cadres précis pour y emmagasiner les faits dans un ordre suffisant.

ÉCOLES PRIMAIRES SUPÉRIEURES

J'ai dit plus haut (voir surtout le rapport sur les Basses-Pyrénées) ce que je pense de nos écoles primaires supérieures; elles se multiplient au hasard, et l'enseignement s'y donne sans plan régulier. Ni les directeurs (presque tous brevetés du degré supérieur), ni les inspecteurs primaires, ni les inspecteurs d'Académie ne savent trouver leur voie en cette question; je devrais plutôt dire qu'ils ne la cherchent pas. On repasse le programme de la 1re classe primaire; on étudie l'orthographe, la grammaire, la géographie et l'histoire de France, l'arithmétique; on y ajoute deux, quatre, six, sept livres de géométrie, des notions de sciences naturelles et des exercices de style. Tout cela est bon, mais il n'y a pas là trace d'une éducation régulière. La partie littéraire notamment est fort négligée. L'histoire ancienne et l'histoire moderne (en dehors de l'histoire de France) n'occupent pas la place, restreinte mais régulière, qui leur appartient. Les observations que j'ai présentées plus haut sur l'action peu profonde de l'enseignement primaire trouveraient ici leur pleine application.

Il faudra se décider à introduire dans ce chaos un peu d'ordre, à arrêter des programmes assez simples pour s'approprier aux besoins locaux, à exiger des maîtres un brevet spécial, ou, sinon, à introduire dans l'examen du brevet supérieur des épreuves théoriques et pratiques spéciales qui témoignent de l'aptitude supérieure des maîtres. — Je n'aborde pas ici la question de savoir s'il convient de constituer une école supérieure *complète* dans chaque canton, ou s'il suffirait d'en créer une ou deux dans chaque arrondissement et d'encourager dans les divers cantons l'établissement d'une *première année supérieure* qui acheminerait, par les voies régulières du programme officiel, aux cours de 2e et 3e années, organisés dans l'école supérieure complète.

Je signale, en passant, le préjudice grave que beaucoup d'écoles supérieures causent aujourd'hui aux écoles élémentaires en recevant des enfants d'un âge inférieur à douze ans et non munis du certificat d'études, c'est-à-dire presque tout le personnel des élèves de la 1re division. C'est un abus qui découragerait nos maîtres, s'il venait à s'établir; mais il sera facile de le réprimer lorsque l'Université aura pris en mains la direction effective de ce mouvement.

Je termine, Monsieur le Ministre, par une brève considération. Si l'on veut que notre état démocratique ne soit pas, comme le disent ses détracteurs, un régime de médiocrité d'esprit, de vulgarité des caractères, c'est-à-dire de décadence, mais plutôt un régime de rajeunissement social, il n'y a pas de temps à perdre : il faut à tout prix joindre, mieux que nous n'avons su le faire jusqu'à présent, à l'instruction l'éducation. Or cette éducation réclame des principes, des méthodes, des livres, des procédés et surtout des maîtres bien préparés. J'ai la persuasion que l'œuvre, ainsi envisagée, n'est pas impraticable à l'esprit laïque; mais il n'y a point d'illusion à se faire : elle est immense, elle est ardue, et, quels que soient les efforts déjà tentés et les résultats obtenus, on serait porté à croire que nous y avons à peine mis la main.

II

Notes d'inspection générale (1894) [1].

Je voudrais réunir en quelques notes les observations générales que j'ai recueillies au cours de ma récente tournée. Je ne prétends aucunement tracer un tableau bien coordonné, encore moins un tableau complet de l'état de notre enseignement primaire; il me suffira de marquer un certain nombre de points saillants qui ont attiré mon attention dans les écoles normales et dans les écoles supérieures, complémentaires, élémentaires. On ne s'étonnera pas de voir se répéter, à ces divers degrés de notre organisation, des remarques, à mon avis importantes, qui leur sont communes.

La première de toutes, pour le dire à l'avance, c'est que cette communauté, soit dans les écoles normales, soit dans les écoles inférieures, va trop souvent jusqu'à l'uniformité et à l'absence d'originalité propre. Mêmes programmes, cela va sans dire; même répartition des matières; mêmes livres de classe; et mêmes procédés généraux de leçons, de questions, de corrections, d'exercices; ce qui est en grande partie inévitable, à quelques égards obligatoire, et d'où résultent sans doute de précieux avantages. Mais on peut s'étonner et regretter qu'une école, surtout une école normale, avec ses professeurs gradués, ressemble si fort à

1. M. Spüller, alors Ministre de l'Instruction publique, ordonna la publication de ce Rapport.

l'école voisine, et que ni dans l'esprit, ni dans les procédés particuliers des divers enseignements, ne se laisse assez voir l'effort libre vers le mieux. Si la moyenne générale, réglée par des instructions officielles, est satisfaisante, on a d'autre part de la peine à démêler la physionomie particulière d'un établissement ou d'un enseignement. On en vient alors à se demander jusqu'à quel point ces appareils scolaires qui fonctionnent si régulièrement, si correctement, peuvent être considérés comme des organismes vivants, et être comptés parmi les *forces actives*, *indépendantes*, qui, en temps ordinaire, concourent à préserver un pays de déchoir, et qui, aux heures critiques, contribueraient à le sauver des mortelles défaillances. On voudrait être sûr que, dans ce grand nombre de fonctionnaires instruits, laborieux, honnêtes, il y a beaucoup d'hommes capables de penser par eux-mêmes et de réaliser leur pensée, capables d'avoir de l'initiative dans les choses de leur ordre et d'imprimer leur marque durable dans les esprits et dans les caractères. Quelle *décentralisation* aurait la portée de celle-là pour la vie régulière de notre peuple, et au besoin pour son salut? Car de tels hommes en susciteraient d'autres, animés du même esprit et semant partout la vie.

ÉCOLES NORMALES

L'enseignement des écoles normales, si je le compare à ce qu'il était en 1880, lors de ma première inspection, marque un progrès considérable dans toutes ses parties. On sent bien que les écoles normales supérieures ont passé par là, avec les instructions pédagogiques de la rue de Grenelle, avec des manuels excellents, avec des journaux inspirés des meilleures méthodes. Une élite de professeurs s'est formée; et à sa suite, de proche en proche, la généralité des maîtres a gagné sensiblement en instruction de solide qualité et en bonnes habitudes de préparation des leçons et d'exposition orale. Le niveau moyen est incontestablement satisfaisant, quand on se rappelle les maîtres improvisés d'autrefois, dont beaucoup, il faut le dire, se recommandaient par une application à leurs tâches diverses et un dévouement aux élèves dignes d'être encore proposés en exemple à leurs successeurs plus savants.

Que souhaiterait-on de plus chez nos estimables professeurs de l'un et l'autre sexe? Si j'osais le leur dire, sachant bien quelles occupations absorbent leur temps : plus de libre mouvement intellectuel, plus de ces lectures personnelles, sérieuses, en apparence superflues, qui renouvellent le savoir et l'activité, qui corrigent l'inévitable monotonie des mêmes cours se succédant d'année en année; bref qui rajeunissent jusqu'au bout de la carrière et le maître et son enseignement.

Je ne m'étendrai pas sur la description des progrès accomplis; ils apparaissent à tous les yeux, et c'est plutôt sur les points faibles qu'il convient, dans ce rapport, d'appeler l'attention. Or, je crois pouvoir signaler sans injustice deux ou trois lacunes, ou, si l'on veut, des insuffisances, qui vont se retrouver presque partout. La première, c'est, dans l'exercice capital de l'*interrogation*, le trop petit nombre de questions, bien choisies et bien conduites, d'*intelligence* ou de réflexion, questions propres à étonner l'esprit, à secouer son inertie, à le soustraire à la douce tyrannie des notions abstraites et des formules générales du livre, par suite à l'assouplir, à le régler, à le fortifier. Ce défaut est sensible dans les *lettres*, morale, histoire, littérature. On ne se rappelle pas assez que le bon maître, au moins dans nos écoles, est avant tout le bon interrogateur; que nulle partie de son art n'offre autant d'intérêt, autant de difficultés et n'a autant de portée; que les questions de cette sorte ne s'improvisent pas, et que ce serait déjà beaucoup d'en préparer avec soin deux ou trois par leçon, se rapportant directement au sujet, et d'en bien suivre la manœuvre : cela, est-il besoin de le dire, sans préjudice des questions ordinaires, destinées à *vérifier* le travail de l'élève. Ces questions d'intelligence seraient posées soit au cours de la leçon, soit à la suite; quelquefois à l'avance, et en vue de faire étudier de plus près le texte du manuel. Tantôt elles appelleraient des réponses de vive voix, et tantôt des réponses écrites, précises et en peu de lignes, dont on lirait quelques-unes en classe, pour les rectifier ou les compléter.

A cette remarque s'en joint naturellement une autre, de non moindre gravité. Si l'*éducation* proprement dite de l'intelligence se ressent de la médiocrité de l'interrogation, l'éducation de l'homme d'*aujourd'hui*, en particulier du citoyen, se ressent de l'insuffisante adaptation des questions posées aux circonstances et aux nécessités présentes. Dans les sciences, il est vrai, les maîtres insistent plus qu'autrefois sur les applications agricoles, industrielles, d'hygiène, sans que toutefois ils échappent entièrement à l'excès des démonstrations théoriques. Mais, dans les lettres, surtout en histoire, on ne considère peut-être pas assez en quel pays, en quel temps nous vivons, en quelle situation morale et sociale, en quelles nécessités politiques déterminées par le caractère démocratique de notre gouvernement, enfin en présence de quelles redoutables éventualités et de quels périls extérieurs : état politique de notre pays, état économique, état social, état moral, état militaire, autant de conditions nouvelles, graves, pressantes, que des professeurs *nationaux*, surtout des professeurs primaires, et, au premier rang, les professeurs de lettres, ne sauraient aujourd'hui perdre de vue, sous peine de faillir à la dignité de leur profession. Les pouvoirs publics attendent d'eux qu'ils enseignent, non pas seulement pour l'amour de l'art et de la science (ce qui a bien son prix), mais pour l'amour de la France, d'une France encore puissante et riche en hommes comme en ressources, mais amputée récemment de deux de ses membres; d'une France riche d'intelligence, de bon sens, de probité, d'activité et d'habitudes d'économie, mais profondément travaillée de doctrines contraires qui atteignent au vif l'esprit public. C'est pour une telle situation que nous avons tous, chacun dans son ordre, à préparer les jeunes générations; et c'est surtout par les questions choisies en vue d'éclairer le présent que nos écoles peuvent répondre aux vœux légitimes de leurs fondateurs. Plier ainsi nos élèves à la réflexion, les inciter à parler, après avoir pensé, et leur laisser le temps de faire l'un et l'autre; les conduire au travers des généralités exactes, mais pour eux vides de contenu réel, jusqu'aux faits de toute espèce, psychologiques, moraux, politiques, etc., que ces *notions* abstraites résument en un langage abrégé; leur donner la vision directe des choses réelles qui composent la vie contemporaine, quel plus noble emploi de leur savoir et de leur art magistral pourraient se proposer nos professeurs d'école normale?

Ces observations apparaîtront, je pense, dans toute leur portée si l'on considère que, à l'exemple des écoles normales, nos écoles populaires de tous degrés, qui atteignent par leurs innombrables rameaux la jeune nation presque entière, ne manquent pas de pécher, à leur tour, par l'insuffisante *éducation* de l'intelligence et par l'insuffisante adaptation de tout l'enseignement, en particulier de la lecture, de l'histoire, de la morale, aux nécessités urgentes du présent. Comment se flatterait-on de résoudre *effectivement* les questions de politique intérieure et extérieure, sinon en haussant l'esprit et l'âme de notre peuple au niveau des difficultés dont elles sont hérissées, en d'autres termes en agissant sur les *mœurs* publiques? Personne ne s'imaginera que notre prospérité et notre salut soient sensiblement affectés par un savoir accru en arithmétique, en dessin, en sciences, en lecture expliquée, en histoire, etc., si toutes ces études ne sont fermement dirigées en vue de former la raison et la moralité publiques.

A vrai dire, ce que l'on souhaiterait de rencontrer chez les maîtres des écoles normales, avec le savoir et la conscience professionnelle qui s'y trouvent déjà, c'est un haut et net dessein de pédagogie morale et nationale assez présent à tous les enseignements pour les relier ensemble et les vivifier, capable d'élever et de soutenir l'âme des jeunes instituteurs à la hauteur des devoirs que leur réserve l'avenir. Un tel dessein de forte éducation des esprits et des caractères en vue des nécessités contemporaines, s'il était poursuivi avec une pleine clarté de vue par tous les maîtres, et transmis par eux à leurs élèves, deviendrait peu à peu l'âme cachée de notre instruction populaire; elle lui communiquerait une vertu éducatrice, une puissance d'action sur les mœurs jusqu'à présent inconnue. C'est alors seulement, si je ne me trompe, que l'humble maître d'école d'hier mériterait de s'appeler du beau nom qu'on veut lui donner d'*éducateur*; le grand corps de l'enseignement primaire, uni dans une même claire pensée, serait avant longtemps, ainsi que je le disais plus haut, l'une des principales forces vives par où une nation se maintient et se renouvelle sans cesse.

Oserai-je rapporter quelques mots d'un entretien que j'avais récemment avec un de nos plus respectables directeurs d'école normale? Comme je m'informais de ce que les élèves-maîtres pouvaient emporter de son école en fait de principes *agissants* de conduite et de mobiles d'action, il me répondit, après avoir rendu justice à leur excellente tenue, à leur docilité, à leur travail, à la correction même de leurs idées morales : « Mais, à vous parler vrai, leur véritable et dominant principe, c'est qu'il faut *se pousser*, et que les *recommandations* font plus pour cela que tout le reste; c'est la leçon que l'esprit général du pays, de la famille, de la politique locale leur a donnée; ils comprennent mal une langue différente; un petit nombre seulement seront sensibles à l'attrait d'une noble cause à représenter, d'un grand intérêt national ou moral à servir dans l'école primaire. »

Il est d'ailleurs, convenons-en, dans les écoles normales, des obstacles singulièrement défavorables à une éducation régulière qui prétendrait agir profondément sur l'intelligence et sur l'âme des jeunes maîtres ; c'est l'oppression de l'examen du brevet supérieur, avec l'imprévu ou l'excès des questions trop spéciales; et c'est aussi, en particulier dans les écoles d'instituteurs, l'encombrement des journées, où l'impression bienfaisante, excitante d'une étude est aussitôt effacée par l'impression d'une autre, où l'esprit haletant n'a le loisir de s'arrêter à rien, où les longues lectures sont à peu près impossibles, où les heures de récréation sont utilisées avec soin, où, par conséquent, l'énergie intérieure ne peut, faute de repos, se renouveler et se dégager. Un grand industriel anglais, partisan décidé de la *journée de huit heures*, expliquait récemment les avantages qu'il retirait de cette réduction d'heures, à première vue si préjudiciable au patron, en disant que la *gaieté*, fruit d'un travail modéré, doublait la force productive de l'ouvrier. On serait tenté d'appliquer cette expérience à nos écoles normales, où la bonne volonté est, on peut le dire, unanime, mais où l'effort, trop continu, n'est pas accompagné d'une certaine alacrité, favorable au ravitaillement de l'énergie intellectuelle. On n'a pas le temps de prendre goût aux choses, ni de penser en paix à ce qu'on a lu ou entendu : l'esprit est tendu sans relâche; et il en résulte que pendant les vacances ou après la sortie définitive, au lieu de prendre plaisir à une étude plus calme, à des lectures sérieuses prolongées, on s'abandonne à la satisfaction de ne plus rien faire en dehors de l'obligatoire.

Redirai-je ici la réponse invariable qui m'a été faite, cette année comme les années précédentes, par MM. les inspecteurs : « Très peu de maîtres *lisent* pour leur propre plaisir ou pour leur profit ». Comment s'expliquer une si extraordinaire *inappétence* chez des jeunes gens des deux sexes instruits, voués (ce n'est pas trop dire) au service de l'esprit, et qui d'ailleurs ont quelque loisir? Sûrement par le défaut d'une initiation suffisante, et par exemple de lectures prises dans la littérature actuelle, journaux, revues, poètes, discours politiques, etc., faites à grands traits, en compagnie des maîtres, en échangeant les réflexions et les jugements.

Je mentionne en passant la pénurie d'ouvrages de *fond* en tous genres, dictionnaires, livres d'histoire ou de sciences, dont se plaignent beaucoup d'écoles normales. On est alors réduit, en fait de lectures, à des recueils d'*extraits*, dont il est inutile de démontrer ici l'insuffisance. Ne serait-il donc pas équitable d'autoriser pour cet objet le prélèvement d'une petite somme annuelle sur les *bonis*, obtenus à force d'économie et de bonne gestion?

Parmi les divers enseignements, il en est un qui ne fait

que de naître et qui cherche encore péniblement sa voie, celui des langues vivantes. Il ne la trouvera, je pense, que lorsque les professeurs *ordinaires* des écoles normales, formés à nos méthodes, seront en état de les enseigner eux-mêmes selon l'esprit général des autres études, de les enseigner non comme à des enfants, par des séries indéfinies et ennuyeuses d'exercices de manuels, mais comme il convient à des jeunes gens de seize à dix-neuf ans, d'esprit éveillé et impatients d'apprendre; enfin — j'insiste sur ce point — de les faire servir, par la pratique assidue et commencée le plus tôt possible de la version et par la traduction orale de *vrais* livres allemands ou anglais, à l'enseignement du français, de même que, par le thème, à l'enseignement de la grammaire française. Nous sommes loin d'en être arrivés là dans les écoles normales, et combien plus loin encore dans les écoles supérieures! On ne laisse pas de ressentir quelque confusion en mesurant le peu que l'on obtient dans la connaissance d'une langue vivante et le peu qui en reste après deux ou trois années d'école supérieure et trois ans d'école normale.

Je ne dirai qu'un mot en particulier des écoles normales d'institutrices. Je ne sais si je me trompe; mais je crains que nous n'ayons pas encore su instituer dans ces établissements (qui en général me semblent faire honneur à l'Université par le savoir, l'aptitude à enseigner et la tenue morale des maîtresses) une éducation assez appropriée au sexe et à la condition future de leurs élèves. La plupart de ces jeunes filles, sorties des rangs du peuple, y passeront plus tard leur vie; un certain nombre, à leurs débuts, c'est-à-dire très jeunes encore, seront appelées à occuper des postes isolés, seules, loin de leurs familles, tenues à une extrême réserve dans leurs relations, presque sans conseil et sans ressources, exposées à tous les périls de l'isolement et de l'ennui. C'est à quoi peut-être nous ne songeons pas assez à les préparer. Et je ne parle pas seulement du viatique moral ou intellectuel que nous avons à leur fournir. Je n'ai garde surtout de laisser entendre qu'en vue d'une telle existence nous ayons tort de leur donner une si ample instruction : j'estime au contraire que plus elles risquent d'être isolées et sans autres ressources que celles qu'elles trouveront en elles-mêmes, plus il importe de les approvisionner amplement et de les cultiver profondément dans tous les sens. Non! je suis seulement en souci de savoir si nous donnons à nos jeunes institutrices l'instruction pratique qui leur permettra plus tard de se mieux suffire à elles-mêmes, de se rendre plus utiles à la fois à leurs petites élèves et aux familles, et de se faire ainsi une meilleure place jusque dans les pays les plus retirés et les plus ingrats. Par exemple, avec le dessin géométrique (à peu près inutile) et le dessin d'ornement, apprennent-elles un peu le paysage, qui charmerait leurs loisirs? Seront-elles en état de confectionner tous leurs vêtements et de donner à ce sujet des conseils aux bonnes gens du voisinage? Sauront-elles administrer *effectivement* (je ne parle pas de simples notions) les premiers remèdes à employer avant l'arrivée du médecin contre les maladies les plus répandues? Leur donnons-nous le goût et une certaine pratique du ménage; j'entends du pot-au-feu et de la préparation de quelques principaux aliments? Sauront-elles un peu jardiner, pour leur profit d'abord et leur agrément, et pour le profit des autres? Ont-elles assez la pratique des excursions botaniques pour les continuer un jour toutes seules? Du grand livre de la géologie, partout ouvert sous leurs yeux, savent-elles déchiffrer quelques pages, quelques lignes?... Oh! que d'élagages salutaires se pourraient opérer dans nos programmes d'histoire naturelle, de chimie, etc.!

ÉCOLES ANNEXES

Je n'apprendrai rien à personne, et j'espère n'offenser personne, en disant que nos écoles annexes sont encore loin de répondre pleinement à leur destination. Il se fait à la vérité dans plusieurs, dans la plupart même, de grands efforts, qui ne restent pas stériles pour l'éducation professionnelle des élèves-maîtres. Mais d'abord, le nombre des élèves est souvent très au-dessous du chiffre que réclamerait un bon apprentissage soit de l'enseignement, soit de la discipline primaire; il est au-dessous du chiffre des écoles ou des classes que les jeunes maîtres auront à diriger dès leurs débuts. A ce mal l'on ne peut, sauf meilleur avis, remédier qu'en substituant une école communale d'application à l'école annexe, ou mieux encore, dans certains cas, en fortifiant celle-ci par des exercices périodiques de leçons ou de direction de classe que les élèves-maîtres iraient faire dans l'école municipale, sous le contrôle du directeur de l'école normale ou du directeur de l'annexe.

A part même ce vice en quelque sorte organique de quelques écoles, il faut signaler dans un grand nombre (toute justice encore une fois rendue au zèle parfois ingénieux des maîtres et maîtresses) une double lacune très sensible : celle d'un ensemble de principes, d'un *dessein* d'éducation nettement conçu qui préside à tout l'enseignement et qui inspire tous les conseils pédagogiques; et aussi le peu d'initiative, de recherche du mieux, dans le choix des *moyens* d'enseigner, tels que correction des compositions françaises, choix des morceaux littéraires à réciter, leur fréquence, leur revision; choix des livres de lecture, et place centrale donnée à la lecture expliquée dans la journée scolaire, etc. Ce qui est plus grave encore, c'est que le même défaut déjà signalé dans les études de l'école normale reparaît ici : la leçon orale ou la lecture, si bien préparée qu'elle soit par le jeune maître avec l'aide du directeur, est rarement semée de questions et d'explications propres à ouvrir l'intelligence autant qu'à éclairer la matière. On tâche de *faire savoir*, et même de faire comprendre : mais cette compréhension et ce savoir, faute de rapprochements et d'exemples empruntés aux choses familières à l'élève, restent *verbaux*, superficiels, impropres à la *culture* de l'esprit ou sans profit pour la vie réelle qui attend l'enfant. Ou bien encore, faute d'exercices écrits courts et précis, reproduisant en quelques lignes telle ou telle explication importante, le maître perd en grande partie sa peine, et l'impression fugitive s'efface bientôt. Perfectionnement incessant de l'*appareil* d'enseigner avec tous ses organes, au service et sous l'excitation d'un dessein arrêté de *culture* morale, intellectuelle, nationale, et non pas seulement d'instruction, c'est ce double intérêt que je voudrais voir si présent à l'esprit des directeurs que nos jeunes maîtres en emportassent dans leurs plus humbles écoles la vive tradition avec le goût de la continuer par eux-mêmes.

Ce n'est pas sans intention que j'ai parlé de la place *centrale* qu'il convient de réserver dans nos écoles de tous degrés à la lecture; bien entendu à la lecture accompagnée des explications de mots, de formes, d'idées, de sentiments, que comporte l'âge de l'élève. Entre tous les principes généraux que je voudrais voir présider à la pédagogie de l'école annexe, l'un des principaux à mon gré, sinon le principal, serait celui-ci : que l'éducation, ou, si l'on veut, la bonne instruction, n'est pas une simple juxtaposition de matières, d'ailleurs bien enseignées; elle doit être, pour porter ses meilleurs fruits, une sorte d'organisme vivant où certaines parties se subordonnent à d'autres, celles-ci servant d'appareil moteur, ayant droit, par conséquent, à occuper la première place. Et quelle autre partie mériterait d'être le *cœur* même de l'éducation primaire, sinon la langue maternelle, avec sa grammaire et ses beaux textes de prose et de poésie, de poésie surtout, lus, expliqués, en partie récités? Tout le reste, n'hésitons pas à le dire, quelle qu'en soit l'utilité pratique ou éducative, doit se resserrer autant qu'il sera besoin pour faire une place suffisante aux exercices intelligents de langue.

Me sera-t-il permis de dire, avant de quitter ce chapitre, que nos deux Écoles Normales Supérieures ne sont pas sans avoir leur part de responsabilité en ce qui concerne les écoles annexes? Peut-être que, pressées elles aussi par le temps, ne disposant que de deux courtes années pour former des *professeurs* de sciences ou de lettres, mais aussi trop éloignées de l'humble école primaire, qui est pourtant leur unique raison d'être, elles n'ont pas pu inculquer assez fortement à leurs élèves cette idée qu'ils se doivent tout entiers à l'éducation des enfants; qu'il leur appartient à tous, dans leur ordre respectif, d'y préparer leurs propres élèves; et que la forte culture libérale qu'ils ont reçue à Paris, comme celle qu'à leur tour ils donnent aux jeunes instituteurs ou aux institutrices, n'a pas d'autre objet que de les rendre, les uns comme les autres, capables d'enseigner plus simplement les rudiments de toutes choses. « Il faut à l'instituteur une instruction supérieure, a dit Vinet, pour s'élever jusqu'à la simplicité. C'est lorsqu'on est savant qu'on est le plus capable d'être simple. » Combien il est regrettable qu'à défaut d'une école normale primaire annexe avec son école d'application, nos établissements supérieurs de Saint-Cloud et de Fontenay n'aient pas été pourvus à l'origine d'une école primaire annexe, où professeurs et élèves, en voyant de leurs propres yeux à quelle fin doit aboutir par un long circuit l'instruction supérieure, auraient eu sans cesse l'occasion d'apprendre à transposer telles ou telles parties de leur enseignement, et d'abord d'en contracter le goût!

Enfin, je soumettrais volontiers à l'examen de mes collègues et de l'administration supérieure une idée qui s'est présentée plus d'une fois à mon esprit dans mes visites aux écoles annexes. Serait-ce une garantie sans valeur pour le recrutement des directeurs et directrices de ces écoles d'exiger des candidats qu'en outre du *certificat de professeurs*, ils eussent à subir l'*épreuve pratique* qui occupe une place notable dans l'examen de la direction des écoles normales? Cette épreuve ne les obligerait-elle pas de se familiariser à l'avance avec les programmes, les instructions, les procédés et la pratique de l'enseignement primaire?

ÉCOLES SUPÉRIEURES. COURS COMPLÉMENTAIRES

Les *écoles supérieures* ont pris racine dans notre pays, elles répondent manifestement à des besoins réels, et non à un caprice momentané. Au premier abord, on est tenté de craindre que par le seul fait de leur existence et de leur nombre déjà considérable, elles n'accélèrent artificiellement le mouvement qui détourne les jeunes gens de l'agriculture et du métier paternel vers les positions administratives et les écoles du gouvernement. On se demande si elles ne trompent pas l'espérance des promoteurs de cette institution, qui lui demandaient de former le plus près possible de la famille une élite de cultivateurs, de petits commerçants et gens de métier qui, sans viser bien haut ni bien loin, répandît au village et dans les petites villes les bonnes méthodes pratiques, appuyées sur un savoir de bon aloi, avec des habitudes d'esprit *raisonnables* et d'honnêtes principes de conduite. En fait, la plupart de leurs élèves se destinent à l'enseignement, aux postes, aux écoles d'arts et métiers, aux administrations publiques ou à celles des grandes compagnies, aux maisons de banque ou de commerce, etc., toutes professions qui les enlèvent à la famille, aux champs, à l'atelier modeste du bourg. N'est-il pas imprudent de provoquer ainsi un *déclassement* qui était déjà de soi-même, et pour tant de causes, assez actif?

A cela des hommes très sages, vivant sur les lieux, répondent : qu'à regarder les choses de plus près, ces craintes sont fort exagérées, pourvu que l'institution conserve le caractère pratique marqué par les récents programmes; qu'en disparaissant, les écoles supérieures laisseraient un grand vide dans notre organisation, beaucoup de jeunes gens ne sachant plus à qui demander un complément un peu ample de l'instruction primaire, et se trouvant réduits à opter entre l'ignorance ou l'*enseignement moderne* du lycée, avec ses frais considérables et ses inconvénients de *déclassement* bien aggravés; que le vide laissé par l'Université serait aussitôt rempli par les établissements congréganistes, qui font partout concurrence aux nôtres; qu'il doit être permis à des instituteurs, à des chefs d'atelier, à des marchands aisés, d'acheminer leurs fils vers l'école normale, vers des emplois de mécaniciens, et leurs filles sans dot vers les postes ou vers l'enseignement; qu'à tout prendre il y a là une source précieuse de bon recrutement pour les grands services publics et privés, et en particulier pour les écoles normales; qu'à la vérité, beaucoup de ces aspirants des deux sexes échouent dans leurs prétentions, mais qu'ils ne sont pas pour cela des *déclassés*; ils reviennent chez eux, mieux préparés pour gagner leur vie, sans avoir perdu le goût ni l'habitude des mœurs simples.

Cette apologie des écoles supérieures s'applique à plus forte raison aux *cours complémentaires* d'une année d'études, le plus souvent *redoublée*, dont les élèves restent dans leur famille ou dans son proche voisinage. La plupart ont de modestes visées : le brevet et l'école normale pour un tout petit nombre; les emplois inférieurs des ponts et chaussées pour quelques-uns. Presque tous (et toutes) rentrent chez eux, ou plutôt n'en sortent pas, munis d'une instruction qui les élève, et en même temps les prépare à la vie sans les déclasser. Mieux conduits, il semble que ces Cours offriraient le type modeste d'instruction supérieure le plus digne d'encouragement, au moins dans beaucoup de lieux.

Quand on visite les établissements de ces deux catégories, et, en particulier, ceux de la première, on est frappé de l'élan de travail, du bon vouloir chez les maîtres, de l'âpre application chez les élèves, qui se manifestent partout. Malheureusement, beaucoup de professeurs sont encore dépourvus des titres requis; ils n'ont que le brevet supérieur; mais, en général, ils ne marchandent pas leur peine; ils ont souci de l'honneur de la maison; ils se serrent autour de leur chef; ils préparent régulièrement leurs leçons, et de nombreux succès viennent récompenser leurs efforts. Que manque-t-il à ces écoles? L'instruction y abonde; la *culture* y est médiocre, sans profondeur, et en partie sans règle. On ne se défend pas de quelque inquiétude en voyant s'accumuler tant de matières diverses dans l'*emploi du temps* : quel lien les réunira dans l'esprit des jeunes gens? autour de quel noyau se grouperont-elles? — Ce manque de *centre* apparaît surtout dans la place de plus en plus accessoire qui est réservée à la *lecture* des grands écrivains, particulièrement à celle des poètes. Il semble que le commerce *quotidien* avec les maîtres de la langue maternelle (fût-il limité à une demi-heure) devrait représenter les *humanités primaires*, et concourir ainsi à cultiver non pas de préférence une faculté spéciale, comme font les autres matières du programme, mais l'âme entière, donnant ainsi le *ton* à tout l'enseignement. On n'y songe pas assez : la grammaire, l'orthographe, la composition française, enseignées à part, dévorent des heures entières, dont une petite partie, à l'avantage même de ces études, pourrait être chaque fois affectée à la lecture, expliquée de près, ou conduite à grands traits. On ne saurait trop, à mon avis, se préoccuper de la dispersion, de l'incohérence des matières d'enseignement : leur multiplicité déréglée fatigue l'esprit et ne le façonne pas. Qu'il me soit permis de le répéter : là où il n'y a pas d'étude centrale régulatrice, il n'y a point de véritable éducation.

Aux écoles primaires supérieures sont annexés souvent des *pensionnats privés* qui, malgré certaines imperfections, difficiles à éviter, de local et d'installation, rendent de grands services. Comment ne pas signaler de nouveau, à ce propos, notre pénurie d'établissements de ce genre et leur peu de *variété*? Tandis que les internats ecclésiastiques du même ordre occupent presque partout les postes ruraux ou urbains de quelque importance, se pliant par la diversité de leurs prix à la diversité des fortunes, les internats laïques sont rares, et d'un prix qui ne varie guère, quatre à six cents francs, chiffre inabordable à un grand nombre de familles qui formeraient notre clientèle naturelle, les petits propriétaires cultivateurs entr'autres. Il y a de ce chef, pour l'enseignement laïque, une infériorité flagrante.

J'émettrais volontiers le vœu que la direction des écoles primaires supérieures, surtout des écoles de jeunes filles, fût confiée non pas exclusivement, mais *de préférence* à des professeurs pourvus du certificat de l'inspection et de la direction, gage d'une culture plus ample et d'une meilleure aptitude à embrasser l'ensemble des études.

ÉCOLES PRIMAIRES ÉLÉMENTAIRES

Combien le principe énoncé plus haut acquiert d'évidence à mesure que l'on descend des hauts degrés de notre organisation scolaire vers l'humble école populaire! C'est surtout ici que l'effort du pédagogue devrait porter tous les jours sur un point central, sur une étude préférée; et quelle autre, encore une fois, sinon celle de la langue maternelle, lue, expliquée, récitée dans des pages de choix, pleines de sentiments dignes de l'humanité, pleines aussi de nobles pensées et de formes de langage capables de faire vivre à toujours ces pensées et ces sentiments dans l'âme de l'enfant. Autour de cet enseignement privilégié se rangeraient alors sans inconvénients, ou avec des inconvénients bien diminués, les multiples enseignements que les conditions nouvelles de la vie industrielle, agricole, et de la concurrence internationale, ont rendus nécessaires. L'*ordre*, un ordre rationnel, favorable à la bonne éducation, se ferait dans l'esprit de l'élève comme dans l'emploi de la journée. C'est l'*homme* que l'on s'appliquerait de préférence à cultiver dans l'enfant, et non pas l'outil intelligent propre à des spécialités diverses; et sans doute l'instruction spéciale, pratique, *utilitaire*, ne perdrait rien à ces soins donnés à l'esprit lui-même en ses plus hautes parties. La lecture courante des livres de vulgarisation, dont plusieurs sont remarquablement conçus et animés d'une généreuse inspiration, garderait sa place, mais sans se substituer abusivement à celle des écrivains-éducateurs, et en particulier des poètes.

Il faut pourtant reconnaître que la récitation des *morceaux choisis* occupe désormais sa petite place régulière dans presque toutes les écoles. Mais si ces morceaux sont en général fort acceptables on doit regretter que, prose ou vers, ils ne soient pas empruntés aux meilleures, aux plus belles pages de la littérature moderne, le XVIIe siècle offrant d'ailleurs peu de ressources à l'école élémentaire, si l'on excepte La Fontaine et quelques fragments des chœurs de Racine.

Les élèves de sept à onze ans passent si peu de temps effectif à l'école que la liste des pièces récitées est extrêmement restreinte; et c'est pourtant ce qu'ils auront entendu et appris de plus *français* et à la fois de plus *humain* dans tout le cours de leur vie : combien il importerait d'apporter à ce choix une attention scrupuleuse! Je n'ai pas perdu une seule occasion de presser nos inspecteurs d'y intervenir discrètement de leurs bons conseils, et de proposer eux-mêmes après mûr examen à leurs instituteurs un certain nombre de beaux extraits de Victor Hugo, de Lamartine, des poètes contemporains les plus éminents. Les *Choix*, déjà publiés dans la *Revue pédagogique* (septembre 1892) et dans le *Dictionnaire de pédagogie* (article *Poésie*, fin) leur offriraient d'utiles indications; il n'appartient qu'à eux de les mettre à la portée des maîtres primaires en faisant, par exemple, circuler parmi eux une ou deux copies des vingt, trente, quarante fragments, prose ou vers, qu'ils auront recueillis en vue des trois Cours primaires. Qui ne comprend tout le prix qu'aurait pour nos enfants du peuple cette exquise provision de route pour le voyage de la vie? Sans doute, il ne faudrait pas se flatter de leur découvrir dès l'âge scolaire tout le sens profond de ces beaux vers; mais la vie elle-même, s'ils les avaient une fois bien gravés dans leur mémoire et dans leur imagination, la vie avec ses deuils et ses joies, avec ses expériences morales de toute sorte, se chargerait de les leur expliquer peu à peu; et sûrement des âmes d'enfants rendues sensibles à quelques nobles poésies les entendraient plus tard résonner à leurs oreilles, dans les heures critiques, comme un encouragement, une espérance, ou une censure. Bien choisir, bien comprendre les mots, bien réciter et parfaitement reviser, tout cela demande des soins particuliers.

J'ai parlé plus haut de la *lecture*. Le progrès, ici comme en tout, est incontestable : je veux dire qu'on lit et qu'on explique davantage, et que l'on rattache à la lecture une instruction plus variée. Mais je dois constater que le mécanisme même de la lecture reste très négligé. Les maîtres, dans un très grand nombre d'écoles (je dirais même dans la plupart), et dans le Nord, de vieille langue française, comme dans le Midi, de vieux dialecte roman, ne semblent pas s'apercevoir que, faute d'une articulation nette, la lecture (et naturellement aussi le langage de l'élève) est presque inintelligible, tant elle est indistincte. L'illusion de l'instituteur, quelquefois même de l'inspecteur, se dissiperait bien vite si, au lieu d'avoir le livre ouvert sous les yeux, il l'entre-fermait pour juger de la lecture d'après l'oreille et non d'après la vue. Il y a certainement là une campagne générale à ouvrir pour décider nos maîtres à entreprendre dès le bas âge la réforme, non pas, je le répète, de l'accent local, qui importe peu, mais de l'articulation, qui, seule, peut rendre la parole intelligible et aisée à entendre : réforme ingrate et laborieuse, j'en conviens, mais qui ajoute à l'instruction un prix particulier, et contribue, par les qualités qu'elle développe, à faire de l'enfant un homme civilisé.

Que dirai-je maintenant de la *composition française* qui n'ait été déjà dit; des difficultés exceptionnelles qu'elle présente dans nos écoles, tenant à l'âge, à la condition des familles, à la pauvreté inévitable d'idées et de vocabulaire, à la pratique ordinaire d'un patois, etc.? C'est l'exercice le plus en souffrance, dit-on partout, où échouent les instituteurs médiocres, surtout ceux qui n'ont pas été formés à l'école normale, où les meilleurs se montrent bien embarrassés. On a donné, à ce sujet, d'excellents conseils, que MM. les inspecteurs répandent et interprètent dans les conférences cantonales : la trace en est bien visible dans les écoles. Je ne veux ici qu'appeler l'attention sur un point qui me semble encore négligé : je parle de la *correction* des rédactions qui, soit défaut de clairvoyance, soit défaut de soin, reste trop souvent sommaire, sans précision, ou qui, chez les meilleurs maîtres, substitue trop tôt le mot ou l'expression corrigée à l'expression vicieuse, sans provoquer l'élève à se rendre compte de la faute commise et à se corriger lui-même. Je parle aussi de ce que l'on pourrait appeler la *sanction* de la correction, à savoir l'obligation imposée régulièrement à l'élève d'écrire de nouveau à côté des mauvaises expressions les bonnes, de façon que la critique du maître, grâce à ce nouvel effort, lui imprime définitivement dans la mémoire les fautes à éviter. Il va sans dire que cette *sanction* ne saurait s'appliquer avec quelque rigueur à des défauts plus *intérieurs*, tenant à la pensée même; mais elle sera efficace contre les solécismes, les barbarismes, les grossières impropriétés de langage, et bien d'autres incorrections auxquelles l'instituteur a surtout affaire.

L'*histoire*, la *géographie* continuent de s'enseigner avec plus d'intérêt et, par conséquent, avec plus de profit qu'autrefois, grâce aux bons manuels publiés dans les quinze ou vingt dernières années. Mais c'est ici surtout que je suis frappé de l'insuffisance de l'interrogation; j'entends de celle qui, en éveillant et surprenant l'esprit, en le provoquant à réfléchir, le prépare à recevoir des explications propres à débrouiller les notions trop générales et les expressions abstraites du manuel, à éclairer les choses obscures ou vagues du passé par les choses plus familières du présent et réciproquement, à tirer enfin de l'histoire nationale, autant que le permet l'âge de nos élèves, une leçon profitable pour l'avenir. Je souhaiterais que les maîtres éminents à qui nous devons nos meilleurs livres de classe en ces deux matières, s'appliquassent à composer, à l'usage de l'instituteur primaire, un choix abondant de questions d'*intelligence* de cette sorte, avec des réponses, au lieu de se borner au simple questionnaire de revision. Sans doute, la paresse d'esprit pourrait bien encore transformer cet appareil dit *d'intelligence* en un simple mécanisme : mais de quoi ne peut-on pas abuser?

Par quelle autre voie d'ailleurs un enseignement de si capitale importance dans notre régime politique et social aurait-il action sur les mœurs, sur la manière de penser et de juger, sur le tempérament de notre peuple? On n'ira pas pour cela négliger le savoir sobre et précis; bien au contraire : je demanderais volontiers à l'instituteur de dresser, en prenant conseil de l'inspecteur, une liste de dates bien choisies, accompagnées de la mention des événements considérables auxquels elles se rapportent, et de faire apprendre et réapprendre ce tableau, comme on fait la table de multiplication, de manière que les enfants, devenus hommes, ne l'oublient jamais, et y trouvent une sorte de casier fixe pour y loger ce que les lectures de hasard pourront encore leur apprendre de nouveau. — Peu, mais bien choisi, parfaitement compris et retenu, c'est le grand secret de l'enseignement primaire; c'est, en particulier, le secret de l'enseignement historique.

Je ne m'étendrai pas sur l'*arithmétique*, qui reste toujours, et pour des raisons que tout le monde devine, la partie préférée, et où je voudrais seulement voir introduire (au moins dans le cours moyen), un peu plus de pratique du raisonnement; ni sur les éléments des *sciences physiques et naturelles*, où les anciens maîtres, et ceux des nouveaux qui n'ont pas traversé l'école normale, tâtonnent péniblement, mais qui prennent peu à peu leur place distincte, bien que restreinte, dans l'instruction élémentaire. Là aussi j'appellerais de mes vœux la pratique habituelle de questions d'intelligence, de celles qui, en excitant l'étonnement, « père de la science », exercent et fortifient l'esprit, et qui jettent un pont entre la leçon de l'école, hygiène, agriculture, météorologie, etc., et la vie réelle. — J'allais oublier la *grammaire*, toujours en possession (et à bon droit) d'une place privilégiée, mais qui, en perdant du côté de la récitation littérale et des exercices mécaniques, n'a pas assez gagné du côté de l'explication et des exercices intelligents : je pense aussi qu'il est temps de revenir de la réaction excessive contre les exercices d'analyse logique et grammaticale, que je voudrais voir mêlés discrètement, mais habituellement, aux leçons de lecture et d'orthographe. — Les *travaux manuels* ne figurent guère que pour mention dans la plupart des écoles, et jusqu'à présent on se demande à quoi ont servi — pour notre enseignement populaire — tant d'heures et de soins prodigués à cet objet dans les écoles normales. — Enfin, je me reprocherais de ne pas dire un mot du *chant*, qui, avec les belles pages de poésie expliquée et récitée, forme le meilleur auxiliaire de l'éducation morale, celui dont l'action promet d'être le plus durable. Il est permis d'espérer qu'avant longtemps il sera entré dans les mœurs, et non pas seulement dans le programme de l'école, s'associant aux divers *mouvements* des classes, et, en tout cas, à l'entrée et à la sortie. Je ne sais rien de plus émouvant que le spectacle, auquel il m'a été donné plusieurs fois d'assister, d'une nombreuse école de filles ou de garçons, qui, au signal du maître ou de la maîtresse, interrompt ses jeux, s'organise promptement et sans bruit, et défile vers les classes ou vers la cour, en exécutant, sans éclats de voix, de beaux chants. C'est la patrie, c'est la civilisation, c'est aussi un certain idéal moral dont la vision se lève pour un instant à nos yeux. Combien nos inspecteurs devraient veiller avec sollicitude sur le choix et de ces airs et de ces paroles! L'un d'eux m'assurait, et ses collègues avec lui, que les chants de l'école remplaçaient quelquefois, dans les libres et attrayantes réunions de la jeunesse adulte, les mauvaises chansons qui ont trop cours en France : voilà un modeste résultat qui mérite d'être signalé et par où l'on peut voir ce que c'est qu'*agir sur les mœurs.*

ENSEIGNEMENT DE LA MORALE

Il ne m'arrive pas de visiter les écoles primaires, ni surtout les écoles supérieures et les cours complémentaires, où afflue l'élite de la jeunesse populaire, sans éprouver une sorte d'admiration mêlée, je l'avoue, de quelque effroi, à la vue de ce puissant effort qui se remarque partout d'apprendre et de comprendre, et de monter plus haut à l'aide de ce travail. J'admire tant de bon vouloir chez la plupart des maîtres, avec tant de docile application chez ces élèves, à la physionomie encore rude, mais pleine d'énergie. De toutes parts, ce sont des forces individuelles qui s'éveillent par l'instruction, qui prennent conscience d'elles-mêmes et qui cherchent à se donner la plus ample carrière possible : autant d'êtres jusqu'à aujourd'hui voués à une sorte de vie instinctive, anonyme, collective, qui prennent un nom distinct et naissent en quelque sorte à l'humanité. Mais je me demande avec inquiétude pour qui et pour quoi nous travaillons, pour qui et pour quoi nous exerçons ces enfants du peuple à lire, à comprendre, à se rendre compte, à prendre possession des choses et d'eux-mêmes. Est-ce pour livrer ces âmes à peine débrouillées à de nouveaux et étranges éducateurs, aux livraisons à vil prix de romans à bon marché, aux feuilles corruptrices à un sou, parées des plus perfides attraits de l'image illustrée, de la nouvelle, de la chanson, et même, hélas! de l'*article-doctrine*, qui envahissent nos bourgs et nos villages, à mesure que nous y semons les premiers rudiments du savoir? Tant de labeur de notre part, tant de sacrifices de la part de l'État, n'aboutiraient-ils, en accroissant la clientèle de cette honteuse littérature, qu'à accélérer et généraliser le mouvement de dissolution morale, déjà si marqué dans les classes supérieures et moyennes? — Ou, pour dire la même chose en d'autres termes, l'école primaire, à ses divers degrés, qui excelle à susciter partout des forces individuelles, des intelligences curieuses et bien exercées, des volontés capables d'un dessein suivi en vue d'une fin d'utilité pratique, serait-elle destituée du secret d'enseigner à ses élèves la discipline de l'âme et de la conduite sous la règle supérieure de la justice et de la charité?

Je ne ferai nulle difficulté de convenir qu'à cet égard il nous sied d'être modestes, très modestes; mais je refuse, au nom de nos écoles, de l'être tout seul. Si grande que j'estime notre part dans l'éducation du pays, je n'oublie pas que d'autres influences, dont quelques-unes autrement puissantes que la nôtre, autrement actives, et d'une portée incomparablement plus étendue, figurent parmi les éducatrices du pays : telles l'*Église*, à qui il siérait, au moins autant qu'à nous, de ne pas se vanter, si l'on considère le peu d'action visible et *appréciable* qu'elle a sur la moralité du pays; la *politique*, dont les effets en beaucoup de départements sont singulièrement dissolvants; le *théâtre* et les spectacles de tous genres, véritable école publique, qui insinue ses leçons trop souvent dépravantes par les yeux et par les oreilles; la *littérature* et ses romans, dont je n'ai pas besoin de qualifier le caractère ordinaire; enfin, et surtout, la *presse* quotidienne, avec ses articles grossiers ou raffinés, et ses feuilletons appropriés à tous les degrés de culture, qui parle chaque matin à des millions et des millions de lecteurs. Notre rôle, à nous, gens d'école, qui ne gardons pas les enfants sous notre tutelle au delà de l'âge de onze ou au plus douze ans en moyenne, sans cesser d'être considérable, apparaît moindre auprès des grands personnages que je viens de nommer, dont la voix atteint partout, et parle chaque jour à tous les âges, à toutes les conditions, à tous les intérêts, à toutes les passions.

On jugera aussi plus équitablement du rôle de l'école, et de sa part de responsabilité dans la formation des mœurs publiques, si l'on veut bien considérer qu'elle n'est pas une Église, ayant son point d'appui dans une doctrine en dehors, ou si l'on veut, au-dessus de l'histoire et de l'humanité, pas plus qu'elle ne dispose d'un clergé célibataire, élevé dès le jeune âge en des séminaires clos, à l'abri des grands courants contemporains d'opinion, à part même de la famille. Nos maîtres, comme leurs élèves, vivent au sein de la société; ils en respirent l'air; ils pensent, ils sentent, ils doutent avec elle; ils parlent sa langue; loin d'y être des étrangers, ils sont ses fils légitimes; ils prétendent le rester, et ils sont reconnus pour tels : là est leur force et le secret de leur influence; là aussi est leur faiblesse, puisqu'ils participent plus ou moins aux incertitudes et aux maladies morales de leur entourage. Comment la plupart de nos cent vingt mille instituteurs se détacheraient-ils assez de l'état d'esprit du pays pour le modifier sensiblement? Or qui ne sait que les mœurs, les idées, les sentiments généraux, les habitudes, sont aujourd'hui en pleine crise de transformation, et vont à la dérive, faute d'une boussole assurée, soit chrétienne, soit philosophique; que la morale dominante (quand il y a une morale) est toute utilitaire et empirique, avec des restes de vieilles coutumes et maximes; que l'*honneur* même, vertu si chère à la France, mais règle toute extérieure, sociale, changeante et accommodante, est loin d'avoir une autorité suffisante sur les générations nouvelles-venues; qu'en fait de doctrine, c'est plutôt le scepticisme pratique, avec ses leçons énervantes, que prêchent ou laissent voir les feuilles et les livres de haut et de bas étage; que, par suite, l'enseignement spiritualiste, ou simplement *moral*, des programmes, des instructions pédagogiques et des manuels, risque de n'appliquer à beaucoup de jeunes gens qu'une légère couche tout intellectuelle, sinon de pure mémoire, laquelle ne fait pas corps avec leur substance propre.

Mais tout cela dit avec une entière franchise, comment fermer les yeux sur l'urgente, l'absolue nécessité de confier expressément à l'école, un office d'enseignement moral, sans exclure pour cela, est-il besoin de le dire, les autres influences bienfaisantes, ecclésiastiques ou laïques? Quand toutes les conditions de la vie sociale sont profondément bouleversées par des causes irrésistibles, dont il serait puéril de se plaindre ou de médire, quand le déplacement incessant des populations, favorisé par les chemins de fer, a rompu en grande partie les freins de la *coutume* héréditaire, quand l'industrie agglomère en un même lieu les ouvriers par milliers et dizaines de milliers, les livrant à toutes les excitations de ce mode de vivre, quand le service militaire obligatoire soumet toute la jeunesse durant trois ans à l'épreuve d'idées, d'opinions, de tentations qu'elle n'aurait pas connues dans ses villages, quand la presse, bien ou mal pensante, vient chercher le lecteur jusqu'à son atelier ou à sa charrue, quand enfin nous sommes visiblement menacés de désorganisation morale et, par conséquent, de décadence politique, devrait-il se trouver un seul homme sensé pour ne pas tourner les yeux vers l'école, qui, elle aussi, a le rare privilège d'atteindre à peu près tous les enfants, les ayant tout à elle (réserve faite de la fréquentation irrégulière) durant quatre ou cinq ans, et six heures par jour?

On dit, je le sais bien, que l'école s'est elle-même frappée de stérilité, quant à l'action morale, en supprimant l'enseignement religieux, seul capable d'imprimer autorité et sanction à la parole du maître. C'est, à mon avis, se faire une étrange illusion sur la vertu qu'avait autrefois ou qu'aurait encore aujourd'hui cet enseignement, même dans les écoles congréganistes, à plus forte raison dans les écoles laïques : il ne serait aujourd'hui, au milieu d'une instruction générale toute pénétrée de l'esprit scientifique, il n'était guère avant la loi de laïcisation, qu'une sorte de *caput mortuum*, une matière superposée aux autres, enseignée (par une exception unique !) selon la *lettre* seulement, inassimilable à l'organisme des études primaires. Je le dis d'autant plus librement qu'à mon avis l'absence de l'inspiration religieuse (je dis l'absence et non la *perte* : car il n'y avait malheureusement rien ou peu de chose à perdre de ce chef) constitue, pour parler le langage du jour, un grave déficit dans notre budget moral. Si la disposition des esprits, si l'état des croyances, si des traditions nationales bien vivantes et compatibles avec les plus nobles inspirations des temps modernes eussent favorisé et rendu pour ainsi dire *naturelle* une instruction religieuse scolaire, qui eût été véritablement religieuse, allant au vif de l'âme, et non pas seulement ecclésiastique, c'est-à-dire rituelle, dogmatique, souvent superstitieuse; et si cette instruction, rattachant l'âme de l'enfant au principe infini des choses, lui révélant par là même sa grandeur et son immortalité divine, avait accompagné une instruction morale non ascétique, toute séculière et pratique, unissant les traits essentiels de l'idéal chrétien à ceux de l'idéal antique et moderne, l'humilité au sentiment de la valeur personnelle, la résignation à l'esprit d'entreprise, la douceur à la vaillance, la charité à la résistance aux méchants; oui, si pareille alliance eût été praticable, j'entends sincèrement praticable, nul doute que l'éducation publique n'y eût gagné une dignité, une autorité singulières. Mais qui ne voit que je viens de tracer un programme chimérique, lequel ne trouverait ni écho dans le sentiment public, ni une langue connue, familière aux instituteurs, pour s'exprimer et s'enseigner, mais encore moins familière au clergé! Qui ne voit aussi que la violence seule, la violence légale, compagne inséparable de l'hypocrisie, pourrait rétablir dans nos écoles l'enseignement confessionnel *selon la lettre*, sans le moindre profit pour la moralité des élèves, au grand détriment de la moralité des maîtres et de la dignité même de la religion? Le jour est loin (s'il doit jamais venir!) où la France, sous les auspices de la libre pensée, et non plus de l'autorité dogmatique, retrouvera le sens et la saveur de l'antique tradition chrétienne, depuis longtemps et de plus en plus oubliée. Aujourd'hui, l'idée religieuse, la simple idée de Dieu, sans être proscrite aucunement, occupe dans les mœurs scolaires la même place que dans les programmes, et dans les programmes la même place que dans l'âme française : elle couronne l'enseignement de la morale, elle le complète, elle s'y ajoute; elle ne le pénètre pas.

Est-ce à dire que cet enseignement tout séculier soit inutile ou stérile? Sans doute, on peut regretter qu'il manque, en général, de souffle, qu'il n'ouvre pas à l'enfant les vastes horizons; qu'il n'ait pas cette puissance victorieuse « qui transporte les montagnes » et qui change profondément les caractères. Mais, ici encore, écartons l'illusion : ce grain de foi, ces amples horizons, cette autorité persuasive, cette puissance de « conversion », les rencontre-t-on souvent dans l'enseignement ecclésiastique? N'y sont-ils pas, n'y ont-ils pas toujours été un don rare et une *grâce* exceptionnelle? La *lettre* morte, la formule transmise et sèche, n'y remplacent-elles pas le plus souvent l'esprit de vie? Et serait-il équitable de demander à nos maîtres laïques une *spiritualité* qu'on se résigne à ne trouver que par exception chez les interprètes attitrés de la morale religieuse?

Je dirai ici une pensée que m'ont souvent suggérée mes visites d'écoles. Si l'élite de nos maîtres, simples instituteurs, les maîtres de sciences en particulier, a échappé en partie à la contagion de certaines doctrines très en faveur autour d'elle; si, en acquérant plus de savoir, elle ne s'est pas engouée d'un positivisme grossier, c'est à l'enseignement nouveau qu'elle le doit, aux leçons de psychologie et de morale qu'elle a entendues à Saint-Cloud, à Fontenay et dans les écoles normales, aux ouvrages sur la matière qu'elle a lus. Elle a au moins appris des maîtres laïques en qui elle mettait sa confiance, qu'il y a entre le ciel et la terre plus de choses que le bon sens vulgaire n'en sait découvrir : et n'est-ce pas là le commencement de la sagesse?

Non, il n'est pas vrai que, tout infirme et borné qu'il est, cet enseignement soit sans valeur et sans profit dans nos écoles. On s'y applique de toutes parts avec la meilleure volonté, inspecteurs d'Académie, inspecteurs primaires, instituteurs; il se forme peu à peu une *procédure*, un appareil de moyens (exposés, résumés, lecture de poésies, sentences apprises par cœur, chants) : en attendant qu'il se forme une tradition, chacun y met du sien. Son grand mérite, c'est qu'il est sincère et libre, et qu'à la faveur de cette sincérité il peut devenir de plus en plus *personnel* chez les maîtres, par conséquent vivant et efficace. Un autre mérite, c'est qu'il est généralement pratique; s'il n'a pas de prétentions ni de portée spéculatives, du moins vise-t-il modestement à des résultats prochains et précis. Étant sincère et pratique, il est tout séculier, tout moderne; j'entends qu'il s'applique à régler selon la raison le commerce social, politique, domestique. Il y a plus : tout occupé qu'il est des *actes* de la vie extérieure, il ne néglige pourtant pas la vie du dedans, dont l'autre n'est que la traduction plus ou moins fidèle, je veux dire les sentiments, la disposition intérieure. On remarquera même que les instructions pédagogiques, ainsi que les programmes, insistent fortement sur cette vie cachée aux regards, dont la morale superficielle du monde a peu de cure, et que la morale ecclésiastique, infidèle à ses origines, laisse trop ignorer à ses disciples. Le sentiment de la responsabilité personnelle apparaît, on peut le dire, au commencement, au milieu, à la fin des programmes; et ceux qui ont suivi d'un peu près l'évolution des idées morales en France, depuis deux siècles, n'auront pas de peine à juger que cette continuelle et insistante provocation à se replier sur soi, à s'observer en vue de se connaître par le dedans, et à se connaître au vrai pour se *refaire*, n'est pas une médiocre nouveauté dans l'éducation, nouveauté plus surprenante et de plus haute portée encore dans l'éducation populaire.

Je conviendrai de nouveau que tout cela est encore incomplet; que les manuels populaires des philosophes et les leçons des instituteurs manquent trop de cette chaleur rayonnante qui pénètre les âmes; que les livres, même les plus pratiques, à plus forte raison les leçons orales, restent trop *intellectuels*; ce qui, encore une fois, n'est pas un trait exclusivement propre à l'enseignement laïque. Mais, d'abord, il y a d'heureuses exceptions qui peuvent devenir fréquentes; et sans me permettre de citer des auteurs vivants, j'appellerais nos grands poètes du XIXe siècle à témoigner que les lèvres laïques peuvent parler sur ces sujets avec *autorité* et avec *intimité* lorsque l'étincelle prophétique vient à les toucher; qu'il ne leur est pas interdit, dans leurs chants, d'emplir la vie présente d'éternité, ni la vie humaine et séculière de divinité. Entre tous les préjugés, disons plutôt entre toutes les superstitions séculaires qu'entretient chez nous la paresse morale, la plus mortelle est celle qui nous porte à réserver à un ordre d'hommes privilégié la connaissance des choses profondes de l'âme et le maniement des choses sacrées.

Enfin cet enseignement est né; il vit; il cherche à tâtons sa loi, ses principes, ses organes, sa langue; il fait son noviciat, auquel nos maîtres laïques n'ont malheureusement été préparés ni par la tradition de l'Église, ni par celle du XVIIIe siècle. Qu'un jour une voix s'élève, comme il s'en est fait entendre plus d'une fois dans les temps anciens et dans les temps chrétiens, voix d'un homme ou d'une doctrine, d'un philosophe ou d'un moraliste religieux; qu'elle nous parle avec puissance, et dans notre propre langue séculière, de ce qui est notre intérêt suprême, de ce qui, en chacun de nous, est l'essentiel de l'humanité; et cette parole, d'où qu'elle vienne, de la libre pensée toute seule ou de la libre pensée associée aux traditions chrétiennes, trouvera aussitôt dans les écoles des milliers d'interprètes pour la vulgariser et la faire arriver jusqu'aux derniers confins du pays.... Mais à quel espoir osé-je m'abandonner? Ce sont, hélas! d'autres voix, voix de sensualité, de haine, de sophismes, qui ont aujourd'hui le privilège de parvenir à des extrémités où, jusqu'à présent, nulle vie de l'esprit ne s'était manifestée; et c'est nous, hélas! qui leur préparons des auditoires sans cesse renouvelés!

INSPECTEURS PRIMAIRES

Au sujet des inspecteurs primaires, je croirais manquer à un devoir de justice en ne confirmant pas aujourd'hui le jugement que m'avait déjà dicté, en 1880, ma première inspection de l'enseignement primaire. Nous avons là un corps de fonctionnaires très estimable, qui rend de grands services, et à qui ce serait faire un honneur mérité que de lui en demander de plus grands encore; un corps qui n'est pas une simple *administration*, chargée de veiller à l'exécution des règlements, mais dont chaque membre s'occupe à la fois du temporel et du spirituel; qui négocie avec les municipalités, et en même temps propage les bonnes méthodes, ranime les instituteurs sommeillants, entretient les bonnes traditions. Quand on a vu nos inspecteurs isolés, sans autre lien entre eux ni d'autre stimulant que deux ou trois réunions annuelles au chef-lieu, s'inspirer des plus hautes instructions pédagogiques et les traduire de leur mieux en langage vulgaire à l'usage de maîtres dont un grand nombre n'ont reçu aucune éducation professionnelle régulière; quand on les a vus lutter pied à pied et sans relâche contre la routine et l'inertie envahissantes, contre l'indifférence des familles, des conseils municipaux, des hommes publics de tous degrés, contre l'hostilité déguisée ou affichée du clergé, on ne se défendra pas du sentiment de respect que j'exprimais plus haut.

S'il y a dans ce personnel, comme dans les autres ordres de l'enseignement, certains défauts collectifs, avec des inégalités et des défaillances individuelles, il y a, j'ose le dire, plus que nulle part ailleurs, outre la déférence hiérarchique et la docilité aux bons conseils, la foi à l'œuvre que l'on fait et un effort incessant pour la mieux comprendre et la mieux accomplir.

Qu'on se mette un moment à la place de chefs de service qui peuvent, sans craindre d'être démentis, décrire en 1894, en pleine et victorieuse République, la situation que voici :

«... Je n'ai pas besoin de rappeler que la loi sur l'obligation scolaire semble ici complètement inconnue et que les commissions n'existent dans aucune commune. Un esprit d'indépendance frondeuse se montre dans les moindres villages, et l'administration reste trop souvent désarmée en présence des résistances locales. Non seulement on ne tient pas compte de l'obligation ; mais on s'oppose autant que possible à la laïcité ; on va même jusqu'à refuser des locaux pour la tenue des écoles publiques....

« Quant aux délégués cantonaux, qui auraient plus d'influence auprès des familles que les instituteurs, et qui sont plus indépendants, ils paraissent malheureusement considérer leurs fonctions comme purement honorifiques. Qu'on ajoute à cela le maintien dans les rangs du personnel de fonctionnaires âgés, fatigués et routiniers. »

Si l'on considère que ce langage est celui d'un esprit mesuré, dans une circonscription exempte de fanatisme violent, on appréciera mieux ce qu'il faut à nos inspecteurs d'empire sur soi, de persévérance, de foi pédagogique pour ne pas plier à leur tour sous la pression de mœurs indolentes et ne pas se dérober au devoir de remonter la mauvaise pente séculaire. Il est juste d'ajouter qu'ils trouvent généralement dans les inspecteurs d'académie des guides éclairés et des tuteurs qui savent accepter les responsabilités. Je le répète, l'État dispose là d'une force qui ne demande qu'à être dirigée et, au besoin, soutenue pour imprimer plus de cohésion au personnel primaire et lui communiquer une plus forte impulsion pédagogique.

Cohésion et impulsion : on ne saurait séparer ces deux choses.

J'entends dire, il est vrai, et je suis tout disposé à le croire, qu'à part un petit nombre d'indisciplinés des grandes villes, animés d'un mauvais esprit, la plupart des instituteurs se serrent avec confiance autour de leurs inspecteurs primaires. Ces bonnes relations seraient, ajoute-t-on, encore plus étroites et plus fécondes si les inspecteurs étaient moins souvent déplacés. Mais que les maîtres se sentent les serviteurs d'une même cause, de la plus noble de toutes, les soldats du même drapeau, unis par des idées communes, et que cette communauté active soit pour eux une force, une source de courage et d'émulation, une raison de se respecter mutuellement et de s'attirer le respect, voilà de quoi je voudrais être plus assuré que je ne le suis.

La solidarité ne se décrète pas. Autant elle est facile à maintenir sous le vœu de l'obéissance religieuse au sein d'une congrégation (mais c'est là un genre de solidarité que nous n'envions pas, et qui ne saurait convenir au génie laïque), autant elle est laborieuse à établir dans une société scolaire aussi vaste que la nôtre, composée encore aujourd'hui d'éléments de valeur très inégale, dont une partie, recrutée en dehors des écoles normales, dépourvue de traditions et de grades supérieurs, n'est guère susceptible de profiter de l'impulsion générale. C'est évidemment l'*esprit* seul, un esprit commun, sans cesse renouvelé et librement adopté, un esprit moral et pédagogique tout ensemble, avec un sentiment patriotique éclairé, qui peut relier ensemble tout ce peuple de maîtres et de maîtresses.

Il faut savoir attendre. Attendre que le temps ait fait son œuvre et que le personnel soit plus homogène d'origine et d'éducation. Mais on serait inexcusable d'oublier un seul moment quelle cause de faiblesse c'est pour l'enseignement en général et pour les individus en particulier que l'état d'isolement où nous vivons, mal corrigé par le simple lien administratif. Chacun vit à part, seul avec lui-même; beaucoup vivent très à l'écart, loin de leurs supérieurs, loin de tout centre d'activité intellectuelle, et n'ont d'autre secours à attendre que la visite annuelle, si rapide et nécessairement si insuffisante, de leur inspecteur.

En observant de près cette situation, je me suis quelquefois demandé s'il n'y aurait pas un meilleur parti à tirer des conférences pédagogiques; non pour les faire plus fréquentes — cela serait presque partout impossible, — mais pour les rendre plus intéressantes, plus excitantes, plus encourageantes, et d'un effet plus durable. Je ne me permettrai pas de proposer des catégories nouvelles de sujets à traiter ou d'exercices à introduire : je comprends trop bien à quelles difficultés on va se heurter dans la pratique et, entre autres, à quelle inertie intellectuelle d'un certain nombre de maîtres. Je voudrais seulement rappeler à MM. les inspecteurs que ces conférences leur mettent entre les mains un instrument de grande portée, dont l'efficacité dépend — non pas entièrement, mais en grande partie — de ceux qui le manient. Il faut, j'en conviens, pour les bien diriger, avec du savoir et de l'expérience, beaucoup de tact, de souplesse, de fermeté; il faut aussi renouveler les moyens d'action, et chercher sans cesse par où l'on pourrait atteindre, captiver, persuader son monde, et le mettre en mouvement. Il faut également — dirai-je *surtout*? — avoir bien présents à l'esprit les vues d'ensemble, les principes généraux d'éducation qui vivifient le plus humble enseignement; et ces principes, il faut se mettre en état de les communiquer, non pas comme des formules sacrées, mais comme un ferment actif mêlé à tous les conseils, à toutes les leçons. C'est beaucoup demander, et je reconnais que le tableau est plus facile à tracer qu'à réaliser.

Il est bon néanmoins de prémunir nos très méritants inspecteurs contre un mal particulier à notre profession, qui pourrait s'appeler l'*usure*, l'effet presque inévitable de la *longue pratique*; mal voisin, sinon du découragement, au moins de la résignation à de médiocres résultats. La vérité est qu'ils peuvent beaucoup, et qu'ils pourront de plus en plus, s'ils s'en rendent capables, à mesure qu'ils seront mieux soutenus dans leurs cantons par une petite élite d'instituteurs, imprimant le branle aux autres.

Me hasarderai-je aussi à demander — mais plus timidement encore — s'il n'y aurait pas quelque avantage pour les institutrices à les convoquer parfois séparément, si par là bien des difficultés matérielles ne seraient pas diminuées le jour de la conférence; si l'inspecteur, assisté d'une institutrice principale, n'exercerait pas une action plus directe sur son personnel féminin; si, enfin, les jeunes maîtresses détachées au loin, sur la montagne ou dans les villages reculés, ne trouveraient pas, dans la réunion de personnes de leur sexe, plus de réconfort et de ravitaillement que dans la grande réunion ouverte aux hommes et aux femmes? Ne pourrait-on pas charger même quelquefois la directrice de l'école normale de participer avec l'inspecteur à la présidence de quelques-unes de ces conférences, où elle apprendrait à connaître directement l'état réel des personnes et des choses primaires dont elle vit habituellement beaucoup trop éloignée; elle y retrouverait, d'ailleurs, ses anciennes élèves, à qui elle saurait mieux que personne dispenser la parole d'avertissement et d'encouragement. Nul doute qu'elle ne rapportât de là dans son école un choix d'observations qui modifierait en plus d'un point sa propre manière de diriger et d'enseigner et celle des professeurs, ses collègues. On verrait aussi par cette épreuve si elle est capable d'exercer, le cas échéant, un office d'inspection, bien différent, à coup sûr, de celui de la direction d'une école normale.

Mais je n'insiste pas; c'est seulement à titre d'exception et d'essai que je proposerais des conférences *spéciales* d'institutrices.

Je me suis étendu bien au delà des limites que je m'étais d'abord tracées : il faut finir. En repassant du regard les établissements de tous degrés que j'ai visités, en me rappelant les nombreux entretiens qu'il m'a été donné d'avoir avec les hommes d'école, si je cherche à résumer en deux mots mon impression d'ensemble, je ne peux guère que répéter ce que j'ai dit. Il y a partout beaucoup de bon vouloir, beaucoup de travail et d'intelligence, beaucoup de savoir acquis. Ce qu'il n'y a pas, me semble-t-il, au même degré, c'est la culture, c'est l'éducation, ce sont les habitudes et les goûts de l'esprit, c'est aussi le souffle vivifiant. Et le souffle, pour parler sans images, c'est la poursuite d'un but supérieur, c'ést une direction commune qui relie entre eux et les hommes et leurs efforts. Et, si j'ose préciser encore davantage, c'est le dessein nettement conçu par tous de préserver la France par la culture, par l'éducation profonde des esprits et des cœurs, de la décadence politique et morale que beaucoup lui présagent, que des amis même appréhendent, et dont aucun privilège, ni surnaturel, ni de race, ni d'histoire, ne la garantit. Quand on a derrière soi des dates récentes accumulées (sans parler d'une série d'autres plus anciennes) telles que les journées de juin 1848, 1851 et le Second Empire, le plébiscite de 1870 et Sedan, la Commune de 1871, hier encore le boulangisme; et quand on se rend compte de la situation générale de l'Europe, il y a lieu d'être sur ses gardes, d'ouvrir les yeux et de veiller de près. Quelques mots d'un publiciste des États-Unis adressés à son propre pays, me sont plus d'une fois revenus à l'esprit au cours de mon inspection : « Les gens de bien sauvent leur pays, mais ils ne le sauvent que si les autres sont capables de se laisser inspirer et guider par leur exemple. Quand une société décline, il peut arriver un moment où les gens de bien luttent inutilement contre les causes de ruine. Annibal ne put sauver Carthage; Démosthènes n'a pu sauver Athènes; et Jésus, lui-même, n'a pu empêcher la ruine de Jérusalem et de la patrie juive. Il y a des nations qui descendent trop bas pour qu'on puisse les sauver. En sommes-nous là? J'espère que non; mais, pour que cet espoir se réalise, il faut que tous les patriotes et tous les chrétiens travaillent de concert. » N'est-ce pas là parler en homme et en bon citoyen, sans illusion et sans découragement? Oui, former une élite populaire d' « hommes de bien », d'esprits droits, honnêtes, vaillants; et, à côté d'eux, une moyenne générale de braves gens, « capables de se laisser inspirer et guider par leur exemple », voilà sans doute le plus grand service que l'école primaire puisse rendre à notre pays.

. . . .

Tandis que j'écris ces dernières lignes, un scrupule me vient, que je ne veux pas dissimuler.

En appréciant tous les efforts et tous les résultats, aurais-je été trop sévère? N'aurais-je pas porté trop haut la règle de mes jugements? Et à nous peser tous à cette balance, inspecteurs généraux, directeurs d'écoles normales supérieures, aussi bien qu'inspecteurs primaires, directeurs et professeurs d'écoles normales et instituteurs, ne risquerions-nous pas d'être tous également trouvés bien légers?

Oui, à n'en pas douter.

Mais si nous avons, les uns et les autres, un égal besoin d'être jugés avec indulgence, et plutôt d'après notre bon vouloir que d'après nos succès, nous n'avons pas moins besoin, je pense, d'être sans cesse rappelés de la routine formelle à l'esprit, au véritable esprit d'éducation, ainsi qu'à l'intérêt supérieur, en même temps qu'actuel et pressant, du pays.

II

De l'usage et de l'abus de la pédagogie [1].

La pédagogie est aujourd'hui en grande faveur; on pourrait presque dire qu'elle est à la mode. Un étranger qui visiterait notre pays pour rapporter à ses compatriotes ce qu'il y a vu de plus saillant, ce qui occupe le plus d'esprits, ce qui fait publier le plus de livres, ce qui paraît être en honneur à la fois au Parlement et dans les ministères, à Paris et dans la province, à la ville et au village, ne risquerait guère de se tromper en écrivant sur son carnet de notes : « La France pédagogise ». Cours privés ou publics, écoles normales supérieures, programmes officiels, examens de haut et bas degré, livres didactiques, manuels historiques, recueils d'extraits, rien ne manque, à ce qu'il semble, de ce qui sert à cultiver l'art de l'éducation ou à le propager. Théorie et procédés de l'enseignement en général et des enseignements spéciaux, théorie et procédés de l'éducation proprement dite, c'est-à-dire de la manière d'instituer l'esprit et le caractère, on prétend ne rien abandonner au hasard ni à la routine; on veut tout prévoir, tout régler selon la raison et à la lumière de l'histoire. Ainsi s'explique l'introduction dans nos programmes primaires de certaines études qu'on peut sans exagération appeler nouvelles, si grande est l'importance qu'elles ont prise : la psychologie, ou la science des facultés

1. Cet article a été publié dans la *Revue pédagogique* en 1882.

de l'âme et de leur développement, aidée de la physiologie, qui met en lumière l'action du physique sur le moral; la morale rationnelle, ou la science des principes qui doivent régler la conduite, et des mobiles qui déterminent la volonté; enfin, l'histoire de la pédagogie. Que devient, au milieu de ce branle-bas général, l'ancien maître d'école? On dirait qu'il passe à l'état de souvenir; l' « éducateur » fait son avènement en France, armé de principes rationnels et de méthodes savantes non moins que e savoir technique.

I

De bons esprits s'inquiètent à la vue de ce flot de pédagogie primaire qui va grossissant. A les en croire, ils seraient tentés parfois de regretter le vieux régent et son humble routine; ou plutôt ils invoquent le bon sens et l'expérience commune pour conjurer le péril d'une scolastique nouvelle, plus raffinée que l'ancienne, et d'autant plus à redouter, pensent-ils, qu'elle est plus méthodique dans ses façons de procéder.

Il ne faut pourtant pas, en pareille matière, s'abandonner à la mauvaise humeur et juger sur de simples impressions. Comment se refuser à reconnaître qu'il y a, en effet, une science et un art de l'éducation, jusqu'à présent trop négligés dans leur application à l'ordre primaire; c'est-à-dire un ensemble de principes, de règles générales, de procédés d'application fondés sur l'observation de la nature humaine; que cette observation, ou psychologique, ou physiologique, ou morale, pour aboutir à des résultats positifs, doit se conformer aux règles de toute expérience scientifique; que cet art a ses rameaux et ses branches; enseignement et éducation, éducation physique, intellectuelle, morale, esthétique, lesquelles ont à leur tour des règles particulières tenant à leur objet propre ou aux facultés qu'elles mettent en exercice? N'est-il pas manifeste qu'il y a une bonne et une mauvaise manière de concevoir et de diriger l'éducation en général; qu'il y a aussi un art de bien enseigner l'histoire ou la littérature, qui n'est pas celui d'enseigner les mathématiques, et qui varie lui-même selon l'âge des élèves; qu'il y a de bons et de mauvais procédés pour développer ou rectifier le sens de l'observation, le jugement, le sens moral, l'imagination; mais que tous ces rameaux se rattachent à un tronc commun, à une direction générale, qui elle-même dépend d'une certaine façon, instinctive ou réfléchie, de considérer la nature de l'homme et sa destinée? Qu'est-ce que tout cela, sinon la pédagogie même; et peut-on craindre de la faire trop rationnelle, c'est-à-dire trop conforme à la réalité, à la nature humaine observée de près et méthodiquement?

De même, n'apparaît-il pas aux yeux de tous que le bon sens, ou le sens pédagogique qui n'en est que l'application, ne peut que gagner en finesse et en sûreté s'il s'exerce à contrôler l'expérience individuelle par l'expérience collective, celle du présent par celle du passé, s'il s'accoutume par cette comparaison à mieux distinguer les germes infructueux des germes féconds, ce qui est solide de ce qui n'est que spécieux, ce qui est naturel de ce qui est arbitraire? Quoi de plus raisonnable que de demander aux maîtres qui nous ont précédés des exemples et des conseils, de ne pas faire sottement table rase, de fonder autant que possible le présent sur le passé, et de nous rendre compte en particulier de ce que comporte notre tempérament national? Or tout cela, c'est l'histoire même des doctrines pédagogiques appliquées à l'éducation.

Qu'on ne s'imagine donc pas faire preuve de bon sens ou d'esprit en dénigrant la science nouvelle. Elle n'est nouvelle que par l'importance considérable qu'on lui donne aujourd'hui, et qui résulte le plus naturellement du monde des nécessités de notre régime démocratique et laïque. Elle est autant française que germanique ou anglaise; nous cherchons vainement pourquoi nous céderions à d'autres pays une sorte de privilège en ce domaine, nous qui avons tenu école durant les trois derniers siècles avec des maîtres tels que Rabelais, Montaigne, les hommes de Port-Royal, Fénelon, Mme de Maintenon, J.-J. Rousseau, Mme Necker de Saussure, le Père Girard, etc. Certes, s'il est une tradition qui mérite de s'appeler française, et dont les étrangers eux-mêmes nous fassent honneur, c'est précisément la tradition pédagogique : il serait étrange que, sous prétexte de patriotisme, on nous fît, de par le bon sens français, défense de la continuer.

Et néanmoins les appréhensions que l'on entend quelquefois exprimer ne sont peut-être pas, si on les examine de près, sans quelque fondement. On a raison de penser que les principes, les règles, les procédés, la science théorique ou pratique, expérimentale ou historique, la pédagogie en un mot, loin d'être tout dans l'éducation, n'est même pas le principal, qu'elle n'est qu'un simple auxiliaire. Le savoir le plus abondant et le plus correct en cette matière, les méthodes les mieux garanties par l'expérience et par l'histoire, ne suppléent pas la qualité pédagogique par excellence, à savoir le libre mouvement, le coup d'œil prompt et sûr d'un esprit sain et bien cultivé, qui n'est l'esclave d'aucune méthode, la dupe d'aucun procédé, qui renouvelle sans scrupule ses moyens d'expression et d'action, et qui obéit en cela à une logique intérieure plus souple, plus variée dans ses allures et non moins serrée que la logique de l'école. En ce sens, on a raison de dire, en rappelant le mot de Pascal sur l'éloquence, que la véritable pédagogie se moque de la pédagogie.

C'est précisément cette liberté souveraine de l'esprit, cette activité spontanée, cette curiosité toujours en éveil, cette faculté de création ou, plus modestement, d'invention, de perfectionnement, de renouvellement incessant, que l'on peut craindre de voir, non pas étouffée, mais gênée, diminuée, faussée par un appareil scientifique trop compliqué. Tant de règles et de procédés, de doctrines et de modèles, destinés à atteindre plus sûrement les diverses facultés de l'âme, risquent tout ensemble d'affaiblir chez le maître l'activité originale et de lui masquer, sous le luxe des descriptions, soit la véritable nature humaine, soit surtout la nature individuelle à laquelle il a affaire. D'une part, il se peut que le ressort personnel en soit déprimé, et de l'autre que les formules savantes remplacent la vie véritable, la riche diversité des esprits.

La pédagogie historique elle-même, si propre à nous préserver d'erreurs déjà condamnées par l'expérience, et qui, en outre, nous rend l'incomparable service de féconder notre génie national en lui infusant à propos ce que le génie de l'étranger a de meilleur, risque aussi, par l'imitation, de nous égarer de notre voie naturelle et de nous énerver. Sans doute il nous est bon, sous peine de subir les effets ordinaires de l'isolement, tels que l'infatuation, l'engourdissement, la stérilité, de nouer des rapports étroits avec des nations qui ont fait preuve de vitalité, comme l'Allemagne, la Suisse, l'Angleterre, les États-Unis. Les écrivains étrangers se recommandent souvent à nous par leur manière ou plus profonde, plus intérieure en quelque sorte que la nôtre, ou plus pratique, moins désintéressée, de considérer les choses de l'éducation; mais qui ne voit qu'en nous prêtant à ce commerce intime, nous gagnerions peu à nous laisser envahir par les habitudes de penser trop systématiques ds Allemands, par l'esprit positif et utilitaire des Anglais, par l'étroit dogmatisme religieux de certains pédagogues suisses, par l'esprit exclusivement pratique des Américains? Tant d'influences diverses qui s'exercent de divers côtés à la fois sur nous par les traductions, les extraits, les articles de journaux, peuvent nous enrichir ou nous appauvrir, nous stimuler ou nous énerver, nous embrouiller l'esprit ou l'éclaircir, nous sortir de notre régime naturel ou nous y installer plus au large.

Le danger est d'autant plus à considérer dans notre enseignement primaire que cet avènement subit de la pédagogie rencontre des esprits imparfaitement préparés. Ni l'étendue de l'instruction, ni surtout la discipline intellectuelle ne répondent encore chez nos maîtres, autant qu'on le souhaiterait, à ces nouvelles exigences. Ce n'est pas une petite entreprise que d'initier des jeunes gens âgés à peine de seize à dix-sept ans, sortis hier de l'école primaire, à la psychologie, à la morale rationnelle, à la pédagogie théorique. On a beau réduire ces sciences à des éléments : encore faut-il que ces éléments, pour entrer dans la circulation vitale, soient assimilés; qu'au lieu d'être affaire de pure intelligence logique, ils deviennent chose vue, comprise, sentie. Les idées les plus fécondes, les principes les plus élevés, risquent de n'être que des notions d'école, dont on saisit la signification formelle, mais qui, faute de correspondre à une certaine éducation préalable de l'esprit, assez profonde ou assez étendue, demeurent à l'état de connaissance inerte et encombrante. Il peut arriver que des esprits neufs, doués d'un robuste bon sens, qui, abandonnés à eux-mêmes, auraient peut-être, à l'aide d'observations et de tâtonnements multipliés, trouvé leur voie et fait en quelque mesure œuvre originale, soient emprisonnés, figés dans un savoir dont les formules devancent leur expérience et débordent leur instruction générale.

Que sert d'ailleurs de se le dissimuler? En vain la psychologie et la morale se dissimulent sous la forme la plus modeste, en vain elles se font petites, elles n'en sont pas moins la philosophie! Le but pratique qu'on leur assigne, le caractère pratique de la méthode recommandée n'empêchent pas que la théorie n'intervienne de plein droit, et qu'enfin les questions ne soient les questions, les vieilles, les éternelles questions qu'agite la philosophie. Certes, il est à mille lieues de notre pensée de croire que ce soit là une mode de passage, ou le produit de la fantaisie capricieuse d'un ministre ou d'un gouvernement; c'est au contraire une nécessité que notre état moral et social nous impose; il n'y a qu'à la reconnaître et à y faire face virilement. Mais ce n'est pas moins une épreuve difficile, périlleuse même, que cette sorte de sécularisation de l'enseignement philosophique, transporté brusquement d'un petit nombre d'initiés, d'une classe restreinte, à la foule innombrable des maîtres primaires. Et si l'on songe que ces maîtres parlent aujourd'hui durant quatre ou cinq ans de suite au peuple entier des enfants de la France, on comprendra que l'issue de l'épreuve intéresse la santé même de l'âme de la nation.

Ajoutons que tout un sexe entre aujourd'hui, on peut dire pour la première fois, en communauté de risques et de périls, de pertes et de profits avec l'autre sexe. L'enseignement public et laïque des femmes est fondé; les quatre-vingts écoles normales départementales, destinées à recruter l'innombrable personnel laïque des écoles primaires de filles, seront debout d'ici à deux ans, et là aussi on soumettra l'esprit des jeunes maîtresses à la discipline de la pédagogie rationnelle et historique. Ce seront les mêmes sciences, les mêmes programmes, les mêmes méthodes que dans les écoles d'hommes : à dire vrai, imagine-t-on qu'il en pût être autrement? Mais qui ne voit que l'on doit redoubler ici de précautions, si l'on ne veut pas que les descriptions exactes et savantes de la nature humaine empêchent de voir en plein et au vrai cette nature en chaque enfant, que les formules tiennent lieu de la vie, que l'intelligence, trop ou mal développée, amortisse le sentiment et éteigne l'imagination, que le savoir trouble le regard simple et franc de la jeune maîtresse, que les facultés d'intuition directe, attribut de l'esprit féminin, soient énervées et faussées?

On voudra bien considérer maintenant que les programmes d'études des écoles normales sont fort étendus, qu'ils comprennent une grande variété de matières, que de plus on attribue avec raison une importance croissante aux travaux de réflexion, d'invention, de composition, lesquels demandent beaucoup de temps et réclament une grande place dans la répartition des heures d'étude. Ce n'est peut-être là, il est vrai, qu'une cause temporaire d'encombrement : il est permis d'espérer que le mal ira s'atténuant à mesure que l'éducation primaire, dans les écoles élémentaires et dans les écoles supérieures (de 12 à 15 ans), sera plus complète et plus régulière. Mais aujourd'hui, tant de connaissances à acquérir, soit scientifiques, soit littéraires, durant les trois années d'école normale, imposent à l'esprit une tension excessive, le font vivre hors de lui, et tour à tour dans les choses les plus diverses, l'empêchent de se faire une vie propre d'observations, de réflexions, de tâtonnements, de points d'interrogation, où l'enseignement de la pédagogie, avec ses prémisses théoriques et ses applications, trouverait à prendre racine.

On a donc raison de craindre que le demi-savoir ou plutôt le savoir hâtif et superficiel, que l'on raille parfois chez nos maîtres primaires, et qui les rend, dit-on, suffisants et dogmatiques, ne devienne plus stérile et plus choquant encore s'il se complique d'une instruction pédagogique mal réglée. On a remarqué depuis longtemps la préférence décidée que les élèves des écoles normales montrent pour les mathématiques, et comment ils s'attachent dans ces sciences au simple mécanisme logique. Apporteront-ils la même disposition formelle et utilitaire, pour ainsi parler, dans l'étude des éléments de psychologie, de morale, de pédagogie? Il se trouvera, n'en doutons pas, pour les engager dans cette voie, des manuels trop complaisants qui excelleront à convertir ces nobles sciences en menue monnaie, à l'usage des aspirants aux divers grades qui n'ont pas le loisir de penser.

Quand on songe à l'étendue de ce clavier de l'enseignement primaire qui fait en quelque sorte mouvoir toutes les cordes de la France nouvelle, et à tout ce qui se fait d'efforts extraordinaires depuis quelques années pour le compléter et le perfectionner, on se demande avec une admiration mêlée d'inquiétude : Que sortira-t-il de cet immense travail jusqu'ici sans exemple? En quoi ces innombrables écoles de tous degrés, ces établissements de haute culture pédagogique, ces examens nouveaux ou renouvelés, ces études agrandies ou approfondies, ces méthodes rectifiées, ce soin donné à l'éducation autant qu'à l'instruction, ces légions de maîtres et de maîtresses recrutés au concours et longuement formés par les meilleurs professeurs, en quoi un si puissant appareil modifiera-t-il l'âme du pays? Sortira-t-il de là plus de bon jugement et de clarté d'esprit, plus de force morale avec un sentiment plus élevé de la destinée humaine et de la destinée nationale, plus de patriotisme, plus de bon sens, plus d'esprit libéral? Ou bien n'aurons-nous abouti à faire qu'une démocratie habile à lire, à écrire et à calculer, frottée de quelque littérature, bien pourvue de cette instruction qui donne l'envie et les moyens d'occuper les petites places de l'administration publique, de l'industrie et du commerce, mais démunie de fermes principes et de fortes habitudes de jugement; sans curiosité, sans autre idéal que de se faire une vie tranquille et doucement occupée, sans souci de la grandeur. de l'honneur, de la liberté du pays?

C'est le privilège de l'éducation primaire de faire naître ces vastes appréhensions et cet immense espoir. Elle ne peut s'améliorer, c'est-à-dire devenir plus raisonnable, plus humaine, plus libérale, sans que la nation entière se sente ressusciter. Elle ne peut s'appauvrir de raison, de justice, d'idéal, sans que la vie morale et individuelle se ralentisse dans toutes les veines du corps social. Et si l'on vient encore à se rappeler que cette éducation est centralisée, que toutes les grandes impulsions partent de Paris et d'un seul point de Paris, que l'on ne peut se tromper rue de Grenelle sans que l'erreur ne retentisse dans toutes les écoles de France, on se prend alors à étudier avec un redoublement de sollicitude les réformes entreprises, ainsi que la manière dont elles sont poursuivies et conduites.

II

Mais examinons les choses simplement, sans nous perdre en prévisions à longue portée, et cherchons les moyens d'en tirer le meilleur parti possible. La pédagogie, avons-nous dit, n'est pas une chimère; c'est une science réelle, qui n'emploie pas d'autres procédés que les autres sciences d'observation; seulement elle a ses difficultés particulières, puisqu'elle traite de la nature humaine, qui est de tous les sujets le plus complexe et le plus mobile. Comme toute science, comme la morale et la psychologie, dont elle fait ses auxiliaires, elle est exposée à perdre pied, à s'éloigner de la vie, à se payer de formules, à subtiliser et à dogmatiser; elle peut obscurcir l'intelligence ou paralyser le ressort individuel sous l'amas des matières; mais aucun de ces abus ne lui est en quelque sorte inhérent, aucun n'est inévitable. Si donc il est permis de craindre, il serait puéril de reculer : il n'y a qu'à être sur nos gardes et à prendre nos précautions.

Si j'osais dire toute ma pensée, je voudrais que le premier article de foi de la pédagogie ou sa conclusion dernière fût le franc aveu de l'impuissance où elle est de former à elle seule des instituteurs. Je voudrais qu'elle nous apprît sans relâche, par tous les moyens dont elle dispose, que ni le bon enseignement ni la bonne éducation ne sont le résultat assuré de la science, le produit en quelque sorte infaillible d'un calcul savant, d'un concert de principes, de règles, de procédés tirés de l'exacte observation de la nature; qu'il y a ici un élément qui échappe à toutes les prises de la science, une part considérable à faire, je ne dis pas tant aux dons innés, au talent, aux aptitudes particulières, mais à l'initiative personnelle, à la manière dont le maître s'éprend ou ne s'éprend pas de la vérité qu'il enseigne et des esprits auxquels il l'enseigne : en un mot à la liberté. Faire des professeurs instruits, c'est à merveille; et pourtant c'est peu si vous ne réussissez à faire en même temps, qu'on nous passe le mot, des artistes, c'est-à-dire des esprits vivants et libres, supérieurs à la matière qu'ils enseignent, aux méthodes et aux procédés qu'ils emploient, prompts à se juger eux-mêmes, et toujours en état de mesurer d'un clair regard tout ensemble le but à atteindre et le chemin que l'on suit. Nous résignerons-nous à faire de ces qualités un privilège des professeurs de l'ordre le plus élevé? A aucun prix. Nous les réclamons pour les maîtres et les maîtresses des écoles rurales. Que leur savoir soit médiocre, mais que dans ce savoir ils se meuvent à l'aise, le dominant, le pliant à leur usage. Si la pédagogie leur a proposé de grands modèles, si elle a éveillé en eux une généreuse passion, si de plus elle a aiguisé leur sens critique, bénissons-la : ils sauront alors discerner les physionomies et les caractères divers, les aptitudes, les besoins, les côtés faibles et les côtés saillants; ils distingueront une classe d'une autre classe et un enfant d'un autre enfant. Ils sauront viser dans leurs leçons, non seulement par delà la mémoire, mais par delà les facultés de compréhension logique, jusqu'au point intime où se fait la pleine clarté, l'adhésion de l'intelligence ou du cœur. Vivants, ils susciteront la vie; au lieu d'être de simples professeurs, ils seront des excitateurs; non contents d'enseigner, ils inspireront; et, selon la belle expression de Mme Necker de Saussure, instruire sera pour eux « construire au dedans ».

Nous aurons donc présente à l'esprit, dans tout notre enseignement pédagogique, cette fin supérieure : former des esprits libres, capables d'examiner, de comparer, de réfléchir, de suspendre leur jugement, capables aussi de conclure et de persister dans leur conclusion. Et comme la liberté ne peut vivre toute seule, suspendue entre ciel et terre, à l'état de tendance idéale, ayons pour principal souci de l'incorporer dans de fortes habitudes mentales, acquises au prix d'un exercice assidu et prolongé : habitudes d'attention, d'observation sincère, de rigueur dans le raisonnement, de netteté dans l'idée, d'étroit enchaînement dans l'exposition, de clarté et de précision dans l'expression. La science et l'art pédagogique ne seront estimés à leur juste prix, ils n'auront donné la mesure de ce qu'ils peuvent, que du jour où ils auront réussi à instituer, dans leur ordre propre, quelque chose de semblable à cette discipline des facultés, à cet ensemble de manières tout à la fois circonspectes et hardies d'observer, de juger, d'agir que certaines sciences expérimentales, telles que la médecine, inculquent à leurs disciples, même aux plus médiocres, par une longue pratique, appuyée d'une savante théorie.

On voudra bien nous excuser de revenir avec quelque insistance sur des considérations qui n'ont assurément rien de neuf, mais que l'on perd facilement de vue dans cette sorte de course haletante devenue l'allure habituelle de notre enseignement. Écrivains et professeurs, nous sommes trop portés à oublier, on l'a mille fois dit, que notre office commun c'est l'éducation de l'esprit autant et plus que l'instruction. Mais ce qu'on ne dit pas assez ou que l'on dit mal, parce qu'on le voit confusément, c'est que, à travers tous les enseignements spéciaux et avec leur aide, l'éducation se propose avant tout la santé même de l'esprit; et que la santé, c'est essentiellement la force, force morale et intellectuelle; si bien qu'une éducation qui n'aboutit pas, ou qui du moins (car il sied d'être modeste en pareille matière) ne vise pas nettement à munir de force propre les intelligences et les caractères, chacun à son degré et dans son ordre, manque son principal but.

Avec celui-là elle manque les autres. En effet, toutes les qualités les plus prisées et les plus dignes de l'être, la justesse, l'ordre, la mesure, la suite rigoureuse du raisonnement, etc., réclament la force, la santé, comme leur *fond* nécessaire et en quelque sorte leur substance. Ce langage figuré, dont nous sommes réduits à nous servir ici, répond à une réalité; il n'est pas indifférent de bien comprendre que non seulement tout savoir spécial, mais toute qualité de l'esprit ou de l'âme emprunte à la qualité fondamentale dont nous parlons sa portée véritable et en quelque sorte son bon ou mauvais aloi.

Si la bonne éducation, l'éducation vraiment libérale, est celle qui en tout et par le moyen de tout affranchit l'âme en la rendant forte, par là maîtresse d'elle-même, soumise à sa loi naturelle, ordonnée, mesurée; la pédagogie, avec ses sciences auxiliaires, ne méritera d'obtenir parmi nous droit de cité à titre définitif qu'à la condition de nous enseigner les secrets de la force, de la force réglée. Elle devra inculquer aux jeunes maîtres et par eux à tous les enseignements spéciaux cette loi suprême : susciter la santé, c'est-à-dire l'initiative, la curiosité sérieuse, l'énergie contenue et persévérante. Et s'il est un pays, s'il est des circonstances où les pédagogues aient un grand rôle à remplir, de grands services à rendre, c'est assurément notre France contemporaine, si troublée, si menacée, mais qui met son honneur à rester une démocratie et une démocratie libérale : quel plus grand et plus pressant service à lui rendre imaginerait-on que de lui préparer, en vue de toutes les difficultés éventuelles du dedans ou du dehors, des esprits sains et clairvoyants, des âmes droites et fortes? Tout intérêt paraît accessoire auprès de celui-là : pour qui sait voir et ne se payer point d'apparences, il n'y va de rien moins que de l'avenir, du prochain avenir de notre pays; oui, de sa liberté, de son intégrité même : c'est dans nos écoles d'aujourd'hui que se prépare la politique populaire de demain, d'où dépendra notre destinée.

Si tout cela est vrai, on ne s'en tiendra pas, redisons-le, à des professions de foi théoriques et en quelque sorte idéalistes; on n'aura garde d'oublier que telle fin commande tels moyens: qu'il y a en effet des moyens pour susciter la santé comme pour l'entretenir; qu'il y a une hygiène spirituelle comme il y a une hygiène du corps; que certaines habitudes, certaines règles, loin d'être incompatibles avec la force libre, avec l'initiative personnelle, ne sont, pour ainsi parler, que de la force, de la liberté, de la santé emmagasinées. Voir en pleine lumière le principe supérieur de l'éducation physique, intellectuelle, morale; ne le jamais perdre de vue au milieu de l'encombrement des leçons; lui faire sans balancer les sacrifices quotidiens nécessaires; le réaliser peu à peu dans des habitudes libérales et fortifiantes, devenues pour l'enfant ou le jeune homme une seconde nature, c'est ainsi, personne n'en doute, que la pédagogie justifierait ses prétentions et conquerrait sa place au soleil.

Mais un dessein de si longue haleine et si laborieux demande à la fois qu'on y « perde du temps », beaucoup de temps, et que l'esprit des maîtres et des élèves reste toujours alerte et dégagé. Il demande en particulier que le dialogue, la conversation, à la fois libre et dirigée, devienne un instrument d'usage quotidien à l'égal de la leçon didactique. Comment concilier de telles conditions avec les nécessités d'un enseignement très complexe? Les programmes sont ce qu'ils sont : excessifs en étendue comme en variété des matières; mais outre qu'on ne peut songer à les modifier du jour au lendemain, il est à craindre que, l'exemple des peuples voisins aidant, ils ne soient jamais notablement réduits. Que du moins les directeurs d'écoles normales, les inspecteurs chargés de présider aux examens publics, que surtout les inspecteurs généraux investis du plus haut office régulateur, s'appliquent de concert à faire des éclaircies dans l'épais fourré des matières; que leur mot d'ordre commun soit *simplifier*; simplifier pour faire pénétrer l'air et la lumière dans l'enseignement et pour donner le loisir aux jeunes esprits de contracter au courant des leçons de chaque jour les habitudes salutaires qui assurent la force et la santé mentales. Qu'ils simplifient de propos délibéré, en appuyant sur les choses principales et en négligeant résolument les choses secondaires; en évitant l'excès des détails, les questions subtiles ou curieuses, bref tout ce qui, même utile et intéressant, dépasse la capacité moyenne d'assimilation, tout ce qui peut être impunément remis à un âge plus mûr et à l'étude personnelle.

Des précautions de cet ordre, mais plus attentives encore et plus assidues, paraîtront particulièrement opportunes dans l'éducation pédagogique des institutrices. Avec les nouvelles institutions scolaires, où la femme va prendre la grande place qui lui revient de droit, avec les nouveaux programmes, rien n'importe plus à la santé physique et au bon équilibre mental des jeunes maîtresses primaires que d'éviter l'encombrement des connaissances et la tension excessive de l'esprit.

Un autre vœu, qui ne trouvera pas, en théorie, de contradicteurs, mais qu'il est malaisé de faire passer effectivement dans nos mœurs scolaires : c'est que nos études de pédagogie soient de plus en plus marquées du caractère pratique. Par où il ne faut pas entendre un caractère d'utilité prochaine et de profit calculable; mais que l'étude soit toujours orientée vers la vie, vers la vie réelle et séculière, avec ses besoins supérieurs ou vulgaires, intimes ou d'action extérieure, individuels, domestiques, sociaux. Que les jeunes maîtres soient habitués à ne jamais perdre terre, à ne pas s'oublier dans les formules, à ne pas confondre le mécanisme logique des méthodes avec leur esprit même, à prendre toujours pied dans la réalité des choses du dehors et du dedans, dans la nature humaine, dans le caractère national, dans l'état politique, moral, économique de la société dont ils sont membres. Qu'ils aient toujours hâte de descendre des idées générales aux faits particuliers; des formules abstraites, qui sont inévitables et salutaires en tout enseignement, aux exemples qui les traduisent et les confirment; qu'ils fassent suivre habituellement les mots philosophiques de la paraphrase en langue vulgaire.

Dans l'enseignement proprement dit de la pédagogie, on ne leur laissera pas oublier un seul jour que s'ils apprennent, c'est, en quelque sorte, pour *pratiquer* plus tard eux-mêmes sur le vif de la nature humaine, et nullement pour spéculer en dilettanti. Psychologie, morale, physiologie, c'est en vue de l'éducation qu'ils ont à étudier ces sciences; et d'abord en vue de leur propre éducation. Cela seul sera pour eux de bonne pédagogie intellectuelle ou morale, qui se trouve confirmé par leur expérience personnelle, qui sert à rectifier leur jugement, à amender leur caractère, à ennoblir leurs sentiments : tout ce qu'ils ne peuvent pas ainsi tourner à leur profit et convertir en leur substance, si bien qu'ils l'aient appris et le récitent, ils ne le savent pas : c'est un élément étranger à leur organisme; tel ils l'ont reçu, inerte et lourd, tel ils le transmettront.

En particulier on ne leur permettra pas d'user des méthodes et des procédés comme de formules sacramentelles qui confèrent le salut ou qui rehaussent la dignité du maître et de son enseignement. On leur fera comprendre que l'esprit humain n'a le choix qu'entre deux allures dans la recherche et la démonstration de la vérité : l'*induction* et la *déduction*; qu'il n'y a donc que ces deux méthodes, si même il y en a deux; quant aux autres prétendues méthodes, ils sauront n'y voir que de simples manières d'enseigner, d'exposer, d'interroger, empruntant leur vertu secrète de l'induction ou de la déduction et dont ils n'étudient les procédés que pour mieux s'enhardir à voler de leurs propres ailes; de toutes manières on formera les jeunes maîtres à penser et à parler en esprits libres et bien cultivés, non en interprètes assermentés ou en répétiteurs mécaniques d'un nouveau catéchisme. Ils seront à l'égard de la pédagogie des disciples clairvoyants, non des dévots crédules.

Peut-être, ainsi prémuni, notre enseignement primaire, sur qui reposent de si grands intérêts, sur qui pèse une si lourde responsabilité, échappera-t-il à la médiocrité, à l'étroitesse des vues, au formalisme pédantesque et stérile dont il est menacé. Animé d'une haute inspiration, toujours épris de liberté d'esprit, de vie, de réalité, de choses et non de mots, de forte et profonde éducation plutôt que d'instruction copieuse et superficielle, il sera digne de supporter, comme on l'y invite et comme c'est son office naturel, les destinées d'une démocratie active et intelligente.

IV

Note en réponse à cette question : « Comment enseigneriez-vous la morale à l'école primaire ? [1] »

I

Un premier point est arrêté dans mon esprit : j'enseignerais la morale à part, à un certain moment, au lieu de me borner à la répandre dans toutes les parties de l'instruction, où elle se volatiliserait à force d'y être diffuse.

Mais je l'enseignerais de façon à la mettre *hors pair*, à la distinguer des autres études, à lui assigner une visible présidence sur tout le reste ; à lui gagner la révérence et l'affection ; à la présenter sous des traits graves et sereins ; bref, à en faire l'inspiration supérieure de l'école.

Pour cela, point de manuels obligés entre les mains de mes élèves : c'est moi qui lirais ou qui parlerais, et qui m'efforcerais de délier les langues.

Je réserverais pour cet objet le premier quart d'heure de chaque journée. La leçon s'ouvrirait par un chant, auquel j'apporterais tous mes soins, pour le choix de la mélodie et des paroles, pour l'exécution musicale, pour la diction même. Je voudrais y prendre autant de plaisir que les enfants et en recueillir autant de profit moral : un *sursum corda* pour tout le jour.

Si l'école était partagée en deux — ou en trois — divi-

1. Article publié dans la *Revue pédagogique* en 1881.

sions d'élèves, occupant des salles distinctes, peut-être me résoudrais-je à donner une leçon séparée à chacune. Mais ce serait à mes yeux un pis aller. Je chercherais le moyen de réunir tous les élèves, petits et grands, et nous nous appliquerions ensemble à former, dans ce premier et doux moment de la matinée, à la faveur du chant et de quelques graves paroles, l'âme commune de l'école. Je m'estimerais bien maladroit si l'âge le plus tendre ne trouvait pas sa becquée dans la lecture, les conseils, la conversation qu'il va entendre. Je remettrais à un autre moment, pris dans le cours des classes, d'accentuer certains points d'une façon plus dogmatique pour les cours moyen et supérieur — peut-être une seule fois par semaine, — et de faire apprendre par cœur aux petits enfants quelques sentences ou des morceaux de poésie. Mais l'*exercice* d'ouverture serait commun à toute l'école et quotidien ; il serait, autant qu'il dépendrait de moi, familier, sérieux, insinuant, et libre de tout appareil didactique.

II

Divers moyens d'enseignement se présentent. Je les emploierais tour à tour ou tous ensemble, selon l'occurrence ; je dis mal : selon les circonstances de la veille ou du jour, les dispositions des élèves, les miennes, ne laissant pourtant rien au hasard, et réglant à l'avance le plan de ma leçon.

Souvent, très souvent, je lirais une sentence, une *pensée* morale, en vers ou en prose, brève et pleine, digne d'entrer dans une collection de *mots* semblables qui seraient confiés à la mémoire des élèves.

J'en demanderais le sens véritable aux plus grands, après avoir amorcé par une question quelqu'un des plus éveillés parmi les petits. Je leur aiderais à comprendre, puis à juger, et à faire des applications à leur vie individuelle ou commune. J'aurais ensuite à rectifier, à compléter, à accentuer, surtout à résumer en quelques mots simples et précis, mais en prenant toujours mon point d'appui dans les réponses et les réflexions des enfants. Autant que possible je les exercerais à résumer eux-mêmes brièvement (ce serait l'office des plus grands) ce qu'ils auraient retenu de notre entretien.

D'autres fois, je lirais un beau morceau de prose ou de poésie, emprunté à l'antiquité ou aux écrivains modernes, à la sagesse dite profane ou à la sagesse dite sacrée, à nos moralistes ecclésiastiques ou laïques; je provoquerais les élèves à m'en dire leur sentiment; je dirais le mien; je le relirais ou le ferais relire, pour le mieux imprimer dans les esprits; j'en détacherais un passage principal, ou j'inviterais les élèves à le choisir eux-mêmes, à l'écrire au tableau noir, puis à le consigner dans un cahier spécial à côté des belles sentences, maximes ou pensées qui défileraient devant nous tout le long de l'année.

Je ne m'attacherais pas à suivre un ordre méthodique rigoureux dans la succession des sujets de leçon. Mon objet principal serait de composer dans l'école comme un climat moral; ou, si vous aimez mieux, une harmonie musicale : musique de belle langue, de belles mélodies, de nobles pensées. Toutefois le soin de composer cette atmosphère invisible et pénétrante ne me ferait pas oublier de fixer les impressions fugitives et les habitudes indécises au moyen d'aphorismes ou de brèves leçons, nettes et saillantes. Ces aphorismes, tirés des belles pages de nos moralistes, ces poésies ou fragments de poésie, je les ramènerais de temps à autre, et je les ferais aussi apprendre par cœur, de manière à en faire le cadre ou plutôt le commentaire vivant d'un ensemble régulier et de plus en plus complet de principes d'action et de devoirs individuels, domestiques, sociaux, etc.

Quelquefois, peut-être une fois par semaine, quand la leçon aurait été particulièrement intéressante ou importante, j'inviterais les élèves des Cours moyen et supérieur soit à la résumer brièvement par écrit, soit à en développer un point spécial, désigné par moi ou choisi à leur gré. Je pourrais lire le lendemain, devant tout le monde, l'une des meilleures copies et solliciter des compléments ou des rectifications.

Je ne me ferais pas scrupule de lire de temps à autre un récit emprunté à nos journaux, scolaires ou autres, un beau trait de vertu, un triste événement où apparaît le mystère de la destinée. Toutefois on ne saurait être trop circonspect dans le choix de ces citations.

Il m'arriverait enfin de traiter directement, par voie didactique ou par voie d'exhortation familière, sans l'aide d'aucun *texte*, et sans faire intervenir les élèves, un point de morale peu ou mal connu, difficile à expliquer, ou que je tiendrais à exposer avec un peu d'ampleur et de suite.

Demandez-vous, après cela, quelle place je réserverais à l'idée religieuse dans cet enseignement? Je voudrais que cette idée fût partout et nulle part; qu'elle fût au commencement, au milieu et à la fin, comme l'âme même de la morale, partout présente et agissante, le plus souvent invisible. Et néanmoins, je ne craindrais pas de prononcer le grand nom de Dieu, du Dieu universel, en qui tout vit, et à qui la personne humaine, celle de l'enfant en particulier, doit son titre d'excellence et sa marque sacrée.

Voilà comment je m'essaierais à enseigner la morale à l'école primaire. C'est dire que je n'y réussirais jamais à mon gré, et que j'aurais toujours à apprendre.

V

Pourquoi la morale, qui nous touche de si près, est-elle, de tous les enseignements de l'école, le plus difficile à donner, et celui qui jusqu'à présent se donne le moins bien?

Lorsque, il y a quinze ans environ, la morale fut introduite pour la première fois dans les programmes de l'école primaire, elle avait à créer à la fois le cadre de ses leçons, la matière pour le remplir, et l'on pourrait ajouter l'esprit pour animer cette matière.

Depuis lors les choses ont bien changé : instituteurs, inspecteurs primaires, inspecteurs d'académie, inspecteurs généraux, tout le monde a mis la main à l'œuvre; des philosophes, des hommes de cabinet ou d'action, des politiques, des administrateurs ont écrit des livres de théorie et de pratique; d'autres ont composé des leçons modèles en forme, munies de tous leurs organes, exposé ou doctrine, résumé ou maxime, texte de poésie ou d'histoire, conclusion ou application. De tant d'efforts réunis il est résulté une sorte de jurisprudence, un commencement de tradition qui peu à peu a prévalu partout, et qui donne à cet enseignement laïque né d'hier, dépourvu de précédents, de règles, de livres *classiques*, exposé à toutes les aventures, une certaine consistance et par suite plus d'efficacité.

D'autre part, ceux que leur situation met à même de bien connaître les vrais sentiments des instituteurs assurent que beaucoup d'entre eux, et naturellement l'élite, ont pris goût à ces leçons, malgré l'embarras qu'elles leur causent, à ce point qu'ils se sentiraient frustrés et diminués, si, à la suite d'une réaction politique, on venait à les en décharger.

Comment donc se fait-il que la morale, l'étude où personne ne prétend être ni indifférent, ni étranger, ni incompétent, paraisse encore aujourd'hui aux maîtres les plus instruits, les plus sérieux, les plus expérimentés, si difficile à bien conduire?

I

Il y a sans doute à cela plusieurs raisons. Mais la principale, l'essentielle, qui n'est pas de ce temps seulement ni de notre pays, mais de tous les temps et de tous les peuples, mérite d'être mise en lumière, à la fois pour nous avertir et pour nous encourager.

N'est-ce pas précisément parce que la morale nous touche de si près, parce qu'elle traite, non pas de choses extérieures à nous, mais de nous-même, qu'elle est à la fois l'enseignement le plus important et le plus laborieux, où l'on se trouve toujours novice, et où c'est un mauvais signe pour un maître que d'être tout à fait content de soi? Nous n'avons pas affaire ici à des vérités, lois, faits, théorèmes, événements qui n'ont avec nous que des rapports éloignés ou indirects; il s'agit de cette vérité *personnelle*, *intime* qui répond à la plus grave de toutes les questions : *Qu'est-ce que être homme*? Est-on *homme*, vraiment *homme*, *naturellement*, je veux dire par le seul effort spontané de la nature, ou le *devient-on* par l'effort de la réflexion et de la volonté? Est-ce l'effet d'une simple *évolution* à laquelle il n'y ait qu'à se prêter doucement, ou l'effet d'une sévère et constante *discipline?* Et si l'on se range à cette seconde opinion — ce qui ne va pas de soi et qui en fait ne répond ni à la théorie ni surtout à la pratique universelles, — la morale demande encore quels sont les traits de ce visage de l'homme *normal*? à qui faut-il ressembler, à quel type faut-il se conformer pour être digne de s'appeler *un homme*?

Est-ce là tout? Non. Cette vérité essentielle, appelée à rayonner sur la vie entière, et qui à ce titre éclipse toutes les autres, même celles qui donneraient la clé de l'univers matériel, elle n'est pas seulement à démontrer par l'intelligence à l'intelligence; elle est à persuader par l'âme entière à toute l'âme. Comme c'est l'*homme* en son dernier fond, en son caractère essentiel, en son unité intime qu'elle prétend nous exposer, c'est par tout l'homme, par le sentiment, la conscience, l'intelligence étroitement associées, qu'elle veut être conçue; et c'est à tout l'homme qu'elle veut se rendre certaine, c'est mal dire, se rendre sensible et visible. Elle porte plus haut encore ses prétentions : elle veut mettre en branle le moteur central, la liberté; elle vise à ce point de l'âme où se forment les décisions volontaires, où se détermine la direction de la vie, où l'homme *s'engage à fond.*

Il est facile de voir par là que c'est parce que la morale est ce qu'il y a de plus près de nous, parce qu'elle est nous-même, qu'elle est, de toutes les leçons, la plus difficile. Pour bien l'enseigner, il faut à la fois *savoir* par l'intelligence ce que c'est qu'*être homme*, et le *voir* des yeux de l'âme, afin d'être capable de le faire voir aux élèves; il faut enfin y *croire* et s'y *donner*, ou, comme dit Pascal, mettre la *foi*, l'*idée*, dans le *sentiment*. « Je sais, je vois, je crois »; le mot de Corneille s'applique aussi bien à la vérité morale *rationnelle* qu'à celle dont Polyeucte est transporté. Or tout cela suppose l'habitude de se replier sur soi, et de faire jouer ensemble (pour emprunter encore le langage de Pascal) *toutes les pièces* de l'âme dans le recueillement et le silence. Et de même, c'est « toutes les pièces de l'âme » de l'élève à mettre en mouvement, la conscience et le cœur avec l'intelligence; c'est toutes les causes perturbatrices à écarter en soi et chez l'enfant qui nous écoute : mobilité des impressions, légèreté de la pensée, frivolité du caractère, difficulté de se replier du dehors au dedans. Et que sera-ce lorsque après avoir mis en vive lumière la physionomie ou seulement un trait particulier de l'*homme* digne de ce nom, en d'autres termes le devoir général ou un devoir particulier, l'instituteur s'efforcera de *décider* l'enfant à *agir*! Agir, c'est-à-dire le plus souvent se faire violence, réprimer la nature, modifier profondément les dispositions innées, et quelquefois les extirper. Car c'est bien là qu'il faut aboutir, de quelque manière d'ailleurs que l'on considère l'éducation, soit comme une œuvre *esthétique*, de *perfectionnement* de la nature, soit comme une œuvre de *réforme* et de discipline. Dans l'une et l'autre voie l'énergie de la volonté trouve sa place pour la lutte intérieure et les sacrifices pénibles. Ni la beauté morale ni le bien austère ne s'achètent à bas prix.

II

J'ai dit la raison essentielle et permanente qui fait de la morale un enseignement à part, lequel sans doute a cela de commun avec tous les autres d'être *raisonnable*, c'est-à-dire de s'en référer à des principes *rationnels*, mais qui de plus fait appel à toutes les hautes facultés, et prétend agir par le libre jeu de la volonté sur la direction totale de la vie. C'est pour cela qu'il reste le plus difficile de tous, qu'il l'a toujours été, et qu'exceller dans cet art sera toujours le privilége du petit nombre. N'allez pas croire que l'enseignement ecclésiastique échappe à cette loi. Sans doute le catéchisme, dans les chapitres qui traitent de la morale, a pour lui, en outre de sa valeur propre, l'autorité d'une tradition plusieurs fois séculaire et appuyée sur une révélation dite surnaturelle; il est objet de foi et tout ensemble de coutume héréditaire. Mais, réduit à ses seules formules, il n'a pas plus de vertu, pas plus de prise sur l'âme, pas plus d'influence sur la conduite que n'en a le catéchisme laïque, avec son exposé des devoirs et des mobiles d'action. Écoutez tour à tour le prêtre dans son église, qui fait réciter l'histoire sainte et le catéchisme, et l'instituteur dans son école, qui ouvre la journée par la leçon de morale, vous vous apercevrez que la parole du premier est loin d'avoir en général une autorité supérieure à celle du second. D'un côté comme de l'autre les formules peuvent être irréprochables, qu'elle qu'en soit la valeur respective; mais ce ne sont que des formules, des idées générales, chose intellectuelle qui s'adresse à l'intelligence et risque de s'y arrêter, et qui le plus souvent ne dépasse même pas la mémoire. Elles ne prendront vie et vertu que par le commentaire familier du maître, si ce commentaire, à son tour, est autre chose qu'une définition abstraite ou une simple amplification verbale, vide de sens comme de souffle. Et où le maître puisera-t-il les éléments de ce commentaire? Dans l'histoire, je le veux bien, dans les récits appropriés, de même que le prêtre dans l'histoire sainte; mais la vraie source de ses *développements*, j'allais dire de son éloquence, c'est ailleurs qu'il devra la chercher, là où la puisent instinctivement le père et la mère, quand ils sont dignes d'instruire leurs enfants. Il la demandera à l'expérience, expérience de la vie et surtout expérience *intérieure*, à l'étude des hommes, des caractères, des passions, des défauts, observés dans le monde, dans la famille et surtout en soi-même; mais une étude où, au lieu de la simple curiosité, indifférente et impartiale, il aura apporté un intérêt personnel et sérieux, tel que le mérite l'*affaire* la plus importante. Faute de cette expérience, le maître — (qui de nous ne l'a mille fois remarqué, à sa propre confusion!) — reste bientôt à court dans ses leçons; le *devoir* qu'il expose est vite défini; les arguments à l'appui se résument en quelques mots : qu'ajouter ensuite d'autre? Comment les développer et les animer sans tomber dans le verbiage ou dans l'exhortation monotone? Sans doute les Manuels vous fourniront quelques thèmes nouveaux : mais ces thèmes eux-mêmes ne seront le plus souvent que des idées générales, dont vous avez à extraire et à rendre visibles les idées particulières et les faits réels qu'elles contiennent; or comment le pourrez-vous si votre expérience propre n'y correspond? « Ce n'est pas sans une sorte d'*inspiration*, a dit quelque part M. Necker de Saussure, qu'on trouve le langage propre à toucher les enfants. » Cette inspiration n'a rien de mystique ni de miraculeux; sans exclure le savoir ni le talent, elle n'en dérive pourtant pas; elle est l'accent même de l'expérience et de la conviction ; elle est le sentiment de la majesté souveraine de la loi morale et de la dignité de l'âme humaine ; elle est en particulier le respect de l'enfant qui nous écoute. Toute leçon qui n'a pas à quelque degré cet accent, fût-elle correcte, savante, brillante, n'a pas de vertu persuasive : comme elle n'atteint ni le cœur ni la conscience, elle n'entrera pas dans la trame de la vie. L'enfant l'apprend par cœur et la récite ; elle ne le pénètre pas.

III

A côté de la raison essentielle et durable qui explique la difficulté exceptionnelle de l'enseignement de la morale, il y en a d'autres moins considérables, qui sont plutôt de notre temps, ou de notre pays, et qui ne laissent pas d'aggraver la tâche du maître. C'est d'abord que le Catholicisme, en excluant les laïques de toute ingérence dans le dogme et dans le culte, en les habituant durant des siècles à se décharger sur l'Église, c'est-à-dire sur le prêtre, du soin de définir la doctrine, d'enseigner la morale, d'interpréter les Écritures, de remplir les fonctions sacrées, de gouverner le for intérieur, les a mal préparés à manier *pour leur compte* la langue des choses de l'âme. Le jour venu où les nécessités sociales les plus urgentes leur commandent de parler en leur propre nom, ils ne disposent ni d'une langue morale *populaire*, consacrée par la tradition, ni d'un fond d'idées assez abondant ; et alors ils sont réduits, pour exposer les principes supérieurs, et leurs applications, à user gauchement du vocabulaire et des formes philosophiques, c'est-à-dire abstraites, qui demandent, pour être parfaitement comprises, une culture préalable.

Cela dit, hâtons-nous d'ajouter que la grande cause de faiblesse — après celle qui tient à la nature même du sujet, — il faut la chercher dans le désarroi général de l'esprit public en ce qui touche les croyances religieuses et morales, même les croyances *naturelles* ou *rationnelles*. Ce désarroi ne s'observe pas seulement dans notre pays ; les raisons qui l'ont produit valent pour tous les peuples et les atteignent l'un après l'autre; mais ailleurs, en Angleterre et aux États-Unis par exemple, elles sont tenues en échec par une *foi* traditionnelle qui revêt mille formes, qui a fait alliance sous divers modes avec l'esprit moderne, libéral et séculier, et qui s'est implantée d'autant plus profondément dans la conscience nationale qu'elle était devenue plus *laïque* et plus individuelle, affaire de tous et non pas seulement du sacerdoce.

Il n'en est pas ainsi chez nous : la longue séparation du *spirituel* et du temporel, du prêtre, unique dispensateur des choses saintes, et des laïques, tenus en cette matière pour incompétents, a contribué pour une grande part à rendre notre nation, du moins la classe la plus instruite et avec elle le peuple industriel, étrangère ou indifférente à la fois aux traditions chrétiennes, qu'elle ignore de plus en plus, et à la religion même. Aussi n'avons-nous pas en France, pour tempérer et corriger le mouvement de transformation religieuse et morale qui se poursuit partout sous la dictée de la philosophie, des sciences naturelles, et de la critique historique, un fonds héréditaire et universel de souvenirs révérés, d'idées, d'habitudes, de sentiments régulateurs, où l'éducation puisse prendre un ferme point d'appui, de manière à ménager des transitions exemptes de trop violentes secousses.

Tant que le doute ou la négation ne porte que sur les croyances ecclésiastiques ou positives, sans atteindre les fondements mêmes de la religion et de la morale, l'enseignement populaire sait encore où se prendre, à quels principes naturels rattacher toutes ses prescriptions. Mais aujourd'hui que ces principes mêmes, Dieu, le devoir impératif, la responsabilité, et jusqu'à la personnalité de l'âme, sans parler de son immortalité, ont été plus ou moins ébranlés dans la conscience générale par les ouvrages savants, par les revues, les journaux, les romans, les discours de tribune ou de réunions publiques, il ne se peut pas que l'incertitude ne gagne à quelque degré les instituteurs, ceux-là surtout qui lisent, qui se tiennent au courant des débats du jour, qui réfléchissent, et que par suite leur enseignement ne perde en assurance et en autorité. C'est là une crise à laquelle nul homme un peu instruit et sincère ne saurait échapper : nous respirons tous le même air; nous sommes devenus trop étroitement solidaires les uns des autres pour que ce qui trouble profondément la foi des uns laisse les autres tout à fait insensibles, de même que les raisons intellectuelles ou morales de croire et la disposition à y céder se communiquent du haut en bas de la société par une sorte de contagion. Tel est à peu près, si je ne m'abuse, l'état où se trouve l'élite de nos maîtres : la plupart encore *croyants* (au moins en ce qui concerne les vérités d'ordre *naturel*), mais plus ou moins inquiets, émus de tout ce qui leur arrive des régions sociales supérieures, et quelquefois peut-être moins affirmatifs dans leur doctrine.

Ai-je besoin de répéter ici, après l'avoir dit ailleurs, que ce serait un misérable et impuissant remède que celui que nous proposent les hommes de réaction politique et cléricale, à savoir d'imposer rigoureusement aux maîtres, sans égard à leurs scrupules de conscience, la profession d'un *Credo* dogmatique bien arrêté, et, pour plus de sécurité, de confier l'enseignement public à une catégorie de maîtres que l'on ait eu soin de soustraire dès l'enfance à l'atteinte du mauvais air régnant. C'est là, tout crûment, la théorie, immorale et pernicieuse au premier chef, de la Religion *instrumentum regni*, moyen de défense sociale et non objet de foi, c'est-à-dire d'acquiescement désintéressé. « Mettre l'école dans la sacristie », suivant un mot fameux, c'est décharger la société civile ou laïque de l'embarras de croire, c'est-à-dire de penser, et par là même l'appauvrir à jamais de vitalité propre et latente.

IV

Mais n'exagérons rien, et voyons la situation telle qu'elle est, avec ses précieuses ressources comme avec ses difficultés. De quelques incertitudes ou négations que notre atmosphère morale soit depuis longtemps remplie, et quelque respectables d'ailleurs qu'elles soient, il reste un large et inviolable champ ouvert à qui veut agir et enseigner. Sans rien sacrifier de sa liberté de conscience, le maître appuiera de plein droit ses leçons, ses conseils, tous ses reproches, bref l'éducation entière sur le principe tout élémentaire, mais de portée infinie, que nous indiquions plus haut : à savoir que l'homme *véritable*, celui que tout le monde s'accorde, quand on le rencontre, à saluer du nom d'*homme* — bien loin d'être l'homme *réel* et *apparent*, tel qu'il se montre, hélas! chez l'adulte et chez l'enfant, avec son égoïsme féroce ou dissimulé, avec sa sensualité grossière ou raffinée, avec sa bassesse ou son orgueil, — est l'homme *idéal*, avec ses attributs de justice, de charité, de tempérance, de courage, de constance, de dignité personnelle et de respect, d'honneur, et au besoin de dévouement, d'attachement au droit et d'abnégation. Tel est l'homme que chacun de nous s'efforce au moins de *paraître*; celui que la morale oppose de pleine autorité à l'être intéressé, incohérent et contradictoire, partagé entre les pires et les meilleurs instincts, que lui livre la nature; enfin celui que l'éducation de la famille, de l'école, du commerce social, travaille à dégager de la primitive animalité intelligente. C'est l'homme dont les Voyants, philosophes ou prophètes, grands poètes ou moralistes, dessinent successivement les traits, et en qui nous nous plaisons unanimement à retrouver le secret de notre nature et de notre destinée. Si fort que ce portrait idéal jure avec la réalité quotidienne et vulgaire, nous écoutons avec déférence quiconque nous le présente : car celui-là, nous en sommes certains, enseigne le *vrai*; et malgré que le *réel*, la physiologie, l'histoire, le spectacle de la vie privée et de la vie publique, lui infligent d'incessants démentis, c'est lui que, tous, se font honneur de *croire*.

V

Il y a là, si je ne me trompe, un ferme point d'attache pour l'enseignement populaire de la morale. Mais j'ai tout lieu de penser qu'une fois bien saisi par le maître et par les élèves, ce point ne restera pas longtemps isolé dans leur esprit : il viendra s'y joindre des doctrines ou, si on veut, des intuitions correspondantes. Ils arriveront à penser, à pressentir tout au moins que le fond même des choses, le mot suprême de l'univers, son principe ou sa fin, ne saurait contredire le dernier mot, le mot auguste de notre propre nature; que le dessein de l'ensemble des choses doit s'accorder avec le dessein normal de l'homme, lui donner raison et le consacrer pour l'éternité; qu'il ne saurait y avoir moins de raison, de liberté, de justice, d'amour dans le suprême principe qu'il n'y en a dans l'atome que nous sommes, égaré dans un coin de l'univers. Découvrir aux enfants de nos écoles ce vaste horizon, le leur faire seulement entrevoir, c'est, il me semble, les réintégrer dans leur vraie patrie, dans la cité universelle et divine dont les lois, maîtresses cachées de tous les mondes intelligents, sont les lois mêmes de la simple morale qu'on leur enseigne à l'école.

VI

Après la clôture du débat sur « l'âme de l'école »[1] dans la Correspondance générale. Quelques réflexions.

Ce sont bien de simples réflexions que l'on trouvera ici ajoutées bout à bout, et non pas des conclusions, d'autant plus sujettes à être contestées ou rectifiées qu'elles se rapportent à des résultats moins précis et moins définitifs.

1° J'ai été frappé, en lisant les articles publiés, de ce fait nouveau, qu'il me paraît bon de signaler : ce sont des laïques, non pas des prêtres, ni des savants, mais des gens d'action, mêlés aux affaires du monde, en communication quotidienne avec le peuple, qui s'ingèrent de penser par eux-mêmes et de parler sur la religion; non pas sur la religion spéculative, où l'on peut discuter à plaisir sans que cela tire à conséquence prochaine, mais sur la religion rationnelle et pratique. C'est, à ce qu'il me semble, l'un des signes les plus remarquables du mouvement scolaire laïque depuis 1880.

2° Un autre fait, qui mérite de ne point passer inaperçu, c'est que dans cette sorte de *chapitre* public qu'a tenu la *Correspondance générale*, on a entendu des voix de femmes aussi nombreuses que les voix d'hommes, et qui ont provoqué une attention au moins égale. Quel chemin parcouru en peu d'années! Et quel témoignage plus imposant de la

1. Voir la *Correspondance générale*, 1894-95.

vitalité de cet enseignement féminin laïque, né d'hier, entrepris d'abord comme en tremblant, mais où l'on peut voir une des ressources de l'avenir.

3° Nous sommes nombreux qui avons prêté l'oreille à tous les suffrages de cette consultation avec une sympathie mêlée de respect. Si j'osais dire toute ma pensée, rien de plus sérieux, de plus cordialement sérieux, ne se publiait en France au même moment : émanés de tous les rangs de l'enseignement primaire, instituteurs et institutrices, inspecteurs, professeurs, directeurs ou directrices d'écoles normales, tous ces avis font honneur à ce grand corps. Rien d'irrévérencieux ni de frivole dans le fond ni dans le ton; rien d'excentrique ni même de *singulier*; rien de tranchant ni de pédant; rien non plus d'hostile ni de méprisant pour les adversaires; rien que de grave et de modeste, comme il convient à des hommes qui se sentent responsables de leur opinion et de leur action, qui n'ignorent ni les difficultés de la question ni la complexité redoutable et toute nouvelle des conditions sociales où ils sont appelés à faire œuvre spirituelle. Sans affectation, sans emphase, en très bons termes, et comme sous la foi du serment, ils ont émis leur avis réfléchi, mesuré, mais non timide ni effacé. Que dirai-je? Cela fait du bien d'entendre tant de braves gens parler simplement sur les sujets à la fois les plus élevés et qui nous touchent de si près.

Mais tout cela ne concerne que l'air, la physionomie de la consultation. Voici pour le fond.

4° D'abord, comment n'être pas frappé de ce que la religion, l'idée religieuse, sous une forme ou sous une autre, a été généralement et hautement professée de tous les côtés, de même que l'idée d'une place à faire à la religion dans l'éducation, place non pas subordonnée mais plutôt centrale.

Tout ce qui a été dit à ce sujet en termes si variés témoigne que la religion n'est pas plus bannie de l'école, de la plupart des écoles, qu'elle ne l'est de l'esprit et du cœur des maîtres; que la plupart apportent à ce qu'ils enseignent à son sujet, même quand leur *credo* est court, l'appui, la garantie de leur caractère, de leur parole d'honnêtes gens.

5° Mais cette religion, il faut le reconnaître — que cela nous plaise ou nous déplaise, — n'a rien d'uniforme, ni de dogmatique. L'expression en est diverse, souple, parfois flottante ; elle l'est en raison même de sa sincérité, peut-être chez quelques-uns en raison de sa profondeur. Elle répugne visiblement à se fixer dans des définitions doctrinales. On se tromperait fort, je crois, en cherchant des analogies exactes avec un tel état d'esprit, soit dans le jansénisme, soit dans le protestantisme confessionnel, quelque sensible que paraisse çà et là l'influence d'un Pascal ou d'un Channing. Les formes varient : ici la religion, dite naturelle, avec ses trois ou quatre articles fondamentaux ; là un déisme imprégné de l'Évangile ; ailleurs la souveraine majesté de l'idéal qui plane sur toute la morale ; ou encore un certain éclectisme, où la sagesse chrétienne et le stoïcisme, l'Évangile et la doctrine de Kant, se mêlent sans se bien fondre. Rien de systématique assurément, ni de parfaitement cohérent — quel homme tout à fait sérieux peut se flatter aujourd'hui d'être l'un ou l'autre ? — mais plutôt un esprit, oui, simplement un esprit, ou si l'on veut une *foi* ; le besoin instinctif ressenti par tous de rattacher la morale et toute l'existence humaine, précaire, bornée, au principe suprême, infini et indéfinissable, de toutes choses.

6° Ce qui m'a paru encore plus fortement accusé que le sentiment religieux, c'est l'idée de la légitimité, de l'efficacité, de l'indépendance de l'éducation morale laïque à l'égard soit des doctrines et de la discipline confessionnelles, soit même de la religion en général. Je dis l'éducation morale simplement *humaine*, telle que la donnent tant d'honnêtes gens, tant de pères de famille, avec les mobiles divers dont elle dispose : l'obéissance au commandement impératif ou persuasif de la conscience ; le respect de soi ou de la dignité humaine en soi ; le respect de la famille et du nom que l'on tient d'elle ; l'honneur ; l'altruisme ou l'amour du prochain ; enfin la considération de l'intérêt bien entendu, c'est-à-dire les leçons de l'expérience ou de la sagesse commune. Tout cela non plus n'est ni systématique ni tout à fait cohérent; mais en revanche cela est vivant et agissant. Les maîtres croient d'un commun accord à la *vérité* de ces mobiles; ils y croient pour en avoir vérifié la vertu pratique en eux-mêmes et chez leurs élèves. S'ils sont disposés à reconnaître que l'inspiration religieuse prête une autorité, une gravité, une dignité particulières à l'enseignement moral, qu'elle le *consacre*, ils m'ont paru encore plus éloignés d'absorber la morale dans la religion, pas plus dans une religion philosophique que dans une religion positive. C'est ici que le laïque, l'homme d'action et non de spéculation — ajoutons le Français, naturellement peu mystique, — se retrouve avec son sens séculier, sa répugnance à perdre de vue la terre, le monde, la vie d'ici-bas et ses conditions naturelles.

Cela est si vrai que plusieurs parmi les amis de l'enseignement public, beaucoup peut-être, se sont émus à l'ouverture de cette campagne, entreprise au nom de l'*âme de l'école*. Ils se sont méfiés des mots, nouveaux pour leur oreille, de *religion laïque*, d'*inspiration religieuse*, et d'autant plus que ces mots étaient parfois accompagnés de plaintes excessives et de sentences injustes au sujet des résultats de notre enseignement. Ils n'ont pas seulement vu de mauvais œil ce qui leur a d'abord paru un mysticisme exotique et nuageux, sans portée pratique comme sans consistance; ils ont craint surtout qu'il ne fût le précurseur d'un retour offensif de la religion officielle, de l'histoire sainte et du catéchisme obligatoires.

Or, sur ce dernier point, l'unanimité est parfaite. Inspecteurs, directeurs, instituteurs, autant les femmes que les hommes, quels que soient d'ailleurs leurs sentiments personnels et même leur *pratique* à l'égard de l'Église, tous forment le même vœu : que la séparation soit maintenue; que l'école, ses maîtres et son enseignement, gardent leur caractère strictement laïque, distinct, indépendant.

7° J'ai parlé plus haut de la surprise qu'avaient causée les jugements sommaires et peu équitables concernant les résultats moraux de l'instruction laïque. J'aurais dû dire : une surprise mêlée d'indignation.

Nos maîtres, les petits comme les grands, ont le sentiment d'avoir fait, non pas sans doute des choses merveilleuses, mais de louables efforts pour éveiller la conscience de leurs élèves; ils estiment y avoir réussi dans la mesure où il était permis d'y prétendre. Ils attestent, non seulement que le niveau moral ancien n'a pas baissé sous leur conduite, mais que les enfants sont plus *civilisés*, plus polis, moins grossiers de manières et de propos, même plus respectueux et plus déférents envers leurs parents, moins faciles au mensonge, etc.

Ce qui les a surtout froissés, c'est que, dans les jugements portés sur l'école, on n'ait paru tenir compte ni de la date si récente des réformes et de l'introduction de l'enseignement moral, ni de la nouveauté de cet enseignement sans tradition, ni de l'extrême difficulté que, sous n'importe quelle forme, il a toujours offert en raison même de sa nature, ni surtout des changements prodigieux qui se sont accomplis en peu d'années dans les anciennes conditions de la vie sociale par l'effet de la presse à bon marché, des chemins de fer et de l'émigration dans les villes, de la diffusion illimitée de la littérature licencieuse, de la multiplication des cafés-concerts, des débits de liqueurs, etc.; sans parler de la corruption politique, des excitations démagogiques, de la contagion des mœurs et des maximes des classes supérieures. Peut-on, en simple équité, demander à la discipline et à l'instruction morale de l'école — de cette école qui se voit désertée par la plupart de ses élèves dès l'âge de onze ans, après qu'ils lui ont en grand nombre faussé compagnie quatre mois au moins sur dix en chaque année de scolarité, — peut-on lui faire un reproche de n'avoir pas triomphé du jour au lendemain, là où les plus puissantes et les plus anciennes influences éducatrices avaient échoué? Peut-on, sans une criante injustice, mettre à sa charge l'extension effroyable du libertinage chez les riches et les pauvres, les ravages de l'alcoolisme, ou l'action dissolvante des mauvaises doctrines? Est-il naturel enfin d'attendre d'elle qu'elle supplée (et en si peu de temps!) à l'influence défaillante de l'État, de l'Église, de la famille, de la philosophie?

8° On aura été frappé, je pense, de ce que disent modestement plusieurs des *opinants* de la *Correspondance générale* au sujet de leur *langue* religieuse ou morale encore pauvre, courte et malhabile. Ils s'en excusent; alléguant, avec raison selon moi, la nouveauté de leur mandat de maîtres de morale et le défaut de traditions, l'embarras qui résulte pour les laïques, croyants ou incrédules, de leur inexpérience et de l'état passif où les a tenus la séparation séculaire du spirituel et du temporel, le spirituel (morale et religion) étant réservé exclusivement à l'Église, c'est-à-dire au clergé. Ils reconnaissent qu'en cette matière ils sont encore novices, réduits à tirer tout d'eux-mêmes, et naturellement de leur *intelligence* plus que de leur expérience intérieure, et des livres plus que d'eux-mêmes. Mais si parfois ils balbutient, disent-ils, c'est en chefs de famille, en honnêtes gens, qui s'appliquent de leur mieux à dicter à leurs enfants, après se l'être épelée à eux-mêmes, la véritable règle de la vie.

Aussi ne promulguent-ils pas, ne pontifient-ils pas, ne dogmatisent-ils pas : ils parlent modestement selon qu'ils pensent, selon qu'ils croient, selon qu'ils sentent; et ils ont le ferme espoir qu'avec le secours des grands moralistes, anciens et modernes, des grands poètes, auxquels ils ont un incessant recours, leur langue se dénouera peu à peu.

9° J'ai dit : des moralistes de tous les âges. Me trompé-je en ajoutant qu'une lacune apparaît à un regard attentif dans cette tradition, pieusement consultée, des grandes pensées et des grands exemples?

Il me semble que les sources chrétiennes de notre civilisation morale restent étrangères à la plupart des maîtres; ils en ont désappris le chemin, comme au reste presque tous les Français cultivés; ils sont ou ils deviennent de jour en jour plus familiers avec Socrate, Épictète, Marc Aurèle et nos moralistes modernes qu'avec l'Évangile de Jésus et les Prophètes d'Israël. Ne cherchez pas d'où est venue cette amputation si extraordinaire d'une partie (et non de la moins importante) des racines premières et nourricières de la vie spirituelle chez nous autres Occidentaux : j'estime pour ma part que l'Église, ici encore, si l'on avait à instruire ce procès, aurait encore plus de peine que Voltaire à dégager sa responsabilité. Mais, à considérer les choses du point de vue simplement *naturel* et nullement théologique, comment ne pas mesurer l'énorme appauvrissement qui résulte pour nous, laïques, de ce que nos communications familières sont rompues avec les monuments, les livres *classiques* d'une notable partie de notre idéal, de l'idéal qui s'appelle du nom expressif de civilisation chrétienne, qui nous relie à notre insu les uns aux autres et qui supporte encore tant bien que mal l'édifice de notre société?

10° Que si, après toutes ces observations, on me demande expressément s'il en ressort à mon avis qu'il y ait « une âme de l'école », je répondrai sans hésiter : oui; il y a une âme; âme naissante, si on veut; et ma raison de le croire, c'est qu'il y a un noble et général effort de pensée et de parole *sincères*. Il y a une âme, en voie de naître; or elle n'était pas, on ne songeait même pas à remarquer son absence, encore moins à l'évoquer, au temps de la religion d'État, du catéchisme récité *selon la lettre*. Cette âme s'exprime d'un bout de la France à l'autre, à peu d'exceptions près, dans une langue commune, bien qu'en des formes, et pour ainsi dire, en des dialectes divers, différant plutôt par l'accent personnel — pourrait-il en être autrement? — que par les idées.

11° Et ce qu'elle dit n'a sans doute pas la vertu de remplir entièrement — selon le mot de M. Renouvier — le vide moral des esprits et des cœurs. Elle ne fait pas résonner, chez l'enfant, du moins au degré que nous souhaiterions, les cordes graves de l'âme humaine. Qu'est-ce à dire, sinon qu'aucune doctrine, pas plus celle de l'Église qu'une autre, n'est en possession des esprits? Mais il s'en faut pourtant que son *Credo* (pour employer un mot impropre) soit insignifiant. Ou ne serait-ce rien d'enseigner aux enfants que leur destinée commune et essentielle est une destinée *morale*, bien différente de celle que leur enseignerait la seule Histoire naturelle; qu'ils sont tenus de la réaliser d'un effort libre et incessant dans leurs pensées, dans leur caractère, dans leur conduite; qu'ils ne *naissent* pas *hommes*, mais qu'ils le deviennent? — N'est-ce rien d'enseigner que cette discipline doit être personnelle, exercée par soi sur soi; intérieure autant qu'extérieure; séculière et non pas ascétique, c'est-à-dire appliquée à la vie présente et l'embrassant tout entière? N'est-ce rien, et n'est-il pas à maints égards nouveau, d'enseigner aux enfants, comme article fondamental, le respect — c'est-à-dire un sentiment à demi religieux — de la personne ou de l'âme libre en chacun de nos semblables, homme ou femme, pauvre ou riche? N'est-ce rien encore d'enseigner aux enfants qu'il est de la dignité d'un peuple comme de celle d'un simple particulier de ne pas aliéner sa liberté, fût-ce au prix de sa prospérité temporaire? N'est-ce rien enfin d'enseigner aux enfants, par opposition à l'esprit d'individualisme exclusif ou d'esprit de classe, d'église, de coterie, la solidarité étroite de tous les membres de la cité dans le bien comme dans le mal?

Est-ce qu'une âme d'enfant bien munie de ce lest de doctrines et de sentiments naviguera sur la vaste mer du monde sans boussole et sans voiles? Ne nous estimerions-nous pas heureux, nous tous pères de famille, si nous étions sûrs que nos fils et nos filles seront en possession de ce viatique avant d'entreprendre le voyage de la vie?

Or c'est là ce que tous nos maîtres sans exception enseignent à leurs élèves; les uns avec ferveur, les autres avec sécheresse; ceux-ci avec l'accent de la conviction et de l'expérience, ceux-là comme on récite une leçon apprise. En est-il autrement, n'en a-t-il pas toujours été ainsi des prédicateurs et des catéchistes, les uns persuasifs, mêlant leur âme tout entière à leur parole, la plupart corrects et froids, et tous également sujets à avoir leurs jours et leurs heures de *grâce* ou de *sécheresse*?

12° C'est pourquoi, sans hésiter et sans me faire illusion sur l'étendue, sur le degré de profondeur ou de stabilité des résultats acquis, j'ose encore dire qu'il y a lieu de nous féliciter de la franche consultation qu'a ouverte la *Correspondance*. Elle a révélé à beaucoup qui l'ignoraient ce qui se cache de liberté d'esprit et tout ensemble de sagesse pratique dans notre personnel primaire, et quel haut sentiment de sa responsabilité il apporte dans l'accomplissement de la nouvelle tâche. En outre elle aura permis à beaucoup de maîtres de mieux apprécier ce que pèse l'idée religieuse dans l'éducation, et combien, selon le mot d'un pédagogue qui fut l'adversaire ardent, pour ne pas dire l'ennemi de nos écoles laïques, de M. Dupanloup, elle contribue à faire de l'enseignement du maître « une parole saisissante qui tombe avec autorité, qui touche par la bonté, et qui, dans sa fermeté naturelle et sa familiarité digne, va toujours au fond des âmes ».

13° Tout notre souhait — car le danger est là, — c'est que le mouvement pacifique d'efforts, de tâtonnements, d'études, dont la consultation a témoigné, ne soit pas troublé par une intervention intempestive d'en haut ou d'à côté, par une réaction politique, administrative, ou ecclésiastique. Les programmes sont là, régulateurs modérés et souples, qui tracent la voie à suivre sans gêner la liberté de conscience. Sauvons à tout prix la sincérité, pourvu qu'elle soit sérieuse; c'est sauver l'âme même de l'éducation. A procéder autrement on s'engagerait en des complications sans issue.

Le jour où nous avons introduit dans l'enseignement une chose telle que la morale, si hardiment nouvelle, mais si impérieusement commandée par les plus graves circonstances, chose non de raisonnement ni de mémoire, mais en partie au moins de croyance, de libre consentement de l'âme, nous avons accepté certains risques, certains embarras, certains périls même. Si graves qu'ils puissent être, ils ne peuvent prévaloir sur l'intérêt supérieur d'un enseignement national sincèrement moral, et, dans la mesure du possible (je veux dire de l'état vrai des esprits en France), sincèrement religieux.

14° Aux philosophes, aux politiques, aux littérateurs qui

témoignent une sollicitude si justement inquiète au sujet de l'école laïque, je me permettrai de dire en finissant : Voulez-vous que l'enseignement moral public ait plus de vie, plus d'autorité persuasive, un sens plus riche?... Eh bien, donnez l'exemple, faites votre office de classe dirigeante, parlez haut et clair; faites en morale ce que la démocratie vous oblige, bon gré, mal gré, pour le salut commun, de faire en politique : puisez dans votre raison et dans votre cœur ce qu'ils recèlent de meilleur, ce que vous donneriez ou devriez donner à vos propres enfants, et faites-le entendre à nos maîtres; vous les trouverez, n'en doutez pas, dociles et reconnaissants. Quant à vouloir vivifier l'éducation morale publique sans donner de soi, sans se donner soi-même tel que l'on est, ou du moins tel que l'on rêve d'être, d'abord cela ne serait pas digne, et puis l'on est sûr d'échouer. En se déchargeant sur d'autres de la tutelle spirituelle du peuple, on ne confesse pas seulement son impuissance — ce qui ne serait qu'une blessure d'amour-propre, — on fait reposer l'ordre social sur un mensonge, dont on se réserve de n'être pas dupe, et dont on sera, tôt ou tard, infailliblement puni.

VII

La poésie et l'éducation[1].

La poésie a-t-elle droit de figurer dans l'éducation, en particulier dans l'éducation primaire, et plus particulièrement dans l'éducation populaire? Y a-t-elle sa place marquée, distincte, circonscrite, comme telle autre matière de simple instruction, comme l'histoire, la géographie ou l'arithmétique? Ou bien est-elle objet d'éducation générale, comme la morale, comme la religion; et, à ce titre, tout en occupant une certaine place dans l'emploi du temps, doit-elle être plutôt répandue dans tout l'enseignement et le pénétrer d'un certain esprit?

I

On répondra sans peine à ces questions, si l'on cherche d'abord à se rendre compte de ce qu'est la poésie elle-même en son fond intime. Elle n'est une langue spéciale, la langue des vers, avec ses figures nombreuses et hardies, ses inversions et ses termes particuliers, avec sa mesure et son rythme, que parce qu'elle est d'abord un sentiment, un état d'esprit particulier, lequel trouve habituellement son expression naturelle dans cette sorte de langage surnaturel que tous les peuples ont connu et qu'ils ont distingué de la vulgaire prose. La poésie n'est donc pas un langage plus beau que les autres, plus brillant, plus élégant, dont on serait convenu de faire usage pour de cer-

1. *Dictionnaire de Pédagogie*, publié en 1884.

tains objets, et pour ainsi dire en de certains jours de fête : c'est un état d'âme essentiellement humain, le plus naturel, le plus humain de tous les sentiments, par conséquent le plus universel. C'est l'émotion que chacun de nous, à son jour, à son heure, ressent en présence du secret des choses, de l'idée ou de l'âme cachée en tout ce qui vit, et qui le fait être et vivre; devant la fleur opulente, l'humble graminée, le rayon qui tremble au crépuscule sur les blés verdoyants, la lumière matinale, le ruisseau qui coule solitaire, la petite branche qui se balance au vent; et aussi devant le mystère de l'enfant qui ouvre ses yeux charmés à la vie ou qui s'éteint prématurément, étonné d'être si mal accueilli dans ce monde; de la destinée humaine, si brève et semée de tant de contradictions; de la destinée des civilisations et des religions qui naissent, vivent, croyant à leur éternité, allaitent des peuples à leur féconde mamelle, et disparaissent ensuite pour toujours; de l'humanité qui, portée sur sa planète aussi éphémère que les autres astres, poursuit sa marche vers un but inconnu; enfin de l'univers même, dont la poésie, devançant de son pas hardi la science circonspecte et rejoignant la religion, entrevoit l'unité vivante et intelligente.

Mais dire tout cela, c'est encore, nous le confessons, ne rien dire; c'est décrire les abords du temple sans pénétrer au sanctuaire. Qui se flatterait de définir la poésie? Celui-là seul le pourrait qui définirait le secret de l'homme, de sa nature, de sa destinée, de ses rapports avec tous les êtres et avec leur Principe suprême. Car elle est, au fond, l'homme même, l'homme véritable, dans son élan le plus naïf vers les choses et dans son repliement le plus spontané sur lui-même. Le poète ne prête d'autre vie aux choses que sa propre vie; c'est l'image de lui-même, mais une image animée, vivante, qu'il projette, qu'il cherche en tout; la poésie est essentiellement un acte de foi à l'esprit, à l'esprit présent en toutes choses, à l'harmonie de la nature et de l'homme, et à l'harmonie de l'un et de l'autre avec le principe universel de la vie.

Et non contente d'apercevoir ou de soupçonner le dedans des choses, leur sens caché, qui échappe à l'œil distrait du vulgaire comme au regard attentif du savant, non contente de croire, sans la voir, à cette réalité, elle l'aime, elle s'unit à elle. Dans le sentiment poétique le plus familier comme dans le plus sublime, ce n'est pas notre seule intelligence qui se met en mouvement : c'est notre âme même avec toutes ses puissances spontanées ; elle est tout nous-même; elle est, oserions-nous dire, plus que nous, en ce qu'elle jaillit de cet arrière-fond intime de sentiments par où l'individu, limité de toutes parts, tient à l'ordre universel; en ce qu'elle exprime ainsi, non pas notre pauvre être du moment, celui que le vulgaire connaît, mais notre être véritable, dont celui-là n'est qu'une ombre, et qui échappe sans cesse à notre prise.

La science voit les choses tout autrement : elle étudie, en même temps que leur aspect extérieur, leurs conditions d'existence : elle décompose, mesure, pèse, recompose; tandis que la poésie voit d'un coup d'œil direct et d'ensemble, et, comme on dit en langage d'école, d'un regard synthétique, la science voit analytiquement. Autres sont les habitudes d'esprit que donne la culture poétique, le commerce assidu avec la poésie, autres celles que donne la culture scientifique. Mais les unes ne sont pas moins nécessaires que les autres à la santé spirituelle. On accordera sans peine que l'homme, réduit à considérer les choses de la nature, de l'histoire, de l'humanité par leur côté poétique seul, serait impropre à l'action et comme un étranger égaré dans la vie. Il est également vrai que l'action, la science, l'art, n'ont qu'une portée médiocre, ils ne s'élèvent pas bien haut, ils sont frappés d'une secrète impuissance, d'une sorte de « difficulté d'être et de vivre », si la poésie ne les anime intérieurement de sa flamme; si à la curiosité vulgaire ou aux meilleures ambitions pratiques ils ne joignent ce sentiment du merveilleux des choses, du mystère dans les êtres, dans la destinée, dans l'univers, qui échauffe l'intelligence et la volonté, qui double l'énergie et l'entretient, qui par delà le but atteint ou clairement découvert en montre un autre qui se dérobe et qui est la raison des précédents, qui met de l'intérêt dans la plus simple recherche, dans l'étude de l'existence la plus humble, parce qu'il y fait apparaître, comme dans un dernier fond, l'infini même. Que ce sentiment vienne à s'affaiblir ou à s'éteindre chez un peuple, l'étude et l'art en seront, sans qu'il y paraisse d'abord, atteints à la racine; toute activité perdra de sa grandeur; la perfection des méthodes, la puissance des mécanismes intellectuels, l'entraînement de vie, les nécessités politiques et économiques suffiront quelque temps à déguiser la décadence : mais le fleuve, qui coule sous nos yeux, est tari ou appauvri à sa source.

Nul n'a peut-être, de nos jours, mieux senti et mieux dit que Vinet à quel point la poésie, loin d'être une chimère, est la vérité, l'homme même (*Études morales; De l'avenir de la poésie*. Voir sa Chrestomathie, III, 435) :

« La poésie ne peut mourir; telle est la foi de l'auteur (Lamartine), c'est aussi la nôtre. La poésie est inhérente à l'âme humaine; elle en est un des éléments nécessaires, indestructibles.

« Poésie! poésie! Le plus vain de tous les mots ou le plus profond, la plus frivole de toutes les choses ou la plus sérieuse! Il me semble que c'est aujourd'hui que je comprends tout ce que tu peux être. Arrivé à cette époque de la vie où pour tant d'hommes la poésie a cessé d'exister, je te sens plus voisine de moi, plus puissante sur ma vie, plus positive dans ma pensée que tu ne l'as jamais été. Je ne te confonds point avec ta vaine image; et telle que je te conçois, tu m'apparais comme la plus complète personnification de l'humanité, comme son vivant résumé; tu dis tout ce qu'elle est, ou plutôt tu es tout ce qu'elle est; tu en es la dernière et la plus intime expression; au-dessus, au-dessous de toi, il n'y a rien; tu es la vérité des choses, dont la prose n'est que le déguisement; tu en renfermes le secret que tu trahis sans le connaître. »

II

Si le témoignage que l'on vient de lire d'un homme considérable à la fois comme moraliste et comme critique littéraire n'est pas vide de sens, on ne sera pas embarrassé de répondre à cette question : La poésie est-elle un objet de luxe, qui ne convient pas au peuple ; une superfluité charmante dont il faut se garder d'encombrer l'éducation de la *masse*, parce qu'elle la détournerait des humbles occupations d'où dépend l'existence quotidienne, et qu'elle l'allécherait à des plaisirs au-dessus de sa portée? Ce serait, à notre avis, l'une des pires, des plus funestes erreurs. Ceux qui l'avancent en termes plus ou moins déguisés devraient aller plus loin, et réserver la religion, si proche parente de la poésie, pour l'usage exclusif des classes de loisir. Non, la poésie, pas plus que le sentiment religieux, n'est chose de luxe, déplacée dans l'éducation des petits. Aujourd'hui surtout que la religion, soit par la faute des églises établies, soit par l'effet d'un mouvement scientifique qui abonde sans mesure dans un sens exclusif, a perdu et perd de jour en jour une grande partie de son empire sur les âmes, la poésie est plus nécessaire que jamais pour nous aider à traverser le désert que laissent derrière elles les croyances et les habitudes disparues. « Malheur, dit quelque part Shakespeare, malheur à qui n'entend pas la musique que tout homme porte en soi. » Et, de fait, la poésie, grâce à la langue magique dont elle dispose, est la grande évocatrice, qui arrache l'enfant du peuple à l'état d'inconscience somnolente, le révèle à lui-même en lui faisant entendre dans un langage *idéalisé* — c'est-à-dire *plein au plus haut degré de réalité morale, de sentiments humains* — ces chants d'amour, de joie ou de tristesse, de regrets ou d'espérance, de doute ou de foi, de pitié ou d'indignation qui résonnaient confusément en lui. Elle l'enlève, le ravit à son égoïsme grossier, âpre, positif, calculateur; elle l'aide à naître à l'*humanité*, elle le fait véritablement *être*; si du moins c'est *être* que d'avoir une âme, une âme consciente d'elle-même; et si c'est avoir une âme que d'avoir des sentiments humains, de vivre avec soi, en soi, et de vivre aussi dans les autres, de se transporter par la sympathie dans leur destinée, d'élargir son moi jusqu'à y faire tenir la famille, la patrie, l'humanité, la nature et Dieu même.

N'est-il pas vrai que plus on observe de près la société contemporaine, à tous ses degrés, mais surtout dans les hautes et moyennes classes, et plus particulièrement chez les femmes et chez les jeunes gens, plus on découvre avec surprise que ce qui sauve du néant spirituel un très grand nombre de personnes, ce qui les empêche d'être tout frivolité, tout égoïsme, tout décoration mondaine, tout apparence ou tout savoir extérieur, ce qui, en leur donnant quelque commencement d'*être*, de vie supérieure, leur donne aussi quelque prix, les rend « intéressantes », c'est, à défaut de principes, de desseins réfléchis et utiles, de nobles sentiments passés en habitude, c'est peut-être quelques belles strophes de poésie qui de temps à autre chantent en eux, qu'ils se plaisent à écouter et à réciter, et qui forment, à leur insu, leurs titres de noblesse les plus authentiques?

Nous disions tout à l'heure que l'affaiblissement des croyances religieuses ne fait à notre avis que rendre la poésie plus nécessaire dans l'éducation publique. C'est en effet parce que les sources anciennes et consacrées de la vie intérieure sont appauvries ou taries qu'il faut ne point négliger les sources profanes : mais une autre raison vient confirmer cette nécessité. L'éducation poétique du peuple réclame d'autant plus de place et de soins que l'éducation scientifique, pratique ou professionnelle, prend un plus ample et plus rapide développement. C'est parce que les habitudes de calcul exact, d'observation précise, d'analyse rigoureuse (habitudes d'un prix infini), vont se propageant de l'enseignement secondaire à l'enseignement primaire, de l'école normale à l'école élémentaire; c'est parce qu'elles s'étendent peu à peu à tous les domaines de l'activité, parce qu'elles occupent sur tous les points l'esprit des nouvelles générations; c'est précisément pour cette raison qu'il importe d'établir un régime qui tempère et corrige celui-là, à savoir l'habitude de considérer la nature, le monde, l'humanité, l'histoire, non par morceaux, par leurs parties intégrantes, par leurs éléments constitutifs, mais dans leur unité et leur simplicité de composition, tels qu'ils apparaissent aux plus petits d'entre nous aux heures trop rares de recueillement et de libre méditation.

La même conclusion s'impose à nous quand nous venons à considérer l'âpre labeur pratique auquel presque tout le monde est aujourd'hui astreint, la complication croissante d'efforts que réclament l'agriculture, le commerce, l'industrie, ou encore l'activité politique que le gouvernement démocratique et libéral sollicite sans cesse de tous les citoyens, enfin le tour exclusif que la morale elle-même, l'enseignement moral, incline de plus en plus à prendre, tour personnel et utilitaire, respect de soi, devoirs correspondants à des droits, dignité humaine à reconnaître chez les autres et à faire reconnaître en soi, etc. Qui ne voit ce qu'un tel régime, tout d'énergie, de lutte, de dépense de force, d'application à un but positif, a d'épuisant, de desséchant ! Qui ne voit, pour parler avec Mme Necker de Saussure, que les facultés actives, sans cesse tendues, ont besoin de se renouveler par l'exercice des facultés contemplatives; que le fond intime des sentiments, d'où jaillit toute vie intellectuelle ou pratique vraiment saine et forte, a lui-même besoin de se reconstituer par la vue simple, désintéressée, naïve des choses humaines ou de la nature, c'est-à-dire par la poésie? Il y aurait lieu, en vérité, de trembler pour l'avenir de la science, de la liberté, de la civilisation populaire dans notre pays, s'il était prouvé que la poésie descend peu à peu à l'horizon littéraire parce qu'elle s'éteint lentement dans les cœurs, et que la chute des vieilles croyances positives et des vieilles institution sociales est l'inévitable précurseur de la mort du sentiment poétique. Heureusement ni l'humanité, ni la France ne sont à ce point épuisées de sève. D'illustres exemples ont montré de nos jours que rien n'est moins sûr que les prophéties de décadence fondées sur de prétendues analogies historiques. De même que les croyances religieuses et sociales ne disparaissent que pour se transformer sous l'aiguillon des éternels besoins de l'humanité, de même la poésie se modifie; elle se renouvelle; loin de mourir, elle n'a peut-être, à aucune époque de notre histoire, trouvé plus de voix inspirées pour la chanter, ni plus de cœurs pour lui faire écho. Qu'elle descende donc vers le peuple; qu'émue d'une sympathie fraternelle, elle prenne part à l'éducation des petits; qu'elle fasse éclore leurs sentiments, qu'elle les aide à devenir des *âmes* humaines; et que de la foule confuse, pauvre troupeau sans noms distincts, elle tire des êtres libres, des personnes.

III

Avons-nous besoin d'expliquer à cet endroit qu'en élevant si haut l'office éducateur de la poésie, nous ne prétendons pas qu'elle puisse suppléer la morale? Un mot suffira pour éclaircir toute obscurité. La poésie élève l'âme et l'agrandit; elle évoque ses puissances endormies, et entre toutes la puissance morale; mais à celle-ci appartient le privilège de lier la volonté, de commander et de défendre, de gouverner l'existence en souveraine maîtresse. La morale est essentiellement activité, énergie, discipline, règle, parce qu'elle est le devoir; la poésie est plus passive, sensitive, imaginative. Elles s'unissent, à n'en pas douter, au point de se confondre, au sein intime de l'humaine nature, et la religion elle-même ne s'en distingue pas : mais ce dernier fond se dérobe à nos regards ou du moins à nos définitions. Nous en savons assez toutefois sur la parenté de ces aspirations diverses, toutes trois primitives et indestructibles, pour assurer que la vie morale sans poésie est indigente et terne, que la vie poétique sans morale est incohérente, inconsistante et sans force, et que l'une et l'autre sans la pensée religieuse manquent de cette flamme intérieure et de cette grandeur mystérieuse sans lesquelles l'âme humaine n'est pas véritablement achevée.

Peut-être aussi ne sera-t-il pas superflu de marquer, à propos de l'éducation populaire et du secours que lui doit prêter désormais la poésie, une précaution importante. Prenons garde que le robuste bon sens et la vigoureuse sève du peuple ne s'altèrent dans l'habitude de la rêverie et des sentiments exaltés ou factices. Nul désastre, disons-le bien haut, n'égalerait celui-là. Quand nous appelons la poésie au conseil, au foyer, à l'école, c'est une poésie qui soit esprit et non simple musique, c'est-à-dire sensation; qui soit simple, largement humaine, et non pas raffinée, aristocratique, érudite; qui soit virile et non pas efféminée; raison et non caprice; qui nous porte à l'action et non au sommeil; qui s'exprime en une bonne et forte langue; bref une poésie qui apporte à notre jeune peuple la santé au lieu des rêves morbides.

IV

La poésie n'a eu jusqu'à ces derniers temps qu'une place extrêmement restreinte à l'école primaire et dans les écoles supérieures. Encore cette place, si exiguë, était-elle en partie usurpée par des pièces médiocres de pensée, de ton, de langue, qui séduisaient les maîtres par la fausse pompe de l'expression ou le marivaudage des sentiments. Ne parlons pas de certains recueils de poésies soi-disant religieuses, recueils en crédit et dûment autorisés, mais aussi injurieux au bon goût, à la raison, à l'honnêteté qu'à la piété même.

On peut dire que tout est encore à faire dans cette voie. Il en est un peu de la poésie comme de la musique : elle est traitée en noble étrangère; elle a sa place à des jours marqués; mais elle n'est pas de la famille; et, pour parler sans figure, elle n'est à aucun degré l'âme de l'école. Elle n'inspire ni l'enseignement ni l'éducation : elle se retirerait par ordre supérieur qu'aucun vide ne se ferait sentir, pas plus que la suppression officielle du chant n'atteindrait au vif notre organisme primaire. Telle est l'exacte vérité : ce que les anciens estimaient la partie divine de la pédagogie, nous en faisons l'économie; nous la supprimons, ou peu s'en faut.

Cette lacune, qui apparaît encore moins dans les programmes que dans l'état réel de l'éducation, tient sans doute premièrement à ce que l'esprit public, mal éclairé sur cette question, ne réclamait, jusqu'à ces dernières années, aucun changement notable. La poésie n'était guère qu'une sorte d'art d'agrément, inutile, sinon nuisible à des enfants voués au travail manuel : irait-on dérober aux occupations nécessaires un temps précieux pour le donner à des délassements aristocratiques?... Avec de telles vues régnantes, il est facile de deviner si la généralité des maîtres étaient aptes à goûter, à interpréter la poésie.

On allait se heurter à une autre difficulté non moins considérable, qui aujourd'hui encore est loin d'être écartée. A quelle source puiser pour l'école primaire, pour l'âge de sept à douze ou treize ans? Où chercher des morceaux propres à ce haut office d'éducation morale que nous avons essayé de marquer, des morceaux d'une langue simple, saine, et à la portée de tous? Dans la littérature classique? Oui, sans doute; mais on sait combien cette littérature, si l'on excepte La Fontaine et Molière, est savante, peu populaire d'inspiration et de langage. On peut juger par un seul exemple, celui de Corneille, le « plus éducateur » de nos poètes, de la peine que l'on aurait à composer, avec les œuvres immortelles du XVIIe siècle, une littérature scolaire du premier âge appropriée à notre état social. Les poètes du XVIIIe siècle, pour d'autres raisons, se prêtent mal à prendre rang parmi les instituteurs de notre démocratie. Quant à ceux du XIXe siècle, qui ont vécu de notre vie, partagé nos espérances et nos tristesses, parlé notre langue, est-il besoin de faire observer combien le choix à faire dans leurs œuvres, en vue de l'enfance et en vue de l'école ouverte à tous, est difficile; combien leur esprit, en cela trop semblable au nôtre, apparaît souvent troublé, maladif; comment il se dégage de leurs vers une impression tout autre que celle de la santé, de la force, de la confiance en la vie; comment enfin cette poésie si *réelle* est peu vraie, peu humaine, peu appropriée à l'usage d'un jeune peuple qui se prépare à entrer dans la vie, non pour rêver et se lamenter, mais pour vivre.

Ce sont là des difficultés sérieuses; mais ce ne sont que des difficultés. Bien choisir demanderait sans doute les qualités à la fois du moraliste, de l'homme de goût, et aussi du citoyen d'un pays libre : du moins la matière ne manque pas au choix; les poètes de l'âge classique et ceux de notre âge, même les poètes du second rang, peuvent fournir une opulente gerbe à l'éducation populaire. Déjà, il a été publié des recueils estimables pour les degrés successifs de l'enseignement; il s'en prépare sûrement de meilleurs. Je voudrais que dans les écoles normales, qui sont l'une des plus chères espérance de la France libérale, d'où il est permis d'attendre les initiatives fécondes, on exerçât les jeunes gens de troisième année à discerner dans les œuvres du XVIIe siècle ou dans celles de Lamartine, de Victor Hugo, et des *dii minores* de nos jours, les pièces qui conviendraient aux divers âges de l'école, et à justifier ce choix par de bonnes considérations; à dire les retranchements qu'il faudrait parfois opérer, les strophes à retenir ou à écarter, et pour quelles raisons de morale ou de goût.

Voici un essai de ce genre, sujet à revision, qui a été entrepris cet hiver (1884-1885) à l'École de Fontenay par les élèves de première année sur les *Feuilles d'automne* et *les Rayons et les Ombres* de Victor Hugo. Les élèves proposaient, après mûr examen, leur choix ou de pièces entières ou de fragments de pièces, en vue soit de l'école normale, soit de l'école primaire; le professeur, qui avait préparé de son côté le même travail, écoutait les raisons alléguées pour et contre et donnait ensuite son avis. Nous ne communiquons cette liste qu'à titre de *suggestions* et nullement de choix définitif :

Indication des morceaux des *Feuilles d'automne* destinés à être appris par cœur à l'école primaire.

II. Jusqu'à « le grand arbre est tombé ».
III. Rêverie d'un passant à propos d'un roi. Tout le morceau.
V. Ce qu'on entend sur la montagne. Tout le morceau.
VI. A un voyageur, 1re, 4e, 5e, 6e, 7e, 9e, 10e, 11e, 14e, 15e strophes
XV. Tout le morceau.
XIX. Tout le morceau.
XX. Tout le morceau.
XXVII. Les neuf premières strophes.
XXXII. Pour les pauvres. Les quatre dernières strophes.
XXXIV. Bièvre. Tout le morceau, sauf le n° 2.
XXXV. Soleils couchants. Nos 1 et 6.
XXXVII. Prière pour tous. Nos 1 et 6.

Mêmes indications pour *les Rayons et les Ombres.*

XVIII. Écrit sur la vitre d'une fenêtre flamande.
XIX. Ce qui se passait aux Feuillantines.
1° Depuis : « J'eus dans ma blonde enfance... » jusqu'à : « C'était le principal d'un collège quelconque ».
2° Depuis : « L'homme congédié... » jusqu'à la fin.
XX. Au statuaire David. N° 6.
XXXI. Rencontre.
XXXV. Que la musique date du XVIe siècle. Nos 3 et 4.
XLII. *Oceano nox.*
XLIV. Sagesse. Nos 3 et 4.

Je voudrais surtout que, dans les écoles normales, la lecture et la récitation des poètes, ainsi jugés, discernés, expliqués, occupassent une place plus grande dans l'*emploi du temps*, que l'on encourageât les jeunes gens à s'enchanter volontairement, dans leurs loisirs des dimanches ou des vacances, de longs poèmes ou morceaux de poèmes appris par cœur, et qu'enfin ils emportassent de l'école une ample provision de ces souvenirs, inutiles sans doute pour les brevets de capacité, mais destinés à être le sel caché de leur vie. Quoi de plus naturel que d'instituer des réunions hebdomadaires, le dimanche soir par exemple, où directeurs, maîtres, élèves, se donneraient le plaisir d'écouter ceux ou celles qui auraient préparé quelque belle page à lire ou à réciter! Ne vous semble-t-il pas qu'une si noble distraction, entrecoupée de deux ou trois chœurs soigneusement exécutés, répandrait quelque charme sur toute la semaine, qu'elle tempérerait l'austérité monotone de la vie recluse, réglementée, toute vouée à l'étude? Ne vous semble-t-il pas surtout que ces jeunes esprits, en entendant d'autres voix que celle de la science et de leurs professeurs, s'ouvriraient sous les meilleurs auspices à ce monde de l'âme et des sentiments humains que la science méthodique ne fait point connaître et qui sera pourtant leur domaine propre, puisqu'enfin c'est le vrai domaine de l'éducation?

Après cette initiation, les maîtres et les maîtresses sauraient à leur tour initier et guider leurs jeunes élèves. La poésie, aidée du chant, deviendrait l'un des agents principaux de la culture morale, disons mieux, de la civilisation. C'est à l'ouïe de cette « musique que tout homme porte en soi », autant et peut-être plus que par la morale didactique, plus à n'en pas douter que par l'arithmétique, la grammaire, l'histoire, les éléments de physique ou de chimie, que nos petits enfants, se dégrossissant, se polissant, dépouilleront de jour en jour l'animal, le sauvage, pour devenir peu à peu des hommes, capables de concevoir l'idéal, la règle et de s'y conformer. Des lectures et des récitations fréquentes, des séances de fête, surtout l'exemple du maître lisant ou récitant lui-même avec goût et avec une émotion non feinte, voilà ce qui fera entrer la poésie dans les mœurs du peuple. Alors seulement l'égalité des classes sera près de s'accomplir par l'égalité de culture morale; alors la démocratie sera près de devenir une vérité, parce que la nation sera près d'avoir une même âme.

L'art est un chant magnifique,
Qui plaît aux cœurs pacifiques,
Que la cité dit aux bois,
Que l'homme dit à la femme,
Que toutes les voix de l'âme
Chantent en chœur à la fois.

(VICTOR HUGO, *l'Art et le peuple.*)

Dès à présent l'œil qui s'élève
Voit distinctement ce beau rêve
Qui sera le réel un jour :
Car Dieu dénoûra toute chaîne,
Car le passé s'appelle haine,
Et l'avenir se nomme amour.

(VICTOR HUGO, *Lux.*)

VIII

La récitation à l'école primaire[1].

(CHOIX DE MORCEAUX EXTRAITS DES ŒUVRES DE VICTOR HUGO POUR ÊTRE APPRIS PAR CŒUR.)

J'ai essayé de dire ailleurs, il y a déjà quelques années (*Dictionnaire de Pédagogie*, article Poésie, et *Revue pédagogique*, novembre 1885), quel parti l'enseignement primaire devrait tirer de la lecture et de la récitation de la belle poésie. Depuis lors, il a été fait dans ce sens de louables efforts, qui ne sont pas restés infructueux. Il est certain qu'aujourd'hui on explique mieux les textes et qu'on en fait apprendre dans toutes les écoles un certain nombre. Je ne pense pas toutefois que cet exercice soit encore estimé et pratiqué à sa juste valeur; on n'y voit guère qu'un exercice de luxe, propre à « orner l'esprit » des enfants et à plaire aux familles, mais que l'on peut restreindre sans grand dommage jusqu'à ne lui donner place qu'une fois par semaine dans l'emploi du temps, et où l'on n'apporte pas un discernement très rigoureux. On ne s'est pas bien rendu compte jusqu'à présent de la part considérable qu'il peut avoir dans l'éducation de l'intelligence et dans celle de l'âme.

On ne peut guère contester cependant que des pages de nos grands écrivains bien choisies, bien expliquées, bien lues par le maître, bien apprises par cœur, ne servent pas

1. *Revue pédagogique.*

seulement à enseigner la langue maternelle, la bonne langue, et de la meilleure manière, c'est-à-dire en imprimant dans la mémoire de l'enfant des formes, des *moules* parfaits où sa pensée viendra naturellement se couler : mais ces moules mêmes, il est presque banal de le dire, ne sont parfaits que par les qualités de correction, de clarté, de propriété, de mesure (sans parler d'autres qualités plus raffinées et de moindre usage) qui les distinguent. Ce n'est donc pas un mince secours pour amener l'enfant à parler juste, c'est-à-dire à penser juste, que de lui graver profond dans l'esprit de telles formes, non pas isolées, égrenées comme des pièces de rapport et « d'élégance », mais incorporées dans un développement complet et bien lié, où l'idée succède à l'idée, la phrase à la phrase, par une logique intime et naturelle. L'instituteur — c'est notre cas à tous — parle à l'ordinaire une langue assez médiocre; mais par le bon choix des morceaux, il révèle à l'enfant une langue excellente, la véritable langue française, fidèle et noble expression du génie national; et par la récitation il l'établit en quelque sorte à demeure, comme un maître privilégié, dans les jeunes esprits. Encore n'est-ce pas assez marquer à mon gré la sorte particulière de *dignité* que l'entière possession de quelques beaux fragments de nos chefs-d'œuvre communique, ne fût-ce qu'à un faible degré, à toute la manière de penser de l'élève, surtout quand cet élève est un enfant du peuple, simple, docile et peu encombré de lectures.

Mais que tous ces avantages paraissent peu de chose, comparés à ceux que l'éducation morale peut retirer du même exercice! Pour les enfants des écoles populaires, il ne peut y avoir d'autres *belles-lettres* à leur proposer que les vraiment *bonnes lettres*, les lettres dignes de l'homme, celles qui expriment sous une forme accomplie des pensées dignes de présider à une destinée d'homme. Or, n'est-ce pas ici que l'instituteur, appelé par les nouvelles lois — et nous ne saurions trop les en louer — à enseigner la morale, se sent un humble novice? idées et langage, tout est rudimentaire chez lui; le plus habile de nous tous se reconnaît le plus inférieur à sa tâche. Il arrive à être clair, mais trop souvent d'une clarté sans chaleur; exact, mais d'une exactitude sans vertu communicative; vrai, mais d'une vérité sans substance et presque sans contenu. Que les maîtres, ecclésiastiques ou laïques, qui ne se reconnaissent pas à ces traits, jettent la pierre à autrui. Il est vrai que l'on s'aide des livres, des bons manuels; mais, comme s'exprimait Corneille, en opposant les livres des docteurs à l'enseignement de l'Esprit divin,

> Tout ce qui nous vient d'eux ne passe pas l'écorce,
> Mais tu pénètres tout.
>
> (Traduction de l'*Imitation*.)

On recourt aussi à des exemples, à des biographies : encore un auxiliaire utile, mais qui ne remédie pas à l'indigence de notre propre fonds.

En parlant ainsi, je sais que je mets les choses au pis, et que je ne rends pas justice à ce que des maîtres sérieux empruntent d'autorité, de force persuasive à leur conviction personnelle, à leur bonne intention, à leur langage simple et familier, tout nourri de leur expérience personnelle.

Mais enfin on n'enseigne pas la morale, *on ne la persuade pas* sans une certaine inspiration; et l'inspiration ne se commande guère; elle ne vient pas à heure fixe; non, pas même à l'appel de la bonne volonté. Et dès lors, pourquoi ne pas la demander à ceux en qui elle s'est montrée, de l'aveu universel, avec le plus de puissance : aux grands moralistes, et, parmi les moralistes, aux grands poètes? Voilà nos vrais auxiliaires, à nous autres, pauvres maîtres-écoliers. Ils disent la même vérité que nous et nos livres, mais une vérité qui n'est pas dictée par l'intelligence seule; elle sort animée, vivante, tour à tour attendrie, enflammée, ou impérative, du plus profond de l'âme et de l'expérience humaines.

Quelle distance de nos maigres et sèches leçons sur Dieu, sur la condition et la destinée humaine, sur la charité, la justice, le mystère de la souffrance ou celui de la mort, à un beau psaume, à une parabole de Jésus, à une forte page de saint Paul, à des maximes d'Épictète, à quelques strophes de Malherbe ou de Corneille, à des pensées de Pascal ou de Bossuet, et plus près de nous, dans le XIXe siècle, à des méditations de Lamartine ou de Victor Hugo!

J'ai parlé du XIXe siècle. C'est qu'en effet il est désormais impossible de ne pas le faire entrer dans l'*usage* de notre éducation primaire. Je sais tout ce que l'on peut dire, et ce qu'il m'est arrivé cent fois de dire moi-même, sur la supériorité de la littérature du XVIIe siècle, mise au service de la pédagogie. Je n'oublie pas qu'elle repose sur des idées morales certaines et bien définies; qu'elle se distingue par le calme, la gravité, par ce que Vinet appelle la candeur, qualités inappréciables dans l'éducation. Je sais que la littérature contemporaine présente en général des caractères tout autres; qu'elle est inquiète, tourmentée, incertaine; que le moi y perce sans cesse, quand il ne s'affiche pas. Mais enfin cette littérature est la nôtre, celle qui répond à notre état social et à notre état moral, celle qui exprime nos sentiments, nos besoins, nos souffrances, notre manière d'entendre la vie et la destinée; et si l'analyse, une analyse fatigante à force d'*égoïsme*, y domine aux dépens de l'intuition morale, si la recherche à outrance de l'*effet* y apparaît trop souvent, d'autre part elle se recommande souvent chez les grands maîtres par la sincérité de l'accent, par la profondeur du sentiment; tandis que la littérature dite classique, toute immortelle qu'elle soit à certains égards, n'en est pas moins, pour une notable part, à demi éteinte, hors d'état d'entrer, sinon par un perpétuel et laborieux commentaire, dans l'usage quotidien d'une société démocratique, libérale, saturée de critique, et qui cherche à fonder la vie morale, la vie idéale, sur le vif de la nature *humaine* plutôt que sur une vérité de tradition et sur l'autorité.

C'est à quoi, je le répète, nous peut aider excellemment la lecture judicieuse de nos poètes, pourvu qu'elle ne nous fasse pas négliger notre littérature *mère*, plus simple, plus calme, mieux assise que la nôtre. Et c'est pour cela que j'invoquais tout à l'heure des noms modernes, tels que Lamartine et Victor Hugo. J'oserai dire toute ma pensée. Précisément parce que leur langue est plus près de la nôtre, étant la vive expression de notre âme, elle est souvent plus propre que celle du XVIIe siècle, malgré sa perfection moindre, à faire résonner en nous les cordes profondes, qui de nos jours, hélas! dans les écoles comme dans le monde, et jusque dans l'Église, résonnent si faiblement. Pour ne parler que de Victor Hugo, on ne sait pas assez tout ce que ce grand poète, avec son inspiration si inégale mais si puissante et si variée, offre de ressources pour l'éducation morale.

Rapprochez, par exemple, de la stance finale de Malherbe, simple, grave, imposante, mais d'une doctrine un peu sèche :

De murmurer contre elle et perdre patience
Il est mal à propos;
Vouloir ce que Dieu veut est la seule science
Qui nous mette en repos,

quelques-unes des strophes de Villequier (*Contemplations*, II) :

Je viens à vous, Seigneur, père auquel il faut croire.
Je vous porte, apaisé,
Les morceaux de ce cœur, tout plein de votre gloire,
Que vous avez brisé.

Je viens à vous, Seigneur, confessant que vous êtes
Bon, clément, indulgent et doux, ô Dieu vivant!
Je conviens que vous seul savez ce que vous faites,
Et que l'homme n'est rien qu'un jonc qui tremble au vent.
. . . .
. . . .

Seigneur, je reconnais que l'homme est en délire
S'il ose murmurer.
Je cesse d'accuser, je cesse de maudire,
Mais laissez-moi pleurer.

L'âme d'homme qui se découvre dans ces plaintes frémissantes ne nous est-elle pas plus connue, plus proche, que celle qu'expriment les plaintes résignées de Malherbe? Et si les unes ont mérité d'être et de rester classiques, c'est-à-dire éducatrices, les autres ne méritent-elles pas de le devenir?

Les recueils qui ont été déjà publiés sont loin, très loin de contenir un choix digne à la fois des enfants et du poète. Les éditeurs des œuvres complètes rendraient un inestimable service à notre jeune génération s'ils composaient un ou deux volumes d'extraits, les uns très courts, les autres de longue haleine, gradués selon les âges, mais choisis avec une extrême liberté, j'entends avec un goût très sévère à la fois pour ce qui est de la pensée et pour ce qui est du style. De tous les monuments élevés en l'honneur de Victor Hugo, aucun ne contribuerait davantage à perpétuer sa mémoire.

Nous avions autrefois mis sous les yeux des lecteurs du *Dictionnaire de Pédagogie* les résultats d'un modeste travail de ce genre entrepris par une section d'élèves de Fontenay-aux-Roses sous la conduite de leur professeur de morale. Voici un choix nouveau, auquel se sont appliquées cet hiver, en vue de l'école primaire, les élèves de lettres de *première année*. Chacune d'elles proposait ses choix, exposant les raisons qu'elle avait d'adopter ou d'écarter telles poésies, de supprimer certaines strophes et d'en conserver d'autres. Les deux ouvrages d'où sont tirés tous les morceaux sont les *Châtiments* et les *Contemplations*. Cette liste aurait sans doute besoin d'être soumise à une revision attentive; il se peut que beaucoup de morceaux ne conviennent qu'à une classe avancée en âge et déjà assez cultivée de jeunes élèves; tous d'ailleurs ont besoin d'être expliqués, interprétés par le maître. Mais il ne faut pas oublier que la musique des vers a sa propre et légitime valeur, son efficacité persuasive, qu'elle n'enchante pas seulement l'oreille par l'harmonie et le rythme des paroles, mais qu'elle fait pressentir à l'âme la vérité morale, avant même que l'intelligence ait défini rigoureusement le sens des mots. Ainsi en est-il des hymnes religieuses ; ainsi s'explique leur puissante action sur les enfants et sur le peuple.

Au reste, nous n'avons eu d'autre prétention que de donner un bon exemple. D'autres, disposant de plus de loisirs et d'expérience pédagogique, n'auront pas de peine à perfectionner ce modeste essai.

CHOIX DE MORCEAUX EXTRAITS DES ŒUVRES DE VICTOR HUGO POUR ÊTRE RÉCITÉS A L'ÉCOLE PRIMAIRE

Les Châtiments.

Livre I. VIII. A un martyr, strophes 1, 2, 4, 7.
IX. L'Art et le Peuple, les quatre premières strophes.
— III. XI. « Sentiers où l'herbe se balance... », toute la pièce, moins la dernière strophe.
— IV. IX. « Ceux qui vivent... », les douze premiers vers.
— V. XIII. L'Expiation : 1re partie, jusqu'à : « on était seul » ; 2e partie, depuis : « le soir tombait... », jusqu'à : « il regardait mourir la garde ».
— VI. III. Hymne des Transportés, première et dernière strophe.
XV. Stella, jusqu'à : « et fait d'une étincelle... » ; passer trois vers et ajouter les quatre qui suivent : « Un ineffable amour.... C'est l'étoile, ma sœur. »
— VII. VIII. 2e partie, la fin : « Tout se tait, le désert... », et 3e partie, jusqu'à : « Et quand il s'est trouvé proche de la colline ».
IX. « Cette nuit, il pleuvait... », moins les sept derniers vers.
XIII. Force des choses, depuis : « Toi qui gonfles la mer... », sept vers.
XIV. Chanson, la pièce entière, sauf, dans la 1re strophe : « Pendant qu'on rente les Dupin », et dans la huitième strophe, les deux vers : « Adieu, je meurs : Néron Scapin Met aux fers la France meurtrie ».
XVI. Ultima verba, les trois dernières strophes.
Lux. 3e partie, depuis : « Qui donc a traversé l'espace... », jusqu'à la fin du fragment.

Les Contemplations (Tome I).

Livre I. I. A ma fille, les trois dernières strophes.
IV. « Le firmament est plein de la vaste clarté », toute la pièce jusqu'à : « Le ciel s'ouvre à ce bruit ».
VI. La vie aux champs : 1° depuis le commencement jusqu'à « Aussi dès qu'on m'a vu »; 2° depuis : « Je leur parle de tout » jusqu'à « Je leur raconte aussi l'histoire ».
XXIII. L'enfance.
XXIV. Heureux l'homme occupé.
XXV. Unité.
— II. XXVII. La nichée sous le portail.
— III. IV. Ecrit au bas d'un crucifix.
V. Quia pulvis es.
VIII. « Je lisais; que lisais-je? » onze vers, depuis « Tout cet ensemble obscur », jusqu'à « C'est l'âme qui les doit cueillir ».
XXIV. Aux Arbres, quatorze vers à la fin, depuis « Arbres de ces grands bois ».

Les Contemplations (Tome II).

Livre IV. V. « Elle avait pris ce pli. »
VI. « Quand nous habitions tous ensemble. »
IX. « O souvenirs! printemps! aurore! »
X. « Pendant que le marin. »
XV. A Villequier; la pièce entière, moins les strophes : 11 (?), 14, 16, 17, 20, 22, 23, 24, 25, 26, 36.
— V. IV. « La source tombait du rocher. »
VI. A vous qui êtes là, les vingt derniers vers.
IX. Le mendiant.
X. Aux Feuillantines.
XII. Dolorosa.
XVI. Dix vers au début, dix vers à la fin.
XXIV. Les douze premiers vers.
XXVI. Les Malheureux : 1er fragment, depuis « J'entrai; le vieux soupait », jusqu'à « Je suis heureux »; dernier fragment : « Aux premiers jours du mois », jusqu'à la fin.
— VI. I. Le pont.
V. Croire, mais pas en nous.

IX

La musique ou le chant choral à l'école [1].

L'introduction de la musique dans les programmes de l'instruction primaire est de date toute récente. C'est dans l'année 1880 que la question fut soulevée et mise à l'étude en haut lieu. C'est le 23 juillet 1883 que furent arrêtés les programmes qui déterminent l'enseignement du chant dans les écoles maternelles, dans les écoles primaires et dans les écoles normales.

Nous n'avons pas dessein de traiter ici la partie technique de cet enseignement. Aussi bien nos lecteurs trouveront-ils ailleurs sur ce point toutes les informations désirables (voir *Diction. pédag.*, IIe Partie, MUSIQUE). Nous voudrions simplement rechercher quelle est, ou quelle pourrait être la portée réelle de cette réforme hardie, qui tente d'improviser de toutes pièces une éducation musicale du peuple et vise à fonder, par l'école, des mœurs musicales dans un pays où elles ont fait jusqu'ici presque entièrement défaut.

I

Il ne faut pas, nous semble-t-il, de longues réflexions pour apercevoir que c'est là une question de haute importance et qui touche même au plus vif du problème péda-

1. Il ne faut pas oublier que ce morceau, ainsi que la plupart de ceux qui précèdent, a été publié peu après 1880.

gogique. Au fond, elle n'est qu'un chapitre — mais sans doute le plus délicat et le principal — de la grande question de l'introduction de l'art dans l'éducation populaire.

Chose étrange! il y a cent ans que cette éducation est née; les plus éminents esprits l'ont inaugurée, puis développée et réglementée; et cependant quelques-uns de ses plus réels besoins sont restés à ce point méconnus, que l'art, sous n'importe laquelle de ses grandes formes, n'y avait jusqu'ici aucune place. On peut même dire qu'elle se caractérisait, et pour bien des gens elle se caractérise encore, par l'élimination systématique de tout élément d'art, par le retranchement absolu de tout ce qui n'est pas directement utilisable et pratique. L'enseignement secondaire classique, en dépit de la vaste extension du savoir positif, est resté, non peut-être sans dommage, tel que nous l'avons hérité des humanistes de la Renaissance, c'est-à-dire essentiellement esthétique, en sorte que l'éducation des classes supérieures est principalement destinée à leur révéler, non point l'utile, mais le beau; à le leur faire comprendre, goûter, et, s'il est possible, reproduire. Mais au contraire le peuple, avec l'assentiment de ceux qui se croyaient ses plus sincères amis, est resté jusqu'ici courbé vers la terre; il n'a pas, disait-on, le temps de lever ses regards et de les laisser errer vers les inutiles splendeurs de l'idéal. Voué au labeur matériel, ce qu'il lui faut, c'est un bagage suffisant de notions pratiques et positives qui l'aideront à fournir ce labeur, c'est une instruction toute orientée vers l'application immédiate. Aux classes riches l'éducation libérale, au peuple l'éducation utilitaire.

Qu'une conception si peu démocratique des fins de l'enseignement primaire ait gardé si longtemps et garde encore une grande autorité, voilà qui aurait lieu de surprendre si l'on ne réfléchissait que l'éducation n'a été qu'à de bien rares et courts instants aux mains des amis de la liberté, et ensuite que la crise où est engagée la pensée moderne a précisément pour caractères la grande faveur accordée au savoir positif et le discrédit de tout ce qui touche à l'idéal. L'inexpérience du parti libéral aux choses de l'éducation et l'ascendant de l'esprit matérialiste, voilà les deux grandes causes de cette erreur persistante et funeste, qui déclare inévitable et presque désirable l'abaissement systématique de l'enseignement du peuple.

C'est, à notre avis, l'un des principaux caractères et ce sera le grand titre d'honneur des réformes de 1880, d avoir rompu avec cette humiliante conception; d'avoir compris et proclamé qu'une démocratie qui veut mériter le nom de libérale est tenue d'ouvrir à tous les citoyens, sans distinction de classes, au peuple aussi bien qu'aux riches, toutes les avenues de la vérité et de la beauté; qu'elle ne peut pas, sans se démentir et peut-être sans se perdre, se résigner à faire deux ordres d'éducation, et par conséquent deux classes, deux sociétés différentes; que tout en maintenant à l'éducation du peuple son caractère légitime de simplicité et d'utilité pratique, il la faut faire libérale; que c'est même là, à vrai dire, sa fin principale, tout comme c'est la fin de l'éducation des hautes classes; qu'en d'autres termes l'un et l'autre enseignement, le primaire et le secondaire, ont pour objet commun l'*éducation*, c'est-à-dire la création d'habitudes d'esprit nettes, sages et fortes, la formation de caractères vigoureux et de consciences libres. Cette grande idée de l'identité des fins de l'enseignement primaire et de l'enseignement secondaire est-elle pleinement aperçue et consentie de tous les amis de la liberté? Nous ne l'affirmerions pas; elle est encore trop nouvelle. Mais ce que nous osons assurer, c'est qu'à la réflexion chacun reconnaîtra que toute autre façon de voir est contraire à l'esprit libéral et grosse de dangers, parce que la vie politique commune ne peut avoir d'autre fondement que la communauté de sentiments et de pensées, et par conséquent la communauté de culture. Les destinées de la liberté nous paraissent, à la longue, suspendues à la solution de ce difficile problème : concilier les conditions de brève durée et de simplicité de l'enseignement primaire avec celles de la plus haute culture morale; donner au peuple, comme aux classes supérieures, des *humanités*; le former à goûter et à reproduire la perfection en tous ses modes.

Examinée de ce point de vue, la question de l'enseignement populaire de la musique, apparaît dans sa vraie lumière. Ce n'est pas un « art d'agrément », c'est-à-dire un luxe charmant, un plaisir d'un ordre délicat et distingué que l'on a dessein de procurer à tous. C'est un instrument subtil et puissant de culture morale dont il s'agit de munir l'enseignement primaire.

Il va sans dire que la seule musique dont il puisse être ici question, c'est la musique vocale. Le chant est en effet la seule forme de l'art musical assez générale et assez simple pour répondre aux conditions d'un enseignement populaire. Et en fait de chant, c'est surtout du chant choral qu'il s'agit, puisque celui-là seulement répond à ces instincts de solidarité, de communion, d'harmonie collective, qui sont parmi les plus précieux à cultiver.

Comment le chant, le chant choral surtout, vient-il en aide à l'éducation de l'âme, comment est-il une force morale? Phénomène d'ordre délicat, mystérieux, profond, qui se sent mieux qu'il ne s'analyse, et toutefois si constant, si commun qu'il n'en est pas qui soit d'une expérience plus générale. Lequel de nous ne garde pieusement le souvenir de certaines heures vraiment bénies où une harmonie grave et puissante, un chant religieux, un hymne patriotique ont remué et soulevé tout son être dans un élan passionné vers le beau, vers le bien, vers le vrai? Moments divins, dont on pourrait dire ce que Parker disait magnifiquement de la foi religieuse : « En ces heures où le Dieu vivant nous visite, le flot de la vie universelle passe à travers l'âme; on se soucie peu d'être père ou enfant, d'être riche ou pauvre, d'être roi ou berger; on est un avec Dieu, et Dieu est tout en tous »; moments rares et plus fugitifs que l'éclair, mais que l'âme ne traverse pas impunément, et d'où elle rapporte une excitation fortifiante qui persiste quelque temps à travers la banalité et l'égoïsme de la vie journalière. A coup sûr cette influence salutaire n'a rien de précis, de déterminé. La musique n'est pas l'excitatrice de telle ou telle catégorie de vertus, elle agit plutôt en remuant, par des moyens qui n'appartiennent qu'à elle, le fond commun à toutes les vertus, l'énergie spontanée de l'être, la force vive de l'âme. Cette action tire sa puissance extraordinaire de ce qu'elle est à la fois physiologique et psychologique, en sorte qu'elle touche et ébranle l'être à cette profondeur vague et mystérieuse où la vie physique et la vie morale ont leurs racines communes. Le principal élément de l'action musicale, c'est l'harmonie des sons, qui éveille en nous, comme un écho involontaire, le sens de l'harmonie morale, de l'ordre, de l'accord, et par conséquent de la perfection, qui est notre rêve, c'est-à-dire notre destinée. Mais un autre élément d'action, c'est le rythme, c'est-à-dire le mouvement, l'allure, la marche, ordonnée et réglée selon des lois variables, tantôt légère et joyeuse, tantôt inégale, douloureuse, plaintive, tantôt mâle, calme, puissante, tantôt rapide, emportée, furieuse, terrible. Joignez-y, dès qu'il s'agit de chant choral, l'idée de la communion de sentiments et d'action, l'accord de tous dans un même effort, la vie individuelle et isolée se perdant pour se retrouver d'autant plus intense dans la vie collective.

Cette action est vague, à coup sûr; elle est même la plus vague de toutes celles que l'art exerce sur l'homme. Mais par cela même elle est d'une puissance et d'une fécondité incomparables. Nous croyons trop volontiers qu'il n'y a de profitable et de légitime que ce qui est précis, ce que l'esprit détermine et classe aisément. C'est là, particulièrement en matière pédagogique, une illusion dangereuse : la vérité est plutôt que l'éducation, celle du peuple surtout, nécessairement brève et pratique, n'est que trop obligée à la précision, c'est-à-dire réduite à la pure action logique et par cela même en péril d'étroitesse et de stérilité. L'intelligence n'est pas le sanctuaire intime et dernier de l'être. Il faut aller au delà, descendre plus profond, arriver jusque dans cette région obscure où se fait l'éclosion perpétuelle de la vie, où s'agitent les germes premiers du sentiment, de la pensée et de l'action. C'est là seulement que l'éducation doit prendre sa prise sur l'âme enfantine, si elle prétend la modifier en son vrai fond et non à la surface. Eh bien! il n'est que trop certain que nous sommes aujourd'hui presque entièrement frustrés des moyens de remuer l'âme à cette profondeur, et que les grands principes de la vie morale, le beau, le bien, le devoir, l'humanité, la patrie, la famille, etc., ne se révèlent guère à nos enfants que sous la forme appauvrie de catégories logiques. Voilà pourquoi l'influence de la poésie musicale est sans prix : elle transforme ces grandes idées claires et froides en émotions vivantes, qui gagnent en puissance ce qu'elles ont perdu en précision, et qui ébranlent l'être tout entier.

Et n'allez pas croire que ce soit là un honnête artifice de pédagogie, un ingénieux et subtil détour pour pénétrer au vif de la personne morale. C'est l'œuvre même de la nature. La musique jaillit spontanément des profondeurs de l'âme humaine et surtout de l'âme enfantine, et vous ne sauriez vous en priver sans communiquer à l'éducation un caractère artificiel et lui enlever de sa vie réelle. L'enfant chante naturellement, jusqu'au moment où il entre à l'école. Entre vos mains, hélas! il cesse de chanter; cette manière d'être qui était la sienne plus que toute autre, disparaît; cette expansion libre et spontanée de sa vie s'arrête, et il ne reste plus que le seul labeur de l'intelligence. Qui ne voit le dommage, la perte irréparable? Qu'eussent pensé les anciens d'une telle mutilation? L'école, ainsi sevrée de poésie, n'est plus qu'un bel atelier d'instruction, où se fabriquent des esprits corrects, munis de notions justes et pratiques, mais non pas des âmes vivantes, vibrantes, heureuses, aussi riches de sentiment que de pensée, ouvertes non point aux idées seulement, mais à toutes les émotions grandes et généreuses.

II

Cependant, tout n'est pas dit, parce qu'on a décrété l'introduction du chant dans les programmes. Le plus ardu reste à faire. Il reste à en déterminer et orienter l'enseignement dans une direction particulière. Car il est évident que le chant ne peut remplir cet office de culture supérieure, qu'il n'est apte à seconder l'éducation morale que sous de certaines conditions, dont la principale est de présenter un caractère de simplicité et de largeur. Pour ébranler favorablement l'âme populaire, il faut en premier lieu que les sentiments exprimés soient assez généraux et pris à cette profondeur où ils composent le fond humain commun; il faut ensuite que les moyens d'expression soient assez simples pour être accessibles à tous.

C'est ici, nous devons l'avouer, la grande difficulté, la pierre d'achoppement. La plus sûre garantie serait que ces chants fussent sortis spontanément des entrailles du peuple, qu'ils exprimassent depuis longtemps, en quelques-uns de ses grands modes, la vie nationale, en sorte qu'au lieu de les créer pour la circonstance à grand renfort d'art et de science, on n'eût qu'à puiser dans ce trésor de bon aloi. Mais la source mère de tels chants, c'est la source religieuse, non pas seulement parce que la musique sacrée est la grande école populaire de musique, mais encore et surtout parce que c'est du sentiment religieux, pris en son dernier fond, que dérivent plus ou moins directement tous les ordres de grande émotion musicale. Or cette source-là, si elle a jamais coulé pour nous avec abondance, est tarie depuis longtemps ou fort appauvrie. Ainsi que l'a justement indiqué M. Bourgault-Ducoudray dans son remarquable Rapport, tandis qu'en d'autres pays, en Allemagne particulièrement [1], la Réforme inaugurait le *choral*, c'est-à-dire le chant des psaumes exécuté par tous les fidèles en langue commune, et qu'ainsi elle proclamait et mettait à profit l'aptitude de l'art musical à servir à une fin morale, partout ailleurs le catholicisme allait restreignant de plus en plus la musique religieuse aux proportions d'une musique d'apparat exécutée par quelques virtuoses, à l'exclusion des assistants, et frustrait ainsi la vie populaire de l'une de ses forces les plus précieuses.

1. N'oublions pourtant pas Gondimel, en France, et ses Psaumes français en quatre parties.

Par là s'explique en grande partie la singulière pauvreté de notre patrimoine musical. La musique est restée étrangère à nos mœurs et à notre tempérament, parce que la religion ne l'a pas sécularisée. L'émotion religieuse, de laquelle tous les autres grands enthousiasmes empruntent secrètement leur puissance, comment aurions-nous appris à l'exprimer par le chant, puisque le culte nous déchargeait de ce soin, et par là dispensait l'individu de la ressentir fortement pour son propre compte?

Certes, c'est là une lacune dont nous ne nous dissimulons pas la gravité. Nous prétendons créer des mœurs musicales, et la musique fait défaut. C'est un cercle difficile à franchir. Difficile, mais non pas sans doute impossible. La tâche est ardue et délicate, cependant elle n'est pas au-dessus de nos forces, si nous y apportons le sens juste des besoins qu'il s'agit de satisfaire. Nos ressources musicales sont bien restreintes, mais nous n'en sommes pas entièrement dénués : il y a certainement, dans les vieux airs rustiques de quelques-unes de nos provinces, une mine riche en précieux filons, et qui n'a pas encore été exploitée. Rien d'ailleurs ne nous empêche de puiser dans la musique populaire des autres peuples, et d'y choisir les éléments les mieux appropriés à notre tempérament et à nos besoins. C'est même là, selon nous, le parti le plus sûr, infiniment préférable à la fabrication sur commande de morceaux destinés aux écoles. Assurément, nous ne désespérons pas qu'un jour, l'enseignement populaire du chant ayant fait ses preuves et conquis son rang parmi les plus nobles choses, il devienne la tentation des grands compositeurs, et que ceux-ci, s'unissant aux grands poètes, mettent leur génie au service de cette cause vraiment sacrée. Alors seulement toute difficulté, tout risque d'insuccès aura disparu, et la musique scolaire vivra d'une vie durable et bienfaisante, parce qu'elle sortira d'un mouvement spontané de l'âme nationale et non plus seulement d'une habile action administrative. Ce rêve d'avenir est légitime, assurément, mais enfin ce n'est encore qu'un rêve. En attendant, il est certain que la musique qui serait composée tout exprès pour l'usage scolaire n'échapperait pas au caractère artificiel, factice, à l'absence de véritable inspiration, et par conséquent de véritable puissance. De telles compositions pourront être d'une fabrication irréprochable; la simplicité, la largeur, l'émotion y pourront être imitées selon des procédés parfaitement corrects; mais ce ne sera jamais qu'une œuvre de science, qui sera sans efficacité parce qu'elle sera sans sincérité.

III

Il ne suffit pas d'ailleurs de savoir sur quel air chanter; encore faut-il savoir ce que l'on chantera sur cet air. Car tel est notre tempérament, notre perpétuel besoin de logique, ou peut-être notre infériorité esthétique, notre inaptitude à savourer l'émotion de l'art pour elle-même, que nous ne pouvons pas nous contenter de la pure musique; il nous faut des paroles, et même il nous faut un rapport exact, juste, précis entre les paroles et la musique. Et voilà une nouvelle difficulté, qui n'est pas moindre que la précédente. Quand un peuple chante naturellement, les occasions de chanter naissent naturellement aussi : la musique ne jaillit de ses lèvres, que parce que les sentiments qu'elle exprime jaillissent de son cœur. Il chante non pour une pure jouissance de l'oreille, mais par une expansion spontanée et toujours renouvelée du fond de son être. Il s'agit donc de créer chez nous, en même temps que l'élément en quelque sorte matériel du chant, l'élément moral, de faire que nos enfants non seulement sachent chanter, mais qu'ils aient quelque chose à chanter. Ce n'est certainement pas là un idéal chimérique, puisque le fond des sentiments et des émotions est le même partout. Nous ressentons, quoi qu'on en dise, aussi profondément et aussi fortement que les autres peuples la poésie de la nature, le mystère de la vie, l'émotion de la mort, l'amour de l'humanité, de la patrie, de la famille, etc. Cette éternelle matière de l'art en général, et de l'art musical en particulier, ne fait pas plus défaut chez nous que partout où battent des cœurs humains. Il s'agit seulement de l'exprimer en bonne langue, avec simplicité et sincérité : même problème, au fond, que celui de la musique elle-même.

La simplicité, c'est-à-dire la parfaite vérité du sentiment, voilà le point difficile, et pourtant la condition indispensable, qu'il s'agisse des paroles ou des airs. Les unes et les autres doivent servir aux enfants à ressentir et à exprimer des sentiments qui soient bien à eux, qui composent bien réellement le tissu de leur vie, et non pas des enthousiasmes de commande, des élans factices, sans rapport aucun avec la réalité journalière. C'est affaire de discernement, de tact, de bon goût et de bon sens. On parle de faire chanter à nos enfants la vie ou la mort des « grands hommes ». C'est à merveille, mais quels grands hommes? Il faut choisir et bien choisir. Peut-on réprimer un sourire en entendant prononcer à ce propos les noms de Socrate, de Vercingétorix, de Gutenberg? Pourquoi ne pas chanter aussi Parmentier, Ampère, Édison?

Il appartient à l'administration supérieure et aux maîtres éminents dont elle prend les avis de faire que cette création de l'enseignement primaire du chant soit autre chose qu'un luxe délicat ajouté au programme, qu'elle soit une œuvre de vie. Surveiller avec le soin le plus minutieux le mode d'enseignement et l'organisation du répertoire n'est pas encore suffisant. Il faut qu'une action administrative constante pénètre l'instituteur de cette idée, qu'on ne lui demande pas de former de savants virtuoses, habiles à exécuter de difficiles passages, mais, ce qui est à la fois plus simple et plus ardu, d'éveiller dans les jeunes âmes le sens de la poésie musicale, et de faire servir cette poésie, sans pédanterie, par sa vertu propre et spontanée, à l'œuvre de la culture morale. Il faut qu'il sache que si ses efforts tendent à faire de son école un orphéon perfectionné, lauréat des concours de la région, il détourne le chant de son véritable office. Et s'il demande ce que l'on attend de lui, la réponse est simple :

Faites que le chant, au lieu de n'être qu'une leçon de plus, soit l'âme harmonieuse de l'école, et pour cela mêlez-le étroitement à la vie journalière de l'écolier. N'ouvrez pas la classe le matin, ne la fermez pas le soir, sans un chant choral choisi avec soin, simple, très court, mais le plus large, le plus beau possible, de façon à pénétrer de saine poésie l'atmosphère de tout le jour. Qu'un enfant de l'école ou du village ne vienne pas à mourir sans que ses petits camarades unissent leur voix sur sa tombe. Que dans les promenades militaires ou autres, ils sachent rythmer leurs pas au son de quelque marche d'allure simple et mâle. Qu'ils aient dans leur mémoire quelque beau chœur de musique religieuse, quelques beaux hymnes patriotiques. Qu'enfin les événements de leur vie propre, ou de la vie locale, ou de la vie nationale reçoivent tout naturellement chez eux l'expression musicale. Alors seulement vous aurez compris votre tâche comme elle doit être comprise, vous aurez fait du chant un des premiers éléments de la vie scolaire, vous l'aurez fait servir à rendre cette vie à la fois plus riche et plus réelle, plus poétique et plus vraie, plus heureuse et plus forte. Vous aurez travaillé, à votre place et selon vos moyens, à doter l'âme nationale d'une puissance nouvelle

X

L'école primaire et l'éducation politique du citoyen.

L'éducation primaire peut-elle faire l'éducation politique du jeune citoyen?

On l'a toujours pensé, et plus encore dans l'antiquité que dans les temps modernes. De nos jours tous les gouvernements, aussi bien celui de la première République et du premier Napoléon que celui de la troisième République, l'ont pensé également; mais aucun n'a fondé sur l'école plus d'espérances que le nôtre; aucun non plus n'a prodigué, pour les réaliser, plus de trésors. Les fondateurs de la démocratie libérale avaient clairement compris que le régime du suffrage universel sincèrement pratiqué était la plus hardie, la plus difficile, la plus incertaine des aventures, si l'on ne pourvoyait sans délai, et au prix des plus grands sacrifices, à l'éducation civique des jeunes générations appelées à prendre part à la conduite des affaires publiques. Le régime césarien avait maintenu le suffrage populaire, mais en ayant soin de le tenir sous une tutelle étroite qui le réduisait à n'être le plus souvent qu'une vaine apparence. La monarchie libérale de 1830 n'avait jamais osé tenter pareille entreprise; ses chefs et ses théoriciens professaient bien haut que la classe investie du droit de vote devait, pour la sécurité de l'État, joindre à la garantie de l'instruction celle des intérêts, de la fortune, dont le *cens* était le signe. Seule, la République, celle de 1870 comme celle de 1848, a voulu courir le risque de se fier à l'intelligence toute seule, au bon sens de la multitude électorale, mais au bon sens, éclairé dès l'enfance par un enseignement approprié aux nécessités du régime démocratique.

Nous vivons sur cette doctrine. L'école est chargée de former le citoyen d'un État populaire et libre. C'est nous, instituteurs et institutrices, qu'on prétend rendre, non pas sans doute exclusivement, mais principalement responsables de la conduite politique (comme d'ailleurs de la conduite morale) des nouvelles générations.

L'honneur est grand sans doute; il l'est en proportion de la charge. N'est-il pas excessif? Examinons de près dans quelle mesure nous devons l'accepter, et quelles sont les conditions que l'école devrait remplir pour s'acquitter d'une pareille mission.

Oui, sans doute, on a raison de croire que l'école, en mettant entre les mains de tous les enfants les instruments indispensables du savoir, la lecture, l'écriture, le calcul, en éveillant à la vie les jeunes esprits, en les munissant d'un savoir élémentaire mais de bon aloi et varié, en les exerçant à penser et à parler juste, les prépare par là même en une certaine mesure à se conduire un jour dans les affaires publiques, à démêler la vérité, le droit, l'intérêt du pays, tout au moins à reconnaître quels sont les hommes, les journaux les plus dignes d'être écoutés.

On a encore raison de croire que l'école, en expliquant à l'enfant le mécanisme de l'organisation politique et administrative, agrandit assez le cercle de ses idées pour que, arrivé à l'âge adulte, il ne se sente pas un étranger dans son propre pays. Plus encore, on a raison d'espérer que l'école, non contente de dispenser le *savoir civique*, communiquera à l'enfant, par l'enseignement, même élémentaire, de l'histoire et de la géographie, des idées justes sur les destinées de la France, sur la grande place qu'elle a occupée, qu'elle occupe encore dans le monde, sur les qualités qu'elle a glorieusement déployées, sur ses défauts aussi, et sur les fautes commises en divers temps et qui lui ont coûté cher.

Plus encore. On a raison d'espérer que l'enfant, ainsi instruit par l'histoire, par la géographie, et aussi par les leçons de morale, à aimer son pays comme on aime sa famille, pour ses gloires et pour ses faiblesses, pour ses succès et pour ses malheurs, sera mieux préparé à consulter, le moment venu, l'intérêt général. Oui, cet espoir est permis; bien entendu avec des maîtres instruits, intelligents et appliqués à leur devoir. Mais l'éducation politique, celle qui prépare l'enfant à prendre un jour sa petite part dans le gouvernement libre, à le pratiquer avec discernement et avec moralité, n'est-ce que cela?

Sans doute, elle implique une certaine instruction concernant le pays, sa situation, ses ressources, sa constitution présente, son histoire, les périls extérieurs, etc. Mais cette instruction, elle s'arrête chez le très grand nombre, pour ne plus recommencer, à l'âge de onze ans, après avoir été interrompue quatre, cinq mois par an durant la durée de l'écolage; elle se prolonge pour une minorité jusqu'à douze ans, douze ans et demi; quelques-uns seulement la poursuivent jusqu'à quatorze ans dans les cours complémentaires; un moindre nombre encore — infiniment petit — jusqu'à quinze et seize ans dans les écoles primaires supérieures.

Quelle étendue, quelle profondeur, quelle efficacité pratique peut avoir l'instruction politique donnée à des enfants de neuf, dix, onze et même douze ans, soit qu'elle résulte de l'enseignement de l'histoire et de la géographie, ou de celui de la morale? Certes, je n'en fais pas fi, et j'estime qu'on ne saurait la rendre trop précise, trop incisive, ni la dispenser par trop de voies diverses. Mais si elle ne se continue pas sous une forme ou sous une autre, ne voit-on pas qu'elle reste toute en l'air, sans prise sur l'esprit, sans autre effet que l'impression *patriotique* générale dont je parlais tout à l'heure, laquelle d'ailleurs a son prix et qui à l'heure présente peut se constater partout. Quant à comprendre les conditions vitales du régime démocratique et libre, elles dépassent presque toutes la portée des enfants de nos écoles élémentaires, ne correspondant à rien dans leur jeune expérience. Seules, les écoles primaires supérieures et les collèges secondaires peuvent prétendre à commencer effectivement l'éducation politique de leurs élèves par leur enseignement littéraire, historique, philosophique et même scientifique plus sérieux, s'adressant à des jeunes gens dont l'esprit est plus formé. Sans doute ni les sciences, ni l'histoire, ni même la morale ne doivent être subordonnées à un intérêt politique, pas même au plus respectable de tous; mais elles peuvent contribuer, chacune selon sa nature, à fonder chez les jeunes gens les dispositions intellectuelles ou morales qui font partie d'un esprit public sain dans un État libre et bien réglé.

En disant cela nous touchons au point vif de la question. On le découvrirait en plein si l'on voulait bien se demander : Pourquoi rencontrons-nous tant de gens du peuple, sachant lire et habitués à lire, qui ne savent pas bien juger en politique; qui se laissent prendre aux sophismes, à la rhétorique violente ou déclamatoire, qui ne goûtent parmi les journaux que ceux qui parlent le plus bruyamment, sans égard pour la vérité, pour la justice, pour l'honneur des personnes, pour l'intérêt des institutions établies ou même pour celui de la paix publique? Pourquoi rencontre-t-on la même incapacité de discernement ou le même défaut de scrupules chez tant de gens plus instruits et *bien posés*? C'est que le bon jugement politique n'est pas fait seulement de *savoir*; comme le bon jugement en général, il réclame du bon sens; et le bon sens lui-même est insuffisant; il faut à ce savoir, à ce bon sens une orientation morale, que l'école élémentaire ne saurait donner presque à aucun degré, que l'école primaire supérieure même ou le collège ne peut fournir qu'en partie, qui dépend principalement des mœurs régnantes, des traditions commentées chaque jour par la presse et par toute la littérature politique.

Expliquons-nous.

Comment bien juger en politique si d'abord l'on n'est animé de l'amour de la vérité? Traiter les affaires publiques en affaires sérieuses, comme on traite les graves affaires de famille, non en matière de rhétorique ou en objet de distraction; et, à cause de cela, ne vouloir pas être trompé ou amusé par son journal ou par son orateur; se défier des phrases sonores et des invectives entraînantes; se plaire aux renseignements précis et non à ceux qui flattent notre préjugé; enfin *tirer au clair* chaque chose : voilà sans doute une disposition essentielle, mais que l'instruction élémentaire ne saurait donner *en ces matières* aux enfants de dix à douze ans.

J'en dirai autant d'une disposition d'esprit mi-intellectuelle, mi-morale, sans laquelle un peuple est d'avance condamné à devenir la proie des rhéteurs révolutionnaires : je veux parler du sens de l'*ordre*. Je dis l'*ordre* par opposition au régime du miracle et du hasard; j'entends par *ordre* le régime où les causes produisent leurs effets, et où les effets ne sauraient se produire sans les causes, ni en dehors de certaines conditions de temps, d'efforts, de circonstances, etc. Le sens de l'ordre, c'est le sens du possible et de l'impossible, du possible à de certaines conditions, impossible à d'autres; du raisonnable et du chimérique; du progrès compatible avec la nature, particulièrement avec la nature humaine, et du progrès magique ou apocalyptique, obtenu d'un coup, en un moment, par décret, par conséquent tout illusoire. Et sans doute il convient ici de faire une part, une large part à ce que peut la volonté libre, l'énergie clairvoyante de quelques hommes et, à leur suite, de tout un peuple, pour accélérer les transformations sociales au delà de ce que les analogies historiques auraient permis d'espérer; mais cette part reste bien limitée en comparaison des bornes assignées par l'histoire comme par la nature aux changements profonds et définitifs. Cette disposition, ce jugement général et anticipé, qui caractérise, pensons-nous, le tempérament politique des peuples capables de se gouverner eux-mêmes, l'instruction élémentaire ne peut évidemment prétendre à le donner; en revanche, il ne serait que juste de demander à l'enseignement primaire supérieur, et plus encore à celui des lycées, de s'appliquer expressément à le former. Mais encore convient-il de faire observer que le *savoir* tout seul n'y suffit pas; sans une certaine modération des désirs, sans la soumission à l'*inévitable*, c'est-à-dire sans une disposition toute morale, par conséquent toute libre, dépendant de la *bonne volonté* plus que de l'intelligence, l'éducation politique restera sur ce point défectueuse et précaire.

L'éducation civique, on le voit, est chose bien complexe; de quoi il n'y a pas à s'étonner, la cité, une cité libre, étant elle-même un organisme fort complexe autant que délicat. Trop d'éléments de prix entrent dans cette éducation pour qu'elle puisse résulter d'un catéchisme appris par cœur, ou d'une nomenclature des pièces qui composent la machine politique et administrative. Que pourra bien valoir, par exemple, une éducation politique où manque le sens de la liberté? j'entends le sentiment du prix, non seulement *utile*, mais *moral*, de la liberté; la conviction qu'elle est aussi nécessaire à la dignité d'une nation civilisée qu'à la dignité d'une personne individuelle, si bien qu'un pays ne saurait y renoncer, soit par faiblesse, soit par l'excès du désordre, sans déchoir aussitôt (gagnât-il en échange une prospérité temporaire) dans l'estime du monde et dans la sienne propre. Voilà sans doute une idée, un *parti-pris moral*, qui par sa nature fait partie intégrante d'un sain jugement politique : est-il besoin de faire observer combien il est devenu rare chez nous, même dans la jeunesse lettrée, qui semblerait appelée à en garder le dépôt; combien aussi il a été de tout temps superficiel, excepté dans les années d'or de la Révolution; combien enfin l'instruction la plus avancée, scientifique ou littéraire, est un médiocre garant de la présence et de la vitalité de ce sentiment?

Une autre idée, ou pour mieux dire, un autre sentiment inséparable de la bonne éducation civique, est celui de la *cité* même, du besoin incessant que nous avons d'elle, de la part immense qu'elle a eue, qu'elle ne cesse d'avoir dans la formation de notre être spirituel comme dans notre sécurité et dans notre bien-être relatif; de ce qu'il en a coûté d'efforts pénibles aux générations antérieures pour la constituer; de ce qui en elle, comme dans tous les organismes supérieurs, est délicat et fragile; de la reconnaissance et des ménagements qu'elle mérite malgré ses imperfections; par suite de l'obéissance due aux lois, sous réserve du droit de la conscience, tant qu'elles ne sont pas abrogées ou modifiées. L'homme qui juge des choses de la politique sans avoir égard à l'importance vitale de la cité, de sa constitution et de ses lois, en même temps que de la fragilité de ses divers ressorts, est exposé à juger mal, fût-il d'ailleurs instruit à fond de l'histoire et de l'économie politiques. Il faut plaindre un peuple qui prétend jouir des institutions libres sans que cette idée coure en quelque sorte dans toutes ses veines : il est fatalement voué à la servitude.

Omettrons-nous de dire, sous prétexte que la remarque est banale, qu'il ne saurait y avoir de bonne éducation civique là où le sentiment de la justice n'occupe pas la première place? C'est presque une autre face de l'amour de la vérité. Justice envers les partis adverses, envers les personnes, envers leurs opinions, envers leurs griefs. Justice envers les étrangers, quant à leurs droits, à leurs nécessités de tout ordre. Comment bien juger, comment penser et agir en citoyen éclairé, si l'on n'est pas fermement résolu à se dégager des préjugés de famille, de parti, d'église, de nation, comme aussi de l'égoïsme individuel, corporatif ou national, pour rendre à chacun ce qui lui est dû, pour ne frustrer personne ni de son bien, ni de sa réputation, pour ne dénaturer ni les actes, ni les opinions, ni les intentions, pour s'élever à une vue équitable des droits respectifs des nations et de la solidarité de leurs intérêts?

Enfin serait-il superflu d'ajouter que l'éducation du citoyen d'une démocratie libérale n'a de valeur, c'est mal dire, elle n'a de sens que si elle est toute pénétrée du respect sincère de la démocratie elle-même; du respect de ses institutions sans doute, mais d'abord du respect du peuple lui-même; je dis bien du peuple, de la multitude, pauvre, ignorante, crédule et soupçonneuse à la fois, mobile et routinière, généreuse et cruelle, mais souveraine de fait comme de droit? La respecter et l'aimer, pour ce qu'il y a en elle d'humanité, soit latente et virtuelle, soit manifeste et déjà réalisée; la respecter et l'aimer comme notre famille, d'autant plus digne de sympathie et de secours fraternels qu'elle est à tous égards plus misérable : comment s'orienter dans l'obscurité des questions politiques et sociales contemporaines, comment agir virilement, comment ne pas se décourager ou s'irriter, si l'on ne s'est d'avance muni de cette idée comme d'une boussole invariable?

Certes, nous ne nous flattons pas d'avoir tracé l'esquisse complète d'une bonne éducation civique. Toutefois il nous semble en avoir assez dit pour être autorisé à conclure que cette éducation, par la nature des idées et des sentiments qui la composent, ainsi que par l'âge de la généralité des élèves, dépasse la portée de notre enseignement primaire élémentaire; qu'il se borne à en ébaucher les premiers traits rudimentaires dans l'intelligence et dans l'âme des enfants par les leçons d'histoire et de géographie, par les lectures, par le chant, par la morale, par les entretiens familiers; qu'à la vérité l'enseignement primaire supérieur, et, à plus forte raison, l'enseignement secondaire peuvent continuer l'œuvre commencée dans le premier âge, mais seulement auprès d'un nombre relativement petit de jeunes gens, les autres, le très grand nombre, restant étrangers à partir de onze ou douze ans à toute culture; qu'ainsi l'éducation politique de la plupart dépend presque exclusivement de l'esprit public, de la tradition et des mœurs, c'est-à-dire de la manière de penser, de sentir et d'agir, transmise ou prédominante, des préjugés bons ou mauvais qui font loi; et plus encore, à mesure que l'instruction primaire se répand, de la presse quotidienne et des écrits populaires à bon marché, bref, de tout ce qui compose l'*air ambiant*.

Oui, plus on y réfléchit, plus on se convainc qu'en ces matières complexes, où sont engagés nos préjugés, nos intérêts, nos vœux les meilleurs, nos passions les plus généreuses comme les plus vulgaires, le bon jugement de la foule, aussi bien dans les classes moyennes que dans les classes populaires, dépend des mœurs générales, de l'esprit public : esprit de sagesse, de discipline sociale, de justice, de liberté, d'initiative; ou esprit de chimère, d'égoïsme de classe ou de famille, d'insouciance de la chose publique et d'inertie, de goût du dramatique et de l'aventureux. Il n'y a, semble-t-il, que les *mœurs*, s'exprimant chaque jour par les mille voix de la presse, du théâtre, de la tribune, qui, dans un État démocratique, servent de régulateur à l'incohérence des jugements individuels; qui s'imposent à chacun à son insu et le plient à juger dans un sens ou dans un autre. Si ces *mœurs* nous sont léguées par une tradition séculaire, l'avantage est incomparable; sinon, il ne reste qu'à tenter de les créer.

Que faut-il attendre en France de cette tradition, de ces mœurs, de cette presse, de cette littérature, nous n'avons à l'apprendre à personne; et le sujet est trop affligeant pour qu'il nous plaise d'y appuyer. Un seul mot dira tout. On se demande, en lisant les journaux et les écrits les mieux achalandés, comment l'intellect populaire peut résister à l'assaut quotidien d'une rhétorique si sophistique, si passionnée, si haineuse, si dépourvue de scrupules, et avec cela inépuisablement ingénieuse et habile? Que peut-il rester de *spirituel* dans l'âme de ce grand public, si digne de sympathie, que l'on nourrit chaque jour de doctrines et de sentiments grossièrement matérialistes? Assurément, disciples et maîtres de cette littérature dissolvante ne feraient que sourire et hausser les épaules si leurs yeux s'égaraient par hasard sur les pages qui précèdent. Naïveté de bourgeois, penseraient-ils. Ils ne se doutent pas, les pauvres gens, que ces naïvetés-là sont la sagesse élémentaire des nations qui ont réussi à vivre libres autant que prospères.

Mais, s'il faut peu se fier à « l'air ambiant » pour l'éducation politique populaire, si le très grand nombre échappent au bienfait d'un enseignement prolongé au delà de l'enfance, ne nous reste-t-il donc qu'à laisser agir les *causes naturelles*, les influences multiples, contradictoires ou neutres, qui s'entre-croisent au-dessus des jeunes générations? A quelle porte frapper? sur quoi de réel, de vivant appuyer notre levier d'action pour faire entrer dans l'esprit public quelques-uns au moins de ces partis pris, de ces sentiments généraux qui nous ont paru essentiels au bon jugement civique?

Redoutable question, puisqu'elle nous invite presque à chercher un point d'appui en dehors de ce que le passé et le présent nous offrent de plus réel et de plus universellement agissant. Bien léger serait celui qui proposerait une réponse certaine et à brève échéance. Disons toutefois avec M. Secrétan : « On tente beaucoup; content de faire peu, pourvu que ce soit quelque chose. Et dût-on n'arriver à rien, encore parlerait-on, car il faut parler. »

Il est vrai, on entend dire souvent que l'éducation politique n'est pas l'œuvre d'un jour; qu'elle se fait lentement et pour ainsi dire d'elle-même, à travers des expériences prolongées de toute sorte; que la nôtre se poursuit selon la même loi, qu'elle ira se complétant peu à peu et se rectifiant, en vertu des forces inhérentes à notre race; qu'il serait vain de prétendre l'accélérer, et que la sagesse est plutôt de savoir attendre sans jamais désespérer.

Ceux qui pensent ainsi — et ils sont nombreux parmi nous — ne songent pas assez en quelles circonstances nous vivons et quelle est la situation présente de notre pays. Ils oublient que nous avons commencé l'apprentissage régulier des libertés publiques il y a plus de cent ans et l'apprentissage de la démocratie il y a cinquante ans, sans que nous puissions encore nous flatter d'un progrès notable et définitif de l'esprit national. Ils oublient encore qu'il ne nous est pas permis, comme il le serait à un peuple insulaire et isolé du reste de l'Europe, de compter sur les siècles pour accomplir nos expériences intérieures. Nous sommes une nation continentale, en contact immédiat avec d'autres grandes nations, entourés de rivaux ou d'ennemis, sans cesse menacés d'une guerre terrible, qui mettra en question notre rang de grande puissance, et qui, heureuse ou malheureuse, peut interrompre ou troubler pour des raisons diverses notre développement politique. C'est pourquoi nous dirons, nous aussi, et de tout notre cœur, « qu'il ne faut jamais désespérer »; que *désespérer ne serait pas seulement une faiblesse, mais une erreur*, tant il y a de ressources cachées dans l'esprit, dans le caractère, dans les habitudes civiles ou domestiques de notre race : mais à une condition néanmoins, c'est que nous ne laissions s'écouler ni les années ni les occasions, lesquelles peuvent ne pas revenir, et que nous travaillions de toutes nos forces à former un esprit public, comme si le lendemain ne nous appartenait pas.

La question revient donc plus pressante. A qui nous adresser pour accomplir le mieux ou le moins mal possible la tâche urgente de l'éducation politique, au sens large et moral du mot? A qui, l'on ose à peine le dire, sinon à cette humble et toutefois grande puissance de l'école, qui ne représente, il est vrai, que la société elle-même, mais la société dans sa fonction enseignante, c'est-à-dire supérieure à elle-même, s'appliquant d'un effort sincère autant que modeste à extraire de son intime fond ce qu'elle a de meilleur en fait de croyances instinctives ou réfléchies, en fait d'idéal moral et social; — à l'école primaire à ses divers degrés, déployant tous ses moyens, l'intelligence et le bon vouloir de ses maîtres, pour atteindre à travers les éléments du savoir l'âme de l'enfant et y jeter à pleines mains des semences de bon sens et de bons sentiments, dont quelques-unes au moins lèveront à un âge plus avancé; — à l'école primaire se prolongeant le plus loin possible en leçons d'adultes, en conférences, en entretiens familiers sur divers sujets, et, à mesure que l'enfant devient adolescent et approche de l'âge d'homme, l'initiant à la responsabilité et aux vertus du citoyen; — à l'école élémentaire ou supérieure, mais aussi à l'école secondaire, mettant à profit (peut-être plus qu'elle ne l'a fait jusqu'à présent) les grandes ressources de temps, d'études, de maîtres distingués dont elle dispose pour préparer des hommes capables de porter un gouvernement démocratique libre; — bref, à l'école telle qu'elle n'est pas encore, mais telle qu'elle peut être, telle que peut la faire une nation énergique et intelligente, résolue d'assurer son avenir et de garder son rang.

Est-ce là un rêve? Mais s'il était vrai que ce fût un rêve pour le présent, sait-on meilleure chose, sait-on même autre chose à faire que de mettre désormais dans ce rêve, à force de raison et de patriotisme, un peu de réalité, en rappelant à nos maîtres primaires et à nos maîtres secondaires que l'avenir du pays, de ses libertés et de sa dignité, comme de la sécurité et de la paix publiques, est en très grande partie entre leurs mains? Et qu'ils sachent bien que s'ils se dérobent par indifférence ou par esprit frondeur à ce service national, lequel ne souffre plus de délai, personne, non, personne ne les suppléera. Qu'ils cherchent, qu'ils regardent autour d'eux, et qu'ils disent si je me trompe.

XI

Exercices et devoirs scolaires [1].

Nous ne donnerons pas ici le détail des exercices afférents à toutes les branches de l'enseignement. Nous ne voulons que marquer en peu de mots l'importance des exercices en général, le rôle respectif des exercices oraux et des exercices écrits, avec les caractères propres à chacun de ces deux genres, et qu'il convient de leur maintenir.

Les *exercices*, sur lesquels on insiste tant aujourd'hui, ne sont pas une institution nouvelle : il y en a toujours eu; mais ils étaient conformes à l'esprit des méthodes régnantes. Quand toute l'éducation, dans l'ordre moral comme dans l'ordre intellectuel, visait surtout à façonner l'homme du dehors, si l'on peut ainsi parler, plutôt qu'à le « construire en dedans » et avec son propre concours de plus en plus actif, il était naturel de concevoir et d'organiser les exercices comme une *pratique* extérieure et presque machinale. Copier beaucoup, faire d'innombrables dictées d'orthographe, résoudre à outrance des problêmes, multiplier les analyses grammaticales et logiques, apprendre par cœur la grammaire, etc., c'était l'occupation à peu près exclusive de plusieurs années : et quelles années ! celles où tout l'homme se dessine définitivement dans ses principaux traits.

1. *Dictionnaire pédagogique.*

Tout ce travail n'était pourtant pas sans raison ni sans fruit; outre qu'il contribuait à procurer les instruments indispensables de toute instruction, il cultivait certaines aptitudes de l'esprit, mais dans le sens le plus formel, le plus rapproché du simple mécanisme : ainsi du raisonnement et de la faculté d'analyse, qui se mouvaient indéfiniment dans le cercle étroit des problèmes d'arithmétique ou de grammaire.

Aujourd'hui que l'éducation se propose nettement une fin plus élevée et plus complète, à savoir de cultiver chacune des facultés, au lieu de fournir une simple provision de connaissances, et, à l'aide des diverses facultés, d'instituer l'esprit lui-même, de l'amener à se posséder et à se diriger, de faire en lui la lumière, le mouvement, la vie, les méthodes, en visant ainsi plus profond, réclament et enfantent d'elles-mêmes des exercices plus spirituels, plus en dedans, plus variés aussi et plus féconds. On a donné une importance considérable à la parole, vivante ou libre, du maître; peut-être même la réaction contre l'usage du livre en classe a-t-elle été trop loin; mais on a raison de vouloir qu'en arithmétique, en histoire, en morale même, le maître interprète à sa façon, en son langage, selon qu'il la comprend ou la sent, la leçon du jour; on le détourne de s'en reposer sur le manuel; tout doit passer par son esprit et par ses lèvres avant d'arriver à l'élève.

Rien de mieux : mais plus on donne de place à l'enseignement personnel du maître, plus il importe de le définir, de l'éclaircir, de le fixer dans l'intelligence de l'enfant par l'exercice, écrit ou oral. Cet exercice, à son tour, aura le même caractère que l'on entend imprimer à la leçon du maître; il sera le moins mécanique possible : il mettra en jeu l'initiative de l'élève; sans négliger le secours de la mémoire, ni l'appui des règles précises et bien apprises par cœur, il fera incessamment appel à la spontanéité originale de l'enfant, à sa faculté de se représenter, de combiner, de raisonner, de juger, d'aimer, d'admirer. L'instituteur ne se sentira chaque jour en règle avec lui-même que si la leçon orale, l'interrogation, la récitation, ou tel autre exercice oral, ainsi que les travaux écrits, ont concouru tous ensemble à augmenter l'approvisionnement de connaissances de l'enfant et à développer chez lui certaines qualités, certaines forces intellectuelles ou morales. Tout enseignement qui, dans toutes ses parties et avec tous ses moyens auxiliaires, n'est pas conçu en vue de cette haute fin, est infidèle au principe libéral, éminemment *naturel*, *humain*, qui fait le trait distinctif de la pédagogie moderne.

M. Dupanloup a dit quelque part : « Ce que le maître fait n'est rien; ce qu'il fait faire est tout ». L'assertion est excessive dans sa forme paradoxale; car la personne du maître, ce qu'il dit, ou mieux ce qu'il *est*, et qui se traduit dans son enseignement et dans son exemple, c'est toujours le grand, l'incomparable moyen d'action; mais au fond, la pensée est vraie : l'action du maître ne se définit, ne se confirme, ne s'achève que par ce qu'il fait faire à l'élève. Dogmatiser, exposer, enseigner, bien enseigner, avec ordre, avec clarté, avec netteté, avec précision, c'est une première qualité assurément : et combien difficile à acquérir! Mais aller, par un questionnement habile, chercher l'esprit de l'enfant au point juste où il se trouve, afin de l'aborder plus sûrement et de ne pas enseigner dans le vide, l'amener à se débrouiller lui-même, à revêtir sa pensée incertaine d'une expression de plus en plus arrêtée, l'exciter ensuite par des travaux écrits à se rendre compte de ce qu'il a lu ou entendu, à le reproduire, mais à sa façon et en des conditions variées qui l'obligent à se rappeler, à comparer, à combiner, en un mot à réfléchir : c'est là que se manifeste le véritable instituteur; là qu'il déploie toutes les ressources variées de son intelligence et de son zèle.

Comme il usera du *livre* sans en abuser, et de la leçon orale proprement dite sans l'étendre au point de suppléer l'initiative de l'enfant, il n'aura garde non plus de pousser à l'excès les exercices oraux de tout genre, qu'il anime et qu'il dirige lui-même. Ces exercices sont ce qu'il y a de plus fécond dans l'enseignement parce qu'ils forment, à vrai dire, un dialogue entre le maître et l'élève, où le maître apprend à mesurer par quelle latitude intellectuelle se trouve l'élève, ce qu'il a compris de la leçon, ce qu'il en peut comprendre et à l'aide de quelles explications; où l'élève, de son côté, voit se présenter la leçon sous de nouveaux aspects dont les uns répondent mieux que les autres à son tour d'esprit ou à son degré de culture, où il s'essaie à parler, c'est-à-dire à penser. Mais cette épreuve même, outre qu'elle est insuffisante, a son danger; danger d'autant plus grand, remarquons-le bien, que la méthode est plus *spirituelle*, c'est-à-dire vise plus profond, et que le maître est mieux armé de moyens d'action et plus ardent à les employer. Ce dialogue, en se prolongeant ou en se répétant trop souvent, risque de devenir peu à peu une sorte de duel inégal entre une volonté forte et une volonté faible, entre une intelligence adulte et une intelligence vacillante : la pression exercée est excessive; l'organisme cérébral se fatigue d'autant plus qu'on lui demande un plus onéreux effort.

C'est à quoi ne pensent pas toujours assez nos meilleurs maîtres, et les plus dévoués. Recommandons-leur de tempérer, à l'école même, la leçon et l'exercice oral par de petits devoirs écrits. Ces travaux permettent à l'élève de se retrouver lui-même en se retrouvant tout seul; ils offrent à cause de cela un double avantage : d'abord de procurer un instant de rémission, de détente : l'enfant marche à son pas et non au pas du maître : ensuite il est amené par une application toute personnelle, dont il règle à son gré et selon ses forces l'intensité, à fixer nettement l'idée, la règle, le raisonnement, le fait, en un mot la leçon qui lui a été expliquée. Cette seconde épreuve confirme et achève l'œuvre orale : elle mesure, en même temps qu'elle l'assure, l'effet de l'enseignement didactique.

De tout ce qui précède il est facile de tirer les principes pratiques d'après lesquels doivent se régler les exercices oraux. Qu'ils portent sur toutes les matières, tantôt précédant la leçon du maître en manière d'introduction ou d'amorce, tantôt la suivant pour l'éclaircir, la développer, la résumer, la fixer. Qu'ils soient toujours *naturels*, c'est-à-dire, qu'ils n'excèdent pas, non plus que la leçon même, la limite de ce que l'enfant est en âge ou en état de comprendre ou de sentir; qu'ils ne forcent pas, sous la rude pression d'un maître peu judicieux et trop pressé, le ressort cérébral; n'oublions jamais que si l'élève est notre interlocuteur, il n'est pas notre pair; il est un pupille, selon la belle expression anglaise, et nous sommes ses tuteurs; le dialogue que nous engageons avec lui, à propos de tout, doit servir à l'éducation de son esprit encore mineur, et non à notre satisfaction personnelle.

C'est dire que l'exercice oral doit être fréquent, mais assez court : il lui faut un certain espace pour se déployer, c'est-à-dire pour permettre à l'instituteur d'accoster la jeune intelligence, et à celle-ci de se produire au dehors; mais au delà d'une limite qui varie selon les âges et les sujets d'étude, l'attention fortement sollicitée se lasse et le travail est perdu. Pour la même raison on aura soin de varier les exercices, de façon que l'un repose de l'autre et que les plus épuisants ne se succèdent pas de trop près; on ne craindra pas de tempérer discrètement le sujet de la leçon par des questions latérales, nées des incidents mêmes de l'entretien.

Enfin on ne laissera pas au hasard ou à la bonne inspiration le soin de décider du sujet des exercices du jour ni de la marche à suivre en chacun d'eux. Qu'il s'agisse de pratique ou de théorie, de grammaire, d'arithmétique ou d'histoire, de leçons de choses ou de simple lecture, les exercices seront disposés dans un ordre méthodique. Ils seront donc prémédités : le maître, non content de préparer sa leçon didactique à l'avance, préparera avec un soin égal son interrogation et les petits thèmes d'application destinés à être éclaircis ou résolus de vive voix par les élèves; il se marquera nettement à lui-même le but où il veut conduire son petit auditoire, les points qu'il veut mettre particulièrement en lumière, l'impression qu'il veut produire; il ne se préoccupera pas moins des qualités qu'il veut cultiver de préférence chez un élève en particulier ou chez tous, parce que ces qualités lui paraissent encore trop peu développées.

Quant aux exercices écrits (nous ne parlons pas ici de l'écriture ni des dictées d'orthographe), ceux qui se font en classe seront courts : il faut que l'élève ait le temps de se ressaisir du milieu de la diversité des leçons et des sollicitations extérieures, et qu'il fixe par un effort personnel ce qu'on vient de lui apprendre. Les devoirs à faire à domicile pourront être plus longs ou demander plus de temps; toutefois le nombre en sera très réduit. Pour les uns comme pour les autres, l'excès dans la *qualité*, c'est-à-dire dans la nature ou le degré de l'effort imposé à l'enfant, n'est pas moins condamnable que l'excès dans la quantité. Peu, très peu de copies, d'écritures : mais, en n'importe quel sujet, une écriture soignée, une copie propre et bien ordonnée, une orthographe correcte.

On s'abstiendra surtout avec le dernier scrupule de proposer aux enfants des tâches que l'on ne puisse pas se promettre de bien corriger. Il y a là une règle d'honnêteté, qui est en même temps un moyen assez sûr de mesurer à quelle limite doivent s'arrêter nos exigences envers l'enfant. Des *devoirs* dont nous ne pouvons pas prendre sérieusement connaissance et nous rendre un compte effectif sont plus qu'à demi stériles : hâtons-nous donc, soit de les restreindre quant à l'étendue, soit de les abaisser d'un ou plusieurs degrés quant à la difficulté.

Qu'il nous soit permis de le dire : dans beaucoup d'écoles, conduites d'ailleurs par des maîtres pleins de zèle, les devoirs écrits sont devenus, à la suite des nouveaux enseignements, une aggravation de charge pour les enfants; les méthodes, en devenant plus spirituelles, ont donné lieu à une mécanique d'un nouveau genre, à une routine perfectionnée, et d'autant plus fatigante. L'ancien abus a cessé des copies serviles, des conjugaisons machinales, des analyses grammaticales ou logiques : peut-être même n'y a-t-il plus assez de ces exercices. Mais, en revanche, que de prétendus exercices d'intelligence, rédactions historiques, étymologiques, littéraires, où l'élève ne met rien de son fonds, où il ne fait que reproduire à peu près textuellement soit la leçon, soit le livre, et où le maître n'intervient par aucune correction allant au vif.

Ici se présente naturellement une question pratique fort importante : convient-il de mettre entre les mains des élèves des manuels d'exercices — grammaire, composition française, arithmétique, etc., — où le maître marque chaque jour une tâche, correspondant à la leçon orale?

Non, en principe et dans la généralité des cas. Ce n'est pas que des livres de ce genre, dont quelques-uns sont composés avec beaucoup d'art, n'aient rendu en ces dernières années de précieux services. A des maîtres peu familiers encore avec les nouvelles méthodes, ils ont apporté une direction générale, un plan, des sujets d'application nombreux et bien choisis.

Mais l'abus est tout voisin de l'usage. En se déchargeant sur le manuel du soin de fournir le thème d'exercices, le maître s'épargne une peine qui aurait été pleine de profit pour lui et pour l'élève. L'exercice écrit, avons-nous dit, doit correspondre exactement à la leçon du jour et au degré de culture des élèves; il n'y a pas, à parler rigoureusement, d'exercice qui convienne d'une manière absolue, sur tel point d'enseignement, à toute classe, ni à toute école. Les exercices ne seront pas tout à fait les mêmes dans une école urbaine et dans une école rurale, dans une école populaire et dans une école bourgeoise. Il y a en chaque école et en chaque classe un tempérament particulier que le bon maître discerne d'instinct et qui lui sert de régulateur dans le choix des sujets.

Un instituteur intelligent et actif ne se résoudra jamais à se mettre à la remorque d'un livre d'exercices. Il en composera un lui-même, au jour le jour, à son propre usage et à l'usage de sa famille scolaire, qui n'est pas la première famille venue; il s'aidera, cela va sans dire, de l'expérience de plus habiles que lui, c'est-à-dire des bons manuels, mais sans s'y asservir; le thème d'application naîtra de la leçon du jour elle-même, s'allongeant ou s'abrégeant selon le besoin, appuyant sur tel point, glissant sur tel autre, s'ajustant enfin comme un habit bien fait à la taille, et, s'il y a lieu, aux difformités de cet être collectif, mais vivant et original, qui est sa classe.

Il sauvera ainsi les élèves de l'ennui et de la stérilité d'un travail presque toujours machinal, où ils copient sans y même penser toute la partie du thème qui ne demande pas de correction ni d'invention, où ils se bornent pour le reste à boucher le trou qu'on a laissé vide à leur intention en y appliquant la règle, la formule qu'on leur a enseignée.

Nous adopterions plutôt le manuel comme un instrument commode de révision orale, de récapitulation, à l'aide duquel le maître ferait appliquer rapidement et presque à la course les leçons qu'il juge à propos de remettre sous les yeux des élèves : dans ce cas, le livre a le double avantage d'offrir une grande variété d'exercices tout préparés et d'épargner le temps que réclamerait la copie des textes.

Pour conclure, une règle, une seule pourrait tenir lieu de toutes les autres : que les exercices oraux et écrits, quant au nombre, au choix du sujet, à l'étendue de la tâche, à la forme, ne dépassent pas le *vrai*, la nature, c'est-à-dire ce que les forces physiques ou morales de l'enfant, son état d'esprit, sa provision d'expérience lui permettent de faire avec quelque intérêt, et que le maître peut contrôler efficacement.

XII

Simplifions !

J'ai gardé la vive impression d'une page de M. H. de Tourville, que j'ai lue ces vacances, concernant l'éducation anglaise. La simplification de l'éducation, dit-elle en résumé, c'est le grand secret de l'Angleterre pour être « une école d'hommes ».

Oui, sans doute; mais ce que M. de Tourville oublie de dire, ce qu'omettent la plupart de ceux qui se sont occupés récemment de voir comment se forment nos voisins d'outre-Manche, c'est que ce « sauvage, cet homme tout neuf, capable de porter et de promouvoir toute civilisation, cet individu robuste et entreprenant, que l'école ne prétend pas pourvoir et armer de toutes pièces pour la vie », bref, ce Robinson Crusoë, il est enserré de toutes parts dans les mailles d'une puissante *coutume* : coutume domestique, nationale, sociale, politique, morale, religieuse, qui le tient, le discipline, l'humanise, lui tient lieu d'école sa vie durant. Pareille coutume nous manque. Chez les Anglais, la race, la religion, la famille, la politique, la tradition sous toutes ses formes, concourent ensemble à former des hommes forts, pleins d'initiative et persévérants, en même temps que soumis à la loi, loi civile, loi des choses, loi du bon sens et des faits.

Il n'importe. Cette réserve faite, le mot de M. de Tourville n'en résonne pas moins à mon oreille, tant il répond aux observations que j'ai faites au cours de mes visites scolaires

« Simplifier l'éducation pour être une école d'hommes », oui, sûrement, il y a encore là pour nous quelque chose à faire. Quelque chose, quant au but à nous proposer, et aussi quant aux moyens. Le but, que nous sommes tous, du haut en bas de l'échelle, tentés d'oublier : former non pas de doctes écoliers, instruits par avance de tout ce que la vie se chargera d'enseigner, mais des « hommes », capables de vouloir avec raison et réflexion, capables aussi de continuer indéfiniment à prendre instruction de toutes parts, à mesure que l'âge et la nécessité les y pousseront.

Seulement je reviens à ce que je disais en commençant : la tâche de l'école — je parle surtout de l'école primaire, laquelle s'adresse à la presque universalité des jeunes Français — est beaucoup plus considérable chez nous qu'en Angleterre, parce qu'elle doit, en très grande partie, suppléer à la *coutume* générale, séculaire, maîtresse tutélaire et incontestée. Elle doit au moins la compléter du mieux possible, et même elle doit la créer presque en entier pour un très grand nombre d'enfants, si elle ne veut les laisser poursuivre leur chemin mal pourvus et désarmés.

Il reste vrai — et personne assurément n'y contredira parmi nous, au moins en théorie — que nous devons nous attacher à être une pépinière d'*hommes*; et que le grand moyen, c'est de simplifier l'éducation et en particulier l'enseignement à tous les degrés, à l'école normale et à l'école supérieure aussi bien qu'à l'école élémentaire et au cours complémentaire. Simplifier, cela ne veut pas dire supprimer. Quelle matière oseriez-vous rayer sommairement du vaste tableau de nos programmes déployé en ce moment sous mes yeux, et qui, je l'avoue, ne laisse pas de causer à première vue un certain effroi? Quelle économie prendrions-nous sur nous de faire, si l'on nous laissait maîtres de tout renouveler? la gymnastique? l'histoire de notre pays? la géographie? l'arithmétique? la géométrie et le dessin nécessaires pour la description et la mesure du travail à exécuter en chaque métier? les éléments des sciences naturelles, devenus aujourd'hui, de l'aveu unanime, la condition de tous les progrès dans l'agriculture et l'industrie? des notions d'agriculture? Ou bien vous rabattriez-vous sur la grammaire, la lecture, la rédaction française sur des sujets familiers? Imposeriez-vous silence au chant choral, qui commence à peine d'entrer dans nos habitudes? Peut-être la morale? Mais quelque jugement que portent les adversaires du régime établi sur la manière dont elle s'enseigne, je suis sûr que la proposition de la supprimer, dans les circonstances sociales que tout le monde sait, n'obtiendrait aucune faveur auprès des hommes sérieux.

Non, il n'y a aucune partie à retrancher; et cependant il faut à tout prix simplifier. Il le faut, pour donner de l'air à l'esprit de l'enfant et du jeune homme, pour donner lieu de naître à la curiosité, à la jeune réflexion, au plaisir d'apprendre, de se souvenir, de se représenter par l'imagination les choses lues ou apprises; pour permettre à l'activité spontanée, seule féconde, de se déployer; bref pour laisser l'*homme* se former paisiblement dans l'enfant et dans l'adolescent par un travail intérieur et insensible, sous l'excitation discrète et le contrôle du maître. Il le faut pour qu'on ne voie plus les élèves et les maîtres passer sans cesse et d'un effort haletant à travers les étapes successives du long chemin tracé par les programmes, avec la constante préoccupation de l'examen final, sans avoir le loisir de s'arrêter, de revenir sur leurs pas, d'interroger et d'expliquer à l'aise, de s'exercer à penser et à parler avec justesse et clarté. Il le faut pour que la mémoire et l'intelligence ne s'encombrent pas de choses à comprendre et à retenir; que par suite le ressort mental ne vienne pas à se détendre sous la charge excessive, et l'esprit à perdre sa fraîcheur; il le faut enfin pour que le maître ait plaisir à enseigner et l'élève plaisir à apprendre; sans quoi il est possible que nous formions des écoliers, faisant figure un jour d'examen; mais des hommes, point.

Oui, il faut simplifier, sans supprimer, en choisissant, en élaguant, non pas sans doute à l'aventure et selon le caprice de chacun, mais avec circonspection et avec prévoyance, en consultant l'âge, la portée d'esprit, la culture antérieure de la moyenne des élèves; en omettant délibérément, au fur et à mesure, dans tous les chapitres des divers programmes, tout ce qu'on n'a pas le loisir de voir d'assez près et qui n'est pas indispensable pour éclairer la suite de l'étude; en portant l'effort sur ce que, après réflexion, on juge être le principal; principal en soi ou bien par rapport aux besoins et à la moyenne d'esprit de la classe. Cela suppose, j'en conviens, qu'on fait l'honneur aux maîtres de leur laisser une certaine liberté de mouvements, et que les maîtres n'usent de cette liberté que d'accord avec leurs supérieurs hiérarchiques.

Simplifier, ai-je dit, en choisissant, et par conséquent en retranchant, sans supprimer aucune branche. Mais ce n'est pas tout : la simplification portera sur autre chose encore, s'il est vrai que nous voulions être « une école d'hommes ». Simplifier, c'est mettre de l'unité dans la complexité extrême des matières enseignées; c'est marquer une étude principale, qui devienne le centre et le régulateur de tout l'enseignement; qui repose l'esprit de la dispersion incessante où il risque de s'épuiser sans rien approfondir : c'est porter l'attention et l'effort sur une partie mise hors pair, qui figure chaque jour dans l'emploi du temps, et qui fasse éminemment office d'*éducation*, de formation de l'*homme* en ses diverses facultés, intelligence, imagination, sentiment, goût, conscience.

Et à quelle partie conférerait-on pareil privilège sinon à l'étude de la langue maternelle, et dans cette étude à la lecture de bonnes, belles, substantielles pages, expliquées et commentées quant au sens, à la grammaire, à l'histoire, à la morale; sans oublier — ce qu'on néglige, hélas! trop généralement dans nos écoles du Nord et du Midi, sans doute parce qu'aucun effort n'est plus pénible au maître et à l'élève — l'articulation distincte et intelligible, trait principal, semble-t-il, d'une vraie parole d'homme, d'homme intelligent et sociable.

C'est par ce genre de simplification, joint au précédent, c'est en corrigeant ainsi l'inévitable mais dangereuse variété et diversité des enseignements par la prépondérance marquée de l'un d'eux — tel autrefois, dans l'enseignement classique, était l'office du latin, — que j'essayerais de donner à l'éducation, soit élémentaire, soit supérieure, soit normale, un meilleur équilibre, une allure moins haletante et moins fatigante, et une vertu *formatrice* plus assurée.

Il m'arrive parfois de rêver que je suis redevenu jeune d'une vingtaine d'années (Qui est innocent de semblables rêves?) : je me vois, non pas inspecteur, mais simple instituteur primaire. J'ai à diriger une assez nombreuse école de village, ou le cours complémentaire d'un bourg. Mon inspecteur, dont j'aime à rechercher les conseils, veut bien me faire quelque crédit et me laisser pour un temps maître de mes mouvements. Ce m'est un grand attrait que d'enseigner à des esprits frustes et neufs les éléments des connaissances nécessaires, et de faire servir toutes les leçons à créer de saines et fortes habitudes d'esprit. Il ne m'échappe pas que j'ai affaire à de petits plébéiens; qu'ils déserteront l'école de trop bonne heure; que j'ai à les munir d'un minimum de savoir *utile*, sans qu'il me soit loisible de me trop complaire à la culture désintéressée. C'est pourquoi, dans une école de n'importe quel degré dont j'aurais la charge, je m'appliquerais invariablement à composer en chaque matière un précis — j'allais dire un stock — de connaissances, faits, dates, lieux d'histoire et de géographie; règles de grammaire, d'orthographe, d'arithmétique; principes ou notions élémentaires de sciences appliquées, d'hygiène, d'agriculture, etc.; et ce précis restreint, le plus nourri, le plus court, le plus simple que je saurais le faire, j'en ferais entrer, par un effort incessant, la substance et même la *lettre* dans l'intelligence et dans la mémoire de mes élèves.

Ce minimum-là, bien serré, bien éclairci, *bien su*, je l'exigerais rigoureusement au jour le jour; et aucune année scolaire ne s'achèverait sans qu'il fût définitivement acquis et *utilisable* à l'occasion. Des revisions périodiques me donneraient à cet égard pleine sécurité. Mais, cette part une fois réservée au savoir de mémoire, trop négligé parmi nous, je rassemblerais tous mes efforts sur la lecture et la conversation. C'est là que je m'efforcerais d'exercer de toutes manières l'esprit des élèves, de l'assouplir, de le tremper, de l'aguerrir, expliquant et interrogeant, attendant les réponses, les rectifiant, les complétant, faisant à loisir parler, c'est-à-dire penser les jeunes intelligences, en les aidant à débrouiller leurs idées, à leur donner une figure nette et précise; mettant à profit les textes lus ou récités pour leur insinuer les idées morales, les *préjugés* salutaires et raisonnables dont l'expérience leur démontrera plus tard la vérité.

Oh! je devine bien ce que maints de nos plus estimables lecteurs penseront en lisant ces lignes. « Rêve de pédagogue de cabinet, qui en prend à l'aise avec les programmes et les examens, tandis que nous avons, nous, à compter avec ces puissances-là, sous peine d'être vaincus, c'est-à-dire de voir nos élèves refusés. » Rêve, en effet, ô mes amis! Un rêve, c'est-à-dire un idéal à se proposer, que sûrement — je parle en toute sincérité — beaucoup d'entre vous, plus familiers avec le métier, mieux pourvus d'expérience, sauraient réaliser mieux que moi. Je leur demande seulement la permission de le mettre de nouveau sous leurs yeux, pour qu'il préside à leurs efforts comme il présiderait aux miens; résignés d'ailleurs, eux comme moi, à rester loin du modèle, par cela même que c'est un rêve, un idéal.

Après quoi je m'enhardis à leur dire que si j'avais l'honneur de travailler à cette tâche, qui est la leur, et dans cet esprit, qui est aussi le leur, je ne manquerais pas de soumettre à mes supérieurs, et aux *spécialistes* de la commission d'examen, ma manière de conduire l'éducation générale des aspirants et ma manière d'interpréter les programmes. Je les consulterais sur les diverses branches pour déterminer ce qui est le principal à connaître eu égard à la situation particulière de mes jeunes gens, et ce qui est secondaire. Et je m'assure — est-ce une illusion? — que des élèves primaires ainsi munis ou même des élèves d'école normale pourraient bien rester bouche close devant mainte question qu'ils n'auraient pas étudiée, mais qu'on s'apercevrait, en les observant de plus près, qu'ils ont un savoir suffisant, quant à l'essentiel, et, qu'en outre, ils ont l'esprit aussi cultivé, aussi muni d'habitudes de raison, de jugement, de goût, que le comporte leur âge.

... Encore une fois, c'est un idéal, et j'aurais souvent à en rabattre dans la pratique? A qui, à quoi s'en prendre? A l'idéal tracé? non; mais à moi d'abord, qui serais malhabile à l'appliquer; puis, si vous le voulez, un peu aux commissions d'examen; et, enfin, donnons-nous la satisfaction de le dire, un peu aux programmes mêmes, qui tout bons qu'ils sont et dignes de ménagements, n'ont jamais prétendu à la perfection ni à l'immutabilité. Mais en attendant que tout soit réformé, programmes, examens, examinateurs et maîtres, ne différons pas de rendre notre enseignement plus simple et plus *un*, pour le rendre plus pénétrant, et pour contribuer à en faire « une école d'hommes ». Je dis : pour *contribuer*; car ce serait une fâcheuse illusion, une superstition d'un nouveau genre, de croire qu'il suffise de programmes allégés, simplifiés, concentrés, même avec des maîtres habiles, pour « former des hommes ». Un *homme*, c'est à la fois une intelligence et un caractère. C'est pourquoi il y faut des impulsions autrement fortes, qui atteignent aux sources de la vie spirituelle; il y faut, pour le grand nombre, des influences générales, multiples, prolongées, s'exerçant dans le même sens; un milieu favorable; une sorte de moule social où les jeunes gens, presque à leur insu, et d'abord les instituteurs eux-mêmes, soient façonnés au rude métier d'hommes. Et c'est pourquoi aussi, ajoutons-le, il serait souverainement injuste de rendre l'école seule responsable de l'éducation de la jeunesse et de l'avenir moral du pays.

XIII

Les bonnes habitudes : un côté de l'éducation morale[1].

Voici de bien intéressantes notes concernant les instituteurs de Saint-Amand, recueillies par leur inspecteur. On ne peut se défendre en les lisant d'une sympathie mêlée de respect pour ces obscurs serviteurs de l'État qui travaillent avec tant de bon vouloir, de confiance, de docilité à la grande œuvre *spirituelle*, où nous comme eux ne sommes que des apprentis. Lisez les dernières lignes de l'inspecteur, M. Thuillier : elles sont éloquentes dans leur simplicité. Il n'y a en effet que cela à dire : « Oh ! les braves gens ! »

Et certes, ce n'est pas un petit mérite que de plier ces rustiques enfants du peuple à l'ordre, à la propreté, à la politesse, au langage décent, à l'échange de bons offices, à tout ce qui rend la société plus habitable, bref à la civilisation. Oh ! je conviens que ce n'est pas tout, ni même le principal de la morale. Ce n'est pas assez pour refouler les grands courants, les torrents de l'immoralité publique et privée, la prostitution, l'alcoolisme, la convoitise violente du bien-être, pas plus que les sophismes du *millenium* socialiste. Et il n'y a pas là non plus de quoi remplir le vide de l'âme humaine, ni de quoi triompher des grandes douleurs inséparables de la destinée. Non, c'est une morale sociale, pratique, saine et utile, qui ne va ni très profond ni très haut : là-dessus il ne faut pas nous abuser.

1. Extrait de la *Correspondance générale*.

Mais — outre que ce peu, s'il se propage, a déjà du prix, beaucoup de prix à mes yeux; qu'il a en particulier le mérite de n'être pas purement idéal, autant dire chimérique, de ne pas viser à faire l'ange, et néanmoins d'entreprendre sur les *mœurs réelles*, *populaires*, *ordinaires*; que ce mouvement ne fait que de naître, et que les signes encourageants du même genre se remarquent partout — je me plais à considérer qu'au fond les plus humbles parties de la morale sont solidaires des plus sublimes, que l'on ne peut pas toucher aux unes (pourvu qu'on les rattache à un principe supérieur et intérieur, tel que le respect de soi ou de la dignité humaine en soi) sans s'acheminer vers les autres. Il n'y a que la raison, la vérité qui nous lie, nous oblige, nous trempe pour le bon combat : les bonnes *habitudes* que prêchent nos philosophes éducateurs et, à leur suite, nos programmes, ne valent que parce qu'elles sont fondées sur la raison, qu'elles supposent des *principes* bien chevillés dans les jeunes esprits. Telle est, par exemple, l'idée de la personne humaine à respecter, ou plutôt à façonner en soi; l'idée d'une âme libre, obligée au bien, et capable du bien. Oh! si l'on pouvait inculquer profondément ce seul principe moteur aux enfants de nos écoles, comme je serais plus tranquille sur le reste! Les libertés publiques, comme la moralité publique, ne seraient plus en si grand péril. Or ce principe-là, il s'enseigne partout chez nous; sans assez de chaleur, il est vrai; sans une conviction assez fervente, comme une vérité aperçue d'hier seulement, mal explorée, mal approfondie; mais enfin il s'enseigne sans hypocrisie. Je veux espérer en sa vertu,... si les politiques lui ménagent le temps d'agir.

Voilà ce que je me disais en entendant les humbles leçons de morale de nos maîtres.... Mais je dois me défendre d'un optimisme que trop de faits viendraient démentir. Quand je songe à ce que la vie contemporaine réserve de tentations à nos enfants, ajoutées aux passions naturelles de la jeunesse; quand je passe en revue les leçons que leur offrira l'apprentissage à l'atelier, celles que leur donneront les livres, les journaux, les spectacles, et puis toutes les incitations et les occasions corruptrices qui les assiégeront dans les villes et qui refluent maintenant jusque dans les bourgs : quand je considère les exemples déplorables que leur donne la jeunesse bourgeoise ; alors je mesure tout ce que doit encore acquérir notre enseignement laïque pour suffire aux pressantes, aux vitales nécessités sociales. D'où partira, je le demande, le signal d'une grande campagne d'*agitation* morale laïque — analogue aux mémorables mouvements d'agitation politique, — qui remue jusqu'au fond l'âme de la France, qui la révèle à elle-même et lui ouvre des sources de renouvellement intérieur ?

... Mais écoutons les rapports de nos *braves* instituteurs et de leur inspecteur primaire.

Monsieur l'inspecteur d'académie,

... J'ai voulu, ainsi que je vous en ai informé au commencement de l'année scolaire, amener les instituteurs et les institutrices à faire contracter *chaque mois une bonne habitude* aux enfants qui leur sont confiés.

J'ai adressé successivement des circulaires au personnel de ma circonscription pour lui indiquer les moyens qui me paraissaient propres à habituer leurs élèves à être ordonnés — propres — exacts — polis — attentifs — laborieux, faisant d'ailleurs appel à l'initiative des maîtres et les priant de m'indiquer, dans un court rapport, après un mois d'efforts persévérants, les résultats qui seraient obtenus.

J'ai constaté, au cours de mes inspections, que j'avais été compris et secondé par un grand nombre d'instituteurs ; et peut-être lirez-vous avec intérêt quelques passages que j'extrais, un peu au hasard, des mémoires qui m'ont été adressés [1].

1. J'ai réuni ces mémoires en volumes brochés ; ils sont conservés au musée pédagogique de Saint-Amand

DE L'ORDRE.

« Les élèves ont construit et placé des portemanteaux où ils déposent maintenant leurs coiffures. Les grands élèves se prêtent avec beaucoup de bonne volonté à ces petites occupations et s'y intéressent réellement. » (M. Parizet.)

« J'ai écrit au tableau noir plusieurs fois des maximes ayant rapport à l'ordre, je les ai expliquées et fait copier. J'ai également donné comme devoir des textes relatifs à ce sujet. Comme premier exercice d'application, chaque élève a réuni ses cahiers mensuels dans une chemise ou un cartonnage avec son nom écrit au dos. » (M. Bourdalouë.)

« Je n'ai rencontré aucune difficulté pour l'application de votre circulaire; au contraire, je vois avec plaisir que les enfants cherchent et s'ingénient à faire mieux les uns que les autres. » (M. Barrat.)

« En sortant du jardin, je laissai la barrière ouverte, croyant y revenir immédiatement. Je trouvai à mon retour la porte fermée. M'étant informé, j'appris que c'était un élève qui, croyant à un oubli de ma part, avait mis en pratique les leçons faites en classe. » (M. Corot.)

« Après avoir rappelé aux élèves que, en regardant leurs pupitres, on pourrait prédire ce qu'elles seraient un jour comme femmes de ménage, j'ai exigé que les objets dont elles se servent soient rangés avec soin. Elles s'y sont mises aussitôt. » (Mme Giraud.)

« Avec l'aide des plus grandes, nous avons entrepris de classer les archives de l'école. » (Mme Giraud.)

« Nos élèves ont réparé les cartes et les tableaux le mieux qu'ils ont pu. » (M. Abadie.)

« Depuis que vous nous y avez fait penser, nous nous appliquons à mettre et à entretenir tout en ordre à l'école. Les portes, les serrures, les fenêtres, tout y fonctionne à merveille; et, si par hasard une petite réparation devient nécessaire, elle est faite par les élèves sous la direction du maître. » (M. Jacquin.)

« Il est beaucoup moins difficile que je ne l'aurais cru

d'habituer les enfants à avoir de l'ordre. » (M. Courtade.)

« Au premier a été donnée la surveillance de la bibliothèque, au deuxième, celle du placard, etc., et cela à tour de rôle par tous les enfants assez grands. » (M. Bourdalouë.)

« Très envié, cet honneur de la surveillance confiée aux enfants qui, pendant la semaine, se sont fait remarquer par leur ordre et leur soin. Mes jeunes collaboratrices se montrent d'une sévérité que je n'aurais pas moi-même pour les cases mal tenues. » (Mme Courtade.)

« Quelques élèves arrivent encore en classe avec des coudes troués, des boutons qui manquent à l'appel. Dans ce cas, l'enfant raccommode elle-même son tablier ou sa robe à la leçon de travail manuel. » (Mlle Gaillard.)

DE LA PROPRETÉ ET DE L'EXACTITUDE.

« Les enfants viennent généralement en classe très propres; un essuie-mains et une fontaine sont mis à leur disposition au cas où ils se saliraient pendant les récréations. » (M. Guéraut.)

« Les cabinets sont tenus avec une propreté parfaite, le parquet est ciré tous les jours. » (Sœur Thérèse.)

« Pendant ces derniers froids, quelques enfants arrivaient en classe le bout des doigts propre, mais non les bras. Ils ont eu la honte de se laver sous les yeux de leurs camarades. Depuis ce temps, ils sont toujours propres. » (M. Guimont.)

« J'ai fait des leçons sur la propreté : j'écrivais le matin, avant la rentrée, sur le tableau, des phrases comme celles-ci : « Ne jetez pas de papier à terre. Il faut que les « cheveux soient coupés court. Sera puni celui qui salira les « cabinets.... » Je donnais des explications, l'effet s'en est vite fait sentir. » (M. Bourdalouë.)

« J'ai bien rencontré quelques difficultés, mais j'ai tenu bon, la lutte n'a pas été de longue durée, car les familles les plus récalcitrantes finissent par s'apercevoir que je ne veux que le bien des enfants. » (M. Poupat.)

« La propreté de la classe agit sur l'esprit de mes élèves,

et les incite à se rendre à l'école propres et bien vêtues, mais le meilleur stimulant, la leçon la plus efficace et la plus vivante, c'est l'exemple que nous leur donnons nous-mêmes. » (Mlle Morin.)

« En vue d'assurer la propreté de l'école, je viens d'assigner aux plus grands, comme cela se pratique à l'école normale, l'objet qu'il sera chargé d'entretenir. » (M. Rochon.)

« J'ai appris que plusieurs de nos petites élèves refusaient de venir en classe avec un tablier malpropre et que la boîte de cirage, rangée d'habitude dans leurs maisons pour ne servir que le dimanche, était sortie chaque soir à la veillée. » (Mlle Daudon.)

« Maintenant le pli est pris : les enfants font leur toilette avant de se rendre en classe. » (Mlle Charles.)

« Je dois déclarer sans fausse modestie que les enfants de 1894 ne ressemblent pas aux enfants de 1888. » Mlle Bureau.)

« Depuis qu'ils aiment la propreté, ils veulent la voir partout : la tenue de la classe est l'objet de leurs soins les plus assidus. » (M. Abadie.)

« Tout ici respire l'ordre et la propreté : cet ordre me fait prendre goût au travail, car j'aime à exercer dans un milieu propre et bien rangé. » (M. Aupetit.)

« L'aspect de la classe a changé : les élèves, ayant procédé eux-mêmes aux nettoyages, apportent plus d'attention à la propreté des cases, des livres et des cahiers. » (M. Giraud.)

« Les pieds et les côtés des tables ont été non seulement lavés à la potasse, mais encore grattés avec du verre et cirés. Le mobilier de l'école paraît tout neuf à présent. » (Mme Giraud.)

« Cirer sa chaussure tous les matins a d'abord paru difficile, mais peu à peu — l'exemple est contagieux — chacune a voulu être aussi propre que sa voisine, et c'est un plaisir de voir ces petits sabots bien reluisants. » (Mme Courtade.)

« J'ai obtenu de la commune qu'une demi-douzaine d'essuie-mains soient achetés et mis à la disposition des enfants. » (M. Echard.)

« Maintenant, quand la cloche sonne, je suis à peu près sûre que toutes mes élèves sont là : il n'y a plus de retardataires dans ma classe. » (Mlle Carré.)

« La pendule ne marchait pas faute d'être remontée; aujourd'hui elle règle tous nos mouvements. L'on ne sonnait pas la cloche : c'était pour les élèves paresseux une sorte d'excuse quand ils arrivaient en retard. » (M. Paris.)

DE LA POLITESSE.

« A la fin d'un exercice, je suis remerciée pour la peine que j'ai prise; elles s'inclinent et s'excusent en passant devant moi. » (Mlle Daudon.)

« Il faut vous dire que je ne reçois rien d'un élève pendant la classe sans lui dire : merci. » (M. Lejeune.)

« Si un élève a besoin de quelque objet, il ne l'obtient que s'il s'exprime ainsi : « Monsieur, voulez-vous, s'il vous « plaît, me donner ce cahier, ce livre.... » Il en prend l'habitude et le fait tout naturellement. » (M. Guimont.)

« Je rencontre bien des difficultés : on dirait que ces pauvres enfants ont honte de bien faire. » (Sœur Louise Ménard.)

« Maintenant que je recueille les fruits de mes efforts, je ne regrette rien. Je me trouve suffisamment dédommagée de ma peine par les gentilles manières de mes élèves. » (Mlle Carré.)

« Elles évitent de se moquer les unes des autres et elles tâchent de ne pas oublier de dire « merci » à la compagne qui prête sa balle, sa corde, son couteau. » (Mme Courtade.)

« Les progrès sont visibles en classe; il est difficile de faire conserver ces habitudes au dehors de l'école. Je montrerai à mes élèves que si les sots rient de les voir se tenir et parler convenablement, les personnes sensées trouveront toujours bien leur manière d'agir et les en estimeront davantage. » (Mme Courtade.)

« J'ai appris qu'un enfant qui s'était moqué d'un infirme avait été blâmé par ses camarades. » (M. Bourel.)

« Lorsqu'elles me rencontrent dans la rue, elles viennent

me saluer : auparavant, elles se cachaient à mon approche. » (Mme Blavier.)

« Je tiens à ce que leurs réponses soient faites d'une voix claire et distincte et d'une manière polie. » (M. Garnier.)

« En font-ils autant dans la famille? cela est douteux; une fausse honte les retient. » (M. Auchère.)

« En ce qui me concerne, je parle avec douceur à mes élèves; cependant, j'ai encore quelques-uns de ces mouvements brusques que vous combattez et que je m'efforce de réprimer....

« Je suis avec elles constamment, même pendant les récréations, et j'exige que leurs conversations soient convenables, qu'elles emploient des termes polis. » (Mlle Julien.)

DE L'ATTENTION ET DE LA RÉFLEXION.

« De temps en temps je raconte la vie d'un personnage dont l'esprit d'observation a fait un homme célèbre et un bienfaiteur. » (M. Duhoux.)

« J'ai usé d'un grand nombre de moyens pour les amener à se corriger de leur étourderie, je n'ai pas encore obtenu des résultats bien satisfaisants. » (Mlle Box.)

« Mes élèves, beaucoup plus attentives, ont fait de réels progrès. » (Mme Pupile.)

« J'exige que tout devoir copié soit fait sans fautes et j'oblige l'élève à corriger elle-même toutes celles qui s'y seraient glissées. » (Mme Guéry.)

« J'ai rendu mes leçons le plus intéressantes que j'ai pu; j'ai fait intervenir les élèves dans la mesure des connaissances qu'ils possèdent; je les ai forcés à ne laisser aucune faute dans les dictées et j'ai complimenté les enfants attentifs : mieux vaut encourager que blâmer. » (M. Guimon.)

« Je fais beaucoup de leçons orales pour apprendre aux élèves à réfléchir et à parler. » (Mme Blanchard.)

« Aucune leçon n'est faite sans demander le pourquoi des choses; aucune image du livre de lecture qui ne donne lieu à des questions. » (Mlle Bouquet.)

« Profondément animés du désir de coopérer à l'œuvre d'éducation que vous poursuivez, nous continuerons à faire des efforts incessants pour combattre la légèreté, l'étourderie, l'insouciance des enfants. » (M. et Mme Grénetier.)

« Je me garde bien de corriger les fautes d'inadvertance : l'élève doit les trouver lui-même. » (M. Bonin.)

« J'ai soin de ne pas précipiter les questions, de ne jamais donner la solution avant que l'élève se soit donné la peine de la chercher. » (M. Auchère.)

« Je fais la guerre à l'enfant qui répond à tort et à travers, sans savoir souvent ce qu'il veut dire. » (M. Noizette.)

« Une préparation soigneuse de la classe m'est nécessaire : elle m'évite les redites qui fatiguent les écoliers et provoquent leur inattention. » (M. Bernard.)

DU TRAVAIL.

« A la campagne, tout le monde travaille; il semble que le goût du travail vienne en naissant : les enfants paresseux sont rares; s'ils ne travaillent pas, c'est que la tâche est pour eux sans intérêt ou au-dessus de leurs forces. » (M. Chaussade.)

« La quantité des instants donnés au travail importe; la qualité du travail, son intensité, n'importe pas moins. » (M. Bourdaloué.)

« C'est par le travail qu'ils font chez eux que le maître peut juger du courage de ses élèves. » (M. Koffel.)

« J'encourage mes élèves non seulement lorsque leur travail est bien fait, mais lorsqu'il y a eu de leur part un effort sérieux pour le bien faire. » (M. Ravisé.)

« Ce qui me surprend et me fait plaisir, c'est que les grandes s'intéressent au travail des petites; elles sont heureuses des progrès que je constate, et, hors de la classe, elles aident les plus jeunes dans l'étude de leurs leçons. » (Mlle Lavaut.)

« J'ai vu avec plaisir quelques élèves rester après la

classe sans y être invités pour faire leurs devoirs tranquillement. » (M. Duhoux.)

Dans un autre rapport, je vous parlerai des résultats obtenus relativement aux habitudes de *franchise* — de *probité* — de *discipline* — d'*initiative* — d'*économie* — de *bienfaisance*, etc.

Certains littérateurs, s'ils lisaient ces pages, diraient peut-être en haussant les épaules : « Naïveté d'instituteurs ! » Vous, monsieur l'inspecteur d'académie, vous sentirez, j'en suis certain, en parcourant ces humbles extraits, tout ce qu'il y a chez nos maîtres de travail, de bonne volonté, de dévouement dans l'accomplissement d'une œuvre pénible, et vous direz avec moi : « Oh ! les braves gens ! »

THUILLIER,
Inspecteur primaire.

XIV

La directrice d'école normale [1].

I

Il s'est accompli depuis quelques années un changement considérable. Tandis qu'autrefois les directrices d'Écoles ou de Cours normaux exerçaient une sorte d'empire absolu dans leur maison, loin des regards du public, traitant de haut leurs maîtresses, simples adjointes ou subalternes, et faisant tout plier à leurs volontés, aujourd'hui elles ont à compter avec tout le monde, avec la presse indiscrète, avec l'opinion sans cesse en éveil des écoles normales, surtout avec leurs maîtresses, qui, ayant reçu la même culture qu'elles-mêmes, et les mesurant à leur valeur, et leur rendant l'obéissance due à la fonction, leur refusent le respect si elles ne le méritent pas. La même révolution — le mot n'est pas trop fort — qui s'est accomplie dans l'ordre politique, dans la famille, dans les relations entre le patron et ses ouvriers, s'accomplit dans l'enseignement public, d'où elle passera peu à peu dans l'enseignement libre : l'*autorité*, toujours nécessaire, de la fonction, ne vaut à la longue que si elle est doublée de l'*influence*. Point d'autorité sans supériorité : supériorité de par la loi, sans doute; mais c'est peu et de court usage, s'il ne s'y joint la supériorité personnelle.

Cette supériorité, dont aucun Ministre ne peut dispenser

1. Publié dans l'*Annuaire* de l'Enseignement primaire.

la directrice, ne saurait résider dans l'excellence du savoir spécial ou du talent : à cet égard, il peut se rencontrer, il se rencontrera chaque jour des maîtresses qui auront incontestablement l'avantage. Mais la supériorité véritable, celle qui à la longue fait courber tous les fronts, est une supériorité de raison, de caractère et de cœur. C'est beaucoup exiger, dira-t-on. J'en conviens; mais ce n'est pas trop pour suffire aux besoins d'une situation pleine d'embarras et de responsabilités; et s'il est vrai que les dons naturels, en particulier un certain don inné du commandement, comptent pour quelque chose, les qualités qui se peuvent acquérir à force d'ouverture d'esprit, de modestie et d'application ont un bien autre prix : même il arrive souvent que les premières dégénèrent assez tôt et rendent un médiocre service, lorsqu'elles ne sont pas l'objet d'une culture morale attentive et assidue.

J'entends par supériorité de raison le net discernement des choses, des personnes, des caractères, de la situation générale et des cas particuliers, des intérêts divers; en tout, études, discipline, gouvernement intérieur, la vue claire et toujours présente du dessein général à réaliser, du principe supérieur à faire prévaloir; la vue de l'ensemble, et, dans l'ensemble, de ce qui est le point principal, et du rapport de toutes les parties de l'instruction et de l'éducation avec l'unité essentielle. Quand cette supériorité de raison est associée à une volonté ferme et sans raideur, on s'incline aisément devant elle : car elle est la meilleure, la seule garantie de la justice; et dans une petite société close, comme dans un État, c'est avant tout de justice qu'on a besoin; d'autant plus besoin que des jeunes femmes bien nées sont disposées à supporter longtemps sans se plaindre les maux, les abus de pouvoir, les mesures arbitraires, les manques d'égards. Une directrice chez qui l'on est assuré de ne trouver ni préventions, ni caprice, ni mobilité d'humeur, ni jugements précipités; qui n'obéit pas à l'impression du moment, qui ne se noie pas dans les petites choses, qui tient haut son esprit au-dessus des tracasseries ou des froissements inévitables de la vie commune, qui juge de chacun par sa conduite générale et non par un trait accidentel, qui d'ailleurs se montre capable de régler avec sagesse la marche des études, une telle directrice, on peut en être certain, ne manquera pas d'autorité.

Peut-être serrerons-nous de plus près encore le nœud en insistant sur ce dessein général, sur ce principe supérieur dont nous signalions plus haut la nécessité. On ne saurait trop le dire : il n'y a point d'instruction ni d'éducation véritables là où il n'y a point un *esprit d'éducation*, c'est-à-dire une fin principale qui préside à tout. Cette fin, dans quelques maisons, c'est le succès aux examens, c'est l'admission dans les hautes écoles ou dans les administrations; et pour cela, il faut sans doute de l'ordre, de la police, une discipline sévère, du travail soumis à un contrôle exact et régulier, avec de bonnes leçons appropriées au but que l'on poursuit. Toutes ces choses servent et ont du prix; mais ce n'est pas là de l'éducation : c'est de l'industrie, une industrie utile et bien combinée, une mécanique intellectuelle bien montée. Ailleurs, on se propose d'orner les esprits, de munir les jeunes gens de bonnes habitudes et de bonnes doctrines, d'en faire des hommes ou des femmes « comme il faut », bien pliés à la bonne coutume et aux convenances sociales. Telle fin, tels moyens. A défaut d'une fin élevée, c'est une fin vulgaire qui va tout régler; ou plutôt c'est le mécanisme, raffiné ou grossier, savant ou rudimentaire, qui va se substituer à l'esprit; à l'esprit, c'est-à-dire à la vie même, à l'activité libre de l'intelligence, à l'évocation des forces vives de l'âme, et, entre toutes, de la conscience morale, sans laquelle la personnalité reste dispersée et flottante.

L'*esprit d'éducation*, entendu au sens de nos écoles normales, se propose, en outre de la fin visible et utile, du savoir pratique, une fin invisible au regard du vulgaire et en apparence inutile. Il veut former des esprits droits et des caractères fermes ; des hommes ou des femmes capables de se conduire selon la raison et la justice; des âmes saines et libres, propres à prendre place dans une société démocratique et libérale. C'est à cet esprit que doit obéir le mécanisme des doctrines et des formules, des procédés, des règles, des préceptes, des habitudes de tout genre, soit pédagogiques ou scientifiques, soit morales. Enfin c'est l'*esprit* qui, présidant à toute l'organisation des moyens scolaires, sans lesquels il n'aurait aucun effet ni presque de l'existence, c'est l'esprit qui la crée et la renouvelle à son image, la modifie, la rectifie, selon les besoins. Nous avons en France la superstition de l' « organisation », des décrets, des programmes, des règlements ; nous l'avons en matière d'enseignement comme dans l'ordre des réformes politiques, sociales, pénitentiaires ; ce serait assez d'avoir l'estime de cette organisation, de la tenir pour nécessaire, au commencement, au milieu, et à la fin de toute action, et d'y donner tous nos soins, mais sans jamais oublier que l'âme est le principal, et que c'est d'elle que vient la vie.

Si tout cela est vrai, il apparaît clairement que la directrice d'une école normale, c'est-à-dire d'une école régula trice de toutes les écoles primaires, n'aura d'autorité, une autorité à l'épreuve des accidents inévitables comme aussi de ses propres défaillances, qu'autant que l'on verra se réaliser et en quelque sorte se personnifier en elle l'*esprit d'éducation*. A travers toutes les difficultés de la vie commune elle n'est et ne reste, aux yeux des professeurs comme à ceux des élèves, la maîtresse respectée, qu'autant qu'elle se montre la servante docile de cet esprit. Là doit être sa véritable, son intime supériorité, qui seule lui confère le droit de donner le ton à tout le monde autour d'elle. On se soumet sans murmure, on finit même par se prêter de bon cœur à une direction qui non seulement est raisonnable, au sens ordinaire, mais qui exprime une raison plus haute et plus générale que les utilités prochaines et tangibles, telles que par exemple le succès aux examens. Une telle raison, un dessein d'éducation qui, d'un côté, atteint aux sources de la vie morale, qui de l'autre vise les besoins présents ou permanents du peuple ou de la patrie, devient le vrai *Supérieur* de la maison ; il rend à chacun la tâche facile; il adoucit le commerce quotidien; il tempère la monotonie des occupations; il ranime les courages, entretient la jeunesse : quoi d'étonnant, puisqu'il prête une âme à la communauté! Mais où apprendre un tel dessein, où se découvrira-t-il à tous les yeux, si on ne le lit en caractères vivants dans toute la personne et la conduite de la directrice?

Dans toute sa personne, dis-je, et non pas seulement dans sa parole, réside la dignité morale, hors de laquelle l'autorité s'évanouit. *Être* au fond de soi-même et dans la tenue habituelle de l'âme ce que l'on s'applique à *paraître*, ce que l'on professe, ce qu'affiche la fonction, ne cherchons pas ailleurs le secret intime de l'ascendant moral. Les directrices, qu'elles ne l'oublient pas, sont l'objet d'une enquête perpétuelle; de tous côtés on les observe, on les mesure, on les pénètre, on écarte tous les prestiges, on les réduit à leur juste valeur; et si on les excuse de n'être ni savantes, ni bien disantes, ni habiles administrateurs, on ne leur pardonne pas de démentir à l'intérieur, dans leur caractère, leur humeur, la réputation qu'elles ont su usurper au dehors. Leurs juges infaillibles ne sont ni les inspecteurs ni les recteurs; ce sont les maîtresses et les élèves; elles peuvent surprendre la religion des premiers, elles ne trompent pas les autres. Et comme la prudence ferme parfois la bouche à des témoins intimes, quand elle ne leur dicte pas de flatteries, il arrive que la directrice, en abusant ses supérieurs, s'abuse elle-même; elle ne s'aperçoit pas que toute son autorité lui vient du dehors et qu'elle n'est aux yeux de ses subordonnés que l'administrateur d'un établissement de l'État. La sincérité, dans la profonde acception du mot, c'est la vertu cardinale chez quiconque se mêle d'élever les jeunes gens.

Allons plus avant encore. Cette sincérité, condition essentielle de l'autorité, cet accord entre l'être et le paraître, à quoi se réduit-elle si l'*être* lui-même est inerte, sans force et sans chaleur; en d'autres termes si, la vie extérieure étant d'ailleurs active et correcte, l'existence intérieure, la véritable vie personnelle est vide de pensées et de sentiments, si l'esprit et l'âme sont destitués d'activité propre? Que reste-t-il alors, sinon le *personnage*, le rôle à jouer, rôle honnête sans doute, mais sans vertu communicative, parce qu'il est sans vérité? Je ne dirai rien de nouveau en rappelant que le langage, le geste, la physionomie, tous les moyens d'expression en général, n'ont pas de signification fixe; le moindre mot, blâme, éloge, encouragement, commandement ou défense, varie de poids selon ce que l'on y enferme d'expérience de la vie, de réflexions, de force morale, de sympathie, de pitié, bref d'*humanité*. Une vie intérieure exténuée, qui se réduit à des notions, à d'anciens souvenirs, à de vagues impressions, qui ne se renouvelle pas chaque jour dans la méditation recueillie, qui s'isole de la société présente, du pays, du peuple, trahit bientôt sa stérilité.

II

Diriger, c'est sans doute régler, c'est-à-dire mettre chaque chose en sa place et tenir chacun en son devoir; mais c'est avant tout *inspirer*, communiquer à tous l'esprit commun. Où il n'y a point d'inspiration, il n'y a point d'éducation; il n'y a pas même de féconde activité intellectuelle : il ne reste qu'un atelier scolaire, où l'on perfectionne des outils humains en vue de la plus utile production possible. Dans un atelier de cette sorte le directeur ou la directrice n'est que le principal mécanicien; ou, si l'on préfère une désignation plus flatteuse, l'ingénieur plus ou moins habile. Une maison d'éducation doit être un organisme vivant, qui porte en lui-même son principe moteur, son âme propre. Dégager cette âme en pleine lumière, c'est l'office de la directrice.

Inspirer, est-il besoin de le dire, ce n'est pas dominer sur les esprits et sur les consciences, ni demander aux autres le sacrifice de leur jugement et de leur volonté; c'est là le triomphe du mécanisme spirituel, c'est l'immoralité et l'impiété pédagogiques. Inspirer, c'est au contraire affranchir, c'est susciter chez autrui la pensée, le sentiment, l'énergie personnelle; c'est réveiller les forces endormies, en proposant un haut dessein à réaliser. Une directrice qui veut être tout dans sa maison, qui prétend faire prévaloir ses vues sans discussion et sans réserve, ne fait qu'exercer une pression d'autant plus étouffante qu'elle pèse sur les esprits et non pas seulement sur les actes extérieurs.

Inspirer, ce n'est pas davantage envelopper d'une tendresse insinuante les jeunes âmes, les détremper, et, par une sorte de *suggestion* spirituelle continue, les réduire à un abandon d'elles-mêmes d'autant plus dangereux qu'il a les apparences de la liberté. Le mot de Vauvenargues, « la servitude abaisse les hommes jusqu'à s'en faire aimer », si vrai en politique et en religion, ne l'est pas moins en éducation; et, s'il trouve son application dans les maisons ecclésiastiques des deux sexes, il mérite également d'être médité dans les maisons laïques de jeunes filles, où les maîtresses veulent être *aimées* au lieu d'être seulement *respectées*, où les élèves répondent volontiers à ce vœu, et où la tentation peut venir à la directrice de prendre ombrage de l'affection que l'on porte à ses collègues et de prétendre pour elle-même à une affection privilégiée. C'est de force que nos jeunes institutrices ont avant tout besoin d'être munies, en vue des difficultés et quelquefois des périls de leur vie à demi publique et des peines inhérentes à leur profession. Il ne faut pas qu'elles respirent à l'école normale un air de langueur et de mollesse sentimentale. Sans doute, la directrice qui ne saurait que commander et enseigner sans savoir aimer et se faire aimer, serait inapte à sa fonction : s'il est vrai, comme l'a dit Platon, que « savoir les choses de l'amour » soit le principal de la sagesse, combien cela est plus vrai encore de l'éducation, de l'enseignement même, et surtout de l'éducation des jeunes filles! Il est permis de penser qu'en tout grand éducateur, si l'on savait démêler son secret, ou s'il savait le démêler lui-même, on trouverait comme dernier fond une grande capacité d'aimer. Mais c'est d'un amour véritable, c'est-à-dire mêlé de respect et de raison, que je parle, et non d'une affection langoureuse et amollissante, et combien moins d'une affection égoïste et capricieuse, qui s'égare sur des favorites, maîtresses ou élèves, au lieu de se répandre sur toute l'école et de communiquer à tous, avec la sécurité et la joyeuse confiance, le respect mutuel et le courage à la peine.

Inspirer ce n'est pas davantage prêcher. La parole est sans doute le grand instrument de persuasion et de raison; mais outre qu'elle n'est pas le seul, et que la physionomie, la tenue, le silence même ont aussi leur éloquence, elle a d'autant plus d'efficacité qu'elle se confond avec la personne, au lieu d'exprimer un personnage, professeur ou directrice. Telle excelle à bien dire, qui n'a aucune action sérieuse; les jeunes filles s'aperçoivent vite qu'elle se plaît dans son discours, qu'elle y met son intelligence et son sens littéraire, mais non son âme, qu'elle donne tout au plus ses idées, mais qu'elle ne se donne pas elle-même, ne s'étant pas au préalable donnée tout entière à la vérité et au devoir. La simplicité, c'est-à-dire la parfaite vérité du cœur, de l'esprit, du langage, sera toujours la vertu par excellence de l'institutrice, mère de famille ou maîtresse : qu'est-ce en effet qu'être simple, sinon se communiquer tout soi-même tel que l'on est, au lieu d'être une personne double, faire don de soi et non pas seulement de son savoir ou de son talent, et, selon la magnifique expression de Marc-Aurèle, « pénétrer dans l'âme d'autrui et laisser les autres pénétrer dans notre âme »? Qui ne céderait à la longue à une autorité de cette sorte? On résiste à qui prêche; on se livre à qui se livre. Mais pour se livrer il faut se posséder et ne plus s'aliéner de soi, sous peine de ne donner aux autres qu'une ombre de sa personne, un fantôme incohérent : et nous revenons par ce détour à la suprême nécessité, celle d'une vie intérieure animée, continue, où la personne se ressaisit et ne se perd pas de vue, où elle se discipline et scelle toute son existence en une forte unité de raison, de volonté, de sentiment.

Il ne faut pas se lasser d'insister : car tout est là. Une directrice qui pratique cette vie d'intérieur sera promptement avertie de ses fautes et de ses travers; elle ne se laissera pas abuser par la déférence, la flatterie, ou le silence de ses maîtresses; elle verra plus clair que personne en elle-même et dans sa conduite. Elle ne permettra pas qu'il se forme une *cour* autour d'elle. Toute disposée qu'elle soit à « pénétrer les autres et à se laisser pénétrer », elle n'oubliera pas la réserve dont la femme doit sans cesse s'envelopper comme d'un voile, protection nécessaire à la fois contre elle-même et contre les autres; elle s'appliquera d'autant plus à s'appartenir qu'elle doit se communiquer plus libéralement. Elle n'aura garde non plus d'affecter les airs d'une souveraine ou d'un administrateur de haut rang, qui a son *cabinet*, qui donne des *audiences*, devant qui toute l'école se lève autant de fois qu'elle daigne paraître; mais elle ne se fera pas non plus la camarade de ses élèves ni la confidente de ses maîtresses. il lui suffira d'être leur amie; elle saura observer dans toute sa manière d'être, dans sa tenue et jusque dans le détail de sa toilette d'intérieur la dignité qui avertit chacun de rester à sa place et empêche que la familiarité de la vie en commun ne dégénère en un grossier pêle-mêle.

Elle ne donnera jamais dans le travers qui prête à rire chez plus d'une maîtresse, celui de se croire d'une condition supérieure à celle des élèves, comme si tous les professeurs des deux sexes, dans les écoles normales et dans les collèges, n'étaient pas tous de souche plébéienne; mais elle ne négligera pas une partie importante de sa tâche d'institutrice, qui est de former ses élèves à la civilité, au bon goût, à la délicatesse des manières et du langage, à tout ce qui distingue extérieurement une femme bien élevée. Elle donnera l'exemple aux maîtresses de s'acquitter sans morgue ni affectation du premier des soins d'une sœur aînée ou d'une mère de famille, en descendant avec simplicité à tous les détails de la toilette, du réfectoire, du dortoir. Elle ne se donnera pas davantage, aux yeux des personnes de bon sens, le ridicule de ne pas accompagner les élèves à la promenade, comme si cette marque d'amitié maternelle envers celles qu'elle appelle « ses filles » la faisait déchoir de son haut rang : de tous les pernicieux exemples qu'elle peut offrir à ses maîtresses, aucun n'égale celui-là; aucun ne la perdrait plus sûrement, et plus justement, dans l'estime des élèves; car elle aurait ainsi donné la mesure de son petit esprit et de son âme plus petite encore.

III

Je n'ai encore rien dit de l'enseignement moral, que les règlements ont confié à la directrice, le plus important de tous assurément, et à plus d'un titre. Ce n'est pas seulement parce qu'il donne les raisons et les règles de vivre; c'est aussi parce qu'en les donnant il sert de correctif à tous les excès de nos programmes; il ramène à une certaine unité la variété encombrante et discordante des études diverses; il marque un centre, le foyer même de la conscience, où les activités diverses doivent se rattacher, et où se constitue l'*homme* véritable parmi toutes les applications théoriques ou techniques de l'intelligence. Les directeurs et directrices des écoles normales ne se méprennent pas sur l'importance et la dignité singulière de cette partie de leur tâche, non plus que sur son extrême difficulté. Ils savent bien qu'un si grave enseignement n'est pas une simple *matière* du programme parmi d'autres matières : c'est le noyau même des études et de l'éducation. Ils sentent qu'en leur imposant une lourde charge, il leur confère un privilège, et que les en dispenser serait les dépouiller de leur principal ascendant.

De même que l'enseignement moral et laïque est le trait le plus caractéristique de notre récente organisation primaire, rien ne distingue plus les écoles normales d'aujourd'hui de celles d'hier que d'avoir attribué au directeur ou à la directrice le soin de le donner. Cette sécularisation de la sagesse morale, accomplie dans nos écoles, est à nos yeux une nouveauté pleine d'avenir, toute modeste et si l'on veut médiocre dans ses moyens et ses résultats qu'elle apparaisse dans le présent. Qu'on veuille bien y réfléchir, c'est le Supérieur même de la maison, le maître de la discipline et des études qui est appelé à parler des vérités et des lois morales sous sa propre responsabilité, comme de choses auxquelles il croit, qu'il tient pour certaines à l'égal de tout ce qui s'enseigne dans l'école, et pour lesquelles il se porte caution. On ne saurait mesurer ce qu'a de poids la parole simple et grave d'un honnête homme, mise au service des plus hauts principes moraux, quand cet honnête homme est un professeur dont le savoir inspire la confiance; il n'a pas besoin d'être un philosophe ni un orateur pour se faire écouter : son oui et son non font autorité. Attirer les vérités morales dans le cercle de l'enseignement ordinaire, c'est-à-dire séculier, c'est-à-dire fondé sur la raison et sur l'expérience, ce n'est pas les abaisser ni les appauvrir, c'est les traiter en chose *réelle* et sérieuse, la première parmi les choses réelles et sérieuses dont on traite à l'école.

Encore faut-il que ces leçons soient données dans l'esprit de leur institution, dans un esprit de sincérité et de gravité pratiques, et que les dons plus particulièrement féminins d'intuition morale, de modestie intellectuelle et de sensibilité, se mêlent aux qualités de sérieux et de méthode sévère que réclame un pareil enseignement. Est-il rien de plus déplaisant et de moins pratique que d'entendre une femme réciter — quand elle ne le dicte pas — un Cours de morale, dont une écolière maligne retrouverait aisément les pièces et morceaux dans plusieurs manuels connus, ou traiter des choses de l'âme et de la destinée humaine avec la sécheresse de procédés, de langage, de ton, qui ne siérait même pas à un professeur de mathématiques, ou déployer devant les élèves, à propos des idées qui font vivre ou qui font mourir, sa brillante facilité de parole ou les trésors de sa mémoire? La sécheresse et la rhétorique en de pareils sujets déplaisent chez un homme; combien plus chez une femme, de qui on attend qu'elle touche à ces sujets avec modestie et simplicité, avec gravité, et en associant aux démonstrations de la raison « ces raisons du cœur que la raison ne comprend pas toujours ». C'est là surtout que la directrice tirera son autorité de sa sincérité même, au sens profond du mot. Si elle n'est que beau parleur, son crédit sera promptement usé, et ses prestiges percés à jour par des jeunes filles intelligentes. Mais si elle pense avant de parler, si elle sent ce qu'elle a pensé, si elle enseigne sous la dictée de toute son âme et de son expérience intime, si enfin son caractère et sa conduite habituelle ne font qu'un avec son enseignement, soyez sûrs que, même avec le plus mince talent, elle aura et gardera l'oreille de ses élèves; le professeur de morale deviendra alors ce qu'on a voulu qu'il fût en fondant cet ordre d'études, le principal éducateur des âmes.

IV

De quelque côté que l'on aborde ce sujet, on est conduit à reconnaître combien il importe que la directrice, tout en ayant les sentiments et l'allure de la femme, possède dans la mesure nécessaire certaines qualités de force et de raison qui passent à tort pour des qualités exclusivement *viriles*. Il faut, selon le conseil judicieux de Mme Necker de Saussure, « que la femme accoutume la moitié de son esprit à attendre l'autre »; que ni le sentiment ni surtout l'*impression*, encore moins la *sensation* mobile et capricieuse, ne prennent l'avantage sur la réflexion. Selon un autre mot du même écrivain, « nous aimons à sentir respirer sous une enveloppe féminine un être moral, capable de montrer habituellement cette force sans raideur que les mots d'*empire sur soi* peuvent définir ». (*Éducation progressive*, t. II, p. 276.)

Les écrivains qui, en traitant de l'éducation des jeunes filles, ont parlé de la complexion particulière de la femme, ne remarquent pas assez tout ce qu'un grand nombre de femmes, et en particulier de plébéiennes, déploient sous nos yeux d'énergie, de courage, de persévérance, de bon sens et de prévoyance dans le gouvernement de leur maison, ainsi que de fermeté et de dignité dans les situations délicates. Vivant dans une société choisie, ils n'ont presque toujours en vue que des jeunes filles du *monde*, délicates au physique et au moral, plus propres à être l'ornement des cercles élégants que les gardiennes assidues et vigilantes du foyer et les éducatrices vaillantes de leurs enfants.

Si la directrice est animée de cet esprit de force et de tendresse tout ensemble, de raison et de grâce, elle ne sera pas tentée de jouer à la grande dame, elle sera d'abord mère de famille : en se pliant elle-même et pliant ses élèves aux plus vulgaires soins domestiques, elle saura montrer qu'ils ne sont pas incompatibles avec la culture d'esprit la plus sérieuse et avec la véritable distinction; en accueillant les familles les plus humbles avec une cordialité simple et digne, elle montrera que la véritable supériorité n'affecte pas des airs aristocratiques, et qu'on peut s'élever dans l'ordre de l'esprit et des mœurs sans risquer de se déclasser.

Elle se gardera également de confondre le sérieux avec l'austérité triste. L'éducation ne se passe pas de joie; pour cette raison entre plusieurs, que la première condition pour apprendre à vivre, c'est d'avoir le goût de vivre, et de ne désespérer par avance ni de la destinée, ni des hommes, ni de soi-même. Qui n'a pas au fond de son esprit — sinon dans son humeur naturelle — une certaine réserve d'optimisme, n'aura aucune action féconde sur les jeunes gens, dont l'instinct essentiel est de goûter la vie et de s'y déployer tout entiers En vain vous vous flatteriez de racheter ce défaut de confiance en la vie par l'application rigoureuse au devoir et même par le dévouement : c'est de lumière et de chaleur, c'est de joie que vos élèves ont besoin, et comment leur communiqueriez-vous ce qui vous manque? Vous leur parlez du devoir, vous leur en donnez l'exemple : c'est bien, c'est le principal, pourvu que le devoir implique amour, confiance, courage. La joie seule donne des ailes à l'âme, et le christianisme lui-même, qui a inspiré la tristesse d'un Pascal, a bien compris l'homme, lorsqu'ayant fait du bonheur d'être en paix avec Dieu le ressort caché de l'activité, il a osé lui dire : « Soyez toujours joyeux ».

Nous sera-t-il permis de dire qu'à cette image de la directrice que nous essayons de tracer, il manquerait encore un trait, et non le moindre? Demander qu'elle ait, avec une raison cultivée, l'âme simple et populaire en même temps que haute, généreuse, capable d'embrasser avec sympathie les besoins complexes de la société contemporaine et de comprendre la diversité des situations, des caractères, des genres d'esprit; demander qu'elle s'oublie elle-même, se faisant toute à tous, n'est-ce pas dire en d'autres termes qu'elle aura l'âme religieuse; qu'en chacune de ses filles elle verra l'éternel à travers le passager; que par delà leurs dons extérieurs ou leurs dons d'intelligence, d'imagination, d'aptitude pratique, par delà tout ce qui plaît en elles au premier regard, elle saura rechercher et cultiver ce qui est le fond mystérieux de la nature féminine et sa dignité, comme de la nature de l'homme en général, à savoir, le sentiment du Dieu infini, présent à notre existence individuelle et à notre destinée passagère, et, selon le mot de Pascal, « à la fois au-dessus de nous et en nous »? Que ce sentiment ne revête pas les formes régulières d'une doctrine ecclésiastique ou philosophique, nous l'admettrons sans peine : on ne saurait attendre de la femme, après que l'on a osé la nourrir du pain de la science, qu'elle échappe plus que l'homme aux vicissitudes des dogmes et aux atteintes du doute; il y a désormais pour les deux sexes, dans l'ordre moral, communauté de risques et de périls, c'est-à-dire de responsabilité, qu'aucun artifice, aucune fiction ne sauraient empêcher, et qui, n'en doutons pas, la femme apportant en dot au trésor commun les intuitions et la délicatesse de son sexe, et en retour introduite par son éducation dans la cité de raison et de justice, contribuera de jour en jour à fonder l'unité morale de la famille et la paix du foyer. Elle saura ainsi préserver de la proscription les vertus obscures que notre civilisation, vouée à l'activité sans relâche et à la compétition violente, inclinerait à oublier, au grand détriment de la noblesse de l'âme : l'humilité, la sympathie, le contentement de peu, la patience, la résignation, et le commerce avec les choses éternelles, hors duquel les choses de la vie et la vie même perdent leur prix. Que la directrice apprenne donc, par son exemple, aux jeunes institutrices du peuple à se considérer comme attachées à une œuvre divine, où il dépend d'elles de travailler dans le sens de Dieu lui-même, en faisant surgir du sein de l'inconscience et des instincts grossiers, à l'aide des éléments du savoir, la femme de conscience et de raison, capable de vérité et de justice non moins que d'amour. Ainsi sera d'avance adoucie, ennoblie, sanctifiée, l'obscure existence de la maîtresse d'école. Combien je la plaindrais, si elle n'emportait pas de l'école normale, avec son brevet, un peu de ce viatique spirituel! J'oserais assurer, sans en rien savoir, que parmi les femmes intelligentes et dévouées qui président à nos écoles normales, il y en a bien peu qui se tiennent pour entièrement quittes envers leurs élèves si, avant de les congédier, elles ne leur ont communiqué au moins une étincelle de ce feu sacré.

XV

Un projet de réforme des écoles normales.

RAPPORT DE JOUFFROY A L'ACADÉMIE DES SCIENCES MORALES SUR LES ÉCOLES NORMALES (1840).

Entre la lettre de M. Guizot aux instituteurs (1833) et celles de M. Ferry (1883) se place, à la date 1840, un document très instructif, qui témoigne avec une singulière force de l'incompatibilité croissante entre l'esprit des maîtres laïques et l'esprit ecclésiastique. C'est un éloquent rapport, fortement pensé et d'une admirable composition, présenté par le philosophe Jouffroy à l'Académie des sciences morales et politiques sur les résultats d'un concours qui avait pour sujet : *Les réformes à apporter à l'institution des écoles normales primaires en vue de l'éducation morale de la jeunesse.* Il n'est pas, à notre avis, de document qui jette une plus vive lumière sur l'état des esprits à ce moment de la monarchie constitutionnelle, sur les dispositions d'une partie des classes dirigeantes, et, dans ces classes, d'une partie de l'élite philosophique dirigeante; il n'en est pas, s'il faut dire toute notre pensée, qui nous explique si bien à l'avance la déplorable défaillance morale de 1850 et la réaction politique et scolaire qui s'en est suivie. On nous saura gré d'en reproduire avec quelque étendue un ou deux des principaux passages.

Jouffroy, ainsi qu'on pouvait l'attendre d'un esprit si sérieux, apprécie comme il convient l'immense portée morale de l'enseignement public.

« De toutes les lois rendues depuis la révolution de Juillet, aucune, dit-il, ne confie à l'État un pouvoir plus redoutable que celle du 28 juin 1833. L'instruction secondaire n'atteint qu'une faible partie de la jeunesse; l'instruction primaire la saisit tout entière, et à un âge où l'esprit et le cœur reçoivent des impressions ineffaçables. Maître de l'instruction primaire, un gouvernement l'est, en quelque sorte, des idées et des sentiments, des croyances et de la moralité des générations qui s'élèvent et composeront la nation dans un avenir rapproché. Heureusement un tel empire est naturellement limité; sans que la loi s'en mêle, il est balancé par trois influences sur lesquelles l'État ne peut rien : celle de la religion, qui appartient au prêtre; celle de la famille, qui s'exerce par l'exemple; et celle des mœurs et des idées de la société, qui enveloppe toutes les autres et domine l'État lui-même.... Ce qui importe à l'État et au pays, c'est bien moins ce que saura l'enfant que ce qu'il croira, que ce qu'il aimera, que ce qu'il voudra; et même ils ne prennent souci de ce qu'il saura que parce que les connaissances influent sur l'âme, et concourent à diriger et à déterminer la volonté. » Jouffroy discerne avec la même sûreté de vue que « les écoles normales résument les moyens mis entre les mains de l'État pour accomplir la mission de l'éducation », si bien que toutes les questions qui se rattachent à l'instruction primaire vont aboutir à celle de la meilleure institution des écoles normales; mais que celle-ci à son tour, dominée par la considération du but à atteindre, demande, pour être bien résolue, l'exacte connaissance d'une foule de circonstances avec lesquelles l'éducation doit être en harmonie : la condition et les mœurs des classes populaires, l'humble culture première des maîtres et leur destinée plus humble encore, l'intérêt de l'État, enfin l'ordre social tout entier, avec ses éléments constitutifs et séculaires.

Plus loin, l'auteur du rapport signale les difficultés que présente en France l'éducation morale donnée par l'État; il résume à ce propos, sans le contredire, le jugement exprimé par l'un des concurrents : « En Hollande et en Angleterre, la solution du problème est facile : les ministres de la religion la donnent. Mais en France le clergé s'isole; il est partout défiant, sur plus d'un point hostile : on n'a pu lui confier l'instruction primaire. S'il reste le précepteur religieux de la jeunesse, il faut que l'instituteur laïque en soit le précepteur moral. Mais que de choses il faudrait à celui-ci, et qu'il n'a pas pour le devenir réellement! »

Plus loin, en abordant l'analyse des deux Mémoires qui ont obtenu les suffrages de l'Académie, il expose avec une rare vigueur les *données* du problème de l'éducation que doit recevoir l'instituteur lui-même. Nous retrouvons dans ces éloquentes pages la même gravité émue, le même sentiment presque tragique qui rend si attachante la lecture des écrits de Jouffroy et font de lui une figure à part entre les philosophes contemporains.

Un même contraste, dit-il, frappe et préoccupe les auteurs de ces deux mémoires : c'est celui qui existe entre l'importance, la grandeur morale de la mission du maître, et l'humilité, les labeurs, la pauvreté de la condition matérielle que vous lui faites et que vous ne pouvez pas ne pas lui faire. D'un côté, c'est l'âme des enfants, c'est l'avenir du pays, ce sont les destinées de la France, et par elle peut-être de l'humanité, que vous remettez en ses mains, que vous lui confiez, que vous lui demandez de préparer. Quoi de plus grand, quoi de plus auguste, quoi de plus magnifique que cette tâche? Quelle confiance de votre part! Quel rôle pour le maître! Regardez cependant, et cherchez comment va vivre ce missionnaire de l'humanité et de la civilisation. Embrassez sa destinée : qu'y voyez-vous? Un pauvre village, une pauvre maison; des fonctions pénibles, rebutantes même; des relations difficiles; aucune gloire, aucun éclat; tout au plus une obscure considération, renfermée dans les limites les plus étroites; et, en dédommagement, en conpensation, à peine les gages du domestique le plus mal payé, à peine du pain! Ah! ce contraste doit vous faire trembler, car il contient un redoutable dilemme; et ce dilemme, il faut que vous le résolviez; il le faut pour la garantie de l'avenir, il le faut pour la sûreté du présent. De deux choses l'une : ou vos maîtres comprendront la grandeur de cette mission; et alors, les yeux ouverts, éclairés par vous, ils comprendront aussi la bassesse du sort que vous leur faites, et ils s'en indigneront, et ils haïront la société qui les traite aussi injustement, et vous aurez en eux autant d'ennemis qui tiennent entre leurs mains vos enfants, les enfants des classes les plus nombreuses et les plus pauvres, l'avenir, la destinée du pays : voilà une des branches du dilemme. Ou ils ne comprendront pas leur mission, et alors comment voulez-vous qu'ils la remplissent? Ces enfants que vous leur livrez pour qu'ils en fassent des enfants moraux et religieux, pour qu'ils préparent en eux de bons citoyens, amis de l'ordre et des lois, pour qu'à côté de l'instruction, qui est une arme, ils déposent dans leurs cœurs de bons sentiments qui leur apprennent à en faire un bon usage, comment voulez-vous qu'ils les réforment, qu'ils les façonnent, qu'ils les créent selon vos intentions, si vous ne les initiez pas à vos vues, s'ils ne savent pas ce que c'est que religion, morale, ordre, lois, société, si, en un mot, gardant votre secret et ne le livrant pas, vous leur cachez le but en leur disant d'y marcher, et leur demandez l'éducation sans leur en donner l'intelligence? Voilà l'autre branche du dilemme. Ainsi, *ou vous refuserez aux maîtres la lumière, et alors ils pourront avoir l'humilité de leur condition, mais ils n'auront pas la capacité de leur tâche; ou vous la leur donnerez, et alors vous aurez créé en eux du même coup la capacité et la révolte.* Terrible problème, messieurs, qui inquiète quiconque pense en France, qui préoccupe l'État et la société, et qui a été la secrète pensée de votre programme.

Voilà sans doute un dilemme saisissant, et tel que le pouvait développer la main d'un écrivain à la fois philosophe et orateur. Mais remarquons en passant dans quelle médiocrité de condition une élite éclairée des classes gouvernantes, sous un gouvernement « raisonnable », entendait maintenir indéfiniment les instituteurs du peuple. De même que M. Guizot se déchargeait en partie sur la Providence du soin de les rémunérer selon leur mérite, Jouffroy, au nom de l'Académie des sciences morales et politiques, appelée « à remplir une mission aussi sociale que scientifique », ne craint pas de considérer comme inévitable cette condition en vertu de laquelle l'instituteur, en dédommagement de la *bassesse du sort que lui fait la société, en récompense de son dévouement aux fonctions à la fois les plus augustes, les plus pénibles, les plus rebutantes même, reçoit à peine les gages du domestique le plus mal payé, à peine du pain.* Qui ne s'étonnerait de voir une assemblée de philosophes et de notables citoyens comprendre d'une façon si peu équitable les devoirs d'un pays libre et prospère envers des fonctionnaires qu'il charge de préparer son avenir et d'affermir ses institutions en instruisant la jeunesse?

Ces réserves marquées, reconnaissons que l'on ne pouvait poser la grande question en termes plus nets, plus pressants que ne l'a fait Jouffroy dans les dernières lignes du passage cité.

Le dilemme va se préciser et serrer de plus près la situation morale dans le passage suivant :

Les deux Mémoires se rencontrent cependant sur un point préalable de la plus haute importance : c'est que le prêtre, qui contient en lui la solution naturelle de la question, ne peut malheureusement pas la fournir, dans l'état d'isolement, de défiance, et quelquefois d'hostilité où deux siècles d'idées et un demi-siècle d'événements l'ont fatalement placé. Loin de résoudre la question, *le prêtre la complique; car avec lui la religion semble délaisser la morale, qui cependant manque d'autorité sans elle;* car sous son patronage et sous sa direction se multiplie, se répand, s'étend un enseignement différent de celui de l'État, tout près de lui être hostile, déjà maître des villes, et qu'un léger changement dans le règlement de la corporation qui le donne suffirait à rendre maître des campagnes, ravissant ainsi à l'État l'instruction primaire en vertu de la loi qui la lui confie. L'auteur du mémoire n° 4 surtout traite à fond et en homme politique la question de cette redoutable concurrence qui menace l'État dans son droit le plus précieux, et trouve dans cette menace, et dans les seuls moyens qui existent de la conjurer, de nouveaux appuis à sa solution. Ainsi le prêtre, qui demeure l'instituteur religieux du peuple, ne peut pas en être le seul instituteu moral : voilà un premier fait sur lequel nos deux auteurs s'accordent. Mais la religion étant la base de la morale, le succès de l'instituteur moral exige non seulement la neutralité, mais la bienveillance, et s'il se peut, l'appui, et s'il se peut encore, le concours du prêtre; il faut donc ramener celui-ci, et pour cela créer un instituteur qui lui convienne en même temps qu'il convient à l'État : voilà un second point sur lequel ils s'entendent également. Ainsi, avec cette justesse d'esprit qui les distingue l'un et l'autre, ils saisissent d'une même vue le vrai problème, qui est celui que nous avons posé, ses vraies complications politiques et religieuses, qui sont la concurrence engendrée par la liberté d'enseignement et l'éloignement du clergé produit par le passé tout entier.

Les voilà donc en face de la même difficulté; ils la comprennent, ils la mesurent, ils la jugent de la même manière. Mais, arrivés là, ils se séparent pour ne plus se rejoindre. A cette immense difficulté ils ont conçu chacun une solution, une des deux seules qu'on puisse imaginer; chacun a pris celle qui convenait le mieux à sa disposition, à sa vie, à sa disposition rêveuse ou positive, à sa vie spéculative ou pratique.

De ces deux solutions opposées vont sortir deux systèmes parfaitement contraires, deux ouvrages où tout diffère, idées, sentiments, esprit, style, et qui n'ont de commun que le talent et l'élévation.

Ainsi donc Jouffroy, d'accord avec les auteurs des deux mémoires, aboutit à cette double conclusion : « Le prêtre ne peut pas être le seul instituteur moral du peuple »; car « avec lui la religion semble délaisser la morale »; — mais comme « la morale manque d'autorité sans la religion », et que la religion, c'est le prêtre, il faut, pour obtenir le concours ou seulement « la neutralité » de celui-ci, « *créer* un instituteur qui lui convienne en même temps qu'il convient à l'État ».

Ce sont là de bien graves paroles devant une telle assemblée et dans la bouche de l'homme qui a écrit la *Nuit de l'École normale*, le chapitre *De l'organisation des sciences philosophiques* et l'article *Comment les dogmes finissent.* Quoi! un philosophe spiritualiste, qui a fait sur lui-même (et avec quelle sincérité exemplaire, avec quelle vaillance, chacun le sait) l'épreuve de la libre croyance religieuse et morale fondée sur la raison, quand il aborde au nom des classes éclairées et dirigeantes le problème de l'éducation morale du peuple, en arrive à confondre la religion, la foi religieuse, nécessaire appui de la morale, avec le prêtre, avec l'enseignement et l'influence du prêtre! Il ne recule pas devant cette extrémité tristement héroïque de « créer par l'éducation des écoles normales un instituteur qui convienne au prêtre »! Il ne s'aperçoit pas qu'en prononçant ces mots il élève la plus funeste barrière entre la classe supérieure et savante, qui à son exemple entend vivre de raison et de libre examen, et les classes populaires pour qui ce régime des forts est jugé impraticable, et qui continueront à vivre d'une foi de coutume et d'obéissance!

Mais nous ne sommes pas au bout de nos surprises et il nous reste à recueillir des déclarations significatives.

Quels sont ces deux systèmes contraires d'éducation de l'instituteur proposés par les auteurs des mémoires? L'analyse qu'en donne Jouffroy est palpitante de vie autant qu'elle est fidèle.

Figurez-vous, messieurs, un chrétien d'une âme tendre et élevée, d'un esprit contemplatif et étendu, un chrétien aux yeux duquel l'*Histoire universelle* de Bossuet, non tout à fait telle qu'elle est, mais telle que Bossuet l'aurait écrite au XIXe siècle, est la véritable histoire de l'humanité; qui ne voit dans cette humanité qu'une famille que Dieu élève; dans le christianisme que cette éducation même, mais une éducation d'une profondeur inépuisable, qui s'est faite petite quand il le fallait, qui s'est développée à mesure que par elle se développaient les sociétés, qui a grandi avec elles, toujours constante dans son but, mais ne le dévoilant que successivement, contenant en elle non seulement la solution des problèmes et la satisfaction des besoins du passé, auxquels elle a suffi, mais la solution des problèmes et la satisfation des besoins du présent et de l'avenir, les uns si nouveaux, les autres si inconnus, et auxquels seule elle peut suffire; figurez-vous ce chrétien, comprenant l'humanité et tout dans l'humanité de ce point de vue, voyant dans tous ses mouvements autant de progrès; dans tous ses progrès, même dans ceux des sciences, même dans ceux de la liberté. même dans ceux de l'industrie, autant de développements nouveaux du christianisme, autant de degrés de cette éducation du genre humain faite par Dieu lui-même; figurez-vous ce chrétien, laissant tomber ses regards sur le pauvre maître d'école de village, découvrant en lui le plus humble, mais le plus puissant, le plus direct instrument de l'œuvre de Dieu sur les hommes; s'éprenant alors, comme Gerson dans sa vieillesse, de cette profonde et sainte mission qui associe le maître d'école à la Providence de Dieu, s'en éprenant d'autant mieux qu'elle est plus cachée, plus laborieuse, moins rémunérée; puis, avec ces grandes vues, cette conviction d'une part et cet amour passionné de la mission de l'instituteur de l'autre, entrant dans une école normale, y annonçant sa foi et son amour, y organisant tout, y réformant tout, maîtres, élèves, enseignement, discipline, dans l'esprit de cet amour et de cette foi, pénétrant l'institution de toutes ces hautes idées et de la puissante synthèse qui les simplifie, et, à force de lumières, transformant tous ces élèves en autant de serviteurs de Dieu et de la civilisation, en autant d'amis de l'humanité et des enfants, en autant de prêtres, si j'osais le dire, passionnément dévoués à cette vie obscure et laborieuse que vous redoutez; figurez-vous tout cela, messieurs, et vous aurez une idée vraie et complète du noble Mémoire inscrit sous le n° 7, et je serai entièrement dispensé de vous donner une froide analyse qui en flétrirait les beautés. Je ne connais point de philosophie plus élevée que celle qui a inspiré et qui anime toutes les lignes de ce Mémoire; je n'imagine pas de meilleur livre à mettre entre les mains des fonctionnaires supérieurs de l'instruction primaire et surtout des directeurs d'école normale; et j'ai à peine le courage de dire que, pour que cette solution si élevée du problème fût applicable, il faudrait tout au moins trouver autant d'hommes semblables à l'auteur que nous avons d'écoles normales, et que de tels hommes, rares en tout pays, le sont particulièrement dans le nôtre.

Cet idéal mi-chrétien, mi-philosophique de l'instituteur moderne, en qui s'unissent harmonieusement le meilleur de la tradition chrétienne et le meilleur de l'esprit moderne. est sans doute un noble type, bien fait pour séduire l'âme à la fois religieuse et libérale de notre philosophe C'est presque un Jouffroy maître d'école, mais avec la flamme, la confiance, la décision d'esprit, l'initiative hardie qui manquaient à Jouffroy. Aussi ne lui ménage-t-il pas les témoignages d'estime : « Je ne connais point de philosophie plus élevée que celle qui a inspiré toutes les lignes de ce mémoire; je n'imagine point de meilleur livre à mettre entre les mains des fonctionnaires supérieurs de l'instruction primaire et surtout des directeurs d'écoles normales. » Seulement il est trop de son siècle, il connaît trop bien l'état des esprits et des croyances pour ne pas s'avouer qu'à ce séduisant portrait il manque les originaux, qu'à cette mission apostolique et séculière il manque des missionnaires, à cette foi des croyants; que l'on n'en trouverait pas même assez pour diriger les écoles normales; « qu'enfin, de tels hommes, rares en tous pays, le sont particulièrement dans le nôtre ». De ce côté nul espoir. Jouffroy désespère d'associer l'esprit religieux à l'esprit libéral chez les instituteurs du peuple, parce qu'il ne conçoit la religion, une religion vivante, efficace et populaire, que sous la forme du christianisme dogmatique, et que ce christianisme-là n'a plus assez de racines dans le sentiment public. Reste une autre issue à tenter, celle que va lui ouvrir le second mémoire.

« L'auteur du Mémoire n° 4, messieurs, est à mille lieues de la noble confiance qui remplit son concurrent, et les espérances de celui-ci ne seraient à ses yeux que de chimériques illusions. Le sens politique et pratique, la maturité du jugement, une sagesse d'esprit et une sûreté de vues qui ne se démentent jamais un moment, sont les qualités qui le distinguent éminemment. Son style est digne de ces hautes qualités; il est simple et ferme; la phrase, serrée et rapide, va droit à la pensée, qu'elle exprime toujours avec énergie, souvent avec un bonheur de tours et d'expressions qui n'est jamais recherché. L'auteur pense et écrit en homme d'État, et c'est aux hommes d'État que son Mémoire s'adresse. Il prend les faits comme ils sont, s'arrêtant aux grands et négligeant les détails. Il accepte la charte, la loi, la société, et dans la société la position du gouvernement, la situation du clergé, les sentiments de la population, comme ils sont. Il tient compte de tout, et apprécie avec un sens parfait les complications qui en dérivent dans la solution du problème. Ce problème, il le pose avec une singulière et effrayante énergie, déduisant une à une et comptant toutes les menaces, tous les périls dont il est plein. Et c'est alors, quand il a ainsi tout exposé, tout apprécié dans les faits, que, se mettant en présence des dangers et des nécessités qu'il a signalés; en présence du danger dont menacent la société la demi-science orgueilleuse, l'ambition éveillée et trompée de cette nuée d'instituteurs, imprudemment initiés dans nos écoles normales à une instruction trop haute et à des habitudes trop raffinées; en présence de l'hostilité du clergé, des défiances des familles et des communes, fortifiées ou suscitées par de tels maîtres et les repoussant; en présence des congrégations religieuses offrant à meilleur marché dans les grandes communes, et bientôt peut-être dans les petites, une éducation aimée du clergé, recommandée par lui, et qui semble présenter toutes les garanties qui manquent à l'autre; en présence de l'immense intérêt de l'État à n'être pas vaincu dans cette concurrence, et à conserver entre ses mains la direction et l'enseignement des écoles communales, en présence enfin du seul moyen d'y réussir compatible avec la charte et la loi, qui est de faire préférer ses maîtres, but qu'il ne peut atteindre qu'en les formant comme ils doivent l'être pour rallier la confiance du clergé, celle des familles et des communes, et de ne point imposer à celles-ci des charges trop onéreuses; c'est alors, dis-je, qu'en présence de ces périls, de ces nécessités, et de beaucoup d'autres que je supprime, l'auteur proclame le seul remède qu'il aperçoive, le seul dont il conçoive la possibilité pratique et l'efficacité, à un état de choses aussi menaçant. Ce remède, messieurs, c'est de ramener les écoles normales au véritable but de leur institution, dont elles commencent visiblement à s'écarter, et qui est de former des instituteurs pour les campagnes; des instituteurs qui trouvent très bon d'arriver à une si belle position, qui non seulement s'en contentent, mais s'en félicitent; des instituteurs, par conséquent, qui n'aient rien de commun avec ces demi-savants, vains et vides, pleins de mots et d'orgueil, que se font gloire de former certaines écoles normales; mais qui, *sachant à peu près ce qu'ils enseigneront aux enfants*, n'ayant perdu dans les écoles normales ni les habitudes simples des classes de la société au sein desquelles on les aura choisis avec soin et où ils retourneront vivre, ni les sentiments de piété et les mœurs pures, moins rares qu'on ne le pense dans les honnêtes familles de nos campagnes, le régime simple et austère de l'école normale ayant, au contraire, fortifié tous ces bons germes, seront accueillis avec confiance par le clergé, à la mission duquel ils s'associeront avec joie, par les familles et les commnnes, que leurs manières et leurs prétentions n'effaroucheront pas, et pourront se contenter *de l'humble traitement et de l'humble vie auxquels la nature de leur profession les condamne invinciblement.* C'est au nom de cette solution et de ces vues fortement et simplement développées que l'auteur, entrant comme son concurrent dans l'école normale, et y opérant en quelque sorte en sens inverse, crie anathème contre toutes les superfluités, tout le luxe matériel et intellectuel qu'il y rencontre, supprime, efface jusqu'au dernier vestige de ce luxe, et, nouvel abbé de Rancé, en écrit l'austère réforme d'une main ferme et inflexible. Ce que cette réforme a de bon, c'est qu'elle est pratique, c'est qu'elle tient compte de tout ce qu'il est impossible de changer, et se résout en articles de règlement ou de loi qu'on peut écrire aujourd'hui et appliquer demain; c'est, en un mot, qu'elle porte le cachet dont tout l'ouvrage est empreint, celui de l'administrateur et de l'homme politique. Il ne fallait rien de moins, messieurs, que ces qualités solides pour balancer aux yeux de votre section celles d'un autre ordre que j'ai signalées dans le Mémoire précédent. Mais, au degré où elles sont portées, elles les valent, si elles ne les surpassent. L'unité de cette composition est aussi forte que celle de l'autre, et toutes les vues en découlent avec la même conséquence et la même harmonie d'une seule idée. Comme composition, le Mémoire n° 4 est même supérieur par la rapidité du mouvement et la juste proportion des parties. L'auteur du n° 7 rêve un peu, et parfois s'oublie dans ses rêves: celui du n° 4, jamais. Son but lui est continuellement présent, et il y marche sans relâche, sans détour, d'un pas égal et prompt, toujours sûr et toujours direct. Son Mémoire mérite ce rare éloge qu'on en peut dire qu'il est un livre bien fait.

Si votre rapporteur voulait résumer en deux mots l'idée qu'il a cherché à donner à l'Académie de ces deux ouvrages, qui honorent tant son concours, il lui dirait : *Mettez le n° 4 sous enveloppe, et envoyez-le au ministre de l'instruction publique;* tirez le n° 7 à mille exemplaires et faites-le parvenir à tous les fonctionnaires de l'instruction primaire. Le premier, en effet, s'adresse à l'homme d'État : *il lui indique le mal et le remède.* Le second pourrait devenir l'évangile des directeurs d'école normale : ils y puiseraient l'intelligence et l'amour de leur haute mission. Au fond, les deux solutions si habilement formulées dans les deux Mémoires ne s'excluent pas, et toute la rigueur de l'une peut se concilier avec toute l'élévation de l'autre.

Avons-nous bien lu? C'est, au jugement du philosophe et de la Commission de l'Académie, oui, c'est bien le mémoire n° 4 qui, des deux, « est le plus utile », qui « indique le mal et le remède », qui trace « à l'homme d'État » la réforme à entreprendre, auquel enfin l'Académie, une Académie des *sciences morales*, décerne le prix, ne réservant qu'un témoignage de haute estime, une médaille d'or sur les fonds libres, à l'auteur du mémoire n° 7! Et qu'a donc de si louable, aux yeux de la philosophie et de la science, ce dessein de réforme, que le ministre peut « résoudre dès aujourd'hui en articles de règlement et appliquer demain »? De quelle pensée féconde, de quelle saine raison, de quel généreux esprit moral va-t-il pénétrer l'enseignement des écoles normales primaires? Comment va-t-il corriger les inconvénients « d'une instruction trop haute et d'habitudes trop raffinées »?... On ramènera les écoles normales « au véritable but de leur institution ». On les pliera à fournir des instituteurs de campagne qui « *sachent à peu près ce qu'ils enseigneront aux enfants,... qui soient accueillis avec confiance par le clergé et s'associent avec joie à sa mission*, qui se contentent de l'humble traitement et de l'humble vie auxquels la nature de leur profession et la pauvreté des communes les condamnent invinciblement ». Et c'est pourquoi le réformateur, « nouvel abbé de Rancé », fait de l'école normale une Trappe laïque; il en supprime *tout le luxe matériel et intellectuel*; d'une main ferme et inflexible il en efface jusqu'au dernier vestige.

Après cela Jouffroy a bien raison de dire que « l'auteur du n° 4 ne rève jamais; qu'il marche à son but sans relâche, sans détour, d'un pas égal et prompt, toujours sûr et toujours direct ». Mais qu'un philosophe, mais qu'une grande Société de morale aient vu en de telles qualités matière à éloges, voilà ce qui est bien fait pour étonner.

Car enfin, dirons-nous, ce luxe intellectuel que l'on propose d'effacer jusqu'au dernier vestige, et que depuis lors nous avons singulièrement développé, ce luxe, qui rendait l'instituteur si impropre à « être bien accueilli du clergé », en quoi consiste-t-il? Sans doute en connaissances diverses, dont la quantité vous importune; mais surtout en habitudes d'esprit, dont la qualité est autrement suspecte au clergé; en habitudes de raisonner, de se rendre compte, de chercher le pourquoi des choses; bref en toute cette manière d'étudier, de refléchir, de douter, d'enseigner, la seule qui paraisse digne aujourd'hui de servir à l'éducation de l'humble maître primaire comme à celle du professeur de la Sorbonne, mais la seule aussi qui explique les défiances du clergé; ajouterai-je, la seule forme d'éducation qu'il ne fût pas permis à un homme tel que Jouffroy de laisser entamer, et dont il était en quelque sorte le gardien-né.

Comment n'a-t-il pas, en effet, reconnu que cette austère réforme n'allait à rien de moins, sous couleur de supprimer le luxe intellectuel, c'est-à-dire le superflu, qu'à supprimer le nécessaire, l'âme et la vie de l'enseignement moderne, à savoir la liberté, c'est-à-dire en définitive la raison même, la raison s'exerçant à comprendre et à faire comprendre; que les réformateurs auraient beau réduire le « luxe » des programmes de l'école normale à ce minimum que l'on daigne enseigner aux enfants des écoles primaires, ils n'auraient encore rien fait pour se mettre de pair avec le clergé et se concilier sa tolérance; que ce minimum, cette épave d'instruction, animée de l'esprit de science et de liberté, était encore de trop; et qu'à vrai dire, tant que cet esprit-là ne serait pas extirpé des écoles normales, le maître d'école, si bien muni d'ignorance qu'il fût, restait un suspect, un serviteur indocile, inquiet, dangereux?

Le rapport de Jouffroy, où les perplexités de l'homme politique troublent le sens libéral du philosophe, nous fait penser à des conclusions bien différentes, formulées quelques années auparavant par un homme de grand poids, critique littéraire et moraliste tout ensemble, avec cela esprit *conservateur* en religion et en politique, M. Vinet. Écoutons-le nous dire les raisons qui le portent à réclamer pour l'instituteur et pour l'institutrice « une culture supérieure, c'est-à-dire une instruction beaucoup plus approfondie que celle qu'il est appelé à communiquer » :

Un instituteur peut n'être pas *savant*, dans le sens le plus étendu de ce mot, mais il faut que son esprit voie de haut la science qu'il professe, qu'il en saisisse les rapports généraux et en distingue les points dominants. A une moindre élévation, l'instituteur ne saurait donner à son enseignement ni la clarté, ni l'intérêt, ni surtout la simplicité nécessaires pour attirer et fixer des esprits jeunes et vifs. J'insiste sur la simplicité; car c'est lorsqu'on est savant qu'on est le plus capable d'être simple; premièrement parce que plus on est sûr de sa richesse, plus on est de longue date familiarisé avec elle, moins on est impatient de l'étaler; ensuite et surtout, parce qu'une demi-science n'élève qu'à des idées secondaires, qui sont complexes et chargées d'accessoires, au lieu que la vraie science élève jusqu'aux principes les plus hauts, qui sont des idées simples.

La connaissance de ces principes est seule capable de faire voir les détails dans leurs vrais points de vue, et de faire exprimer les idées dans leurs véritables termes. On entend dire souvent de tel instituteur : Il est trop profond, il est trop abstrait; et l'on en conclut qu'il est trop savant; croyez plutôt qu'il est encore jeune, qu'il est peu instruit; quand il aura plus d'années et plus de connaissances, il s'élèvera jusqu'à la simplicité.

N'est-il pas instructif de mesurer l'intervalle qui sépare l'état d'esprit du professeur de Lausanne de celui du professeur de Paris? Le jugement de l'un, avec les considérants dont il l'appuie et que nous avons abrégés, serait aujourd'hui encore, à un demi-siècle d'intervalle, la meilleure préface de nos programmes de l'enseignement normal; celui du philosophe de Sorbonne en serait la condamnation.

En vérité l'on a peine à comprendre qu'un penseur aussi grave que Jouffroy ait pu nourrir un seul instant l'illusion que les deux systèmes d'éducation préconisés dans les deux mémoires fussent conciliables! Comme si la « rigueur » de l'un ne provenait pas de principes moraux, politiques et sociaux directement contraires à ceux qui ont inspiré « l'élévation » mêlée de chimère de l'autre!

Il nous était réservé de voir cette incompatibilité démontrée avec éclat par les événements. Si Jouffroy n'eût été enlevé à la science par une mort prématurée, il aurait pu observer tout à loisir l'accomplissement de cette réforme des écoles normales qu'il avait si imprudemment saluée de son timide suffrage. Mais ce qu'il n'avait pas prévu, ce que les sages ne prévoient guère, c'est que les nouveaux « abbés de Rancé », l'occasion venue, appliqueraient de la même « main ferme et inflexible » leur « austère réforme » à l'enseignement secondaire et à l'enseignement primaire; qu'ils prendraient à tâche de supprimer le luxe intellectuel dans l'école normale de la rue d'Ulm comme dans les écoles normales du peuple; qu'ils sauraient marcher au but sans relâche », sinon sans détours, et « d'un pas toujours sûr », sinon d'un pas direct; qu'ils poursuivraient dans la grande École Supérieure comme dans les petites écoles l'ennemi véritable, l'esprit de recherche et d'indépendance appliqué aux choses morales; qu'ils effaceraient de nos programmes le nom même de la philosophie, et réduiraient, autant qu'il était en eux, les études littéraires, historiques et morales à des études formelles. Le professeur de lettres devenu un rhéteur, l'instituteur devenu un maître ignorantin, voilà les précieuses garanties que les réformateurs politiques de 1850 offraient à la société, et qui étaient contenues ou explicitement ou en germe dans le mémoire n° 4.

Nous nous étions souvent demandé comment avait pu se produire cette faillite morale des classes moyennes qu'attestent la loi scolaire de 1850 et bientôt après l'établissement du régime césarien. Il nous semblait que l'histoire des dix-huit années du règne de Louis-Philippe, du gouvernement de la bourgeoisie libérale et de la philosophie spiritualiste, loin d'expliquer cette chute mémorable, en faisait au contraire une sorte de prodige, un effet sans cause. Mais quand nous avons eu connaissance du rapport si savamment motivé de Jouffroy, approuvé par l'Académie, alors nous avons vu clair dans les antécédents de la réaction qui devait se produire douze ans plus tard. Il nous a été manifeste qu'une partie au moins des classes éclairées, et, à leur tête, des philosophes justement comptés parmi les meilleurs, s'étaient d'avance démis de leur fonction principale, celle de présider à l'éducation morale du peuple en le nourrissant du même pain spirituel dont ils se nourrissaient eux-mêmes; que d'avance ils avaient, convaincus de leur inaptitude, abdiqué entre les mains de l'Église, et, selon le mot malheureux de M. Thiers, « transporté l'école dans la sacristie ».

XVI

Deux ministres pédagogues : M. Guizot et M. Ferry (1833-1883) [1].

Le Musée pédagogique de l'enseignement primaire réunit dans une même publication les lettres adressées directement aux instituteurs, à cinquante ans d'intervalle, par deux ministres de l'instruction publique, M. Guizot et M. Ferry. De ces deux documents, le premier était à peu près oublié, et l'on avait de la peine à se le procurer en librairie; l'autre, plus récent, n'avait guère dépassé le cercle des gens d'école, et le souvenir s'en effaçait peu à peu avec celui des circonstances difficiles où il avait paru. Rapprochés l'un de l'autre, ils n'ont pas seulement l'avantage de marquer nettement des dates considérables de l'histoire de l'éducation; ils éclairent aussi d'une vive lumière deux époques de notre histoire morale, deux états de l'esprit public à la fois différents et semblables, plus semblables encore que différents. Tous ceux qui parmi nous prennent plaisir à observer derrière les événements extérieurs la suite cachée des événements intérieurs se plairont à relire ces lettres, d'allure si modeste et de portée si vaste.

1. L'article qu'on va lire sert de préface au fascicule 33 des *Mémoires et documents scolaires* publiés par le Musée pédagogique. Ce fascicule est intitulé : *Deux ministres pédagogues : M. Guizot et M. Ferry. Lettres adressées aux instituteurs par le ministre de l'instruction publique en 1833 et en 1883.*

I

On sait à quelle occasion M. Guizot écrivit la sienne. La loi de 1833 venait d'être promulguée; elle fondait pour la première fois d'une manière effective « l'universalité de l'instruction primaire » en France. Une école par commune avec un maître spécial, les instituteurs libres d'exercer leur profession dans tout le royaume, soumis « à des autorités compétentes et désintéressées », assurés d'une rétribution fixe, dispensés du service militaire; des écoles normales créées dans tous les départements : autant de nouveautés hardies, conçues depuis longtemps, mais qui, transportées enfin dans l'ordre des faits, devenaient une des grandes forces constituées du pays. M. Guizot ne jugea pas indigne de lui de porter directement à la connaissance de tous les instituteurs cette « Charte de l'instruction primaire », et de leur expliquer, d'après ce texte, leurs droits et leurs devoirs.

Dans cette instruction, grave à la fois et familière, d'un ton si haut et d'une parfaite précision de traits pratiques, il n'y a pas une ligne qui ne mérite d'être remarquée. Mais nous ne voulons relever ici que la partie qui touche à la question de l'éducation morale; c'est la plus importante aux yeux du ministre, et la seule que traitera plus tard M. Ferry.

Personne ne doit s'étonner que M. Guizot parle aux maîtres primaires en philosophe et en professeur, aussi bien qu'en homme d'État; il ne parlait jamais autrement. Mais il y a, croyons-nous, plus d'intérêt pour les lecteurs de nos jours à voir combien ce ministre d'un État monarchique, l'un des principaux chefs du parti conservateur, se montre libéral, profondément et hardiment libéral dans la question de l'instruction populaire. Si la loi veut que « tous les Français » acquièrent, autant que possible, les connaissances indispensables à la vie sociale — et le programme de ces connaissances était déjà assez étendu, — c'est d'abord parce que « sans elles l'intelligence languit et quelquefois s'abrutit » ; c'est aussi dans « l'intérêt public, parce que la liberté n'est assurée et régulière que chez un peuple assez éclairé pour écouter en toutes circonstances la voix de la raison. *L'instruction primaire universelle est désormais une des garanties de l'ordre et de la stabilité sociale.* » M. Guizot, fidèle à ses habitudes d'historien philosophe, nous découvre le fond de sa pensée politique dans une phrase qui est, à elle seule, la plus fière profession de foi libérale : « Tout dans les principes de notre gouvernement étant vrai et raisonnable, développer l'intelligence, propager les lumières, c'est assurer l'empire et la durée de la monarchie constitutionnelle ».

Le même esprit hardi et décidé se montre dans la manière dont il définit le caractère de l'instituteur et celui du prêtre. Il met en quelque sorte de pair ces deux magistrats spirituels, en des termes qui offenseraient, même aujourd'hui, les prétentions ecclésiastiques : « Tous deux sont *revêtus d'une autorité morale* ; tous deux ont besoin de la confiance des familles ; tous deux peuvent s'entendre pour exercer sur les enfants, par des moyens divers, une commune influence ».

Ces lignes s'écrivaient, ne l'oublions pas, en 1833. En les lisant, on voit apparaître clairement, dès la fondation régulière de l'instruction primaire, la rivalité entre les deux influences constituées, toutes deux spirituelles, qui vont se déployer sur le même terrain. M. Guizot n'a garde, dans les sages conseils de conduite qu'il donne aux instituteurs, de subordonner l'une à l'autre. Il sait trop bien, comme il l'a dit ailleurs, dans un article célèbre (*Catholicisme, protestantisme, philosophie*), que ces rivalités ne sont pas un accident passager, ni un effet de la malignité des temps, qu'elles ont leur raison dans l'histoire et dans la nature même des choses ; qu'il faut donc prendre son parti de la coexistence irréductible de deux systèmes très différents d'éducation spirituelle, l'un « raisonnable », ainsi que le régime séculier dont il émane, c'est-à-dire fondé sur la raison, sur la nature humaine, sur les conditions réelles de la vie humaine ; l'autre fondé sur la tradition et l'autorité; et que ce serait chimère d'espérer la conciliation ou la subordination volontaire. M. Guizot voit mieux que personne que cette rivalité est toujours près de dégénérer en conflit. A cet égard, son témoignage est particulièrement instructif. Pour amortir les chocs et rendre la cohabitation possible, il ne sait qu'en appeler à la sagesse des instituteurs et à leur respect pour « un ministère qui représente ce qu'il y a de plus élevé dans la nature humaine ». Mais comme, malgré tous les ménagements, il peut arriver « que par quelque fatalité le ministre de la religion refuse à l'instituteur une juste bienveillance, celui-ci *ne devra pas s'humilier pour la reconquérir* ; il s'appliquera plutôt à la mériter par sa conduite. C'est au succès de son école à désarmer des préventions injustes.... *Il doit éviter l'hypocrisie à l'égal de l'impiété*.... Enfin, rien d'honorable ne lui coûtera pour réaliser cette union, sans laquelle nos efforts pour l'instruction populaire seraient souvent infructueux. »

C'est assurément là un noble langage, digne d'un gouvernement libre, et où se découvre la prudence de l'homme d'État, qui a mesuré toutes les difficultés d'une situation infiniment complexe. Mais comment ne pas voir que si cette « union », tant désirable pour le succès de « l'instruction primaire universelle », avait beaucoup de peine à se réaliser en 1833, dans un État conservateur et en quelque mesure oligarchique, elle deviendra dans la suite de plus en plus impossible, lorsque l'enseignement primaire, constitué de toutes pièces et établi dans toutes les communes du territoire, aura pris conscience de lui-même, de son but, de ses principes, de ses moyens, enfin de sa force ! On peut déjà prévoir qu'à un état de discorde intime et incessante il n'y aura d'autre remède possible que l'entière séparation, l'État laïque se mettant enfin à enseigner la morale dans ses écoles selon son esprit propre et sa méthode. Le rapport présenté en 1840 par Jouffroy à l'Académie des sciences morales sur le concours ouvert en 1838, qui avait pour objet les réformes à introduire dans le régime des écoles normales, témoigne qu'après une courte expérience de sept années la situation s'était déjà notablement aggravée.

Au reste la lettre de M. Guizot, dans sa partie pédagogique, semble annoncer cinquante ans à l'avance la lettre de M. Ferry, qui, de son côté, lui fait écho. L'une et l'autre relèvent avec une égale insistance le droit et le devoir de l'instituteur en ce qui concerne l'éducation morale; l'une et l'autre font de l'humble maître primaire un vrai pasteur des âmes; si bien que l'on ne saurait mieux qualifier ces deux épîtres officielles que du nom de *Mandements laïques*. On peut même dire que le ministre du roi, dans des circonstances moins troublées, et tenu à moins de réserves, s'exprime avec plus de force, de netteté, d'autorité que le ministre de la République, en exposant à l'instituteur l'importance de sa tâche et l'étendue de sa responsabilité.

« L'éducation morale, lui dit-il, est toute en vous.... En vous confiant un enfant, chaque famille vous demande de lui rendre un honnête homme; et le pays, un bon citoyen.... Que l'instituteur *ne craigne pas d'entreprendre sur les droits des familles* en donnant ses premiers soins à la *culture intérieure de l'âme*. » — Et comment M. Guizot définit-il cet enseignement séculier? « Il n'est au profit d'aucune secte, d'aucun parti »; il consiste à inculquer « ces principes impérissables de morale et de raison, sans lesquels l'ordre est en péril, à jeter dans de jeunes cœurs des semences de vertu et d'honneur que l'âge et les passions n'étoufferont jamais ».

Vertu, honneur, principes éternels de raison, qu'il ne faut pas demander aux sectes ni aux partis, voilà un programme, voilà une profession de foi qui se feront entendre souvent vers la fin du siècle, mais jamais en termes plus explicites, ni d'un accent plus net que dans la bouche de M. Guizot. Ajoutons que cette instruction laïque et indépendante, M. Guizot ne la sépare pas de la foi religieuse, également laïque et libre. « La prospérité de l'instruction primaire a partout été inséparable d'une pensée religieuse.... C'est la gloire de l'instituteur de ne prétendre à rien au-dessus de son obscure et laborieuse condition, de s'épuiser en sacrifices à peine comptés de ceux qui en profitent, de travailler enfin pour les hommes et de n'attendre sa récompense que de Dieu.... Puissiez-vous, monsieur, trouver dans de telles espérances, dans ces croyances dignes d'un esprit sain et d'un cœur pur, une satisfaction et une constance que peut-être la raison seule et le seul patriotisme ne vous donneraient pas!... La foi dans la Providence, la sainteté du devoir, la soumission à l'autorité paternelle, le respect dû aux lois, au prince, aux droits de tous, tels sont les sentiments que le maître s'attachera à développer. » Une morale de raison, consacrée par des croyances religieuses de raison, c'est tout le fond de la lettre, en ce qui regarde l'éducation : ce sera aussi le fond du programme composé par le Conseil supérieur de 1883, que M. Ferry envoie aux instituteurs en les exhortant à le prendre pour guide.

Avant de quitter M. Guizot, ne nous privons pas du plaisir de citer encore l'admirable passage où il prêche le devoir de former les enfants à la tolérance. « Jamais, par des paroles de haine et de vengeance, le maître ne les disposera à ces préventions aveugles qui créent pour ainsi dire des nations ennemies au sein de la même nation. La paix et la concorde qu'il maintiendra dans son école doivent, *s'il est possible*, préparer le calme et l'union des générations à venir. » Cette pensée est encore celle qui devait inspirer, un demi-siècle plus tard, les lois sur l'enseignement laïque.

II

Entre la lettre de M. Guizot et celle de M. Ferry il s'est accompli de grands changements dans la société. D'abord, le « pays légal », composé de quelques cent mille électeurs, est devenu la nation entière; les dernières barrières sont tombées; il n'y a plus de classes dirigeantes constituées; pauvres et riches participent au même titre au gouvernement. La force d'*impulsion* politique s'est par là prodigieusement accrue; et, comme il fallait s'y attendre, les « questions sociales » ont pris aussitôt une importance extraordinaire, qu'elles ne perdront plus. Mais où est la force *régulatrice*? Où trouver un point fixe, lorsque l'universalité des citoyens est désormais et sans retour lancée dans le mouvement politique, maîtresse de se porter où elle veut? On ne peut plus le chercher au dehors; c'est au dedans qu'il faut le créer, par l'instruction, ou plutôt par l'éducation universelle.

Imagine-t-on, en effet, quand on ne veut pas se payer de mots et de chimères, une autre manière de résoudre le problème redoutable de la démocratie, préparé par toute l'histoire moderne, mis en pleine lumière par l'histoire contemporaine, et qui ne disparaîtra plus de notre horizon, sinon de faire le plus vite et le mieux possible de cette « multitude », de cette force d'impulsion aveugle, inconsciente, brutale, une force intelligente, morale, capable de réflexion, de discipline, de justice? Et à qui nous adresser; à quels moyens, à quelle institution recourir pour cette immense, laborieuse, périlleuse, mais indispensable transformation, sinon à l'école, à l'école publique, à l'école primaire, laquelle atteint tout le monde et durant plusieurs années? Et dans cette école ouverte à tous, sur quel point principal se fixera la sollicitude croissante de l'homme d'État, sinon sur l'éducation morale? Mais n'attendons pas qu'il y apporte aujourd'hui la même sérénité philosophique ni la même patience que son prédécesseur de 1833 : les besoins pressent; il faut, à tout prix, conjurer la barbarie, et, puisque la multitude est désormais et pour toujours souveraine, il faut sans relâche la pénétrer d'humanité et de raison. On ne se contentera donc plus d'un enseignement moral diffus et comme dissous dans tous les autres enseignements; on lui fera une place distincte, afin de lui ménager une action plus directe, plus forte, plus durable sur l'âme des nouvelles générations. On ne le laissera pas flotter dans la région transcendante des idées; on le ramènera sur terre, au sein de l'épaisse réalité, composée d'ignorance séculaire, de préjugés, de superstitions, d'âpre égoïsme, de mœurs grossières ou violentes, d'inertie et de servitude spirituelles. On exigera qu'il vise aux résultats positifs, à rectifier le jugement moral, à établir la justice dans les sentiments et dans les habitudes, et avec la justice, quelque bonté; bref, à ériger en chaque enfant une conscience d'homme. Encore une fois, le temps presse; la nécessité parle haut; il faut qu'un peuple souverain, sans contrôle et sans frein étrangers, apprenne à trouver sa règle et son frein en lui-même. Auprès de cette question dévorante d'ordre public, de paix publique, les questions religieuses et philosophiques, sans rien perdre de leur importance propre, sont relégués par l'homme d'État sur le second plan : c'est le pain quotidien qu'il s'agit d'assurer à tous; c'est la morale usuelle qu'il faut enseigner, la « bonne et antique morale », sur laquelle Églises, familles, religions et philosophies sont d'accord; la mission de l'instituteur sera de « faire de ses élèves d'honnêtes gens ».

Tel est l'esprit de la lettre de M. Ferry. Le ton n'est pas celui de M. Guizot : le langage a moins d'autorité; il laisse voir moins de doctrine. Ce n'est pas le philosophe ni le croyant qui parle; ce n'est pas non plus le Ministre « du Roi » : c'est le chef de l'Université, c'est le Ministre de la République; son ton n'est pas d'un maître s'adressant à des subalternes, mais d'un Supérieur scolaire, à qui ses fonctions politiques confèrent une compétence spéciale, et qui ne croit pas déroger en pressant le détail de la pédagogie morale.

Un autre grand changement s'est produit durant le demi-siècle écoulé, qui a retenti dans l'ordre scolaire. Changement n'est pas le mot propre, c'est *développement* qu'il faudrait dire : tout ce qui se passe aujourd'hui, et dont témoigne la lettre de 1883 aux instituteurs, se préparait en 1833; nous l'avons déjà dit, la lettre de M. Guizot est à tous égards prophétique. De même qu'on voit apparaître la démocratie imminente entre les lignes du prévoyant ministre de la monarchie constitutionnelle, on n'y lit pas moins clairement le conflit inévitable et sans issue régulière de l'esprit ecclésiastique et de l'esprit séculier. Cette opposition sourde et déclarée que M. Guizot, par amour de la paix et pour ne s'aliéner aucune « force sociale », cherchait à amortir, elle s'est accentuée de plus en plus; après des alternatives diverses, il s'est formé en France un sentiment général très arrêté sur la nécessité de soustraire entièrement l'école nationale à toute ingérence des Églises. On est arrivé, à la suite de cruelles expériences, marquées notamment par les dates de 1850 et de 1871-1874, à reconnaître que la démocratie et la liberté politique ne doivent pas confier à des mains étrangères le soin d'assurer leur avenir; que l'esprit laïque, la raison publique doit trouver en elle-même, dans ses méthodes propres et dans les traditions librement interprétées du genre humain, ses moyens d'éducation civique et morale, comme il y avait autrefois trouvé ses moyens de gouvernement politique et ses garanties d'état civil; que la paix sociale court à la longue plus de risques dans le régime de la cohabitation forcée que dans celui de la séparation à l'amiable, et qu'enfin la dignité des deux contractants ne peut être pleinement sauvegardée que par l'indépendance réciproque. La sécularisation complète de l'enseignement primaire, dans son personnel comme dans ses programmes, a été la conclusion inévitable de ce mouvement. Et, à son tour, l'enseignement devenu tout entier laïque, séparé de l'instruction religieuse, c'est-à-dire du catéchisme ecclésiastique, était par là même conduit, sous peine de n'être plus un instrument assez efficace d'éducation, à faire une place distincte et principale à l'instruction morale. C'est ainsi que les nécessités du régime libéral et de la démocratie, comme la logique séculaire et irrésistible du mouvement séculier, ont concouru également à faire du maître d''école laïque un maître des mœurs, un éducateur des âmes ainsi que des esprits. Que l'on s'en afflige ou qu'on s'en indigne, que l'on en raille agréablement, la chose est ainsi. Or, cette chose-là, pour qui sait démêler la vérité sous les humbles essais du moment présent, n'est rien de moins qu'une révolution : et cette révolution est définitive (y eût-il à prévoir des réactions passagères), parce qu'elle n'est que le dernier terme, le terme naturel et prévu de tout le mouvement moral et social du passé, à savoir la prise entière de possession de l'éducation publique au nom de l'esprit moderne; c'est la société qui entend « se tirer d'affaire » par ses propres ressources aussi bien dans l'ordre moral que dans l'ordre civil et politique. Révolution d'ailleurs bienfaisante, puisque tout en laissant les croyances individuelles, domestiques, ecclésiastiques déployer librement leur vertu en dehors de l'école publique, elle est comme une incitation permanente, adressée à tout l'enseignement public, à l'élite enseignante de la nation, à celle qui donne l'impulsion, qui rédige les programmes et qui les interprète, comme à celle qui, dans l'obscurité des 38 000 communes de France, les applique chaque jour, — elle est, disons-nous, pour le pays, une mise en demeure perpétuelle d'arriver à tirer de son propre fonds, c'est-à-dire de la raison publique, du meilleur de l'âme et des traditions de la nation, les règles communes de conduite, les motifs généraux d'agir et de bien vivre, sans lesquels la société la plus savamment organisée aboutit bientôt à n'être qu'une agglomération administrative.

Mais cet enseignement laïque de la morale, n'est-il pas à craindre qu'il manque à la fois de haute inspiration et de fortes doctrines, et qu'ainsi exténué il n'exerce aucune action profonde sur les mœurs et sur l'esprit des jeunes générations? Oui, sans doute, cela est à craindre; car il ne vaudra en définitive, il ne peut valoir que ce que vaut la société elle-même, ou l'élite pensante de la société; il ne s'inspirera pas d'une sagesse surnaturelle; son ton s'élèvera ou s'abaissera selon que la philosophie ambiante portera plus ou moins haut les âmes. Et comme, en ce temps-ci, la pensée traverse une crise redoutable et que les croyances morales élémentaires ne sont pas soumises à une moindre épreuve que les croyances religieuses positives; comme l'ébranlement causé par les sciences naturelles et historiques s'est propagé des classes savantes aux classes populaires, il est inévitable que l'enseignement laïque en ressente le contre-coup. Ni les programmes, ni les circulaires, ni les livres de classe, ni les leçons orales ne sauraient, quoi qu'on fasse et sous peine d'une hypocrisie mortelle, dogmatiser et affirmer avec une absolue certitude là où l'esprit public est incertain, où la croyance générale est vague et inconsistante. Sans doute, le maître d'école ne sera pas l'écho docile du sens commun, de la morale courante; il prendra à tâche de s'élever lui-même et d'élever les autres à une manière moins empirique et plus rationnelle de concevoir la vie humaine, la destinée, la liberté, le devoir, le bien individuel et le bien social; mais il ne pourra pas dépasser de très loin le degré de savoir et de certitude de son temps. Ainsi s'expliquent ce que l'on appellera, si on veut, la timidité doctrinale des instructions et du programme de morale préparés par le Conseil supérieur, et plus encore, les omissions de la lettre de M. Ferry.

On n'a peut-être pas oublié à quelle occasion fut écrite la lettre de M. Ferry. C'était après la levée de boucliers suscitée par la mise à l'index de quatre manuels d'instruction morale et civique. Le ministre voulut prononcer lui-même des paroles d'apaisement. Il prit à tâche de montrer que dans le nouvel enseignement le livre compte pour peu et ne mérite pas de servir de cause éternelle de discorde dans une commune : la personne du maître, son caractère, son exemple, sa parole, sont tout; la morale s'inspire plutôt qu'elle ne s'enseigne, elle est moins affaire de savoir intellectuel que de persuasion; elle n'est pas « tant une suite de vérités à démontrer qu'une longue suite d'influences à exercer ».

Ce caractère tout pratique, ce souci d'aboutir à « l'effet », à un amendement réel, « à de meilleures habitudes, à des manières plus douces et plus respectueuses envers les parents, à plus de droiture, d'obéissance et de goût pour le travail, à plus de soumission au devoir », c'est le trait propre de la lettre de M. Ferry, et par où elle se distingue de celle de M. Guizot. Le ministre de la monarchie constitutionnelle parle de plus haut; le ministre de la république descend au milieu du peuple; il se défie manifestement des grands mots; il parle aux maîtres leur langage de tous les jours, qui n'est pas celui de la philosophie ni de la religion, mais celui « de l'humble et sûre morale usuelle ». Au fond les deux hommes d'État poursuivent le même but; mais la différence des temps se fait sentir dans leurs instructions; l'esprit positif et pratique de la fin du siècle, fort aliéné du mysticisme et de la métaphysique, s'unit chez M. Ferry au sentiment de plus en plus pressant des besoins moraux de la démocratie.

Si l'on y regarde de plus près encore, on est frappé d'un trait commun qui distingue les deux lettres ministérielles et qui en fait véritablement les signes d'une époque nouvelle : c'est le sérieux du ton et la ferme sincérité du langage dans les choses morales; sur ce point, l'un des deux ministres ne le cède point à l'autre. Imagine-t-on nouveauté plus extraordinaire et plus hardie que ces hommes d'État se faisant, au nom de la société et du gouvernement, les interprètes des intérêts les plus élevés, de ceux qui touchent aux « choses divines » (pour ne pas dire qu'ils sont les choses divines elles-mêmes), et instruisant plenissimo *jure* en cette matière les cent mille instituteurs du peuple? Qu'on médite les deux lettres et qu'on dise, en les comparant à tant d'instructions épiscopales publiées de nos jours, de quel côté est l'ascendant, le parfait sérieux, la vérité d'accent; qu'on dise si l'autorité spirituelle n'est point en train de passer du côté laïque.

Pour tout dire d'un mot, la supériorité des deux lettres réside en ce qu'elles sont l'une et l'autre parole libre et vivante : l'une, expression d'un état social auquel président les « classes dirigeantes » et du spiritualisme dominant, a plus grand air; elle est plus magistrale; on y sent plus d'autorité de doctrine, avec quelque chose de l'austérité genevoise; l'autre, écho d'une société démocratique, divisée, peu croyante, d'esprit « positif », pressée de grands périls et de grands besoins, serre de plus près la réalité et la pratique. L'auteur de la première, voyant naître de toutes parts le conflit entre la puissance civile et la puissance ecclésiastique, s'applique de son mieux à les faire vivre honorablement ensemble; l'autre, ayant renoncé au régime de la cohabitation, veut assurer la paix sociale, la paix des familles et des communes. Toutes deux affirment la compétence spirituelle de l'État, et cherchent à lui faire produire tous ses effets; toutes deux, pleines d'une singulière vertu, parce qu'elles expriment tacitement le dogme principal de notre société laïque : la confiance à la vérité, le ferme propos de ne pas vivre de mensonges, de fictions, de conventions, et de tirer de la raison publique de quoi pourvoir aux besoins de la vie publique et de la moralité publique.

Aujourd'hui la sécularisation est faite; elle est passée de la loi dans les institutions; la société laïque est maîtresse dans ses écoles, comme elle l'était déjà dans son état civil, dans son administration et dans sa politique; elle y est maîtresse, parce qu'elle y est seule; elle y enseigne ce qu'elle sait, ce qu'elle croit, ce dont elle vit chaque jour. Peu de chose, nous dit-on! Oui, sans doute; mais ce peu, elle le multiplie, comme les cinq pains de l'Évangile, par la sincérité courageuse, par l'honnêteté qu'elle met à le comprendre et à l'appliquer. N'en doutons pas : la lettre de 1883, le programme d'enseignement moral du Conseil supérieur, les instructions ministérielles, seront plus tard (ils commencent déjà de l'être hors de nos frontières) l'un des principaux titres d'honneur de la troisième République. Ils témoigneront à la postérité des sentiments qui animaient vers 1880 l'élite du parti libéral en France, de quel ample et pénétrant regard elle avait étudié les intérêts moraux de la nation, comment elle avait compris la responsabilité de l'État, sur quel plan d'éducation à la fois simple et profond elle avait entrepris de fonder l'union de toutes les classes et la prospérité générale de l'État démocratique.

Mais si la société laïque est aujourd'hui maîtresse chez elle, qu'elle ne se flatte pourtant pas de s'être mise à l'abri de fâcheuses réactions. Qu'elle ne croie pas avoir sécularisé définitivement l'ordre spirituel, l'éducation publique, en ne retenant que la pratique, « l'antique morale,... la morale usuelle », et en se désintéressant des principes supérieurs, comme objets litigieux ou supra-scientifiques. Louons-la sans doute de ne professer que ce qu'elle sait ou qu'elle croit; car cela aussi est un Credo, supérieur à tous les Credos dictés par la raison d'État ou d'Église et souscrits par la peur, par la paresse ou par bienséance. Mais ne lui laissons pas oublier que c'est en définitive du *spirituel* que vient, pour les peuples comme pour les individus, la force de cohésion et d'action, la discipline et l'impulsion, l'énergie et la sagesse. Or le spirituel, ce sont les hautes idées directrices, c'est la façon de concevoir le monde et la destinée humaine. On ne fait pas impunément l'économie d'une philosophie générale; à vrai dire, personne n'y réussit. Accoutumer la nation à se détacher de ces hauts et périlleux soucis, ce serait l'imprudence suprême, la défaillance sans remède; car en lui épargnant cette inquiétude et ces efforts comme autant de chimères, on frapperait les âmes de stérilité et les caractères d'inertie; on les livrerait d'avance au mauvais génie théocratique. C'est pourquoi ni la lettre de M. Guizot ni celle de M. Ferry ne sont la charte définitive de l'enseignement moral public : et si la France poursuit ses libres destinées, l'on peut prévoir que d'autres Ministres de l'instruction écriront encore à leurs instituteurs en vue d'une situation nouvelle et de besoins nouveaux. Peut-être écriront-ils sous la dictée de doctrines morales plus arrêtées et plus en crédit. Peut-être aussi la société civile, une fois assurée que son esprit a prévalu partout et sans retour, laissera-t-elle, dans les écoles, un plus libre champ à la manifestation des croyances particulières. Quoi qu'il en soit, les deux lettres resteront comme les témoins de l'un des plus grands événements de l'histoire morale contemporaine.

XVII

Horace Mann, son œuvre, ses écrits.

HORACE MANN, SON ŒUVRE, SES ÉCRITS, par *M.-J. Gaufrès* (fascicule 39 des *Mémoires et Documents scolaires* publiés par le Musée pédagogique); Paris, Delagrave et Hachette, 1 vol. in-8 de 244 pages, 1888.

Voici un petit livre auquel il ne faut pas marchander l'éloge : il instruit et encourage; il porte à la fois à la réflexion et à l'action; il répond trait pour trait à la description que La Bruyère nous donne d'un bon ouvrage : « Quand une lecture vous élève l'esprit, et qu'elle vous inspire des sentiments nobles et courageux, ne cherchez pas une autre règle pour juger de l'ouvrage; il est bon, et fait de main d'ouvrier ». Je voudrais que la biographie d'Horace Mann fût connue non seulement des professeurs des écoles normales, mais de leurs élèves et de notre innombrable personnel primaire enseignant; je voudrais qu'il se répandît parmi les professeurs de facultés et de collèges; ce serait trop peu à mon gré : je voudrais le voir entre les mains de tous les hommes politiques. Et si quelques-uns de nos lecteurs pensent qu'il y a dans ce vœu un peu d'engouement, je les prie d'ouvrir presque au hasard les pages du livre.

L'homme qui a écrit des mots tels que celui-ci : « Les classes inférieures, ce sont celles qui ne font rien pour les autres »; ou cet autre : « Je ne puis m'empêcher de rire de l'étrangeté de ma situation. Quand, après m'y être durement préparé, je vais exposer quelque part mon évangile de l'éducation, exhorter, implorer le public, il me semble que je suis debout, par un mauvais temps, à la porte d'une maison dont je tire en vain la sonnette; mais personne n'est au logis, ou bien les gens sont trop occupés pour venir apprendre... que le torrent déchaîné se précipite de la montagne et va les emporter »; ou encore : « Que l'esprit public vienne à se corrompre, et toutes les tentatives de sauvegarder par la loi la propriété, la liberté, la vie des citoyens, seront aussi vaines que celle d'écarter les hannetons de nos vergers par des écriteaux »; ou bien encore : « L'éducation est notre seule sauvegarde politique : hors de cette arche, il n'y a que le déluge »; — l'homme qui a tiré de pareils avertissements du fond de son âme et de son expérience ne mérite-t-il pas que sa voix soit entendue de tous ceux qui participent à la direction scolaire ou politique de notre pays?

C'est, il est vrai, la voix d'un étranger. Mais cet étranger est un fils de la libre Amérique du Nord, dévoué à la cause de la démocratie non moins qu'à celle de la liberté, et qui, observant avec une grande sympathie, mais aussi avec une rare clairvoyance, les signes du temps présent et les périls de l'État populaire, nous livre tout le secret de sa vie dans cette sorte de virile profession de foi, digne d'être mise sous les yeux de nos conservateurs aveugles ou effrayés : « Je suis heureux que le pouvoir ait irrévocablement passé aux mains du peuple. Siècle après siècle, l'humanité a gémi sous l'oppression; au profit du petit nombre, des races entières ont été asservies; par l'ambition de quelques tyrans, des nations ont succombé sur le champ de bataille. Les plus nobles facultés de l'homme ont été obscurcies, déprimées par l'ignorance et la superstition. Plus de liberté de conscience, de pensée ou de parole. Le ciel a été mis en vente comme un immeuble par des gens qui n'y avaient aucun droit. Le pouvoir a maintenant passé du petit nombre au grand, des abuseurs à leurs victimes. Riches, nobles, privilégiés n'avaient reçu l'autorité que pour le bien du peuple, et ils l'ont mal employée. Leurs destinées sont aujourd'hui entre les mains du peuple; sa pauvreté commande à leur opulence; son ignorance décide de tous leurs droits; ses appétits menacent leurs demeures. Ce n'est plus de philanthropie qu'il est question pour eux; ils n'ont plus à songer qu'à se préserver et à se défendre. Ils finissent par comprendre que les classes favorisées *n'ont de sécurité que dans le dévouement à l'intérêt des autres* : tel est le sens de la grande leçon que leur donne l'histoire. » Ce langage, plein d'autorité parce qu'il est plein de vérité, ne s'adresse-t-il pas à la démocratie française autant qu'à la démocratie des États-Unis?... Mais en voilà sans doute assez pour nous engager à observer de plus près la remarquable figure que M. Gaufrès s'est plu à dessiner d'une touche ferme et sobre, en mettant tout son art à s'effacer devant elle.

I

Le trait original qui la distingue, c'est que cet homme d'école est un homme du monde, un laïque au sens plein du mot, avocat et jurisconsulte renommé, tour à tour député, sénateur, président du Sénat du Massachusetts, membre du Congrès des États-Unis, l'un des premiers orateurs populaires et parlementaires de son pays, l'infatigable champion du droit dans les plus grandes causes. Il quitte la présidence du Sénat de Boston pour devenir simple secrétaire du Conseil d'éducation; plus tard, ayant à opter entre le poste de gouverneur du Massachusetts et celui de directeur d'une école normale des deux sexes à créer dans l'Ouest, c'est pour l'école qu'il se décide, estimant qu'il choisit la bonne part, « attendu que former de jeunes esprits et de jeunes cœurs est la plus belle tâche qui puisse être confiée à un homme ou à un ange ».

Cette rencontre dans le même homme du pédagogue et de l'homme public n'est pas un fait extérieur et accidentel; elle est le trait caractéristique de Mann. Les vues qui le guident dans le gouvernement et dans la pratique de l'éducation, les sentiments qui l'animent, les desseins qu'il conçoit, les moyens même dont il se sert pour les réaliser, il les doit en grande partie à son expérience des affaires politiques. Il connaît son peuple et son temps; il a vu fonctionner sous ses yeux les forces morales et sociales, libres ou officielles; il a observé de près les hommes et les choses, s'y étant mêlé activement lui-même; il a surtout mesuré la puissance de cette force souveraine qui s'appelle l'opinion publique; il sait de quels éléments divers elle se forme, qu'elle n'est rien moins qu'infaillible, mais que sans elle il ne se fait rien de fécond ni de durable. Le tumulte parlementaire et la compétition ardente des partis ne l'abusent point : il connaît les véritables conditions de l'ordre public et de la société; il discerne très bien que les vieux fondements sont ébranlés, que l'État menace ruine si l'on n'avise au plus tôt à en poser de nouveaux, à l'épreuve de toutes les secousses. C'est donc le plus haut intérêt politique et social, c'est le patriotisme et l'inquiétude de l'avenir qui le poussent à s'occuper de l'éducation.

Dans l'une et l'autre carrière il se reste fidèle à lui-même, poursuivant un but unique par des moyens semblables. Homme d'État, homme d'action, il n'administre pas les choses de l'instruction, pas plus qu'il n'enseigne comme ferait un homme d'école, plié à la routine du métier : il poursuit des résultats positifs, il veut atteindre l'âme du peuple, de tous les enfants du peuple; il veut appeler les intelligences à la lumière, émouvoir les consciences, former en tout citoyen un homme, agir d'une façon appréciable et prompte sur les *mœurs*. Comment dire encore? il traite l'éducation en *affaire*, la plus noble, la plus importante, la plus difficile des affaires, mais qui doit à cause de cela même être conduite comme les politiques traitent les affaires sérieuses. Et pour y réussir, il commence par les préliminaires obligés de toute œuvre spirituelle en terre démocratique : il entreprend une vaste et incessante propagande; il multiplie les conférences et les rapports; il organise partout des comités, des associations de comités, créant ainsi un esprit public capable de prêter vie et durée à ses projets.

Deux exemples suffiront pour montrer à la fois comment Horace Mann comprend l'éducation publique, quels résultats positifs il en attend, et de quelle sorte d'arguments il use pour gagner ses compatriotes à la bonne cause. Laissons parler ici M. Gaufrès :

« En 1847, vers la fin de son séjour à Boston, Horace Mann s'était adressé aux maîtres les plus éminents de la Nouvelle-Angleterre : David Page, le premier directeur de l'école normale d'Albany; Salomon Adams, Abbot, Roger Howard, Miss Beecher, la sœur de Mme Beecher-Stowe, et leur avait demandé de déclarer, dans des lettres qu'il rendrait publiques, si des écoles dirigées selon les principes moraux de la Nouvelle-Angleterre, recevant tous les enfants de quatre à seize ans et les gardant dix mois chaque année, visitées par des magistrats dévoués à leurs devoirs et pourvues d'instituteurs tels qu'il en sortait de l'école normale; si de pareilles écoles réussiraient à prévenir chez les enfants le développement des vices, intempérance, déloyauté, débauche, et celui des crimes que la loi punit; enfin quelle proportion d'enfants pouvait être réfractaire à l'influence moralisatrice de pareilles écoles?

« Cette question, si étrange pour nous, et qu'on n'a jamais vue figurer dans un de nos documents officiels, était formulée dans les termes suivants : « Sous le plus sain et le « plus vigoureux système d'éducation que nous puissions « réaliser aujourd'hui, dans quelle proportion, sur tous les « enfants qui sont nés, pouvons-nous espérer des hommes « honorables : honnêtes commerçants, jurés consciencieux, « électeurs et magistrats incorruptibles, bons parents, bons « voisins, membres utiles de la société? En d'autres termes, « dans l'état présent de notre science et de notre pratique « de l'éducation, et avec tous les progrès que nous pou- « vons attendre encore du temps et de l'expérience, quelle « proportion, sur tous nos enfants, peut être déclarée « réfractaire à tous les efforts faits pour les guérir et les « préserver du vice; combien pour cent d'entre ces enfants « vont forcément devenir ivrognes, joueurs, vagabonds, « émeutiers, voleurs, calomniateurs, meurtriers? »

« A cette question solennelle, qui révèle le fond des préoccupations d'Horace Mann et le but dernier de ses efforts, les vénérables éducateurs auxquels il s'adressait répondirent unanimement que, dans les conditions énoncées, les écoles seraient d'une efficacité morale souveraine; qu'elles préserveraient du vice et du crime tous les enfants du pays, à l'exception peut-être de quelques natures rebelles et mal douées dont la proportion ne pouvait s'élever à plus de un pour cent. Qu'on juge avec quelle joie Horace Mann publiait dans son onzième rapport des déclarations si conformes à la foi qui l'animait, avec quelle ardeur croissante il pressait la réalisation de sa grande espérance.

« Si nous apprenions, écrivait-il, que dans une terre lointaine nouvellement découverte le savoir est honoré; la fausseté, la médisance, le parjure inconnus; l'intempérance et les ignobles moyens de la satisfaire ignorés; les obligations de la vie de famille scrupuleusement respectées; les emplois donnés aux plus dignes; les témoins sincères et les juges consciencieux; tous les hommes enfin justes en affaires et irréprochables dans leur vie privée, à l'exception de quelques malheureux considérés par tous comme des monstres : n'aurions-nous pas hâte de sortir du tourbillon de violence, de tromperie, d'ambitions dans lequel nous vivons ici pour courir vers cette région de la paix et du bonheur? Eh bien! l'opinion des maîtres de la jeunesse les plus compétents, les plus calmes, les plus expérimentés est que nous pouvons, en deux ou trois générations, au moyen de nos écoles et sans sacrifices extraordinaires, réaliser ce beau rêve, combler les meilleurs vœux de tous les philanthropes. Et nous hésiterions à nous y appliquer de toute notre ardeur et de toute notre énergie! Si les chefs de notre République n'ont pas assez de foi en cette œuvre pour la tenter, pour y coopérer au moins avec nous, c'est que la tâche est plus grande encore que nous ne pensions et que notre premier devoir est de travailler, que dis-je, de réussir à les persuader. »

Veut-on se faire encore une idée de la façon toute positive, et vraiment américaine, dont procède Horace Mann pour gagner à lui l'opinion de ses concitoyens? Voici comment il s'y prit en 1841 pour faire comprendre aux plus rudes Yankees que l'instruction accroît les profits matériels de l'ouvrier, si bien que l'ignorant, incapable de réflexion, de comparaison, de calcul prévoyant, se trouve bientôt inférieur pour l'habileté, le gain, la considération, à l'ouvrier d'esprit cultivé, et enfin « que la main est une autre main quand le savoir la conduit ». Cette fois il ne s'adresse plus aux médecins ni aux éducateurs ; il recueille le témoignage des hommes d'affaires, des manufacturiers, des grands industriels de Lowell et de Boston. « Il leur demande de consulter leurs souvenirs, de compulser leurs registres, de suivre dans leurs carrières respectives les ouvriers instruits et les ouvriers ignorants. Les réponses de ces manufacturiers, qui employaient chacun depuis de longues années des centaines ou des milliers d'ouvriers, démontrèrent jusqu'à l'évidence la supériorité des ouvriers éclairés, tant au point de vue du gain qu'à celui de la dignité personnelle et du bonheur social, et permirent de conclure, chiffres en main, que le savoir n'est pas seulement une lumière et une joie, mais une source de profits pécuniaires. »

Une pensée dominait l'esprit d'Horace Mann, et cette pensée a été comme l'étoile polaire de toute sa vie : c'est qu'à une république il faut des républicains, et que l'instruction toute seule ne suffit pas à faire des républicains ; il y faut ajouter l'éducation morale, œuvre infiniment laborieuse et difficile :

« Contenus autrefois par les institutions et le despotisme, tous les appétits inférieurs, la faim et la soif, l'amour de l'or, la vanité, l'orgueil, l'esprit de domination, sont aujourd'hui émancipés et ne peuvent recevoir d'autre joug que celui que leur imposent nos facultés supérieures, la conscience, la bonté, la raison. Si donc les institutions modernes et républicaines éveillent dans la masse de la nation des énergies sans précédent et lui donnent des instruments d'une puissance inouïe pour réaliser ses désirs, il faut que ces mêmes institutions confèrent au peuple une sagesse et une rectitude exceptionnelles. Si elles attisent l'ardeur et élargissent le domaine des passions, elles doivent au moins dans une mesure égale affermir l'autorité, étendre la juridiction de la raison et de la conscience. »

« Il est vrai que jusqu'ici l'État a prospéré sans se préoccuper beaucoup de cette nécessité supérieure; mais c'est que la situation générale était tout autre. La génération qui nous a précédés vint au monde et grandit sous l'empire d'institutions différentes. Elle apporta dans la vie un sentiment profond et héréditaire de respect pour l'autorité établie, par cela seul qu'elle était établie; de vénération pour la loi, uniquement parce qu'elle était la loi; de déférence pour le rang à la fois séculier et ecclésiastique, devant lequel on l'avait habituée à s'incliner. Mais c'est à peine s'il subsiste aujourd'hui un vestige de ce respect du passé. La réserve de l'opinion héréditaire est épuisée. La génération qui entre aujourd'hui sur la scène accomplira ses volontés plus pleinement qu'aucune de celles qui l'ont précédée. Déjà retentissent à nos oreilles les pas de cette armée innombrable. Ces hommes ne prendront conseil que de leurs désirs, et les transformeront en lois. La société ne sera plus que l'incarnation de leur volonté souveraine; et si nous ne prenons pas plus de soin que nous ne l'avons fait jusqu'ici d'éclairer et de régler cette volonté, elle gravera ses lois en caractères gigantesques et terribles : qui les aura lus ne songera qu'à fuir. Que l'avarice et l'orgueil triomphent, les pauvres et les humbles seront réduits en poussière; que les vices grossiers et la fausse science l'emportent, il n'y aura pas de familles ni d'individus riches, élevés, distingués qui ne soient pour le peuple ce qu'est le gibier pour le chasseur. »

Imagine-t-on langage prophétique plus puissant de vérité que celui-là? Ou pense-on qu'il réponde moins à la situation de la vieille Europe qu'à celle de la jeune Amérique? Et savons-nous un moyen de conjurer ces dangers formidables, sinon celui qu'indique H. Mann : l'école publique, l'instruction et l'éducation données à tous? « Le premier devoir de nos magistrats et des chefs de notre république, c'est de tout subordonner à cet intérêt suprême. Dans notre pays, et de nos jours, nul n'est digne du titre honoré d'homme d'État, si l'éducation pratique du peuple n'a pas la première place dans son programme. Un homme peut être éloquent, connaître à fond l'histoire, la diplomatie, la jurisprudence, cela suffit ailleurs pour prétendre au rang élevé d'homme d'État; mais si ses paroles, ses projets, ses efforts ne sont pas toujours et partout consacrés à l'éducation du peuple, il n'est pas, il ne peut être homme d'État américain. »

Serait-il davantage un homme d'État français?

II

Horace Mann ne travaille pas à la seule lumière de l'expérience politique ou sociale; sa pédagogie s'inspire de principes supérieurs. Cet homme d'action, si positif dans ses vues et dans ses moyens, il a sa philosophie; et ce n'est pas une philosophie d'amateur, bonne pour charmer les heures de loisir : il en vit, il s'en nourrit, il l'applique en tout; elle est pour lui l'inspiratrice et la maîtresse; tout son enseignement, tout son régime d'éducation en sont pénétrés et ne font que la traduire. H. Mann n'est pas un philosophe de profession, pas plus qu'il n'est un pédagogue systématique : mais il est encore moins un empirique, conduit uniquement par un heureux instinct, par la nécessité présente et variable, par des observations isolées : il a son étoile fixe, ses idées générales sur l'ordre du monde et sur la destinée.

C'est trop peu ou c'est mal dire; il faut aller plus loin pour surprendre le secret de cet âme vaillante et de cette noble existence. La doctrine rationnelle qu'il a embrassée après mûr examen, renonçant pour elle à la théologie calviniste de ses jeunes années, est devenue pour lui une *foi*. La même doctrine, chez d'autres hommes, pourrait rester presque sans effet; elle ne dépasserait pas la zone superficielle de l'intelligence; chez lui, elle pénètre à ces profondeurs du sentiment et de la volonté d'où partent les impulsions dominantes de la vie; elle est l'âme de son âme. Ce qu'il pense, il le croit; ce qu'il croit, il le veut. S'il entend ne relever de personne et n'appartenir qu'à la vérité, en revanche il lui appartient tout entier. Là est sa puissance : en se donnant ainsi et sans réserve, il ne s'aliène pas, il se possède d'autant plus; il est véritablement un homme : si toutefois c'est être homme que de penser et d'agir avec toute son âme, d'aimer et de vouloir avec ses plus hautes pensées.

Ce n'est pas que la doctrine générale d'Horace Mann ait rien d'original. Il l'a empruntée à un philosophe écossais, Georges Combe, qui n'avait fait lui-même que coordonner fortement quelques-unes des vues scientifiques les plus répandues de nos jours concernant la constitution de la nature humaine et les rapport de l'homme avec l'ensemble des choses. Se soumettre à l'ordre, aux lois immuables qui régissent le monde moral comme le monde physique, le développement de notre intelligence et de notre volonté comme celui de notre corps, à ces lois que la science nous montre partout souveraines, c'est le principe de toute sagesse, d'après lequel la morale, l'éducation, la politique, l'industrie se doivent régler. Au Dieu jaloux, arbitraire, miraculeux de la théologie puritaine, Combe oppose « la sagesse, l'harmonie immuable d'un monde où tout marche vers un but infiniment bon, et où toutes les lois physiques et morales sont les modes d'action d'une volonté souverainement bienfaisante. Dans un tel univers le mal ne peut être que temporaire, la liberté et la science ayant pour mission de l'éliminer. »

Cette philosophie, on le voit, n'a rien de bien neuf; elle ne résout pas toutes les difficultés; elle est loin de donner le dernier mot sur le problème des choses, de leur origine et de leur fin, de l'existence du mal, etc. Telle que la présente le penseur écossais, c'est une sorte de compromis entre la science moderne et l'esprit religieux ou chrétien, où chacune des deux parties contractantes aurait sans doute maintes réserves à faire. Mais Horace Mann n'est pas un esprit critique : il est tout entier tourné vers l'action sociale et vers la pratique morale; il demande à sa raison des raisons d'agir et de bien agir, d'aimer et d'espérer, bien sûr (et en cela il ne se trompe point) que ce qui nous est nécessaire pour accomplir notre destinée et réaliser notre véritable nature doit correspondre à la vérité même; en d'autres termes, que la nature des choses ne peut être contraire en son dernier fond à la loi essentielle de la nature humaine. Qu'on ne s'y méprenne pourtant pas! Si Horace Mann, comme ses amis Théodore Parker, Emerson, etc., est principalement occupé de bien agir et de bien vivre, il s'en faut de tout qu'il soit indifférent au bien penser. Ce fils des *pilgrims fathers*, infidèle à leurs doctrines théologiques, reste l'héritier de leur esprit. Comme eux il croit à la vérité et à son droit souverain; comme eux il la cherche par-dessus tout; comme eux aussi il secoue virilement toutes les servitudes de l'Église, de la tradition et du dogme consacrés, pour suivre sa conscience et sa raison. Seulement, tandis qu'ils s'arrêtaient à la Bible, il va plus loin; et sans répudier la tradition chrétienne, il y associe la tradition du genre humain et la science.

Voulons-nous aller jusqu'au fond de cette grande âme? Un trait la distingue, qui relève à la fois de la philosophie du XVIIIe siècle et du christianisme; c'est l'amour de l'humanité joint à la foi au progrès. Mais cet amour est tout plein de respect : respect de l'âme, comme d'une chose d'un prix infini et vraiment divine, et de la destinée humaine où cette âme se déploie; ce respect *religieux*, pour l'appeler de son nom, et la ferveur qui l'accompagne, lui viennent de ses pères puritains plutôt que de ses maîtres philosophes. Sa dernière parole, au moment de mourir, ne fait que résumer l'inspiration dominante de sa vie :

« Après avoir passé tant d'années ensemble dans notre voyage à travers la vie, dit-il aux jeunes élèves de son collège d'Antioche, voici le moment de nous séparer. Que ne puis-je continuer de marcher à vos côtés et vous animer du regard et de la voix dans la lutte que vous allez engager contre l'ignorance et l'égoïsme! Quand, après l'expérience d'une vie, je me demande quel serait mon vœu, si je pouvais en donner une seconde édition amendée, je sens que je voudrais faire plus et mieux pour la cause de l'humanité, de la tempérance, de la paix, de l'éducation, surtout de l'éducation des femmes. Je sens s'allumer en moi l'esprit du phénix : je voudrais revivre et m'engager dans une nouvelle campagne de cinquante ans, combattre encore avec vous pour la gloire de Dieu et le bonheur de l'homme. Je ne le puis : si l'esprit est plus vivant que jamais, je sens que les forces m'abandonnent; non seulement l'épée tombe de mes mains, mais ma main tombe de l'épée. Que puis-je vous dire, ô jeunes gens! pour que, après que je serai tombé dans le rang (oui, je l'espère, au premier rang dans le bon combat), vous soyez inébranlablement résolus à poursuivre la lutte et à remporter la victoire? »

Puis, ayant exposé une dernière fois sa théorie favorite des grandes lois qui régissent le monde des corps et celui des esprits et dont l'observation peut seule assurer le bonheur, il insista sur celle du développement de nos facultés par l'exercice, du progrès indéfini par le travail, qui peut mettre à la disposition de chacun de nous des forces immenses au service de nos semblables; et il résuma ses exhortations dans ce conseil suprême à ses jeunes amis : « Ayez honte de mourir avant d'avoir gagné quelque victoire pour l'humanité. »

Quelques moments avant d'expirer, à l'un de ses collègues qu'il désirait avoir pour successeur, il répéta trois fois ce conseil suprême, abrégé de sa foi et de son œuvre : « Prêchez les lois de Dieu, prêchez-les, prêchez-les », et il s'éteignit le 2 août 1859 à l'âge de soixante-trois ans.

Horace Mann avait espéré, avec d'autres esprits généreux, que la doctrine de Combe, doctrine à la fois scientifique et religieuse, spéculative et pratique, pourrait servir de base à l'éducation morale dans les écoles publiques, et que toutes les églises du pays se rallieraient sur ce terrain commun. On y devait joindre la lecture de quelques beaux passages des Écritures. La suite lui montra toutes les difficultés d'une pareille tentative : aux États-Unis comme en France, en terre protestante comme en terre catholique, le problème de l'éducation morale commune dans les écoles publiques est l'un des plus ardus; mais c'est l'un de ceux qu'il faut résoudre à tout prix, si l'on ne veut pas que l'existence de la démocratie soit suspendue en l'air et menacée d'effroyables déchirements.

III

Après avoir fait connaître le penseur et le citoyen homme d'État associés au pédagogue, il nous reste à montrer l'homme d'école *praticien*, qui entre dans tout le détail de l'instruction et de l'éducation, qui, non content d'avoir été pendant plusieurs années surintendant des écoles, c'est-à-dire initiateur, instigateur, conseiller, semeur d'idées, finit par être lui-même directeur, éducateur, professeur, administrateur. « J'ai trouvé », disait-il en 1837, en renonçant à sa brillante carrière d'avocat et de jurisconsulte, « la génération présente trop peu malléable, j'ai voué mes efforts à la suivante. L'homme est de fer, l'enfant de cire. » Ce mot est la clef de sa vie. « Ce fut, dit M. Gaufrès, un émerveillement indicible à Boston qu'un homme de cette valeur, dans une telle situation et qui pouvait prétendre à tout, s'amoindrît jusqu'à devenir simple secrétaire du Conseil d'éducation.... Pour lui, il était au comble de ses vœux; le rêve de sa jeunesse se réalisait.... Il se sentit dès lors *personnellement responsable du succès de l'entreprise*, dût-il lui en coûter biens, santé, vie, et mille vies, s'il les avait eues.... Les écoliers du Massachusetts devinrent ses quatre-vingt mille enfants. »

A partir de ce moment, il n'est point de questions de méthodes, de procédés, de programmes, de livres qu'il n'étudie de près et sur place, et qu'il ne traite ensuite dans ses Rapports annuels, œuvre considérable et originale, à la fois document statistique, véhément appel à l'opinion, suite d'aperçus historiques, moraux, économiques, pédagogiques. En trois mois, il visite lui-même huit cents écoles, et il reçoit sur mille autres des renseignements authentiques. Fort des informations recueillies, il dénonce le misérable état des locaux, la médiocrité des maîtres, l'insouciance des comités, l'inaction des inspecteurs, la mauvaise qualité des livres, l'indifférence du public. C'est en maniant d'une main infatigable cette arme de la publicité qu'il arrive à imposer des réformes, préparées d'abord dans le plus grand détail, avec un remarquable mélange de précision pratique et de haute inspiration. Écoutez-le, par exemple, expliquer ce qu'il faut mettre dans une bibliothèque scolaire : « Des livres qui disent aux écoliers la vérité, qui s'adressent à leur bon sens, qui étendent le champ de leur expérience sans fourvoyer leur imagination; des livres qui conviennent à une démocratie laborieuse, à des gens actifs dont le pays est pauvre et dont le dur sol a besoin de la science pour produire; des livres enfin qui cultivent le courage et tous les bons sentiments, et dont l'attrait nous aide à bannir de l'usage courant les tristes volumes qu'on lit aujourd'hui. Ces bons livres n'existent pas? Eh bien! il nous reste à les créer. » Et ce qui fut dit fut fait.

Une institution devait être la clef de voûte de toutes ces réformes : celle des écoles normales, pour préparer des maîtres et des maîtresses. La Chambre législative et l'opinion publique y étaient peu favorables. Mann obtint que trois écoles seraient ouvertes, mais pour quelques années seulement. Il n'eut point de repos qu'il n'eût découvert des directeurs selon ses vues : l'un d'eux, Peirce, fit bientôt preuve d'un talent pédagogique de premier ordre, rehaussé par une rare élévation morale et une abnégation sans bornes. « La vérité n'était pas seulement pour lui l'accord d'une idée avec la réalité des choses, mais, dans un sens plus intime, l'accord parfait des paroles avec l'idée et de l'idée avec les actes. Aussi, quand presque à la fin de chaque leçon Peirce répétait ce mot : « Mes élèves, vivez « pour la vérité », *My pupils, live for the truth*, l'émotion était toujours profonde et chacun se retirait grave et pénétré de la haute mission de l'éducateur. Une des élèves de l'école de Peirce a dit depuis : « Les murs de nos salles de classe ont si souvent entendu cette parole que s'ils venaient à s'écrouler, nos oreilles à nous ne pourraient percevoir que ce son : *Live for the truth* ».

Après avoir fondé les écoles normales, Mann institua les Conférences d'instituteurs, où les maîtres et maîtresses d'un comté, mettant à profit les vacances, recevaient durant deux, trois, quatre, six semaines les leçons des professeurs les plus capables. Il les présidait toujours, et à l'occasion enseignait lui-même, dirigeant les entretiens. Autant d'écoles normales volantes, dit M. Gaufrès, qui venaient chercher ceux qui n'avaient pu jouir d'une éducation régulière.

Un voyage en Europe, qu'il dut entreprendre pour rétablir sa santé épuisée, et qui fut la cause de fatigues nouvelles, lui permit de visiter les écoles des pays les plus avancés. Il en rapporta une grande admiration pour les instituteurs prussiens et saxons.

« Durant les six semaines que j'ai passées en relations presque continuelles avec eux, écrit-il, entrant à l'école pour y entendre la première leçon, et n'en sortant qu'à la nuit, je puis, sans crainte de me tromper, affirmer trois choses : je n'ai jamais vu un maître écouter une leçon un livre sous les yeux (à part bien entendu le livre de lecture); je n'ai jamais vu le maître écouter assis une récitation; et, bien que j'aie vu des centaines d'écoles et des dizaines de milliers d'élèves, je n'ai jamais vu d'enfant puni ou réprimandé pour sa conduite; je n'ai jamais vu d'enfant pleurer pour une punition encourue ou appréhendée. Le maître parcourt la classe, ayant dans sa tête toute sa bibliothèque et ayant préparé d'avance ses questions. Il les formule avant de nommer l'élève qui doit répondre, afin que tous écoutent; il les proportionne au savoir de chacun, encourage celui qui cherche et l'aide à trouver, fait honte à l'un de son ignorance, félicite l'autre de la justesse d'une réflexion, entretient chez tous l'activité de l'esprit et l'intérêt pour l'étude. Avec une telle préparation et une telle supériorité, il exerce surtout une discipline morale : l'ordre est assuré par la confiance et le respect qu'ont pour lui les enfants, et, bien qu'il ait théoriquement le droit d'infliger des punitions corporelles, il n'a nul besoin d'en user.... En Prusse et en Saxe comme en Écosse, cette faculté de commander l'attention est réputée la première des qualités d'un maître. S'il n'a pas le talent, l'adresse, la vivacité, la ressource de l'anecdote ou du mot piquant pour maintenir le temps voulu l'attention des élèves, on juge à l'école normale qu'il a manqué sa vocation et on lui donne le conseil d'aller la chercher ailleurs. »

Il ne manqua pas de communiquer les résultats de son voyage à ses concitoyens dans le Rapport annuel. Chose à remarquer : tout épris qu'il fût du système d'instruction publique, il emportait de l'ancien monde une impression peu favorable. Il revenait plus attaché que jamais aux libres institutions de son pays, et plus résolu que jamais à lui dire la vérité tout entière.

« L'expérience du passé et les espérances de l'avenir s'unissent pour nous engager à penser plus à la moralité de notre peuple qu'au nombre de nos citoyens; à voir dans les immenses ressources de notre pays, moins une occasion de richesse et d'orgueil qu'un moyen puissant de nous perfectionner par l'éducation; d'étendre non les limites de notre sol, mais les garanties du bonheur social; d'échanger les délices du luxe contre celles de la sagesse; de cultiver avec plus de soin que tout le reste l'esprit et le cœur de notre jeunesse, et de retenir cette vérité éternelle : dans une république l'ignorance est un crime, et les fautes qu'elle engendre ne sont pas moins un opprobre pour l'État qu'une honte pour les coupables. »

Comme on pouvait s'y attendre, l'attention du pédagogue américain s'était portée de préférence sur l'éducation morale qui se donne en Europe. Il revenait singulièrement déçu. Les pays protestants mêmes, où l'on se serait attendu à trouver au moins des essais intelligents et sérieux, ne lui avaient rien offert qui pût être proposé à l'imitation des États-Unis. Les instituteurs d'Écosse remarquables par l'autorité qu'ils exerçaient sur l'esprit de leurs élèves, par le degré d'attention qu'ils excitaient, par la vie qu'ils répandaient dans la classe, avaient le tort de remplacer l'enseignement moral par « une connaissance toute formelle et par une application arbitraire des passages de la Bible ». Cet abus de la Bible, cette faiblesse de l'instruction morale positive, il les retrouvait dans tout le Royaume-Uni et en particulier dans les écoles de l'Église établie. Nulle application pratique; nul appel au sens intuitif, ni aux lois divines du monde moral : des textes, des histoires miraculeuses, l'instruction religieuse (et quelle pauvre instruction!) substituée à l'éducation de la conscience.

Quant aux maîtres prussiens, ils n'encourent pas au même degré ce reproche; mais leur enseignement moral est tout ecclésiastique, réglé à la fois sur la Bible et sur le catéchisme; et, ce qui scandalise notre Américain, il se donne sous une double forme confessionelle; deux religions se professent à la fois dans la même école : il y a là, dit-il, une inconséquence et un danger de scepticisme. Il ne prenait pas son parti de cette abdication de l'école, c'est-à-dire de la raison laïque, entre les mains des Églises sur un point si vital. Il ne pouvait comprendre une si flagrante subordination de la culture morale à celle de l'intelligence.

« Pour développer les facultés intellectuelles, que de leçons, d'examens, de lectures! Pour la formation des caractères et des bons sentiments, quelle pauvreté d'enseignement! Que dit-on aux enfants sur leurs devoirs les uns envers les autres, sur l'affection que se doivent les frères et les sœurs, sur la pitié filiale; sur les obligations des intelligents et des riches envers ceux qui sont moins bien partagés; sur les calamités sans nombre qui attendent l'intempérant et le joueur?... L'arithmétique leur enseignera-t-elle quelle folie c'est de mettre à la loterie pour s'enrichir? Y a-t-il beaucoup de maîtres qui s'inquiètent de savoir si, à la sortie de la classe, leurs élèves font entre eux des loteries où ils mettent crayon et canif, ou s'ils franchissent des haies pour voler des fruits.... On a essayé de tous les remèdes pour combattre le vice et le crime; on n'a jamais su demander aux écoles de les prévenir. Raison de plus pour aborder enfin cette grande tentative. »

Nous ne nous serions pas exprimés autrement en France, il y a dix-sept ans; nous n'aurions pas invoqué d'autres raisons, d'autres intérêts pressants, une autre évidence pour justifier l'établissement de notre instruction morale primaire [1]. De si modeste valeur qu'elle soit encore, n'oublions pas que l'instruction confessionnelle était chez nous, de même que dans les pays anglo-saxons, plus médiocre, plus formaliste, plus stérile encore. C'est à nous tous de veiller sur ce germe précieux, qui contient une partie de notre destinée nationale : il produira ce que l'esprit public (par où j'entends l'esprit religieux aussi bien que l'esprit philosophique et le sens pratique de la nation) lui fera produire : s'il vient à périr, chacun, Églises et philosophes, y aura sa part de responsabilité.

Pour se faire une juste idée de ce qu'était le *praticien* chez Horace Mann, il faudrait le suivre dans ce collège d'Antioche, ouvert aux deux sexes, mi-internat mi-externat, qu'il osa fonder dans l'Ouest, au milieu de difficultés matérielles sans nombre, et où il dépensa sa petite fortune, ses forces, sa vie. Il s'était réservé, outre la direction, l'enseignement de la philosophie morale et de l'économie politique, ce qui permet déjà de juger de la pensée à la fois supérieure et pratique qui animait toute son œuvre. Ses leçons étaient remarquablement suggestives. Il visait surtout à provoquer la réflexion de ses élèves et à éveiller en eux un intérêt, une activité mentale capable de suppléer, au besoin, aux lacunes des leçons.... « Mais où il était incomparable, rapporte un témoin, c'était dans l'art d'exciter l'ardeur et l'enthousiasme. Il serait aussi facile d'être près du soleil

1. M. Ferry, dans sa lettre aux instituteurs, tenait un langage tout semblable à celui d'Horace Mann. Les mêmes nécessités sociales suggèrent à l'homme d'État, des deux côtés de l'Atlantique, les mêmes conseils.

sans en sentir la chaleur que d'être témoin de sa passion pour la vérité sans la partager. La vérité fut toujours radieuse à ses yeux.... Cette vivacité d'impression n'était qu'une forme de sa foi en Dieu et en l'homme, foi si contagieuse que l'indifférence, la misanthropie et le scepticisme s'évanouissaient à son contact. Et quand il nous avait inspiré cette ardeur et cette foi, il était si soigneux de respecter notre individualité qu'il nous mettait en garde contre l'ascendant que pouvaient avoir sur nous ses propres opinions, et nous trouvions en lui un guide aussi délicat que puissant. »

Sa manière d'exercer la discipline morale parmi ces rudes enfants de l'Ohio, à demi civilisés, était à la fois sévère et paternelle. Tous les matins, après la prière, il adressait une allocution aux étudiants. Mais c'est à des entretiens particuliers qu'il avait surtout recours. « Avait-il à triompher d'une nature vicieuse, il se sentait pris d'une pitié profonde, et, cédant malgré lui à son émotion, il lui arrivait d'éclater en larmes. Un de ses élèves disait à l'issue d'une de ses conversations : « C'était le ciel de voir son « visage ». Un autre : « Il a été durant cinq ans notre con- « seiller assidu et notre meilleur ami. Il nous semble voir « encore sa taille élancée, son pas élastique, sa démarche « pleine de cette dignité qui annonce la conquête de soi- « même. Ce terrible travailleur était pour nous un frère « aîné, aussi soucieux de nos intérêts que nos parents « eux-mêmes, et nous savions qu'il avait pour les siens, « dans son cercle de famille, la tendresse d'une mère. »

On lira par quels prodiges d'ascendant moral et de fermeté, le vaillant instituteur, l'ancien président du Sénat de Boston, l'orateur écouté du Congrès de Washington, réussit à dompter ses élèves indociles, à les corriger de leurs mauvaises habitudes, de leurs vices précoces, à créer parmi eux la discipline volontaire avec un *code d'honneur*, sous l'exemple et l'autorité des aînés ; comment enfin il sut conduire dans son collège l'entreprise, téméraire entre toutes, même aux États-Unis, même entre ses mains, de la coéducation des deux sexes.

IV

Arrêtons ici cette longue étude, où l'on s'attarderait volontiers. M. Gaufrès, à la fin de son livre, dit excellemment « qu'il nous faut rapprendre de cet étranger, ce que nous révèle d'ailleurs notre propre histoire, qu'un homme est une puissance ». C'est en effet l'impression que laisse le récit de cette noble vie. Horace Mann a entrepris de réaliser la grande pensée que Pestalozzi, un simple d'esprit, avait conçue : faire de tout enfant du peuple un homme; construire la cité entière avec des pierres vives; il y a réussi autant qu'il est donné à un seul homme d'y réussir. Cet habile jurisconsulte, cet homme d'État aux vues positives, cet orateur populaire, s'est fait apôtre, s'est fait praticien; en lui, le citoyen, le prophète, le maître d'école se sont rencontrés.

M. Gaufrès ne pouvait pas tracer le portrait du grand républicain d'Amérique, sans penser à notre propre démocratie, chargée de tant d'espérances, héritière de tant de fâcheuses habitudes séculaires, exposée à tant de périls, travaillée de tant de contradictions internes.

Il remarque justement que le savoir, la culture de l'intelligence, telle qu'elle se pratique chez nous, la formation du jugement, du goût, du sens critique, ne va pas sans un grain de scepticisme, qu'elle ne porte pas à l'action. Rien n'est plus vrai; et l'on pourrait ajouter que si elle ne favorise pas l'action, c'est qu'elle laisse inexplorée ou sans culture la région centrale de l'âme, la volonté, le caractère. Et pour dire plus vrai encore, elle ne sait pas, elle n'ose pas tremper directement la volonté, le caractère, toute l'âme aux plus hautes sources de l'inspiration morale. Elle est retenue par une timidité invétérée d'esprit, par des considérations mondaines, et par le dilettantisme intellectuel ou moral qui se plaît à jouer avec les sentiments et les idées. Nous excellons à analyser toutes les manifestations de la vie spirituelle; nous en remontrerions là-dessus à Horace Mann et à ses amis Emerson, Théodore Parker, Channing, etc.; le bouddhisme, l'hellénisme, le judaïsme, le christianisme, les religions et les philosophies n'ont point de secrets pour nous; nous en pénétrons les principes moteurs, nous en mettons l'âme à nu : une seule chose échappe à notre alchimie, c'est l'art de vivre nous-mêmes; c'est le souffle, c'est la force d'être, c'est la foi. Il semble que notre crainte constante soit de nous aliéner; sous ce prétexte, nous nous transportons avec une merveilleuse sympathie dans les civilisations, les doctrines, les personnages les plus divers; nous savons vivre partout excepté chez nous; incapables de rien affirmer de fécond; ou, quand nous affirmons, incapables de le vouloir; indisciplinés d'esprit, mais, dans la conduite, esclaves de la mode, de la coutume, de la tradition; ou n'échappant parfois à la routine que par la singularité et la fantaisie, trop faibles pour être originaux en restant dans la raison et dans la mesure. Fils de Montaigne, en un mot, par la liberté absolue de l'esprit, mais aussi par la disposition à regarder mollement les opinions diverses, et à « planter une cheville dans notre roue afin d'en arrêter le branle, de peur du changement et des nouveautés », ne nous préservant du despotisme spirituel que par l'indifférence ou le scepticisme.

« Il n'est pas étonnant — c'est le dernier mot de M. Gaufrès — que, ainsi formées, les classes appelées dirigeantes dirigent si peu aujourd'hui. « Mais est-il vrai qu'elles soient à tout jamais vouées à cette éducation et à cet état d'esprit; qu'elles soient impropres à produire des Horace Mann ou à leur faire bon accueil, impropres par conséquent à prendre la tête de la démocratie en s'animant de leur souffle et de leur foi? Nous ne le croyons pas; nous ne voulons pas le croire; M. Gaufrès ne le croit pas plus que nous; nous serions doublement inexcusables, j'allais dire coupables, de le croire au cours de l'immense effort d'éducation populaire que la République a osé entreprendre il y a quelques années.

XVIII

L'enseignement supérieur et la Révolution d'après le livre de M. Liard[1].

M. Liard a entrepris de retracer l'histoire de l'enseignement supérieur depuis la Révolution jusqu'à nos jours[2]. Le premier volume, qui vient de paraître, décrit le misérable état des hautes études en 1789 et raconte les laborieux et persévérants efforts des assemblées révolutionnaires pour y porter remède. L'auteur ne marche que pièces en mains; son récit clair, sobre, animé, est exempt de passion mais non d'émotion; des pièces justificatives, renvoyées à la fin du livre, complètent les citations répandues dans le texte; les jugements ont tout le poids que peut prêter au juge la parfaite compétence jointe à l'expérience des affaires; et l'on peut dire qu'en ce sujet au moins le procès est définitivement instruit sans qu'amis ni détracteurs de cette grande époque aient à réclamer.

M. Liard ne se borne pas à suivre le détail des vicissitudes du haut enseignement. Il en met à nu l'esprit, le moteur caché. C'est même l'attrait particulier de ce livre, que, tout en prodiguant les citations documentaires, il ne perd jamais de vue le principe qui conduit à leur su ou à leur insu les personnages dans leurs tentatives les plus hautes ou dans leurs plus vulgaires conceptions.

1. *Revue de Pédagogie.*
2. *L'Enseignement supérieur en France, 1789-1809*; Paris, Armand Colin.

Il est vrai que l'auteur s'est attaché exclusivement à l'étude de l'enseignement supérieur; il ne dit rien ou à peu près rien de l'enseignement primaire, qui à lui seul demanderait une étude non moins considérable. Il semble, au premier abord, qu'un ouvrage ainsi limité n'offre pas un grand intérêt aux lecteurs de cette Revue de la pédagogie primaire; mais on en jugera autrement si l'on réfléchit à l'étroite solidarité qui relie ensemble les différents degrés de l'instruction publique. « Sans écoles supérieures, disait déjà Lanthenas, rapporteur du Comité de la Convention, les écoles primaires seraient promptement des corps sans âme; l'enseignement populaire n'a de substance et de vie que celle qu'il tire des découvertes faites dans les écoles savantes; la prémisse indispensable de tout système vraiment organique d'enseignement national est l'enseignement supérieur. »

Ce n'est point une vaine image de dire que si l'instruction élémentaire, largement répandue parmi tous les citoyens, est chose de première nécessité chez un peuple libre, et à plus forte raison dans une démocratie, c'est pourtant « d'en haut que lui vient la lumière ». L'esprit même de l'éducation, le but à atteindre, les méthodes à suivre, la direction générale et la proportion mutuelle des diverses études, la correspondance à établir entre les programmes et l'état politique, social, économique du pays; surtout la communauté morale de la nation à fonder ou à resserrer, les classes sociales à rapprocher les unes des autres par des manières de voir et par des sentiments communs, de façon qu'il n'y ait pas au sein du même peuple deux âges différents, sinon ennemis, de civilisation : tels sont, en particulier, les services que le haut enseignement est appelé à rendre à l'enseignement populaire.

Un étranger, dont nous aimons à rappeler ici le nom parce qu'il connaissait et aimait notre pays et que sa compétence dans les questions d'éducation était universellement reconnue en Angleterre et aux États-Unis, M. Mathew Arnold, ne cessait dans ses divers rapports d'inspection d'avertir ses compatriotes, et plus récemment encore, quelques mois avant sa mort, la démocratie américaine, du danger que court un peuple à ne pas ouvrir des communications régulières et suivies entre l'instruction supérieure et l'instruction primaire. Lui, qui ne s'aveuglait pas sur nos défauts et qui même ne savait pas toujours comprendre les difficultés de notre situation politique intérieure, il rendait du moins pleine justice à la part considérable que nous avions assurée aux hommes, aux méthodes et à l'esprit de l'enseignement supérieur dans notre système d'éducation populaire. Sur ce point, il osait proposer notre exemple à l'orgueil anglo-saxon.

Nous avons donc intérêt, nous autres maîtres primaires, à nous instruire des destinées de l'enseignement supérieur, dans le passé comme dans le présent, bien sûrs que ce qui lui profite nous profite, que ce qui le détourne de sa voie nous égare nous-mêmes, et qu'il ne peut pas perdre en indépendance, en activité, en universalité sans que de proche en proche nous ne soyons nous-mêmes frappés au cœur, tout en conservant peut-être les apparences de la santé. Au reste, nous bornerons notre tâche à relever dans le livre de M. Liard quelques-uns des faits les plus importants, en y mêlant çà et là quelques réflexions.

I

On a peine à croire à quel point les *universités*, vers la fin du XVIIIe siècle, sont descendues au-dessous de leur nom et de leur vieille réputation ; à quel point elles manquent à tous leurs offices, aussi bien à celui de la culture générale qu'à ceux de la culture professionnelle ; combien leurs élèves, appelés à être magistrats, avocats, prêtres, administrateurs, etc., sont mal préparés par elles à résoudre les questions redoutables que les événements vont leur proposer.

Elles sentaient bien qu'elles étaient suspectes : « C'étaient essentiellement des institutions d'ancien régime ; elles n'avaient pas contribué aux idées d'où la Révolution était sortie ; elles avaient abandonné la direction des esprits et de l'opinion à des hommes qu'elles considéraient comme des adversaires ».

Ce n'est pas sans raison qu'elles avaient perdu tout crédit. Il faut lire tout le chapitre intitulé l'*Etat moral des universités* pour se faire une idée du prodigieux désordre et du dénûment intellectuel où étaient tombés ces établissements de si grand renom. Nous ne pouvons pas mieux faire pour l'instruction de nos lecteurs que de le résumer, en faisant observer, pour l'intelligence de ce qui va suivre, que les universités embrassaient à la fois ce que nous appelons aujourd'hui l'enseignement secondaire et l'enseignement supérieur; recevant l'enfant à neuf ans pour le rendre maître ès arts (bachelier ès lettres) à dix-sept ou dix-huit ans, ou gradué en théologie, en droit, en médecine, à vingt et un ou vingt-deux ans.

Dans la *faculté des arts*, où se donne en grande partie l'enseignement secondaire, l'objet principal des études est resté le latin. Malgré les statuts de 1598, qui prescrivaient l'étude du grec parallèlement au latin, cette langue paraît avoir été « assez généralement négligée, et quasi facultative, même à Paris ». Quant à l'histoire et à la géographie, malgré l'exemple des Oratoriens et de Port-Royal, malgré l'autorité du grand recteur de Paris, Rollin, qui en avait recommandé l'étude, avec celle du français et du grec, les universités persistent dans leur plus vieille routine : une sèche chronologie, dictée et apprise par cœur dans les plus basses classes; puis des lectures destinées à « produire une variété agréable » aux élèves, et un « délassement aux maîtres, attendu que ce sont les élèves qui lisent »; ni leçons, ni explications, ni commentaires. Dans les classes supérieures, on ne dépasse pas l'histoire ancienne; c'est au point qu'en 1762 les professeurs de rhétorique de Paris écrivent que l'on pourrait joindre à l'histoire ancienne » un petit abrégé de l'histoire de France ». Les exercices littéraires se bornent à « traduire du latin en français, à mettre du français en latin, soit de vive voix, soit par écrit, à arranger des mots pour en faire des vers, et à faire tout au plus une centaine d'amplifications en latin et en français ».

On étudie pourtant, surtout à Paris, la littérature française, déclarée « propre à former le goût », à l'exception des œuvres du théâtre, estimées dangereuses; mais « si fort est l'empire de la tradition qu'on ne peut se résoudre à la mettre au même rang que la littérature latine ».

La rhétorique est la « fin suprême des humanités ». Maîtres et élèves sont des rhéteurs. Il s'agit avant tout de former les jeunes gens dans l'art de bien dire, et c'est pour y chercher des règles ou des modèles de cet art que l'on étudie les anciens et les modernes, sans négliger le Manuel du parfait rhétoricien. Aux exercices multipliés de discours latins et français on associe les exercices de vers latins et, à Paris, de vers français. « Du commencement à la fin, c'est un art sans profondeur, arrangement de mots, arrangement de phrases, le tout avec élégance et goût, ce qui certes vaut bien quelque chose, mais qui n'est pas « le tout des lettres ». On se représente aisément combien une éducation semblable, tout extérieure et dépourvue de substance, préparait mal les jeunes esprits des classes dirigeantes aux grandes épreuves de la fin du siècle; l'on voit comment elle dut contribuer à donner aux hommes de la Révolution cette habitude de l'emphase, cet air théâtral, ce manque de simplicité et de gravité, cet amour de la phrase, c'est-à-dire de l'effet, qui, loin d'être un défaut secondaire dans les productions de ce temps, imputable à de mauvais modèles littéraires, tels que Rousseau, en est plutôt l'un des signes les plus caractéristiques et trahit un vice essentiel de pensée et de sentiment.

La philosophie, couronnement des humanités, ne venait pas corriger cette médiocre instruction. Rien de viril, rien qui excitât l'esprit à penser sérieusement et librement. La classe dure deux ans. Elle embrasse les sciences, mathémathiques et naturelles — qu'on aborde pour la première fois, après les avoir interrompues durant les cinq années précédentes, — et la philosophie proprement dite. En première année : logique, métaphysique, morale, enseignées par des cahiers dictés, auxquels le maître ne retouche guère sa vie durant, et que les élèves rendent par leurs nombreuses fautes encore plus inintelligibles; après la dictée, argumentation avec les camarades; entre classes, dissertations en latin : les malheureux soumis à ce régime ont quinze ou seize ans. « Un cours de philosophie, lorsqu'il est bien rédigé, disent les professeurs de Paris, est un abrégé des écrits des plus grands philosophes. » Dans les bons établissements, le *De officiis* de Cicéron est le livre de chevet; on propose d'y joindre les *Réflexions* du P. Rapin sur la morale, le *Droit de guerre et de paix* de Grotius, et quelques autres. Mais on s'accorde à réclamer pour tous les collèges « un bon Cours de philosophie imprimé ». L'esprit de l'enseignement est un spiritualisme religieux sans attache précise à aucune école déterminée, d'où l'on écarte les « questions épineuses et insolubles », présenté non plus sous la forme scolastique du moyen âge, mais sous la forme géométrique, mise en honneur par Descartes.

L'enseignement des sciences mathématiques n'allait pas généralement au delà des principes de l'arithmétique, de la géométrie, de l'algèbre. Mais c'est surtout dans les sciences de la nature que le contraste éclate entre l'immense développement qu'elles ont reçu au XVIIIe siècle, et la place étroite que lui accordent les universités.

« Voilà tout ce qu'enseigne la faculté des arts : mathématiques et notions de physique expérimentale mises à part, tout aboutit à des abstractions, à des généralités, à des lieux communs.... Au fond l'humanisme universitaire n'est qu'une forme de la scolastique, moins aride, moins rigoureuse aussi, élégante et parée; mais c'est toujours la scolastique; *elle interpose entre la pensée et la réalité un monde d'entités et de notions conventionnelles;* elle n'habitue pas l'esprit à se former lui-même, par la contemplation directe des faits soit de la conscience, soit de la nature, soit de l'histoire, une conception réelle du monde; et, comme tout l'enseignement littéraire et scientifique est contenu dans la faculté des arts, il n'y a pas, à vrai dire, d'enseignement supérieur des lettres et des sciences à l'université. »

M. Guizot, avec la hauteur d'esprit et la pénétration qui annonçaient déjà le grand historien, faisait à ce sujet au temps de la Restauration des réflexions qui méritent d'être notées. « Les hommes de la Révolution, dit-il, avaient appris dans ces établissements tout ce qui s'y enseignait, et leur science s'est trouvée à la fois dangereuse et inutile. On a vu, aux jours de l'épreuve, que cette instruction, agréable et variée, il est vrai, mais sans profondeur et sans étendue, n'avait point donné à la raison des hommes cette force qui les rend capables de profiter des premières leçons de l'expérience. On a reconnu le vide et l'impropriété de ces connaissances, si peu en rapport avec les besoins de la société, et qui mettaient tant d'hommes en état de parler de ce qu'ils ignoraient. »

Après l'enseignement de la faculté des arts, l'enseignement proprement supérieur offre, s'il est possible, un spectacle encore plus affligeant; les abus s'y étalent avec une impudence et une persistance que nos mœurs ont rendues impossibles. Sans parler de la plus ancienne des facultés, la faculté de théologie, qui, débarrassée depuis longtemps de l'hérésie non par l'arme de la discussion, mais par celles du bras séculier, occupe ses loisirs à censurer l'*Esprit des lois* et l'*Émile*, à menacer l'*Histoire naturelle* de Buffon, sans que le public daigne prêter l'oreille à ses jugements; les facultés de droit mêmes, toujours fréquentées en vue des grades du barreau et de la magistrature, donnent un enseignement suranné, sans vie, sans force, sans rapports avec les besoins nouveaux et les progrès accomplis. « Rien du droit des gens, dit Diderot, rien de la procédure, rien des constitutions de l'État, rien du droit des souverains, rien de celui des sujets, rien de la liberté, rien de la propriété »; rien, en un mot, ajoute M. Liard, de ce que le XVIIIe siècle avait ajouté au domaine de la pensée dans cet ordre de connaissances. A un enseignement ainsi donné répond une discipline scandaleuse. Les cours ont lieu sans régularité; la cupidité pousse les professeurs à réunir des charges incompatibles avec leurs fonctions et avec le travail de cabinet; les étudiants s'inscrivent sans suivre les leçons, ou bien ils restent chez eux, se contentant de faire à la fin de chaque trimestre un *voyage d'inscription* dans la ville de l'université. A Paris même, les professeurs dictent leurs cours devant des copistes qui vendent leurs cahiers. Nul contrôle de l'assiduité : la faculté qui s'aviserait de l'exercer serait désertée à l'avantage d'une faculté voisine, moins exigeante. Aussi est-ce la plainte générale que les diplômes sont sans valeur, les examens étant aussi peu sérieux que les études. La concurrence, écrit un contemporain, a transformé les facultés en « boutiques de parchemin, où l'on trouve, moyennant finance, provision de bacheliers et de licenciés ».

Même relâchement, mêmes abus dans les écoles de médecine; même insuffisance de l'enseignement. Point de clinique interne ni externe, point de pratique; quant aux dissections, deux cadavres par an suffisent à la faculté de Paris. Les grades se délivrent généralement avec une facilité déplorable. Seules, quelques écoles de chirurgie, de création récente, jalousées, persécutées par les facultés de médecine, déploient quelque activité scientifique; mais le corps des chirurgiens n'en reste pas moins médiocre et incapable. Plus misérable encore est celui des sages-femmes. « L'ignorance des chirurgiens de la campagne, dit une requête de la noblesse de Montreuil-sur-Mer, coûte annuellement à l'État plus de citoyens que dix batailles ne sauraient lui en faire perdre. »

En résumé, les universités n'offrent rien qui ressemble à un enseignement supérieur, animé et réglé par des méthodes scientifiques, dominé et fortement relié dans ses diverses parties par une conception d'ensemble. Dans le mouvement qui, au XVIIIe siècle, renouvelle tout, les universités ne comptent pour rien; loin d'y contribuer par leur activité propre, elles n'en acceptent les résultats qu'à leur corps défendant. On avait espéré que l'expulsion des jésuites leur serait une occasion de se renouveler; les parlements les y exhortaient; mais, dit justement M. Liard, « on ne réforme pas les corps malgré eux et sans eux ». Le besoin d'une réforme profonde n'est pas plus vivement senti dans les facultés supérieures que dans la faculté des arts. On en voit borner leur ambition à ce que « chaque faculté adopte des cahiers sur toutes les matières, qui seraient imprimés, et que les professeurs expliqueraient ». Leurs vœux officiels de 1789 ne touchent pas au fond de l'enseignement, mais à des mesures d'ordre et de détail.

Chose à remarquer, une seule école fait exception dans cette universelle torpeur : c'est celle de Strasbourg, où le concours de plusieurs nations et de plusieurs langues suscite plus de variété, et où surtout l'esprit du protestantisme, « en affranchissant la raison des professeurs du joug de l'autorité, les met à portée de profiter de toutes les lumières du siècle et d'y conformer leurs systèmes et leurs méthodes » (Archives nation., document cité par M. Liard). Là se donne un véritable enseignement supérieur, compréhensif et coordonné. La faculté de droit, malgré les abus qui lui sont communs avec les autres facultés du royaume, peut s'enorgueillir d'être une école de politique, à laquelle toute l'Europe emprunte des précepteurs et des diplomates. On peut voir, par cet exemple, ce que le génie français aurait gagné à être sollicité, nourri, réglé par une tradition libérale telle que notre Alsace nous l'offrait à cette époque. Depuis lors Strasbourg a été, durant tout le XIXe siècle, une de nos sources vives de renouvellement dans toutes les branches de l'activité scientifique ou sociale ; et, de toutes nos raisons d'en déplorer la perte, n'est-ce pas la principale que d'avoir perdu l'un des organes les plus importants de la vie de l'esprit ?

II

Une telle décadence des études, un contraste si flagrant entre le mouvement scientifique et social du temps et la routine des écoles, une telle disproportion de la culture scolaire aux nécessités générales et les nécessités professionnelles des différents états, ne laissaient pas l'opinion publique indifférente. Partout on demandait des réformes : mais lesquelles? D'abord, et par-dessus toutes les autres, l'établissement d'une éducation *nationale*, mot nouveau, d'une haute signification, qui fait honneur aux *parlementaires* du XVIIIe siècle, que les trois ordres adoptent également, et qui depuis n'est plus sorti de la langue quotidienne, tant il répond au vœu de la France moderne. On demande avec la même unanimité un plan uniforme d'enseignement et des améliorations urgentes dans les écoles de droit, de médecine, de théologie. Mais aucune vue d'ensemble ne rallie les esprits; il n'est proposé aucun plan général; « le rôle de la science dans le haut enseignement n'est pas même entrevu; sauf pour le droit public, aucun sens de la nécessité d'élargir les cadres, ni de la solidarité des sciences.... Les mesures proposées sont des mesures d'ordre; ce n'est pas une réforme organique. Le mandat de 1789 se réduit à deux points : réformer les abus; donner à l'enseignement des universités un caractère national. » — C'est dans ces données flottantes que le problème ira se poser à nos assemblées : autant dire que dans ce domaine comme dans celui de la politique elles vont se trouver dans une table rase, et qu'au lieu d'une réforme préparée, soutenue par une tradition régulière, elles auront à opérer une révolution à la seule lumière de la raison.

M. Liard nous découvre les deux tendances qui, dès le début, sollicitent en sens contraire les législateurs de la Révolution : « l'une, aboutissant à la constitution de véritables écoles *universelles*, ayant à la fois l'unité et la variété de l'esprit humain, l'autre à celles d'écoles spéciales, plutôt vouées à la culture professionnelle ».

Une autre opposition, non moins caractéristique, et qui ne disparaîtra plus de notre histoire, se dessine plus tard au sein de la Convention : d'une part, celle de la culture générale désintéressée, et, bien qu'accessible au petit nombre seulement, nécessaire à la prospérité publique, réclamant à ce titre l'attention et les subsides de l'État; d'autre part, l'éducation élémentaire, indispensable à tous les citoyens, et qui, à ce titre, prétend à figurer au budget, tandis que la haute éducation est invitée à faire son chemin toute seule.

Le Comité de l'Assemblée constituante, par l'organe de Talleyrand, s'arrête à un compromis entre les deux premiers termes : il propose des écoles spéciales, mais avec un établissement, l'Institut national, ouvert à toutes les variétés des sciences et des lettres. Ce projet, soumis à la Constituante vers la fin de la législature, n'aboutit à aucun résultat. On n'eut pas le temps de le discuter à fond; on y faisait d'ailleurs une objection qui, à ce moment, était souveraine : celle de confier à une commission nommée par le pouvoir exécutif l'administration de l'instruction publique. On ne sut pas bien en discerner les mérites, dont le premier était de permettre une organisation immédiate de l'enseignement public, tout en y apportant des réformes profondes; ni les défauts, tels que celui de constituer séparément et sans communications organiques les écoles spéciales et l'enseignement supérieur, « qui seul peut les préserver de la médiocrité et de l'engourdissement »; ou encore de ne créer qu'un seul grand corps scientifique, absorbant en son sein toute la vie du pays, et dépouillant la province au profit de Paris. Notons, en passant, une nouveauté qui n'a pas eu de succès, mais qui reparaît de nos jours : c'est de substituer, dans les collèges de district (établissements d'instruction *secondaire*), qui auraient succédé aux anciens collèges de la faculté des arts, les *Cours parallèles* à l'ancienne division en sept *classes*. « La division par *classes*, dit le rapport, ne répond à rien, morcelle l'enseignement, asservit, tous les ans et pour le même objet, à des méthodes disparates, et par là jette de la confusion dans la tête des jeunes gens. La division par *Cours* est naturelle; elle sépare ce qui doit être séparé; elle circonscrit chacune des parties de l'enseignement; elle attache davantage le maître à son élève, et établit une sorte de responsabilité qui devient le garant du zèle des instituteurs. » La thèse est contestable; mais ce n'est pas ici le lieu de la discuter.

L'Assemblée législative reprit le problème sans aboutir

davantage. Le projet de Condorcet offre un merveilleux ensemble, déduit des mêmes principes généraux que l'opinion publique avait déjà dictés à Talleyrand, mais avec cette différence assez notable qu'il voulait affranchir l'enseignement public de toute autorité politique. Au lieu du reproche adressé au projet de Talleyrand de livrer les destinées de l'instruction nationale au pouvoir souverain, celui-ci encourut le soupçon de constituer une sorte de mandarinat, de « sacerdoce scientifique », d' « Église académique, plus redoutable que les anciennes corporations », et, il faut le reconnaître, « sans contrepoids, isolé du régime commun d'administration publique ».

Cette question mise à part, M. Liard admire le nouveau plan pour sa hardiesse, sa précision pratique, ses sages proportions, la liaison essentielle établie entre les sciences, le rapprochement des sciences pures et de leurs applications, les ouvertures ménagées dans la science du jour présent pour la science du lendemain. Il ne craint pas de déplorer comme un malheur irréparable que ce dessein n'ait pas été appliqué : écoles primaires, écoles supérieures, instituts (nos lycées et collèges), lycées (nos facultés), Société nationale (ou académie suprême, corps savant et administratif à la fois), tous ces établissements superposés et en relations mutuelles constituaient un système dont Condorcet pouvait dire sans présomption : « L'enseignement que nous vous proposons d'établir est plus complet, la distribution en est plus au niveau de l'état actuel des sciences en Europe, que dans aucun des établissements de ce genre qui existent dans les pays étrangers ». M. Liard va jusqu'à dire que, sur quelques points, notre enseignement supérieur est encore en deçà de cette hardie conception, qu'il dépasse sur quelques autres.

La Convention à son tour allait aborder le difficile problème. Autres étaient les hommes, autres les vues dominantes : seules, les nécessités restaient les mêmes, de jour en jour plus pressantes, puisque les institutions anciennes étaient en ruine, et que rien n'avait été construit à la place. Le projet de Lakanal, inspiré, dit-on, par Sieyès et Daunou, abandonne à leur vitalité propre et à l'industrie privée, en les couronnant de fleurs, les lettres et les sciences, comme un luxe auquel l'État n'a pas à pourvoir. La liberté suscitera partout les instituts, les lycées, les académies. La République n'est tenue à donner que l'enseignement primaire élémentaire : « la bourse commune ne doit payer que l'instruction commune ». Ce langage-là, qui répond à un grossier instinct démocratique, se fera entendre plus d'une fois dans notre histoire, heureusement contredit par les goûts plus nobles de notre race et par toute notre tradition classique. On ira jusqu'à dire sottement : « Ce n'est pas des savants qu'il nous faut : ce sont des hommes libres. La liberté n'est pas le fruit des sciences et des arts.... Ce ne sont point les savants qui l'ont conquise. » Et plus tard, un député ira jusqu'à demander : « A quoi bon des écoles de droit? Les lois doivent être simples, claires et en petit nombre; elles doivent être telles que chaque citoyen puisse les porter avec soi.... Ces écoles nourriraient l'aristocratie pédagogique, tout aussi funeste que celle du pouvoir arbitraire, de la naissance et des richesses.... Les plus belles écoles, les plus utiles ne sont-elles pas les séances publiques des départements, des districts, des municipalités, des sociétés populaires? » Nous ne suivrons pas M. Liard dans le récit des débats qui s'engagèrent sur cette question entre les représentants des idées de haute culture et leurs adversaires, débats sans cesse compliqués et dénaturés par des considérations politiques. On en vint enfin à proposer la liberté absolue de l'enseignement à tous les degrés; et la Convention, de guerre lasse, adopta à la veille de thermidor cette panacée merveilleuse.

Après thermidor, la conception de l'enseignement supérieur, un moment voilée, se fait jour de nouveau, d'abord sous la forme des écoles spéciales, qui n'avait jamais été complètement méconnue, en attendant que la forme d'écoles *universelles* apparaisse à son tour. Les écoles spéciales répondaient en effet à des besoins sensibles et urgents : « d'ailleurs il est plus facile, surtout dans les temps troublés, de réaliser des œuvres de détail que de poursuivre et de mener à terme une conception d'ensemble ». Plus facile, en effet, non seulement parce qu'elles sont moins dispendieuses, mais parce qu'elles sont plus aisées à faire comprendre et accepter de l'opinion. En 1793, la Convention avait déjà fait de l'ancien Jardin du roi, sous le nom de *Muséum d'histoire naturelle*, une grande école spéciale des sciences de la nature. En 1794, elle organise l'*École centrale des travaux publics*, qui allait devenir l'*École polytechnique*, et presque en même temps le *Conservatoire des arts et métiers*, destiné à être « un musée et une école pour l'industrie » ; quelques jours plus tard elle vote les *Écoles normales départementales*; et, pour leur préparer un personnel enseignant, elle institue le *Cours normal de Paris*; elle vote trois écoles de santé; crée le Bureau des longitudes, ouvre en faveur du commerce et de la politique des cours de langues orientales vivantes près la Bibliothèque nationale. Enfin, sans parler d'une nouvelle organisation des écoles primaires, aussitôt appliquée, on établit les Écoles centrales. Celles-ci, dans l'intention des auteurs du projet de l'an III, devaient être des institutions d'enseignement supérieur, malheureusement dépourvues des voies et moyens nécessaires. Au fait, c'étaient des *collèges*, prenant l'enfant de onze à dix-huit ans, mais différents de ceux de l'ancien régime par l'externat et par le système des cours parallèles, entre lesquels l'élève pouvait choisir selon ses besoins ou ses aptitudes, au lieu des sept classes confiées chacune à un professeur spécial; différents aussi par la place considérable accordée aux sciences, à la législation, à l'industrie, à la philosophie, au détriment des langues anciennes. La loi du 3 brumaire an IV, aussitôt mise à exécution, en fit des écoles intermédiaires entre l'enseignement primaire et le haut enseignement, distinguant ainsi, pour le plus grand bien de l'un et de l'autre, à l'exemple des premières assemblées de la Révolution, l'enseignement secondaire de l'enseignement supérieur.

Nous voici arrivés à l'une des étapes principales de cette

histoire, où les institutions modernes commencent à se dégager visiblement du passé.

Laissons parler ici M. Liard (p. 252) : « La loi du 3 brumaire institue un état de choses nouveau; elle s'inspire de l'esprit nouveau; c'est l'homme nouveau qu'elle veut former. Aux centaines de collèges éparpillés presque au hasard sur tout le territoire, aux facultés supérieures presque partout inertes et misérables, elle substitue des écoles centrales, une par département, quelques écoles de hautes études consacrées chacune à l'enseignement approfondi d'une science particulière; elle les rattache toutes à l'État, et à l'État seul, en vertu de ce principe désormais acquis, que l'enseignement public à tous les degrés est un devoir et une fonction de l'État; elle leur marque à toutes un but nouveau, et par là leur imprime une direction nouvelle; elle ne leur demande pas de former des gens d'église, des gens de robe ou des gens d'école, mais bien des citoyens et des hommes armés de toutes les connaissances nécessaires à l'individu et à la société; elle est amenée ainsi à bannir des programmes la théologie et le droit romain, à resserrer l'étude des langues anciennes, et à élargir celle de toutes les sortes de sciences, physiques, mathématiques, politiques et morales.

« Mais, malgré cette communauté de principes généraux, ces écoles restent sans coordination et sans unité organiques. Chacune semble indépendante des autres...; les écoles primaires ne conduisent pas aux écoles centrales; les écoles centrales sont, sur plus d'un point, sans communication avec les écoles spéciales; celles-ci sont isolées les unes des autres, comme si les sciences particulières qu'elles enseignent n'avaient pas de rapports, et aucun lien ne les rattache à l'Institut, qui cependant devait les raccorder. Considérez-les en elles-mêmes : chacune d'elles manque aussi de coordination et d'unité : l'école centrale n'est pas un tout vivant, composé d'après une idée vraiment organique;... chaque école spéciale est, par définition, un fragment de la science; or ces divers fragments ne s'ajustent que très imparfaitement les uns aux autres, et l'ensemble est loin de reproduire la variété, la liaison et l'unité des sciences. Cette liaison et cette unité ne se trouvent que dans l'Institut, et l'Institut n'est pas une école. Ironie fatale des événements! Ce que la Révolution avait rêvé, annoncé et voulu, c'est un système d'enseignement supérieur aussi large que les sciences et coordonné comme elles; elle se trouvait aboutir à une œuvre sans cohésion interne, faite de compromis, inférieure et certainement contraire à son idéal. »

On ne peut pas mieux marquer le double caractère des œuvres de la Révolution : un haut idéal fait de hautes pensées et des plus généreuses intentions, qui lui mérite notre admiration et notre reconnaissance; mais un idéal qui n'arrive pas à se dessiner en traits nets et pratiques ni à se fixer définitivement.

III

Dans un chapitre spécial, M. Liard nous fournit les plus intéressants détails sur les écoles spéciales créées par la Convention : le Muséum, l'École polytechnique, les Écoles de santé, l'École normale : ce qui regarde l'École normale nous paraît devoir exciter particulièrement l'intérêt de nos lecteurs.

C'est sous la forme de Cours temporaires que l'Assemblée conçut et réalisa en 1794 l'idée d'une haute institution pédagogique, destinée à communiquer durant quelques mois à des maîtres, non pas l'instruction — ils étaient censés la posséder déjà, — mais les méthodes d'enseignement, qu'à leur tour ces maîtres, de retour chez eux, communiqueraient à d'autres instituteurs. On voit se manifester ici avec puissance, non seulement le meilleur esprit démocratique, mais aussi, en ce qu'il a d'un peu chimérique appliqué aux choses de l'éducation, le génie à la fois centralisateur et improvisateur de la France; c'est, à la lettre, la création immédiate d'un même enseignement et d'un enseignement de premier ordre pour toute la République que la Convention prétend faire surgir du néant; c'est bien des instituteurs primaires que l'on veut former, et on les appelle à Paris pour les mettre à l'école des savants et des littérateurs les plus éminents : Monge, Lagrange, Laplace, Berthollet, Daubenton, Volney, Bernardin de Saint-Pierre, La Harpe et Garat. Certes, c'est là une des plus grandes, des plus nobles pensées qui aient jamais honoré une démocratie intelligente.

Qu'avait-elle de chimérique, et pourquoi la vit-on échouer à l'épreuve, malgré le zèle enthousiaste des centaines d'élèves accourus de toutes parts, malgré le talent et le bon vouloir des professeurs chargés d'enseigner la pédagogie de leurs sciences ou de leurs arts respectifs? Pour plusieurs raisons : les unes, qu'explique fort bien M. Liard; l'autre qu'il ne dit pas. D'abord l'incertitude sur la nature ou le degré de l'instruction? Fallait-il s'en tenir à la pédagogie primaire ou s'élever « à cette pédagogie supérieure qui se confond avec la philosophie des sciences », c'est-à-dire avec leurs plus hautes généralités, d'où se déduit ensuite par des chaînes faciles à mettre à nu tout l'enseignement? Ce fut dans ce dernier sens — et l'on devait s'y attendre — que les savants les plus illustres comprirent leur tâche : mais combien peu d'élèves étaient préparés à les suivre sur ces hauteurs! L'École normale, ainsi conçue, devenait non pas un séminaire d'instituteurs, mais un séminaire de savants, un établissement tel que notre École des hautes études, « où l'on développerait, selon le beau programme de Laplace et de Lagrange, les principes des grandes découvertes, les idées fines et heureuses qui leur ont donné naissance; où l'on indiquerait la voie la plus directe qui peut y conduire, les meilleures sources où l'on peut en puiser les détails, ce qui reste encore à faire, la marche qu'il faut suivre pour s'élever à de nouvelles découvertes ».

Une autre raison aurait dû faire prévoir le mauvais succès de cette institution. Outre qu'elle était temporaire, limitée à quelques mois, c'était une entreprise bien peu pratique de prétendre révéler à des jeunes maîtres les méthodes d'enseignement, séparées de l'enseignement même ; comme si elles pouvaient s'en détacher, comme si elles n'étaient pas l'esprit même de la science, au lieu d'être un ensemble de préceptes propres à être communiqués en un petit nombre de formules! Il n'y avait qu'un moyen de transmettre aux instituteurs la bonne pédagogie : c'était de leur donner la bonne instruction, c'est-à-dire de la refaire lentement, méthodiquement, et de leur imprimer à loisir les habitudes d'esprit conformes en chaque étude au génie de cette étude : le reste, les règles pédagogiques relatives aux différents âges, aux divers besoins sociaux, n'était plus qu'une connaissance secondaire, facile à transmettre en peu de mois à des intelligences déjà cultivées. Mais semblable éducation ne s'improvise pas.

Cette erreur sur la vraie nature de l'enseignement pédagogique, sur la possibilité de le constituer à part, du moins en ce qu'il a d'essentiel, de vivifiant et, par là même, de régulateur, menace toujours de reparaître; elle s'est même produite sous plus d'une forme dans les dernières années; nous ne saurions trop nous en défendre, comme d'une cause nouvelle de routine pédantesque et de stérilité, favorisée chez nous par maintes habitudes séculaires.

Quoi qu'il en soit, « le but était absolument manqué », de l'aveu général. Est-ce à dire que cette hardie et généreuse conception eût été essayée en pure perte? Assurément non. Outre qu'elle avait mêlé les savants aux professeurs de tout ordre, et jeté sur les fonctions enseignantes, même sur celles de maître d'école, un éclat inaccoutumé, « les élèves — ainsi pouvait dire Danou — avaient aperçu un horizon plus vaste, conçu des pensées plus fortes et plus étendues, et un grand mouvement salutaire, bien qu'indécis, avait été imprimé à l'instruction ». Pareil résultat, à ce moment de notre histoire, n'était pas d'un médiocre prix : c'était d'abord une grande et généreuse impulsion donnée, c'était aussi un acheminement à la fondation d'une cité commune des intelligences de tous degrés; cité reliée ensemble par les mêmes lois rationnelles, connues ou soupçonnées de tous. Ce résultat, même ébauché, servait à sa manière le grand dessein de l'unité politique.

IV

Nous ne sommes pas au bout des essais ni des échecs. Après la Convention, le Directoire. Les hautes vues de Condorcet sur la variété et la coordination organique des sciences, faites pour s'éclairer et s'aider les unes les autres au sein des mêmes écoles, vont reprendre faveur et tenter de se réaliser dans le cadre existant des écoles spéciales. Les *lycées*, au nombre de neuf, seront formés par la réunion en un même établissement des écoles spéciales votées par la Convention, de sciences mathématiques et physiques, de sciences morales et politiques, et de belles-lettres. C'étaient d'avance nos facultés; malheureusement elles restèrent à l'état de projet, arrêtées par des résistances de toute sorte : la haine de toute aristocratie; la confiance que beaucoup mettaient dans les écoles spéciales; les préventions des esprits médiocres et pratiques, etc.

D'autres projets, ceux de l'an VI et de l'an VII, en constatant « pour ce qui est de l'enseignement secondaire qu'un grand nombre d'écoles centrales manquent de professeurs et d'élèves; qu'il n'y a dans cette partie de l'enseignement national ni ordre, ni méthode, ni ensemble; qu'entre l'école primaire et l'école centrale il n'y a point d'intermédiaire; que l'étude raisonnée de la langue française n'a point de place dans les programmes », que celle du latin et du grec y est exclusive, que la philosophie en est bannie, que l'enseignement scientifique n'y est pas précédé d'une initiation convenable; déclarent en même temps, pour ce qui est de l'enseignement supérieur, qu'il « n'existe que de vastes ruines et quelques institutions éparses », et, fidèles à l'esprit de Condorcet comme à la vraie traditon de la Révolution, ils condamnent le système des écoles spéciales et lui préfèrent celui des grandes écoles sous le nom de lycées, « le seul, dit excellemment

Briot du Doubs, qui cadre avec l'état présent des sciences, toutes solidaires les unes des autres...; le seul qui assure une complète éducation; qui permette au jeune médecin de s'enrichir de connaissances philosophiques et littéraires, à l'homme de loi d'allier les arts et la science à la législation ; au physicien, au mathématicien d'acquérir des notions littéraires, philosophiques et médicales. »

Ce beau dessein eut le sort des précédents. « La Révolution était trop affaiblie pour enfanter ce qu'elle avait conçu.... L'idée seule survivait. » M. Liard, dans les dernières pages de son livre, trace d'une main ferme le bref bilan de toutes les tentatives qu'il a exposées dans le détail. « Si l'on se borne à supputer mathématiquement ce que la Révolution a détruit dans cet ordre de choses et ce qu'elle a mis à la place, les destructions l'emportent sur les créations. Mais cette méthode serait incorrecte et partiale. Ce que la Révolution a supprimé, en fait d'institutions de haut enseignement, ne vivait plus, et depuis bien longtemps déjà, que d'une vie toute d'habitude; aucun principe de renouvellement et de progrès n'avait pu y pénétrer.... On a quelquefois regretté que la Révolution, au lieu de les supprimer, ne les ait pas améliorées. Était-il possible de les améliorer sans les transformer de fond en comble, sans en changer la substance et la forme?... Et d'ailleurs, n'est-ce pas précisément ce qu'elle a voulu? Qu'est-ce, au nom près, que le *lycée* de Condorcet, de Romme, de Roger-Martin, sinon une ancienne université transformée, organisée en vue de la société moderne, animée de l'esprit de la science? »

C'est par les circonstances exceptionnelles où l'on se trouvait, et qui venaient toutes compliquer le « renouvellement simultané de toutes les institutions, plutôt que par l'ampleur du programme », que M. Liard explique la disproportion entre l'œuvre « conçue, voulue », et l'œuvre réalisée. Nous aurons tout à l'heure à revenir là-dessus; mais, en attendant, comment ne pas souscrire à ce jugement à la fois impartial et éloquent : « Quand on se représente ces circonstances, quelques-unes tragiques et terribles, toutes difficiles,... on s'étonne et on admire, non pas que l'œuvre soit restée au-dessous du dessein, mais qu'elle ait pu être conçue, entreprise, et qu'un fragment, même imparfait, en ait été réalisé. »

L'auteur ajoute que les idées importent plus que l'exécution plus ou moins prompte ou parfaite, et que la Révolution a eu le mérite de marquer les idées directrices qui, dans l'enseignement supérieur, vont présider à un développement nouveau. D'abord ce principe : que l'instruction, à ses divers degrés, est un devoir de justice envers tous les citoyens; que, par suite, l'enseignement est une fonction de l'État. « Quel esprit public, disait un rapporteur de la Convention en parlant des corporations, se formerait parmi ces institutions partielles qui ont, chacune à part, leur intérêt et leurs maximes! » Toutefois la liberté de l'enseignement n'en est pas moins reconnue expressément.

Outre ces principes, il est des traits généraux que la Révolution a imprimés au moins à l'enseignement supérieur, et qui ne s'effaceront plus complètement. C'est, avec son double office de recherche désintéressée et de propagation de la science, le caractère rationnel opposé à l'ancien caractère théologique; sur ce point, nul dissentiment d'un bout à l'autre de la période révolutionnaire entre les esprits les plus divers. C'est aussi l'idée de la solidarité, de l'unité, de l'échange mutuel des sciences, à réaliser en de véritables universités, et qui jusqu'à la fin lutte contre l'idée des écoles spéciales. C'est la démarcation conçue nettement entre l'enseignement secondaire et l'enseignement supérieur; c'est l'introduction des sciences morales et politiques dans la vieille scolastique des écoles de droit; c'est, dans l'instruction médicale, la pratique jointe à la théorie. Autant de vues fécondes et impérissables, qui devaient restaurer peu à peu l'enseignement supérieur, et, avec son aide, vivifier les autres ordres d'enseignement.

V

Arrivé au terme de ce compte rendu, nous cherchons à définir l'impression dernière qui nous reste de cette histoire aux nombreuses péripéties. Une bonne inspiration ou un heureux hasard nous a fait lire simultanément deux ouvrages qui s'éclairent et se confirment l'un l'autre, bien qu'écrits sans nul concert et traitant, en un même sujet, de matières différentes : celui de M. Liard et la *Chute de la Royauté*, de M. Albert Sorel, tous deux remarquables par leur haute impartialité et par leurs informations de première main. Je conseillerais volontiers à mes lecteurs de renouveler cette épreuve. On n'a pas seulement la satisfaction de lire deux livres qui, en des domaines contigus, excellent à suivre à travers le détail des événements les grands courants de l'opinion ; on goûte de plus le plaisir, singulièrement mêlé de tristesse, de voir comment des causes semblables amènent des effets semblables dans la politique et dans l'éducation nationale. D'une part, on se prend d'admiration pour ces Assemblées qui ont dissipé avec une décision et une clairvoyance héroïques tant de mensonges politiques, sociaux, religieux, économiques sur lesquels reposait l'ancienne société ; mais on ressent encore plus une sympathie douloureuse en les voyant chercher vainement dans les ténèbres un terrain solide pour y asseoir les constructions nouvelles.

Qu'a-t-il donc manqué, se demande-t-on, aux hommes de 89, des États généraux, de la Constituante, pour qu'ils aient abouti, au bout de si laborieuses étapes, au Directoire et à l'Empire? Qu'a-t-il manqué à la nation? Qu'a-t-il manqué à la philosophie du XVIIIe siècle, mère et nourricière de la Révolution, pour être capable d'enfanter dans l'école comme dans le gouvernement un ordre fécond et régulier, digne de la raison, de la justice, de la liberté, dont elle invoquait sans cesse le nom?

Dans une question si complexe, où se mêlent tous les éléments de la vie publique, où viennent s'entremêler tous les fils de la trame de notre destinée nationale, on ose à peine hasarder une induction générale, qui pèche toujours par quelque endroit. Il semble pourtant que l'ouvrage de M. Sorel et celui de M. Liard viennent ici se rencontrer. On voit éclater dans cette double et parallèle histoire la vertu puissante des idées et des passions du XVIIIe siècle, ainsi que les qualités natives de l'esprit français, mêlées à ses défauts; mais on voit aussi à quel point nous étions, au seuil de cette vaste entreprise d'universelle refonte, destitués de traditions, c'est-à-dire de précédents, de commencements, de points d'attache et d'appui dans les institutions et dans les mœurs. Le plus grand tort de l'ancien régime, dans l'ordre scolaire comme dans l'ordre politique, c'est en vérité de s'être mis hors d'état de vivre, d'avoir rendu les réformes impossibles et la révolution nécessaire. De là cette conséquence, qui fut notre faiblesse et notre malheur, c'est que, réduits à faire table rase, nous n'avions pour construire à nouveau ni le secours de l'expérience, ni celui de doctrines en pleine et paisible possession de l'opinion publique. Point de mœurs anciennes où la liberté et l'esprit moderne, trouvant un sol favorable, pussent implanter leurs racines : ni dans les hautes classes, ni dans la bourgeoisie, encore moins dans la masse du peuple, il n'y avait un fonds commun de vieux souvenirs, de vieilles habitudes, de sentiments héréditaires en rapport avec les idées nouvelles. Nous savions déjà, et M. Sorel nous le fait toucher du doigt, que la royauté absolue et l'Église absolue avaient façonné l'âme de la France à un tout autre régime que celui de l'initiative régulière et de l'activité libre; si bien qu'à l'heure de la crise, loin de servir de guides et de régulateurs, elles s'étaient montrées incapables même de la comprendre. Il nous restait à assister de près à la misérable faillite de l'enseignement des universités. Qui donc aurait donné une éducation virile, sérieuse, raisonnable, libérale, à la génération qui allait avoir à résoudre inopinément les plus redoutables problèmes de l'histoire moderne?

C'est ce défaut de traditions et d'éducation appropriée à

l'esprit et aux besoins du temps, et dont il est juste de rendre principalement responsables les pouvoirs spirituels et temporels qui prétendaient être les seuls instituteurs constitués de la nation, c'est ce défaut, croyons-nous, qui explique en grande partie les défaillances, les incertitudes, les erreurs et les crimes de cette période. Du moins on comprend mieux que la Révolution, si puissante pour détruire le passé avec tous ses abus et ses fictions, n'ait pas été capable de fonder définitivement la liberté pas plus que l'éducation publique. On est confondu de tout ce qui, dans le domaine de l'école comme dans celui de la politique, s'est produit en quelques années de sottises et de contradictions. « Temps étrange et terrible, dit M. Liard, en parlant des années 1793 et 1794, où les inventions les plus odieuses et les plus invraisemblables germaient dans les esprits et étaient acceptées comme des vérités par l'opinion. »

Si l'on veut rechercher de plus près encore où a été la force active de la Révolution et où a été sa faiblesse dans l'œuvre politique et dans l'œuvre scolaire, M. Liard et M. Sorel nous aideront encore à en trouver le secret. Sa force réside indubitablement dans la religion de la patrie et de l'humanité qui anime tous les acteurs de ce grand drame; ils croient à l'une et à l'autre d'une foi enthousiaste, pleine d'amour et d'espérances indéfinies. Libres penseurs ou chrétiens, ils ont sans cesse devant les yeux une cité idéale, sorte de royaume de Dieu terrestre, fondée sur la raison, la justice, la liberté, la fraternité. Et comme ils croient également à l'excellence souveraine de cet évangile rationnel, révélation des temps modernes, et à la bonté de la nature humaine, ils brûlent d'en partager les bienfaits avec toute l'humanité.

Dans le domaine des études, même foi, même espérance; et l'on ajouterait presque : même charité. L'éducation préparera dans les nouvelles générations la cité parfaite dont la vision enflamme les cœurs. C'est la fonction, c'est le devoir de l'État de la donner à tous les degrés. Elle se donne par la patrie, en vue de la patrie, sous la dictée de la raison publique, seul oracle resté debout au milieu des ruines. Et en travaillant ainsi pour la France, on travaille au salut du genre humain, qui ne saurait être que dans une éducation rationnelle et dans un gouvernement rationnel. S'il y a des obstacles à une félicité si bien préparée, on ne saurait les prévoir que du côté des puissances anciennes, rois, aristocrates, prêtres, corporations universitaires : on ne compte ni avec les mœurs et les idées traditionnelles, ni avec les habitudes séculaires, ni avec les instincts discordants de la nature humaine.

Certes, ce fut là une brillante conception, bien faite pour élever haut les esprits et les cœurs; et pourquoi n'ajouterons-nous pas : une conception vraie en son fond, digne de durer et de prévaloir; la même qui, aujourd'hui encore, préside à toute notre œuvre scolaire et qui, dégagée d'une certaine rhétorique sectaire, corrigée par une vue plus complète et moins indulgente de la nature humaine, tempérée par un juste sentiment des nécessités historiques, nous communique le peu de chaleur que permet notre peu de foi morale. Constituer l'école et la cité sur le fondement de la raison, sur la nature des choses, sur la vérité même, non sur les fictions, vieilles ou nouvelles, religieuses ou politiques, qui sont désormais sans force parce que la foi n'y est plus; refaire l'ordre existant, tel qu'il nous a été livré par la nature ou par l'histoire, en partie grossier, brutal, inique, dur aux faibles et aux petits, d'après le type supérieur de justice et de fraternité que la raison humaine parvient à dégager peu à peu d'elle-même; oser se lancer dans la mer inconnue sans autre boussole que la science, c'est une hardiesse dont aucun siècle, aucun pays ne nous offre aucun exemple. Plaignons, sans nous irriter de leur aveuglement, ceux de nos contemporains que leurs préventions empêchent encore d'admirer la grandeur incomparable de ce mouvement.

Le malheur est que cette foi à la liberté, à la justice, à la cité rationnelle, à l'éducation séculière n'est que le fruit d'une *idée*, d'une philosophie; elle ne se rattache à aucune autre tradition nationale et populaire; pas plus à des croyances morales où la liberté et la science aient quelque part — telles qu'aurait été, par exemple, le protestantisme, — qu'à des mœurs civiles et politiques où serait entrée de longue date la pratique régulière de la liberté, telles, par exemple, que les libertés communales, cantonales, provinciales, de la Suisse ou des Pays-Bas. Il n'y a pas d'idées ni d'habitudes préparatoires qui soient devenues, au moins chez une partie notable de la nation, une sorte de *préjugé* incontesté, d'instinct héréditaire; qui par suite soient l'affaire de tout le monde, des petits et des illettrés comme des grands et des gens éclairés.

Oserons-nous aller au bout de notre pensée? Cette noble foi à la raison, à la nature humaine, au progrès, à la liberté, il lui a manqué, semble-t-il, pour être tout à fait sérieuse, pure de tout mélange de rhétorique théâtrale et à l'épreuve des revers, il lui a manqué aussi d'être chose de conscience et non pas seulement d'intelligence, d'être entrelacée aux racines mêmes de la vie morale, de manière à ne pouvoir pas être extirpée des faits et des institutions sans léser et faire souffrir, non plus seulement le citoyen, mais l'homme même en ce qu'il a de plus propre et de plus sensible. Ou, pour dire la chose autrement, cette conception trop exclusivement intellectuelle, qui fait de la raison la maîtresse souveraine, et de la liberté, associée à la justice, le fondement de l'État, se montre à quelques égards précaire, inconsistante, incapable de supporter le poids de l'ordre nouveau, parce qu'elle n'implique pas obéissance à la loi intérieure, gouvernement de soi, discipline personnelle.

Sommes-nous guéris de cette infirmité? La souveraineté de la raison dans l'État et dans l'école, l'excellence de la liberté, ne sont-elles pas restées chose d'intelligence pure ou d'imagination, goûtée des esprits jeunes et ardents ou d'un petit nombre de sages instruits par les leçons de l'histoire, objet de luxe dont un peuple aime à se parer, mais dont il peut à la rigueur se passer; nullement chose morale, obligatoire, inséparable pour les nations comme pour les individus du respect de soi, du simple devoir et de la dignité; encore moins — nous touchons ici le point le plus intime — chose sacrée, religieuse, solidaire de tout ce qui nous rattache à l'ordre universel, à l'esprit infini, à Dieu?

Et c'est pour cela sans doute — c'en est du moins l'une des principales raisons — que les hommes de la Révolution et leurs héritiers n'arrivent pas à établir la cité de leurs légitimes rêves sur des fondements assez profonds pour qu'aucune secousse ne la bouleverse ; pour cela aussi qu'ils restent toujours une élite trop peu nombreuse, tantôt suivie par la foule bourgeoise ou populaire au point d'en être débordée, tantôt délaissée et honnie; pour cela enfin que de nos jours encore, faute d'une tradition nationale et populaire, c'est-à-dire d'un ensemble stable et régulateur de maximes, d'idées, de *préjugés* communs, il nous arrive d'offrir au monde le spectacle humiliant de notre rhétorique déclamatoire, de notre faux enthousiasme, de nos conceptions insensées, discordantes, éphémères. Merveilleusement doués des dons de l'intelligence et de quelques-uns des dons du caractère, pourvus même de bon sens à un rare degré, on dirait qu'il nous manque d'être préservés des accès de déraison, de l'anarchie des idées et de honteuses défaillances par un principe moral, maître reconnu des esprits.

Toutefois, que ces considérations rétrospectives n'égarent point notre jugement. Pour être justes envers nos pères, rappelons de nouveau la prodigieuse complexité de la tâche qu'ils avaient à remplir, et dans quelles terribles circonstances elle leur était proposée. Mesurons leur embarras par celui que, en pleine paix et au milieu de longs loisirs, nous éprouvons à résoudre le problème de l'enseignement secondaire public, tant de fois remis à l'ordre du jour depuis quarante ans. Pour eux, c'étaient les trois degrés de l'enseignement qu'il s'agissait d'établir : le primaire, c'est-à-dire celui de la nation presque entière, à constituer à neuf, le secondaire et le supérieur. Le passé n'offrait à peu près rien de viable ; tout était à reconstruire sur un sol qui, au dehors comme au dedans, tremblait incessamment; tout manquait, les cadres, les programmes, et plus encore le personnel. Aussi n'est-ce pour nous, après les réserves faites et les regrets exprimés, qu'un devoir de justice de nous associer aux conclusions de M. Liard.

Non, sans doute, ce n'est pas en vain que tout un siècle est épris de philosophie jusqu'à se parer de ce nom comme de son nom propre; et ce n'est pas non plus un médiocre génie que celui d'une nation assaillie à l'improviste au dedans et au dehors par la plus effroyable tourmente, qui n'a pas cessé une seule année de poursuivre dans l'instruction comme dans le gouvernement la réalisation de son rêve d'un siècle. Certes, l'ébauche, à elle seule, est grande et pleine d'instruction; et si nos pères ont échoué dans leur entreprise à la fois politique et scolaire, ils n'ont pourtant pas travaillé pour néant. Grâce à eux, ce qui était mort a disparu des institutions — premier et grand bienfait; — et ils ont fait entrer dans les lois et dans les mœurs des principes nouveaux, dont aujourd'hui encore nous vivons, et que notre génération, moins clairvoyante ou moins vaillante, serait sûrement incapable à elle seule de dégager et de faire triompher.

XIX

Le patronage des jeunes adultes.

LETTRE A M. LE PRÉSIDENT DE L'ASSOCIATION DES INSTITUTEURS (SEINE)

Mon cher Monsieur,

Vous me faites l'honneur d'insister pour que je vous envoie quelques lignes, en témoignage de la sympathie que je ressens et que je professe bien haut pour votre œuvre. Que puis-je vous dire d'autre que ce que je vous ai déjà dit en plus d'une occasion : c'est que vous faites à Paris, vous et vos amis, ce que tous les instituteurs et en général tous les hommes de quelque instruction et d'un peu de bon vouloir devraient se hâter de faire sur tous les points de la France, dans les petites villes comme dans les grandes, et dans les campagnes comme dans les villes. Vous ne vous contentez pas d'être aux heures scolaires d'honnêtes distributeurs de grammaire, d'arithmétique, d'histoire, de géographie, etc., livrant à des élèves de loyale marchandise; vous avez cru que, la classe terminée et votre devoir réglementaire acquitté, il vous restait encore un devoir de tutelle affectueuse à remplir envers vos élèves sortis de l'école, déjà soumis aux tentations et aux hasards de la vie, de la vie de grande ville. Vous et vos amis, après des journées fatigantes, vous savez prendre plusieurs fois par semaine sur la soirée de famille pour réunir vos adolescents, converser familièrement avec eux, leur donner une part de votre affection, de votre expérience, de vous-même, et non pas seulement une part de vos connaissances.

En liant avec eux un commerce familier et désintéressé, vous leur ménagez une sorte de climat plus pur, plus sain, plus fortifiant que l'air ambiant des grandes villes. Sans dogmatiser, sans faire de leçon en forme, vous leur apprenez par votre exemple à se respecter eux-mêmes et entre eux, à respecter ce qui est respectable, à observer la décence dans leur langage et leur tenue, à se plaire à des divertissements honnêtes; vous favorisez de tout votre pouvoir le goût et l'habitude des bonnes lectures, et en même temps vous leur procurez les moyens de se perfectionner, soit dans une étude particulière et utile, soit dans un art d'agrément. Vous les traitez en famille adoptive; vous organisez des excursions à la campagne, comme ferait un père intelligent; vous les aidez par le conseil et par des démarches à trouver un gagne-pain. Enfin votre ambition n'est pas de les tenir sous une étroite et perpétuelle tutelle; mais au contraire de leur apprendre à se gouverner eux-mêmes selon la raison, à se conduire en hommes et en bons citoyens.

Me permettez-vous de vous le dire, Monsieur, en faisant ainsi vous avez déjà votre récompense, que je ne puis me défendre de vous envier. Vous vous donnez sans doute beaucoup de peine, vous vous privez de beaucoup d'agréments de société ou de famille, ainsi que de commodités, et il se trouvera des gens pour dire qu'à faire tant de zèle vous faites métier de dupes; c'est au contraire mon très vif et assuré sentiment, qu'à tout prendre vous avez choisi le bon lot, le meilleur même, parce que vous êtes dans le vrai, dans le plus vrai de la destinée humaine, qui n'est pas de se reposer, de s'amuser et de jouer, même honnêtement; mais d'agir, de vivre avec les autres et pour les autres, de travailler à une œuvre qui dépasse notre intérêt individuel et qui nous élève jusqu'à elle.

Plût au ciel que des foyers d'honnête civilisation, tels que celui que vous avez constitué parmi les enfants du peuple de Paris, se multipliassent sur tous les points du territoire. Ce qui manque le plus à notre pays (vous le savez et vous avez eu mille occasions de l'observer dans votre cercle d'action), ce n'est pas l'intelligence, mais l'initiative; l'initiative individuelle ou collective, déterminée par une ferme conviction morale, politique, religieuse, sociale. On s'est habitué chez nous dans le cours des siècles — mais particulièremeut des trois derniers — à s'en remettre du spirituel sur l'Église, c'est-à-dire sur le clergé, et du temporel sur le gouvernement, monarchie ou empire. Et aujourd'hui que l'autorité du clergé dans l'ordre spirituel, notamment dans l'éducation morale de la jeunesse, est très réduite, c'est chose frappante de voir avec quel empressement l'esprit public, obéissant à son inclination séculaire, prétend se décharger sur l'école toute seule du soin de *moraliser* les enfants, et par eux de réformer les mœurs de la nation. Au maître d'école de former une honnête jeunesse, comme au prêtre de prier et d'offrir le Saint Sacrifice au lieu et place des laïques.

L'erreur serait plaisante si elle n'était funeste dans ses effets. Non, personne, ni clergé, ni instituteur, ne pourra dispenser une société qui veut se sauver de l'effort de se sauver elle-même. On prétend que nous nous chargions, nous seuls, d'inculquer dans nos écoles les idées, les sentiments, les habitudes, qui font la vraie moralité; et l'on se réserve de publier, de lire, de goûter des écrits propres à nourrir les passions ou à favoriser le vice; l'on est indulgent pour l'adultère et le libertinage, et pour les drames qui en remplissent les yeux et l'imagination des spectateurs, mais l'on veut que nous en dégoûtions la jeunesse; des pères et des mères de famille qui se donnent à eux-mêmes toute liberté de propos, de lecture, de vie, prétendent que l'enfant soit élevé dans un tout autre climat, sans qu'il leur en coûte, à eux, la moindre réforme personnelle.

Et de même dans l'éducation des adolescents et des adultes. On attend du gouvernement, sorte de *Dieu visible*, que par ses maîtres d'école il les suive avec sollicitude jusqu'à l'âge viril, les isolant en quelque sorte de l'air ambiant, saturé de tentations, de mauvais exemples, de mauvaises doctrines, d'images pervertissantes; mais la généralité des citoyens, j'entends de ceux qui ont de l'instruction, de l'aisance et quelque loisir, ne se croient pas tenus de participer eux-mêmes activement, de leur bourse, de leur nom, de leur présence, au besoin de leur parole publique, au salut de la société menacée de désagrégation morale. C'est nous, c'est le clergé laïque que cela regarde.

Eh bien, il n'est que juste sans doute de faire appel à ce clergé-là, et l'on a lieu d'attendre, s'il vaut quelque chose, si l'honneur et le devoir sont parmi nous autre chose que des mots sonores, qu'à l'exemple de l'armée nous donnions *sans compter* de notre temps, de notre peine, de notre vie. L'officier ou le soldat ne reçoit jamais en argent le salaire des périls qu'il court; il s'acquitte de son service, jusqu'à la mort inclusivement, sans réclamer une rétribution supplémentaire. Ainsi doit-il en être de l'instituteur dans l'ordre de ses modestes et nobles fonctions; votre association montre tous les jours, et depuis longtemps, que l'instituteur digne de ce nom ne marchande pas son concours, que lui aussi sait prodiguer du travail supplémentaire, rien que pour l'honneur professionnel et pour le devoir social.

C'est un bon exemple qu'elle donne à tous les membres de l'enseignement; elle le donne aussi aux *bourgeois*; et de fait il a été suivi autour de vous, à votre instigation, par bon nombre de commerçants, d'industriels, d'hommes des professions libérales qui, eux aussi, se tiennent pour obligés envers l'œuvre du patronage des fils du peuple. Pourquoi votre initiative et la leur sont-elles si rares? Pourquoi ne se produisent-elles à peu d'exceptions près que dans les grandes villes? Pourquoi ne voit-on pas se grouper partout autour de chaque école les notables du lieu? Pourquoi les riches — et il y en a, Dieu merci, en assez grand nombre en France — ne regardent-ils pas comme un privilège de la fortune de fonder ou d'encourager, en s'y mêlant en personne, des œuvres qui préparent et servent l'avenir du pays? Pourquoi les opulentes donations, destinées à susciter de nouvelles forces vives au sein de la nation, sont-elles si nombreuses dans la société laïque en Angleterre et aux États-Unis, et le sont-elles si peu dans la nôtre? Pourquoi une association telle que la vôtre, recommandée par de longs services, est-elle si mal soutenue? Pourquoi n'a-t-elle pas encore un chez soi, réduite qu'elle est à demander une *hospitalité de faveur* dans des locaux publics, les jours où ces locaux sont disponibles?

Quoi qu'il en soit, vous allez de l'avant, vous agissez, appelant à vous tous les citoyens de bonne volonté, excitant de votre mieux dans la classe moyenne qui vous entoure le sentiment du devoir social, et vous effaçant pour laisser les places d'honneur à ceux qui consentent à vous prêter leur nom et leur aide matérielle. On devine combien il vous faut de démarches, de diplomatie, d'efforts laborieux pour constituer vos comités, pour composer vos cadres, pour vous ménager les instruments indispensables d'action. J'admire aussi la variété des moyens d'instructions et de divertissement que vous avez su organiser. Les jeunes gens, à coup sûr, ne perdent pas leur temps, non plus qu'ils ne s'ennuient dans vos réunions du soir, au Gymnase Voltaire ou ailleurs. Et certes, vous avez bien raison de ne pas les tenir au régime exclusif de la conférence ou du prêche. Jeunes ils sont, et par-dessus le marché Français; qu'ils restent jeunes et Français, c'est-à-dire gais, vifs et sociables. Votre présence assidue et désintéressée au milieu d'eux est la meilleure leçon de morale qu'ils puissent recevoir; ils apprennent par là, mieux que par les plus éloquents discours, ce que c'est que la solidarité fraternelle, et comment chacun doit s'employer pour tous et tous pour chacun.

Et cependant il faut leur *parler*; c'est votre devoir. Leur parler, c'est-à-dire leur livrer libéralement le meilleur, le plus sûr de votre expérience d'hommes et de citoyens, ce que vous confierez dans vos meilleures heures à vos propres enfants. Je dis leur parler *raison* et non pas seulement les instruire de choses *utilisables* ou même les distraire. Ce serait leur manquer de respect, de justice, que de ne pas les traiter en hommes, c'est-à-dire en êtres appelés au noble métier de penser et de se conduire selon la raison; or, ce métier-là, le plus difficile de tous, s'apprend; et c'est à vous, à vous seuls, hélas! puisque d'autres ne s'en chargent pas, qu'il appartient de l'enseigner, non pas sans doute en orateurs ni en docteurs, mais en bons pères de famille.

Oserai-je vous donner à ce sujet un conseil, un seul : mais, à mon avis, capital? Parlez à vos jeunes gens avec une entière franchise, sans déguisements ni flatteries. Dites-leur la vérité en tout, à mesure que l'occasion se présente : en morale, en histoire nationale, même en politique et en économie politique; car bien que vos règlements vous interdisent les discussions politiques vous ne pouvez pas ne pas toucher dans vos entretiens aux conditions générales et essentielles d'un État libre et d'une société juste.

En morale, ne craignez pas d'aller au vif des choses, comme vous feriez avec vos fils. Dissipez sans fausse indulgence les sophismes trop répandus parmi nous, qui émoussent et altèrent la conscience de notre jeunesse. Apprenez-leur à respecter la femme, même celle qui ne se respecte pas, et à respecter leur propre jeunesse, corps et âme, au lieu de la traiter comme chose vile et de l'user prématurément en des plaisirs où l'amour, c'est-à-dire l'âme, n'a aucune part.

Quand vous leur parlerez de l'histoire nationale faites-leur honorer, aimer notre race pour ses qualités généreuses, pour son courage, pour sa noblesse chevaleresque, pour sa promptitude à s'enflammer pour de grandes causes, pour ses dons de propagande, pour la faculté qu'elle a de se relever de ses plus graves chutes, pour sa merveilleuse sociabilité, pour sa langue claire et nette, pour ses aptitudes pratiques, etc. Oui, faites qu'ils aiment leur famille française et qu'ils soient fiers de lui appartenir. Mais ne leur dissimulez pas, en particulier quand vous leur raconterez les grands événements de l'histoire contemporaine, que nous avons eu entre tous les peuples un triste privilège, celui d'essuyer des malheurs qui dépassent l'imagination et qu'il ne faut jamais oublier. Il n'est arrivé à aucune nation de traverser, dans le cours d'un même siècle, des aventures telles que la retraite de Russie, la capitulation de Metz et de Sedan, les incendies de la Commune. Aucune n'a connu le Césarisme succédant deux fois à un régime de liberté réglée. Qu'ils sachent donc, vos jeunes gens, les citoyens et les soldats de demain, que si nous avons de rares qualités qui ont fait de nous un grand peuple, nous avons des défauts, déjà anciens et inhérents à notre tempérament, qui nous ont mis plus d'une fois à deux doigts de notre perte, sans compter le déshonneur, et qui nous exposent dans l'avenir aux mêmes périls, si la nouvelle génération n'est pas plus clairvoyante et plus ferme que les précédentes. Qu'ils sachent bien qu'un long passé de gloire et de relèvement successifs ne suffit pas à nous garantir une longue existence nationale; que le jeu se serre de plus en plus sur toute la ligne entre les nations rivales, et qu'enfin, à n'y pas veiller de très près, nous serions menacés de telle amputation dont nous aurions grand'peine à guérir.

Ne leur cachez pas davantage la vérité en politique. Enseignez-leur que la liberté ne s'établit et ne se conserve que par les mœurs; j'entends par l'obéissance à la loi, même imparfaite, par le respect du droit d'autrui et des opinions différentes de la nôtre, par le sentiment de ce qui est possible et impossible; par le calme, la possession de soi et la longue persévérance. Hors de là on peut bien chanter les hymnes à la Liberté, mais la déesse les dédaigne et n'y répond pas. Être libre, pour une nation comme pour un particulier, c'est se gouverner soi-même; et qui dit gouvernement dit obéissance, discipline, contrainte volontaire.

Enfin, vous aurez l'occasion de leur parler d'économie politique : comment l'éviteriez-vous? Sans doute vous n'aurez pas à leur expliquer en détail les questions débattues entre les socialistes, encore moins à prendre parti pour l'une ou l'autre des écoles qui se partagent la classe ouvrière des grandes villes. Mais il est de votre strict devoir de leur rappeler ce que les voix les plus écoutées du peuple ne leur disent jamais, ce que l'expérience universelle, la raison de tous les siècles nous enseigne, c'est qu'il n'est donné à personne d'arriver à l'aisance, à l'indépendance, à la sécurité matérielle du lendemain, sinon par la pratique des vieilles vertus aujourd'hui passées de mode, la tempérance, la sobriété, l'économie rigoureuse, la privation obstinée des commodités et des plaisirs; que c'est folie d'espérer se passer jamais de ces austères vertus, fût-ce dans la meilleure des organisations sociales; que là est l'a b c de la sagesse économique pour l'ouvrier comme pour le petit bourgeois, et qu'à penser autrement on ne fait que se griser de mots et se préparer à soi, aux siens, à son pays une ruine inévitable et méritée.

Je finis, monsieur. Vous n'avez pas, j'en suis sûr, vous et vos collaborateurs, attendu mes conseils pour commencer de les pratiquer. Tout citoyen éclairé, tout bon père de famille, tout homme de bon sens les devine d'instinct. Parlez donc à vos jeunes gens. et parlez-leur vrai : faites-leur, faites-vous à vous-même cet honneur; il y va du salut même du pays; car Paris, n'en doutons pas, décidera plus d'une fois encore du sort de la France — ainsi le veut la force des choses; — et c'est la jeunesse qui, pour une très grande part, décidera de la conduite de Paris. — On pourra voir alors si les associations d'instituteurs pour le patronage des adolescents ont servi à quelque chose.

DEUXIÈME PARTIE

ALLOCUTIONS AUX ANCIENNES ÉLÈVES DE FONTENAY DANS LEURS RÉUNIONS ANNUELLES, ET CONFÉRENCES DU MATIN A L'ÉCOLE.

LE RÔLE DE LA FEMME DANS LES DÉBATS CONTEMPORAINS

I

Réunion de l'Association du 5 août 1894.

De quel autre sujet vous entretiendrais-je aujourd'hui, de préférence à celui qui a tant de fois rempli nos conférences du matin? Tout ancien qu'il soit pour vous, il est plus actuel que jamais.

Dès l'origine de Fontenay, j'en appelle au souvenir de toutes les promotions, et en particulier de la première, celle de 1880, vos maîtres se sont appliqués à mettre sous vos yeux l'état moral, social et politique du pays. Loin de vous enfermer dans une sorte de cloître studieux, ils vous ont initiées largement à la vie contemporaine, estimant que les institutrices du peuple ne pouvaient contribuer efficacement à l'œuvre de l'éducation qu'à la condition de bien connaître le monde où elles allaient vivre, l'air que l'on y respire, les idées, les croyances, les habitudes d'esprit, les sentiments qui prévalent autour de nous. C'est de cette observation directe des choses présentes que nous nous inspirons tous pour diriger vos études diverses, et notamment vos études morales et historiques.

Une occasion récente a fait surgir devant moi, avec une singulière précision, la question qui nous a tant de fois occupés ensemble, celle du rôle que vous avez à remplir dans la situation présente, je veux dire ce qu'il est de votre devoir et en votre pouvoir de faire, sans sortir de votre sexe, ni dépasser vos modestes moyens. M. Lavisse, dans un discours plein de graves pensées, qu'il a prononcé, il y a quelques jours, à l'inauguration du monument funéraire de notre cher et tant regretté professeur, Charles Bigot, commençait par décrire en termes émouvants « le désarroi général des esprits et des caractères à l'heure actuelle, l'inefficacité des préceptes envieillis, le doute sur les anciennes lois (je cite de mémoire), tout ce qui fait dire aux uns : « A quoi bon vivre? » et aux autres : « Comment faut-il vivre? » Et il opposait à cette sorte de déroute morale l'exemple de l'homme que vous avez connu et aimé, aussi pénétré que personne de l'esprit de son temps, mais actif, loyal, vaillant dans sa sincérité d'esprit, voué avec passion au service de la vérité, ainsi que de la beauté, de la justice, de la liberté, enfin de la France, en qui il incarnait les plus nobles causes. Vous lirez toutes cette page où Fontenay occupe sa place, page vraie et belle, même quand elle peint le triste état d'esprit qui marque la fin du XIXe siècle, et qui la distingue si profondément du siècle précédent, de ce moment unique de notre histoire, entre 1789 et 1792, où la nation entière crut, aima, voulut, espéra, comme si elle eût été un seul homme, et où la foi de nos pères fit tressaillir d'allégresse tout le monde civilisé.

Je n'insiste pas; je n'essaierai pas de compléter dans le détail le tableau esquissé d'un trait sobre et vigoureux par M. Lavisse. Je ne retiens que ce mot significatif du discours : « Tout semble incertain aujourd'hui de ce qui était jadis impérieusement clair »; un mot dont vos leçons et vos lectures variées vous ont permis d'apprécier la justesse, en ce qui concerne non seulement les données fondamentales de la métaphysique et de la religion, les idées de Dieu et de la vie à venir, mais celles de la morale, de la vieille obligation morale, de la loi du devoir et de la liberté humaine.

J'aime mieux chercher avec vous si, dans une telle désagrégation des doctrines et des esprits, dans ce pêle-mêle où ne reste debout aucun principe vital incontesté, si vous autres, de simples femmes, de jeunes femmes, instruites sans doute et animées d'un ardent désir d'être utiles, mais qui n'êtes ni des savants, ni des philosophes, ni des économistes, encore moins des théologiens, si vous pouvez, en unissant vos efforts, faire pour l'âme du pays quelque chose qui ne soit pas illusoire ou superficiel, qui aille au vif de ses besoins actuels.

Je dis bien : *pour l'âme du pays*; et si cette expression semblait à quelques-uns présomptueuse, je rappellerais que l'État, en vous confiant un grand service, celui de l'instruction des filles du peuple, c'est-à-dire de l'immense majorité de la jeune génération féminine, vous a expressément conviées à faire œuvre d'éducation, c'est-à-dire œuvre morale autant qu'intellectuelle. Le Parlement, à l'heure la plus critique de ce siècle, a eu la vive intuition des secours qu'il fallait résolument demander à l'école, à l'humble école primaire et à l'école normale, pour relever et retremper l'âme de la France, pour la rendre capable de porter le poids des nobles institutions libérales et démocratiques.

La question est donc bien opportune : Que pouvez-vous, lorsque de tous côtés le terrain moral, celui des principes et des préceptes avérés, semble s'effondrer sous vos pas? Que pouvez-vous également sur un autre terrain non moins brûlant, celui des idées économiques et sociales? Ici encore, le violent antagonisme des classes, les récriminations sans mesure et les cris incessants de haine décèlent l'ébranlement des vieux cadres de l'ordre établi, le conflit des préjugés et des doctrines. Que vous appartient-il de dire? Quelle portée, quelle gravité peut avoir votre parole de femmes dans ce tumulte des opinions, des intérêts, des passions contraires?

Certes, nous ne vous avons jamais détournées, et je ne

vous détournerai pas aujourd'hui de regarder en face les questions du jour ni de travailler à vous faire sur ces graves sujets, en toute sincérité, sans superstition comme sans libertinage d'esprit, des opinions arrêtées, des croyances bien définies. Aucun effort n'est plus légitime que celui-là, aucun n'honore davantage la femme éclairée aussi bien que l'homme; et s'il n'est pas toujours couronné du prompt succès que l'on avait rêvé, encore peut-il aboutir à des résultats également précieux pour la conduite de la vie et pour la paix de l'âme. Mais enfin, si aucun de vos maîtres ne songe à dénier à la femme le bon sens et le bon jugement, non plus que le droit et la capacité d'aborder pour son compte les plus graves questions morales ou sociales, ce n'est pourtant pas vous qui vous flatterez de prononcer le *fiat lux* dans les ténèbres du présent; vous n'apporterez pas au monde, au pays, une doctrine rationnelle qui apaise les doutes et remette l'ordre dans les esprits. Vos conclusions religieuses, morales, sociales, vous seront, à bon droit, un appui, une inspiration, et par là elles agiront indirectement sur votre entourage; mais ce n'est pas de vous que notre génération attend les mots lumineux et décisifs.

Et, néanmoins, elle vous charge d'élever ses enfants, de les préparer à la vie, c'est-à-dire, tout en les munissant des instruments élémentaires de l'instruction, de former en chacun d'eux une âme d'homme. Elle vous impose ce devoir comme si vous étiez tenues d'y voir plus clair que les autres, de mieux savoir ce que c'est que l'homme et la destinée humaine et la loi de cette destinée. Encore une fois, n'est-ce pas là une prétention excessive, et ne seriez-vous pas admises à vous récuser en invoquant l'ignorance universelle sur ces sujets et l'incompétence particulière de votre sexe?

Je ne le pense pas, et c'est là-dessus que je veux me bien expliquer avec vous. Oui, l'on a raison, malgré l'incertitude et les défaillances dont tout le monde se plaint, de réclamer de vous, en votre qualité même de femmes, des lumières, des forces, des directions, bref un secours, que vous avez expressément qualité pour donner, à la seule condition de rester fidèles à votre vraie nature. Dans le conflit violent des idées et des intérêts, votre office *libérateur*, à vous, c'est de veiller avec sollicitude sur le *foyer* même, sur « l'homme intérieur », sur l'être caché que chacun porte en soi sans le connaître, sur la vie du dedans, celle du cœur et de la conscience. Entretenir dans notre monde troublé la vie du sentiment, pour vivifier ce qui reste de croyances et suppléer au besoin les doctrines incertaines, pour tempérer la vie intellectuelle trop absorbante, pour atténuer les antagonismes, pour amortir la lutte des intérêts; telle est, non pas la fonction unique, mais la fonction par excellence de la femme; et en disant cela je ne fais presque que reproduire le témoignage d'une femme éminente de notre siècle, Mme Necker de Saussure.

Mais de quels sentiments parlons-nous? Non pas de rêveries langoureuses, mais de ce que l'humanité a de plus distinctif et de meilleur, de ce qui la fait vivre à son insu, et sans quoi elle meurt, de ce qui lui est plus essentiel, plus vital que les plus hautes doctrines philosophiques ou ecclésiastiques, de ce que ces doctrines elles-mêmes s'étudient à démêler, à définir, à développer, sans y jamais réussir pleinement et définitivement. Et pour appeler de leurs noms quelques-uns de ces sentiments, fruits exquis de la sagesse antique et de la sagesse chrétienne, devenus avec le temps comme la substance et la noblesse de l'âme humaine, et dont la femme vraiment femme est la gardienne — née et l'interprète persuasive, c'est d'abord la confiance naïve à la vie, c'est-à-dire le contraire du désabusement pessimiste, et la condition de l'activité calme, régulière, soutenue; c'est la confiance en l'homme et aux hommes; c'est l'amour honnête sous toutes ses formes; c'est la justice et la pitié; c'est le sens délicat des convenances morales, dans le commerce social comme dans l'art; c'est encore la résignation, vertu aujourd'hui en défaveur, comme si la condition humaine ne restait pas, en dépit de tous les progrès accomplis ou à venir, soumise à d'inévitables et dures lois; c'est l'humilité, vertu encore plus suspecte et presque oubliée, comme si elle ne répondait pas à la fois à notre état d'absolue dépendance à l'égard des puissances invisibles et à notre état de faiblesse morale; c'est le repentir, inséparable de la vraie moralité; c'est enfin le sentiment religieux, qu'il ne faut pas confondre avec telle ou telle de ses formes positives, plus ou moins sujettes à la critique, et encore moins avec la superstition aveugle, servile ou fanatique, mais qui est plutôt notre instinct à la fois le plus profond et le plus auguste, celui qui décèle notre affinité de nature, notre parenté avec l'intelligence et l'amour suprêmes; sentiment qui agrandit et approfondit, en se mêlant à elles, toutes les autres vertus, et qui imprime à la vie morale une gravité, une dignité, qu'elles ne sauraient emprunter d'ailleurs.

Qui mieux que la femme saura exprimer ces sentiments? Qui sera plus propre que vous à traduire à l'usage du peuple, des simples, *de nous tous*, en langue vulgaire et vivante, les notions abstraites et sèches qu'enseigne la philosophie, celles de l'Ordre universel, de l'Impératif catégorique, de la loi du bien cachée au fond des choses? Qui rendra, sans les profaner par un alliage superstitieux, leur sens profond et bienfaisant aux vieux mots de Père céleste, de repentir et de pardon, de vie éternelle, de charité, de sainteté?

Tandis que les philosophes, à l'éternel honneur de l'esprit humain, cherchent, doutent, disputent sur les définitions, les principes, les démonstrations des grandes vérités morales, la femme, sans fermer l'oreille à ces nobles débats, mais moins distraite que l'homme par les bruits du dehors, écoute des voix intérieures qui lui attestent la dignité de notre nature et sa haute destinée. Par là, elle empêche la prescription des vérités vitales, laissant à la science le soin légitime de les éclaircir et de les ajuster à l'ensemble de nos connaissances : elle les sent, elle les croit, elle en vit, sans renoncer à les comprendre.

Tel est, je crois, le service particulier qu'il appartient à votre sexe de rendre au pays : ranimer la vie intérieure, susciter en silence une vie morale, profonde et jaillissante, vie personnelle et fraternelle tout ensemble, non moins féconde dans l'ordre des questions sociales que dans celui des questions morales. Pour cela, sans doute, il est besoin que vous observiez une sévère hygiène de l'intelligence et du cœur, ne vous isolant pas du monde, comprenant et aimant votre temps, mais attentives à ne nourrir votre esprit que de choses saines et pures; relevant de votre seule conscience, mais vous mettant avec amour au service des autres; et, pour vous mieux posséder, entretenant l'habitude du recueillement intérieur, aujourd'hui presque universellement délaissée, sans laquelle la vie morale est toute en l'air, sans gravité et sans profondeur.

Laissez-moi, en finissant, vous exprimer les souhaits que je forme pour vous et pour tous les membres de l'Association.

Le premier, c'est que vous restiez toujours *jeunes*. Ce n'est pas là, croyez-le, un vœu chimérique, si toutefois la jeunesse est avant tout la santé de l'esprit et de l'âme, le cœur vaillant et chaud, l'amour de la vie et des hommes, et pour vous, en particulier, l'amour de l'éducation, des élèves, du peuple, l'amour de la France et des nobles causes inséparables du nom de la France. Il dépend en grande partie de vous de rester jeunes jusqu'au terme de l'existence, si vous savez gouverner votre corps et votre esprit, ne point gaspiller vos forces par un travail intempérant et mal réglé, ni les laisser engourdir dans le désœuvrement, dans la rêverie, dans les affections énervantes; si vous avez soin de tenir dans l'ordre et dans le calme vos pensées, vos sentiments; si vous résistez à la tentation des lectures malsaines et des doctrines qui dissolvent la volonté en détachant de l'action: si vous savez enfin vous tenir, comme on disait autrefois, en *état de grâce*, j'entends en disposition d'agir, de penser, d'aimer, d'espérer. Que si vous veniez à vous apercevoir que cette disposition s'affaiblit en vous, prenez garde : c'est la vieillesse qui commence, n'eussiez-vous que trente ans. Il est des hommes, vous le savez, qui meurent sans avoir vécu; il y en a aussi qui vieillissent sans avoir jamais été vraiment jeunes. Il en est d'autres, bien rares, qui ne vieillissent jamais.

Un second souhait, c'est que tout en étant professeurs vous restiez toujours femmes, femmes bien élevées et de bonne compagnie; femmes par l'agrément et la sûreté du commerce quotidien, par la modestie et la réserve; femmes par la délicatesse et la pureté des sentiments, comme par la dignité du langage et de la tenue; femmes en tout ce qui est le contraire de l'esprit de petitesse et d'aigreur, de l'humeur susceptible, ombrageuse, inégale, boudeuse, de la vulgarité, de la médisance et du dénigrement, de la jalousie à l'égard des égales, de l'esprit envieux et frondeur à l'égard des supérieurs, des âpres revendications du droit en ce qui touche le service professionnel; le contraire du *quant à soi*, du caprice, du laisser-aller, du sans-gêne égoïste; femmes, par l'application à être agréables aux autres, quels que soient leurs défauts, à éviter les froissements, à entrer dans les convenances de tous, et autant que possible dans leurs vues. Telle est la femme, à mes yeux comme aux vôtres, qui, jeune ou vieille, jolie ou laide, médiocre par le talent ou distinguée, séduit et charme, et se fait toujours respecter et aimer; celle qui, institutrice, aura, sans y prétendre, un doux et bienfaisant ascendant sur les élèves et sur les collègues. Telle la femme dont le poète a dit :

> Les autres sont du bruit; vous, vous êtes un chant.

Pour moi, vous le savez, je serais particulièrement jaloux que nos écoles normales donnassent à tous ceux qui les visitent l'impression qu'il y fait bon vivre, que l'on y respire un air calme et pur, que l'on n'y trouve que des personnes aimables et gracieuses autant qu'estimables et instruites, et qu'enfin c'est un privilège d'y être admise. N'en doutez pas : c'est là le signe, visible à tous, compris de tous, de la bonne éducation, de la vraie supériorité chez une personne de votre sexe et de votre profession. Si ce signe manque, vous ferez sonner en vain les grands noms, les grands principes, votre savoir et vos diplômes : vous recueillerez peut-être des éloges, mais non pas la confiance ni le respect. Pour élever des femmes, ce qu'on vous demande avant tout, c'est d'être des femmes.

Mon dernier souhait, c'est *que vous restiez toujours du peuple*, d'où nous sortons tous, et au service duquel nous sommes expressément voués par notre institution. Portez l'esprit et le cœur assez haut pour être inaccessibles à la sotte et vulgaire tentation de vous distinguer, vous, filles du peuple, de vos élèves et de leur profession, et de remplir comme un pis-aller, comme un emploi inférieur, votre fonction d'institutrices. Restez fidèles aux mœurs simples que vous tenez de vos parents ; ne mettez pas votre amour-propre à étaler ce faux luxe qui est l'une des plaies vives de notre société, qui atteste aussi peu de bon goût que de sagesse, et dont les femmes sont, en général, les propagateurs les plus actifs.

Je me souviens qu'un grand philosophe d'Allemagne, prié par un de mes camarades d'Université d'écrire de sa main un mot de souvenir sur un album, traça cette brève sentence d'un ancien : « Le simple, c'est le vrai ». Vous aussi, restez simples; et si vous ne l'étiez pas déjà — car il s'en faut que nous le soyons tous de naissance et sans effort, — hâtez-vous de le devenir : simples de pensées, de sentiments, de langage et de conduite; simples dans votre mise et dans toutes vos habitudes; simples pour vous plaire avec les simples, simples pour rester en tout dans le vrai.

Je vous ai dit mes souhaits. Qu'en sera-t-il? Où aboutiront plus tard nos communs efforts, ceux de vos maîtres de Fontenay et les vôtres?... Ce matin, mes yeux sont tombés sur ces vers de Victor Hugo, que nous avons autrefois lus ensemble, et qui m'ont donné de nouveau à réfléchir :

> Rien ne reste de nous; notre œuvre est un problème.
> L'homme, fantôme errant, passe, sans laisser même
> Son ombre sur le mur....

Le poète dit-il vrai? Oui, sans doute, si on l'entend de

la destinée humaine, précaire et éphémère, « de notre chétive durée », comme s'exprime Pascal, ou de notre pauvre nom, prompt à s'effacer de la mémoire des hommes. Mais combien il se trompe s'il veut dire qu'il ne reste rien de notre action, de notre exemple, de notre enseignement! A cet égard (faut-il nous en inquiéter ou nous en féliciter?) notre œuvre est loin d'être un problème. En bien ou en mal, quelque chose restera de nous; oui, de nous-même, de notre propre être, de notre intime personne. Quelque chose, soit bien, soit mal, passe effectivement de nous en ceux qui nous voient, qui nous écoutent, que nous instruisons. Si ce n'est pas notre bonté, notre droiture, notre courage, notre énergie morale qui passent en eux, c'est notre pauvreté de pensée, notre sécheresse de cœur, notre faible vouloir, notre caprice. Non, en vérité, il ne dépend pas de nous de ne pas nous survivre en ceux qui nous ont connu de près : mais choisir ce qui survivra de nous, voilà ce qui est en notre pouvoir. Et c'est assez, je pense, pour nous préserver à la fois du découragement et du trop facile contentement de soi.

II

L'esprit d'éducation à Fontenay. — Réunion générale du 6 août 1895.

I

Je ne saurais, à ce qu'il me semble, proposer à cette assemblée annuelle des anciennes élèves un sujet à la fois plus intéressant et plus utile à éclaircir que celui-ci : quel a été et quel est encore l'esprit de Fontenay? A quels signes le reconnaître? S'il est vrai qu'il y ait en effet un esprit de l'École, qui a présidé à votre éducation, qui préside encore à l'éducation des promotions actuelles, et qui fait sentir son action dans les écoles normales et les écoles supérieures où vous enseignez, n'y aura-t-il pas grand profit à marquer nettement les traits essentiels qui le composent, afin de vous mettre en état soit de le bien juger et, au besoin, de le corriger, soit d'être jugées par lui et de prendre ainsi votre exacte mesure de professeurs et d'institutrices?

Que cet esprit-là existe, qu'il soit autre chose qu'un mot, nous pouvons, je crois, le dire sans présomption. Est-il bon, est-il mauvais; est-il étroit, est-il large; est-il stérile ou fécond, est-ce un esprit sectaire et de petite chapelle, ou un esprit libéral, c'est une autre question, et qui va, je pense, se résoudre d'elle-même par l'étude où je vous convie. Mais qu'il existe et qu'il agisse, c'est ce que personne ne met en doute. Un esprit, c'est-à-dire quelque chose de difficile à définir, précisément parce que c'est un esprit et dans la mesure même où il est un esprit, non une règle rigide ni une doctrine rigoureuse, ni une simple habitude d'enseigner, mais un principe qui vit et qui fait vivre, présent à tout, aux études, à la manière d'enseigner, à l'éducation, et premièrement à la vie personnelle de l'éducateur lui-même.

Il est apparu, si je ne me trompe, dès l'origine même de l'École. Il est né, sans concert ni délibération préalable, de l'entente cordiale, chaque jour renouvelée en de familiers entretiens, entre les maîtres de Fontenay qu'animaient les mêmes sentiments et que pénétraient les mêmes nécessités sociales. Les Croiset, les Marion, les Ch. Bigot, les Albert Sorel, les Vidal-Lablache, et les autres ouvriers de la première heure se sont trouvés spontanément d'accord pour imprimer, chacun dans son domaine, le même caractère à la nouvelle école, et par elle à celles qui allaient s'ouvrir l'une après l'autre dans les départements. L'on s'étonnera moins de cet accord spontané, que dans la suite rien n'est venu troubler, si l'on songe qu'il s'écrivait en quelque sorte au jour le jour sous la dictée de l'intérêt public. Chacun de vos professeurs enseignait, cherchait, tâtonnait dans cette voie encore inexplorée, non en professeur seulement, maître de sa matière, mais en citoyen préoccupé du présent et de l'avenir du pays.

C'est dans cette préoccupation commune qu'il faut chercher nos véritables origines. Là est incontestablement le premier, le principal trait de l'esprit de Fontenay, celui qui s'est imprimé le plus profondément dans nos mœurs. On a voulu travailler à une œuvre nationale, démocratique, libérale, que les circonstances faisaient particulièrement grave et urgente. Cette œuvre, où Fontenay n'était d'ailleurs appelé qu'à prendre sa modeste part, consistait surtout à fonder un sentiment public, c'est-à-dire des habitudes de penser, de sentir, de juger, communes aux deux sexes et aux diverses classes de la société. Et comment établir ce terrain moral commun, sinon en faisant participer le peuple, les filles du peuple, par l'intermédiaire des maîtresses d'écoles normales, à ce que la haute culture avait, non pas de plus spécial et de plus technique, mais de plus salutaire, de plus propre à élever les âmes en même temps qu'à les éclairer, de plus favorable au rapprochement des esprits et des cœurs? Point de démocratie viable sans une éducation aristocratique, c'est-à-dire pénétrée de la pensée des *meilleurs*, des plus instruits, des plus *généreux*; une éducation qui dispense libéralement aux membres les plus humbles de la cité, hommes ou femmes, pour les mieux fondre ensemble, le pain jugé le plus nourrissant pour les privilégiés de la fortune ou de la science. Et je ne parle pas seulement ici du savoir, mais de la sagesse morale, de ces vertus de l'intelligence ou du cœur qui font par excellence l'homme, et qui, selon l'idéal d'une démocratie, conviennent à tous et à toutes indistinctement; de ces habitudes de bon jugement et de bien vivre aussi nécessaires dans les conditions obscures que dans les plus élevées. Partager ce trésor avec les plus petits de la cité, voilà le rêve qu'une démocratie intelligente et fraternelle s'applique à réaliser sous peine de perdre son intime raison d'être et de durer : c'est le rêve qui a plané sur le berceau de l'École.

Je n'ajouterais rien de trop en disant que ce sentiment national et démocratique, inspiration première de l'œuvre de Fontenay, a été surtout un sentiment *populaire*. Fontenay est sans doute une École normale supérieure, c'est le titre inscrit sur la porte d'entrée, mais une école d'*institutrices*, vouées au service des classes populaires, sans cesse exercées aux meilleurs moyens de faire pénétrer dans ces classes, à la faveur des éléments simplifiés du savoir, les plus hautes *humanités*, c'est-à-dire le plus de lumière, le plus de justice, le plus d'amour et le plus de force morale possible. Nous mentirions à notre institution première si nous venions jamais — ce qu'à Dieu ne plaise! — à rougir de ce caractère qui est notre raison même d'exister.

Un autre trait me paraît avoir marqué la tradition naissante de ces quinze années, c'est l'élément moral mis au centre de toute l'éducation. S'attacher avant tout à constituer le foyer de la conscience, où se viennent rattacher toutes les manifestations de la vie, et d'où elles prennent force, discipline, harmonie; former ainsi des âmes bien trempées et bien réglées, capables d'initiative et de résistance, d'abnégation et de fermeté, de fortes convictions et de tolérance; des âmes d'autant plus capables de se subordonner, et au besoin de se dévouer, qu'elles seront plus maîtresses d'elles-mêmes, étant plus dépendantes de leur conscience, oui, c'est encore là un dessein qui a prévalu dès le début dans les études et dans l'éducation. En tout, cultiver l'homme, l'être intérieur et personnel, la vérité de la pensée, du sentiment, du langage, du style, telle a été la règle suprême adoptée d'un commun accord par tous les maîtres dans les enseignements les plus divers, sous les noms de respect de la vérité, de naturel, de personnalité, d'originalité, de simplicité, et sous le nom, plus haut encore, de sentiment de la responsabilité.

L'on me dira peut-être que les deux caractères de l'éducation que je viens de décrire conviennent également aux maîtres de l'un et de l'autre sexe, et non pas seulement à vous; je n'y contredirai pas. Mais s'il faut mieux préciser dans quel sens a été conduite dès l'origine l'éducation féminine en particulier, nous dirons que, sans négliger le côté esthétique, la poésie, le chant, le bon goût dans la tenue, dans les manières et dans le commerce social, on a pensé que la femme devait être préparée à s'associer avec modestie et discrétion, selon son génie propre, à la vie spirituelle, entendue au sens le plus large, de son père, de son frère, de son mari, de ses concitoyens; qu'elle devait d'abord être mise en état de la comprendre; que, pour cela, elle devait recevoir une instruction raisonnable et sérieuse, non de surface et de teinture; que des « *clartés* de tout » ne lui suffisaient plus dans son rôle social agrandi et dans la complication des idées et des intérêts contemporains; que s'il est vrai qu'elle est toujours destinée à exceller par le cœur et par les facultés intuitives, il importe à son bonheur personnel comme en particulier à la profession de nos jeunes maîtresses de la munir amplement d'habitudes de raison et de bon jugement. Mais, d'autre part, il a paru à tous ceux qui, directement ou indirectement, ont présidé aux débuts de l'École que l'excès de *savoir spécial*, les humanités négligées au profit de ce savoir, seraient aussi contraires au rôle social de nos élèves qu'à la nature de la femme ; qu'il fallait donc résister à la tentation, si commune en France et si envahissante, d'apprendre beaucoup en s'enfermant dans une spécialité, en vue de beaucoup transmettre; qu'il convenait plutôt, en apprenant peu, de s'appliquer à très bien comprendre en vue de bien enseigner.

C'est dans ce fond solide de raison et de conscience que les qualités aimables, délicatesse, grâce, finesse, élégance, tendresse, prennent la sève nourricière; hors de là, elles risquent ou de se flétrir ou de dégénérer en mièvrerie, en sensiblerie, en pédantisme. Les dispositions particulièrement féminines se déploieront d'autant mieux qu'elles seront associées à un goût simple, à un esprit ferme et judicieux. Ce serait donc, à notre avis, consacrer l'infériorité du sexe le plus faible et la rendre irrémédiable que de diriger ses préférences et ses efforts, quant au savoir du côté de l'érudition, et quant à l'éducation littéraire du côté des qualités de luxe et d'exception en leur subordonnant les qualités modestes, mais fondamentales, de bon sens, de mesure, d'ordre et de proportion, comme si elles étaient d'espèce grossière et en quelque sorte plébéienne.

Mais la part ainsi faite à ce qui donne la force de l'esprit et de l'âme dans l'un et l'autre sexe, vous ne me démentirez pas si j'affirme que vous avez été nourries, selon le mot de M. Ravaisson — à qui l'École garde un souvenir reconnaissant, — *in hymnis et canticis*, dans la poésie et dans le chant. S'il y a une vocation spéciale pour la femme, je vous le rappelais l'année dernière, c'est d'être les gardiennes du foyer intérieur, les conservatrices de la vie du sentiment. Aussi nous sommes-nous appliqués à faire luire sans cesse dans vos austères études des rayons de joie, d'espérance, de pitié pour les petits et pour les misérables, d'amour de la famille, de libre foi morale ou religieuse. Et pour le dire en passant, il m'est arrivé d'entendre dire que certaines d'entre vous, averties par des amis mal informés, avaient autrefois hésité à franchir le seuil de l'École parce qu'elles avaient craint d'y perdre « la religion ». Elles sont, je pense, revenues depuis longtemps de leurs appréhensions. J'ose me porter garant, sans en rien savoir, m'étant fait une loi de respecter le secret de vos consciences, que vous n'avez jamais souffert d'une atteinte à vos croyances, que si quelqu'une de nos élèves a perdu ici « la religion », c'était sans doute une religion bien peu religieuse; que l'atmosphère de l'École vous a plutôt paru dès les premiers jours pleine d'esprit moral et religieux, autant que d'esprit libéral et séculier. Nous aurions adopté volontiers pour devise le mot d'un professeur du Collège de filles de Boston, rapporté par M. Bourget dans son livre d'*Outre-mer* : « Nous ne voulons élever ni des femmes frivoles ni des femmes ascètes », ce qui signifie sans doute que nous voulons former des femmes qui se plaisent à la vie moderne, avec ses multiples intérêts, qui l'aiment en la prenant au sérieux, qui sachent et veuillent y apporter ce que leur sexe possède de goût, de sentiments délicats ou tendres, qui justifient enfin le mot de Vinet : « Dans une société, pour que l'homme vaille tout son prix, il faut que la femme vaille tout le sien ».

C'est encore, vous en conviendrez, un trait de l'esprit de Fontenay que de ne point séparer l'éducateur du professeur. C'est presque dire que les femmes, en devenant professeurs, doivent rester femmes. Combien de fois avez-vous entendu vos maîtres insister sur la nécessité sociale plus impérieuse, plus urgente que jamais, de pourvoir à l'éducation proprement dite des jeunes normaliennes et non pas seulement à leur instruction. On vous a bien souvent averties qu'à ne pas être des *institutrices*, à ne pas vous appliquer de cœur et de bonne grâce à l'éducation morale ou spécialement féminine de vos élèves, vous vous condamniez à une périlleuse infériorité à l'égard des professeurs hommes; que l'opinion publique, l'opinion des familles, incline toujours, non sans quelque apparence de raison, à donner la préférence, en fait d'enseignements élevés, aux professeurs d'un autre sexe; que l'un des promoteurs les plus dévoués de l'instruction supérieure et libérale des filles, Vinet, entendait réserver aux hommes, dans les écoles supérieures de filles, les enseignements qu'il appelle *virils*, c'est-à-dire la littérature proprement dite, l'histoire dans ses parties les plus politiques, la morale même, au moins la morale rationnelle ou théorique. En France, on a partout osé confier aux femmes, dans les lycées et les écoles normales, les plus hauts enseignements de sciences ou de lettres. C'est là une hardiesse qu'aucun pays d'Europe, même entre les plus avancés, ne paraît encore disposé à imiter. Vous aurez à justifier cette confiance des pouvoirs publics à votre sexe par une application redoublée et incessante aux devoirs, aux vertus du professeur, à savoir : la préparation consciencieuse de chaque leçon, le souci de vous faire une opinion personnelle bien motivée sur les points principaux des *enseignements virils* et de l'exposer avec une mesure, une sagesse et aussi avec une décision et une netteté qui témoignent d'une suffisante *virilité* de l'esprit. Mais ne vous abusez pas : en général et à bon vouloir égal, les hommes, mieux préparés que vous par leurs longues études antérieures et capables d'un effort de pensée plus intense et par conséquent d'une vue plus ample et plus pénétrante du sujet, paraîtront encore à beaucoup avoir la supériorité. Seulement, il est un avantage par où vous pouvez rétablir l'équilibre en votre faveur : c'est l'éducation. N'être que des professeurs, même estimables, c'est peu, c'est du moins trop peu pour des femmes; être institutrices, en même temps que professeurs, c'est en quelque sorte être femmes en même temps qu'instruites et bien qualifiées. Ainsi prononcera le monde, et le monde aura raison. On n'aura pleine confiance en votre enseignement que si vous excellez, selon le génie de votre sexe, à y mettre votre âme tout entière, votre cœur, votre conscience en même temps que votre jugement et votre savoir, et à former des esprits droits, des cœurs honnêtes, en même temps que des filles dévouées de la famille française. N'est-ce pas M. Fustel de Coulanges qui réduisait toute la pédagogie à « bien savoir ce que l'on enseigne et à aimer ses élèves? » Aimer ses élèves, j'estime que ce n'est pas tout et que beaucoup de maîtres instruits et animés de bonnes intentions risquent d'enseigner longtemps d'une manière médiocre, faute d'une pédagogie mieux informée ; mais assurément, c'est l'essentiel; et que penser d'une femme, surtout d'une jeune femme, dont tout l'amour pour ses élèves s'épuiserait à leur donner des leçons!

J'aurai l'air de dire une chose banale, tant elle implique l'évidence (et pourtant combien elle s'oublie aisément!) si j'ajoute que le conseil pédagogique dont on vous a le plus entretenues, le plus importunées est celui-ci : voulez-vous être des éducatrices, ne consumez pas votre temps à compulser des recettes de pédagogie, faites d'abord votre propre éducation et ne croyez jamais l'avoir finie; appliquez-vous à vous former et même à vous réformer; oui, à vous *refaire*, et non pas seulement, comme le disent trop aisément nos manuels, à vous « perfectionner » : car lequel de nous n'est à bien des égards *mal fait*! — Vous prétendez exercer vos élèves à la simplicité du langage, au naturel de la pensée et du sentiment, à la ferme décision, bref à toutes les habitudes qui font le bon esprit et qui servent à la bonne conduite de la vie : c'est bien. Mais d'abord, travaillez à leur en offrir le modèle dans votre manière de parler, d'écrire, de penser, de sentir, de juger. C'est de là seulement, de cette intime correspondance entre votre personnage enseignant et votre vraie personne que votre parole prendra de la vertu et de l'autorité. C'est par là aussi que votre profession se sauve de l'inévitable monotonie ainsi que de la fatuité et du pédantisme; par là qu'elle acquiert un intérêt intense et indéfiniment renouvelé; par là qu'elle apparaît ce qu'elle est, ce qu'elle doit être, la plus difficile, à la fois, et la plus intéressante des professions, étant celle qui, incessamment, nous ramène des autres à nous-même et au fond de nous-même.

Enfin, pour ce qui est de l'enseignement proprement dit, je ne ferai que vous rappeler ce que vous avez mille fois entendu de la bouche de vos maîtres, une chose bien simple (mais combien rare celle-là aussi, et combien sujette à échapper même à ceux qui en ont été le plus nourris!), à savoir que le principe souverain de l'enseignement c'est de ne pas laisser l'élève s'arrêter et se complaire dans les formules, dans les généralités historiques, littéraires, morales, scientifiques, esthétiques, mais de lui faire traverser cette région peuplée des ombres des choses, pour lui procurer la vision des choses elles-mêmes, c'est-à-dire la vue directe des faits, des idées, des sentiments, des mœurs, des passions, des caractères, des intérêts, bref *de la vie*; vie de la nature en ses divers règnes, vie de l'histoire, vie de l'intelligence, vie de l'âme, vie nationale et vie individuelle. Mesurez hardiment le mérite d'un professeur, aussi bien d'un professeur de sciences naturelles que de morale ou de littérature, à l'insistance et à l'art qu'il met à faire pénétrer les élèves à travers les mots, les formes abstraites et abrégées, instruments indispensables du langage, jusqu'aux réalités,... « à travers la paille, disait Lebnitz, jusqu'au grain ». Par là, seulement, la leçon est féconde, suscitant la vie au contact de la vie; par là, selon la belle expression de Huxley, « elle attache des ailes à l'esprit des élèves », leur faisant apprécier en tout l'au-delà et l'au-dessus.

Vous ne faisiez que pratiquer cette méthode, lorsque, dans le commentaire des chefs-d'œuvre de notre littérature : *Pensées de Pascal*, *Sermons de Bossuet*, *Maximes de La Rochefoucauld* ou *de Vauvenargues*, *Poésies de Victor Hugo* ou *de Lamartine*, on vous accoutumait, la forme une fois expliquée et les qualités du langage bien comprises et senties, à ne pas reculer devant l'examen du fond. Il n'était pas, entre vous et vos professeurs, de questions réservées, et en quelque sorte de terrain sacré. On estimait que c'était rendre justice et honneur à nos grands écrivains que de ne pas les traiter uniquement en artistes et en habiles ouvriers de style, eux qui n'ont été vraiment grands que par la sincérité de leur pensée ; et, en les honorant, comme ils le méritent, tout ensemble pour cette noble sincérité et pour la beauté de leur langage, vous appreniez à les juger avec une liberté mêlée de respect, du point de vue de votre temps et de la société présente.

II

Tel est, à peu près, si je ne m'abuse, l'esprit de Fontenay, autant que l'on peut exprimer en traits précis ce qui par nature échappe aux définitions. Mais ne me reprocheriez-vous pas d'oublier, disséquant ainsi un à un les membres d'un organisme vivant, que si Fontenay a été tout cela pour vous, il a été encore autre chose, que je ne sais pas, que vous ne saurez peut-être pas davantage expliquer rigoureusement? Vous y avez trouvé, si j'en crois ce que j'ai tant de fois ouï dire, un climat fortifiant et doux, plein d'excitations salutaires, d'appels multipliés à toutes les forces endormies de votre âme ; une discipline souple, libérale, laissant un ample jeu à vos mouvements ; un commerce à la fois familier et digne entre les élèves et leurs maîtres ou leurs maîtresses ; point de brusques tempêtes intérieures ; nul empiétement sur la croyance religieuse, nulle direction oppressive ou insinuante des consciences ; une grande liberté d'action et de pensée sous une règle invisible qui tendait toujours à se confondre avec la seule règle souveraine, celle de la raison et de la conscience. Vous respiriez à l'aise, sans être tentées de vous abandonner. Et c'est pour cela, n'est-il pas vrai, que vos années de l'École, malgré leur inévitable austérité, vous apparaissent parmi les plus douces et plus fécondes de votre jeunesse.

Que si maintenant quelqu'un s'avisait de penser et de dire qu'il n'y a dans tout cela rien de si nouveau, qui ne fût déjà connu et pratiqué en France, et dont il y ait lieu de se vanter comme d'une découverte, je m'empresserai d'abonder dans ce sentiment. Non certes, notre esprit n'est ni un étranger ni un nouveau venu en France; ce n'est pas un esprit de petite chapelle ni d'émigrés. Il est simplement le fait de bons citoyens, attentifs aux signes des temps, à l'état du pays; il a été d'année en année comme reconnu et adopté par nos ministres successifs. Et toutes les fois qu'un maître éminent de l'Université est venu donner à l'École une ou plusieurs conférences, aucune de vous, n'est-il pas vrai, n'a senti que sa langue différât en rien de celle qui se parle communément parmi vous. Non! il n'y a dans l'esprit de Fontenay rien que de français, de conforme aux meilleures traditions libérales et morales de notre pays, rien que n'avouât l'élite de nos concitoyens. Loin de prétendre faire « bande à part », nous nous flattons de penser et d'agir en compagnie des plus fidèles et des plus nobles représentants du génie national, dans le passé comme dans le présent.

C'est pourquoi vous ne vous offenserez pas s'il vous arrive quelquefois d'entendre des personnes, mal instruites plutôt que malveillantes, taxer de chimérique l'esprit de notre école. Que notre manière de l'exprimer ou de l'appliquer risque parfois de paraître empreint de chimère ou peut-être de présomption, il se peut; et vous serez sans doute les premières à ne pas vouloir confondre l'idéal d'éducation qui est votre lumière et votre force avec les personnes appelées à le transporter dans le pêle-mêle et les difficultés de la vie quotidienne. Mais vous ne serez pas tentées de voir une chimère dans la prétention de travailler à une grande œuvre patriotique, libérale, démocratique, populaire, où votre effort, tout obscur qu'il est, n'est sûrement pas perdu. Si semblable pensée vous était une fois ou l'autre suggérée par les cruels démentis de l'expérience soit publique, soit privée, ou par l'usure, plus redoutable encore, de l'âge et des forces, il vous suffirait de rentrer en vous-même pour reconnaître qu'il ne vous est permis ni en raison ni en conscience de renoncer à ce beau rêve, que ce rêve est, au regard de vous et du pays, la vérité même ainsi que le devoir.

III

Ayez donc confiance : nous servons le bon esprit, esprit de liberté, de vérité, d'humanité; mais comment le faire passer dans l'intelligence et dans les mœurs du peuple? Grande question qu'il sera de notre honneur de garder toujours présente à nos yeux et toujours pressante. J'aurai l'air d'y faire une réponse singulière si je vous dis que la première condition pour agir sur le peuple est de connaître le peuple. Et pourtant, croyez-moi, il peut arriver, si nous n'y prenons garde, que nous enseignions toute notre vie les choses divines ou humaines au peuple, sans le connaître. A mon avis, aucun danger, aucune « tentation » ne menace plus les professeurs et les directrices que celle de devenir ou de rester *bourgeois* au sens étroit du mot, et de s'y plaire comme à une supériorité; *bourgeois*, c'est-à-dire séparés des familles du peuple par une fausse aristocratie d'éducation, de goûts, oui, de sentiments, même de beaux sentiments. Beaucoup peut-être d'entre vous enseignent en vue d'un peuple abstrait qui n'est pas celui de leurs élèves, sans soupçonner à quels rudiments, même en morale (surtout en morale!), il faudrait descendre pour rencontrer le vrai peuple de l'usine et de la charrue. Aussi peut-il arriver que les jeunes institutrices, en sortant de vos mains, et animées d'ailleurs du meilleur vouloir, se trouvent dépaysées devant leurs élèves incultes, dont plusieurs ont tout, tout à apprendre, avec l'alphabet des lettres l'alphabet des mœurs, les éléments de la civilisation. Vous êtes du peuple, vous avez à instruire le peuple : apprenez donc à le connaître; et pour le bien connaître, apprenez à l'aimer, comme votre famille; descendez vers lui, conversez avec lui, exorcisez le malin esprit bourgeois.

Ne lisais-je pas hier encore dans une étude sur Royer-Collard un mot plein de sens et de saveur que l'illustre orateur parlementaire et philosophe adressait à ses filles : « Je ne veux pas que vous soyez des dames ; je saurai bien vous en empêcher ». Et cet autre mot : « On doit donner aux classes déshéritées de la plus grande élévation morale en même temps que de la fortune l'exemple de la plus complète simplicité des mœurs ». Et il obligeait ses filles à tenir dans leur village de Sompuy une petite école d'enfants pauvres et orphelins.

En gardant ainsi toujours ouvertes vos communications avec le peuple, en pénétrant avec une cordiale sympathie jusqu'aux origines de vos élèves et au milieu moral où elles vivent habituellement, vous apprendrez mieux que par tous nos préceptes pédagogiques le principal secret de l'enseignement primaire, qui est de simplifier. *Simplifier*, non pas seulement dans le sens de *rendre clair* en ramenant chaque chose à ses éléments ou à ses principes (cette qualité-là est de tous les ordres d'enseignements), mais, en tout, choisir ce qui est à la portée des élèves, ce qu'ils peuvent s'assimiler, ce qu'ils ont le plus besoin de savoir, et qui en même temps donne une idée fidèle de la vérité, en histoire, en géographie, en sciences. Simplifier, en élaguant, en éliminant beaucoup de connaissances qui, toutes précieuses qu'elles sont, dépassent l'appétit, le temps, les moyens de nos jeunes filles. Vous résisterez à la mortelle tentation de tout dire, d'*épuiser* les programmes, de transporter dans vos écoles normales les cours de Fontenay. Et alors vos jeunes institutrices, instruites par votre exemple et vos conseils, apprendront à leur tour à appliquer cette loi fondamentale de l'instruction primaire que nous oublions trop : enseigner peu afin d'enseigner bien, simplifier en choisissant et en portant sur le principal tout l'effort soit de l'explication et de l'intelligence, soit de la mémoire. Nous ne ferons qu'à ce prix œuvre qui vaille. Je sais les objections tirées des exigences du programme et des commissions d'examen ; j'en apprécie la force, mais j'estime que si nous tous, tant que nous sommes, depuis les professeurs jusqu'aux instituteurs et aux institutrices, nous vivions plus près de l'intelligence et de l'âme du peuple, aucune considération d'examen ni de programme ne nous empêcherait d'appliquer avec obstination cette règle, dictée par la nécessité, j'ai presque dit par l'honnêteté : choisir et simplifier.

J'ai parlé de l'esprit bourgeois; je dénoncerais volontiers un autre tentateur, l'esprit *fonctionnaire*, proche parent du premier, qui est, lui aussi, parmi nous un agent d'isolement très à redouter; cet esprit qui éloigne les gens *en place*, assurés de leur travail régulier et de leur traitement à jour fixe, de la fréquentation des cultivateurs, dépendant du ciel, de la terre, des saisons, des intempéries, des crises commerciales, etc.; qui les rend presque étrangers aux inquiétudes ou aux espérances dont le pays est ému; ou encore qui trace une démarcation si profonde entre eux et leurs subordonnés qu'ils en viennent tout doucement à oublier qu'ils n'existent et ne figurent au budget que pour le service des autres, si bien qu'à l'occasion ils disputent âprement, pied à pied, sur la mesure de temps et de peine que comportent strictement leurs fonctions. Qui ne voit que cet esprit de mandarinat, de diplômes, n'a rien de commun avec l'éducation libérale, laquelle se reconnaît surtout à la générosité, à l'ample don de soi, au rapprochement étroit, à la pénétration mutuelle du maître et de l'élève? Qui ne voit encore que cet esprit, déplaisant et bas autant que pernicieux dans les deux sexes, l'est particulièrement chez la femme, de qui l'on se plaît à attendre la délicatesse et la noble libéralité des sentiments?

Oserai-je vous confier une crainte qui m'a quelquefois traversé l'esprit? Peut-être le régime de l'internat, si propre, semble-t-il, à entretenir la sympathie, l'échange affectueux des bons services par le contact incessant des maîtresses et des élèves, favorise-t-il d'autre part à quelque degré l'égoïsme individuel, qui s'enferme strictement dans ses limites, qui n'entend pas se gêner pour des cas imprévus, qui répugne aux petites incommodités de la vie quotidienne. Mais à y regarder de près, je crois plus juste de s'en prendre à ceci : que l'internat ni l'externat ne tiennent lieu de la vie de famille, l'école par excellence des petits et des grands sacrifices, où il n'y a pas de règlement qui marque d'avance ce que vous devez et ce qui vous est dû, où l'on ne peut pas se réserver pour soi tout seul une place commode et assurée, pas même une heure inviolable; où l'on appartient sans conditions à tous et à chacun; où la femme de l'esprit le plus cultivé est tenue souvent, presque toujours, de remplir elle-même les plus humbles offices au lieu de s'en reposer sur des domestiques et sur une *Économe*; où l'on est appelé chaque jour à l'improviste à se gêner, à se subordonner, à s'effacer devant les jeunes et les vieux, devant les caractères et les humeurs difficiles, devant les maladies dont on guérit, et les infirmités dont on ne guérit pas; où la joie d'aimer est la seule rémunération de tout ce qu'on sacrifie de soi. Sans doute, il ne serait pas raisonnable d'espérer que l'école se confonde jamais avec la famille; mais on ne me persuadera pas qu'il faille renoncer à voir des femmes bien nées et bien élevées, associées à une œuvre noble par excellence, mettre dans leurs rapports habituels, avec la dignité simple de la bonne compagnie, la prévenance cordiale et le support mutuel sans lesquels la vie de famille elle-même change de caractère et perd tout son prix.

Personne ne comprendrait non plus que nos maîtresses du peuple, nourries pour ainsi parler « de nectar et d'ambroisie », du plus pur des traditions morales, religieuses, littéraires, du genre humain, eussent perdu à ce régime le sens de leur propre nature, au point de dédaigner les travaux du ménage et les soins délicats de toute sorte qui appartiennent à leur sexe, ou bien encore qu'elles montrassent de la répugnance à les apprendre à leurs élèves.

Enfin, si je cherche, en terminant, à résumer en peu de mots le principal de l'esprit de Fontenay, parmi tous les traits énumérés, je relèverai celui-ci : l'on s'est avant tout proposé de donner aux élèves l'impulsion personnelle, le goût, le besoin d'entreprendre et de continuer elles-mêmes, toute la vie durant, leur éducation ainsi que leur instruction. Nous avons voulu leur graver, au plus profond de l'âme, le sentiment de la propre responsabilité, aussi bien dans le domaine du vrai que dans celui du bien. Former au plein sens du mot des *personnes*, qui sous l'autorité de la conscience et de la raison aient une pensée, un sentiment, une volonté à elles, des personnes, et non des mécanismes savants et bien montés, ni des mannequins de société, habillés, modelés et pensant selon la mode. Des *personnes*, c'est-à-dire des êtres qui vivent d'une vie propre et qui sèment la vie autour d'eux, voilà peut-être l'esprit de l'École dans son trait caractéristique. Ne vous semble-t-il pas que ceux qui réussiraient, à quelque degré, à inoculer ce sentiment à une génération n'auraient pas démérité de leur pays, et qu'ils auraient travaillé pour l'avenir autant que pour le présent?

Ai-je maintenant tout dit? Ai-je réussi à définir à peu près, tout indéfinissable qu'il soit, notre esprit d'éducation? Quand je l'ai montré à la fois national, démocratique, libéral, moral, visant à travers le savoir l'intelligence, et à travers l'intelligence l'âme, la personne intérieure, me serais-je encore arrêté, sinon à la surface, du moins au bord de l'essentiel? Tout cela n'implique-t-il pas avant tout la foi même à l'éducation et à sa vertu libératrice? Et que vaudraient, en effet, ces beaux dehors, quel sens attacher à ces grands mots, si en notre âme et conscience nous ne croyions désirable, nécessaire, possible, de communiquer aux enfants du peuple, non seulement les connaissances élémentaires, et par elles, les moyens d'acquérir cette mesure de bien-être sans laquelle on est à peine une créature humaine, mais encore ce qu'il y a de plus précieux dans le patrimoine spirituel de l'humanité, ce qui peut les aider à passer de l'état de nature ou d'animalité intelligente à l'état de véritable liberté? Et tout à la racine même de cette foi à l'éducation, qu'y a-t-il encore qui se trouve être notre raison, si j'ose dire, inépuisable de vivre, de travailler avec espoir? C'est, je pense, la foi à la dignité, à la valeur infinie de l'homme, de toute âme d'homme et de toute destinée; c'est l'idée, mêlée dès l'origine à tous les enseignements de l'École, que l'homme n'est pas enfermé tout entier sous les lois et dans les conditions de l'histoire naturelle; que sa destinée ne s'épuise ni dans l'individu, ni dans la famille, ni dans la cité, ni dans l'humanité, ni en rien de visible, d'éphémère et de borné; qu'il est, selon le mot du vieux sage et poète de la Grèce, adopté par l'apôtre chrétien, de *race divine*; si bien qu'en travaillant à fonder en nous-mêmes et chez les jeunes filles de nos écoles, le règne de la vérité, de la liberté, de la justice, de l'amour fraternel, nous concourons à une œuvre éternelle et sacrée. Vous n'en êtes pas moins restées maîtresses de penser, de pratiquer, de vous abstenir, chacune selon la tradition ou la doctrine de son choix : toute conviction nous a paru respectable qui n'aliène pas la liberté de la raison et le droit souverain de la conscience.

Tel m'apparaît notre esprit d'éducation. Mais tandis que j'essaye d'en dessiner les traits, je ne me dissimule pas que je fais d'autant mieux voir à tout le monde combien nous lui restons inférieurs les uns et les autres, soit dans notre pratique de Fontenay, soit dans celle des Écoles normales. Cet idéal, si imparfaitement ébauché qu'il soit, en même temps qu'il nous soulève et nous porte, nous juge, nous met à notre place et nous fait une loi d'être modestes.

Cet esprit vivra-t-il? Restera-t-il fidèle à ses origines? Prendra-t-il racine dans les mœurs, dans les vôtres, dans celles des élèves, vos filles, et de leurs élèves innombrables, vos petites-filles? Saurez-vous préparer à la France une génération de femmes dignes de prendre place dans une cité libre, active, intelligente, mais trop peu munie de traditions? Saurez-vous fixer peu à peu l'esprit de Fontenay dans une discipline d'idées, de sentiments, de procédés pratiques d'enseignement et d'éducation qui soit capable de durer? Sera-t-il assez résistant et assez souple à la fois pour s'adapter aux besoins du pays, pour se prêter aux mouvements de l'opinion? Ou bien se trouvera-t-il à l'usage, étroit, raide, stérile, impropre à se développer, à se diriger, à se propager? C'est le secret de l'avenir; c'est votre secret : Fontenay sera ce que vous le ferez.

III

Réunion du 6 août 1896. Adieux à l'Ecole.

Vous n'attendez sans doute de moi rien qui ressemble à un discours; cela ne répondrait, en cette circonstance, ni à vos sentiments ni aux miens. Je veux plutôt vous parler une dernière fois comme je vous ai parlé si souvent dans nos Conférences quotidiennes du matin, avec simplicité et liberté. Jamais autant qu'aujourd'hui le mot de l'Ancien que je vous ai souvent cité : « Pénètre dans l'âme des autres et laisse les autres pénétrer dans la tienne », ne m'a paru devoir être la règle de nos entretiens et le seul genre d'éloquence — si c'en est un — qui me soit permis. Aidez-moi seulement, dans l'évocation de nos vieux souvenirs, à maîtriser mon émotion en maîtrisant la vôtre.

Je ne veux pas affecter une impassibilité qui serait bien éloignée de ma disposition réelle. En repassant du regard les seize années écoulées, je considère que je laisse derrière moi la période la plus heureuse de ma vie; heureuse par une grande activité au service d'un grand dessein; heureuse par l'entière communauté d'esprit avec des collaborateurs éminents; heureuse par l'échange quotidien de vues avec des maîtresses dévouées; heureuse par la confiance et l'affection des élèves.

Je me rappelle le jour et presque l'heure où je reçus la première ouverture concernant une École normale supérieure d'institutrices à fonder. C'était au cours de ma première tournée d'inspection générale, dans une pittoresque petite ville des montagnes basques, à Mauléon, dans la même hôtellerie où quarante-trois ans auparavant, à l'âge de sept ans, j'avais été conduit par mon père. Il venait alors me confier aux soins de l'un des bons instituteurs formés par la récente loi de 1833 (loi Guizot) qui, le soir même, m'emmenait avec lui dans le village le plus reculé de la frontière; le lendemain, il me faisait asseoir parmi les jeunes montagnards, ses élèves, dans l'humble école établie sous le porche de l'église paroissiale, au milieu du cimetière communal, en face d'un cirque ravissant de montagnes boiseés. C'est là que mon imagination a reçu ses plus vives impressions de la nature; là aussi, j'en rends grâces à mon excellent maître basque, que j'ai appris, bien appris, ma grammaire française.

La proposition de M. le Directeur de l'Enseignement primaire ne laissa pas, vous le pensez bien, que de me troubler, et pour des raisons diverses. Je me défiais de moi-même, je ne voyais pas clair. — Et pourtant j'acceptai. Il ne s'agissait d'ailleurs que d'une absence de trois ou quatre ans : le temps d'*organiser* l'École; et c'est pourquoi je partis, n'emportant ni bibliothèque ni mobilier, que l'incendie devait consumer plus tard avec ma maison entière. Au lieu de quatre ans, me voici au terme de la seizième année.

J'ai également très présent à l'esprit mon premier entretien avec M. Jules Ferry, ainsi que ma première rencontre avec nos professeurs; et bien que le *moi* soit déplaisant, vous me saurez gré, j'en suis sûr, de vous livrer familièrement ces souvenirs : ne font-ils pas en quelque sorte partie de vos archives?

M. Ferry attachait la plus grande importance à la nouvelle institution, unique en son genre, sans précédents connus en France ni à l'étranger, et qui formait la pierre angulaire de toute l'organisation projetée des écoles normales et des écoles de jeunes filles. Il la voulait franchement laïque d'esprit, d'enseignement, de discipline, comme de personnel, mais sérieusement éducatrice et morale, sans rien d'étroit, de sectaire, d'exclusif. Nous eûmes à nous expliquer ensemble sur plus d'un point délicat. Il avait pris la peine de lire ce que j'avais publié en divers temps sur des matières diverses et en particulier sur l'éducation nationale; il ne partageait pas toutes mes vues; mais nous étions d'accord sur le caractère à imprimer à la nouvelle création. Il voulut bien me dire qu'il me prenait tel que j'étais. C'était, de sa part, me faire un grand crédit, puisque je n'étais pas, comme on dit, *de la carrière*. Depuis, il me vit à l'œuvre, et je puis dire sans la moindre présomption, qu'il ne cessa de m'honorer de sa confiance, en multipliant jusqu'à sa mort, ministre ou simple député, les témoignages de sa bienveillance pour l'école de Fontenay. — Et à ce propos, je ne résiste pas à l'envie de vous lire deux lignes d'une lettre que j'ai reçue ces jours-ci de Mme Jules Ferry : « Celui dont vous gardez la chère mémoire, me dit-elle, aurait été bien affligé de la résolution dont vous me faites part : non pour vous, qui avez droit au repos de la famille, mais pour la grande et noble tâche dans laquelle vous ne sauriez être remplacé.... » En lisant ces touchantes paroles, il m'a semblé que j'entrais de nouveau dans le cabinet de notre illustre et cher homme d'État et que je l'entendais me dire de sa voix grave : « Monsieur Pécaut, vous n'avez pas trompé mon attente ».

Je rappelais aussi ma première rencontre avec les professeurs. C'était au Ministère, dans une des grandes salles de *Commissions* que plusieurs de vous connaissent. Comment vous dire ce que j'éprouvai lorsque je vis entrer l'un après l'autre tant d'hommes déjà considérables par le talent ou le savoir, et qui étaient appelés à l'être davantage, parmi lesquels se détachaient, je m'en souviens, par leur haute stature, comme par leur air résolu, M. Albert Sorel et M. Charles Bigot. Oh! je me sentais petit devant ce groupe d'hommes éminents, dépourvu que j'étais de hauts titres universitaires et de toute compétence spéciale reconnue. Je n'avais à me prévaloir, pour oser marcher à leur tête, d'aucun genre de supériorité; je n'avais même pas, dans cette séance préparatoire, un programme à leur exposer. Ce programme, nous devions le dresser ensemble, d'un commun accord, et au jour le jour : je n'avais pas la fatuité d'en composer un à l'avance. Oui, j'étais, je vous assure, bien modeste à l'égard de tous ces collaborateurs. Et vous ne refuserez pas de me croire si j'ajoute qu'au fond du cœur je le suis toujours resté, me plaisant à les écouter et souvent à les admirer, jouissant de leur supériorité, et me plaisant à en faire jouir nos élèves.

N'avais-je pourtant rien qui, à ce poste de chef désigné de la nouvelle maison, me donnât hardiesse et confiance? Oui, j'avais ce qui devait être le lien de plus en plus fort de notre communauté de pensée et d'action : le sentiment net et fervent des nécessités pressantes de notre pays et de notre démocratie, des périls qui menaçaient l'un et l'autre, et des conditions qui seules pouvaient assurer leur salut. J'étais particulièrement pénétré de l'intérêt urgent qu'il y avait à rapprocher étroitement les diverses parties de la société, et entre autres les deux sexes, par une bonne éducation nationale, qui fît participer les humbles, les faibles, les ignorants, les dépendants, à ce que nous possédons de plus précieux, de plus moral, de plus libéral; à établir enfin entre ceux d'en haut et ceux d'en bas une communauté de principes, d'habitudes, de sentiments, de *partis pris* généraux, sans laquelle la démocratie n'est qu'une vaine apparence, exposée sans cesse à des causes trop actives de ruine.

Voilà le sentiment qui m'animait! Je voyais clairement que le suffrage universel étant désormais le maître, nous devons périr par lui ou être sauvés par lui; et pour qu'il nous sauve, il faut à la fois l'instruire et le pénétrer du bon esprit, de celui que les plus éclairés, les plus sages parmi nous estiment le meilleur pour leur propre usage. Et cette communication ne peut s'établir d'une manière durable et avec quelque intimité que si elle s'étend aux femmes : c'est pourquoi la nouvelle École normale supérieure des institutrices était appelée à remplir un grand office national. Or la même persuasion, le même ardent désir, la même espérance animèrent dès le premier jour tous les maîtres de Fontenay; voilà ce qui me permit de marcher de plain-pied avec eux, ce qui devint la commune inspiration des divers enseignements. Nous n'avons cessé de nous sentir à la fois reliés ensemble, et comme portés par la considération d'un but supérieur qui nous dominait tous et s'imposait aux plus éminents mêmes.

Quand je songe à ces premières heures si pleines d'espoir, d'activité, de cordiale entente, où l'amour réfléchi du pays, du peuple, des institutions libres, formait le charme secret de nos rapports quotidiens, je suis comme envahi d'une grande reconnaissance. Reconnaissance envers la divine Providence qui daigna ajouter à ma vie active, au moment où je la croyais terminée, une longue saison de travail au service de la cause la plus aimée; envers tous nos ministres, qui m'ont l'un après l'autre comblé des marques de leur confiance; envers nos professeurs qui ont bien voulu m'accepter pour leur pair, bien que destitué des titres et des talents qui les distinguent eux-mêmes; envers les amis de Fontenay qui, dans les plus hautes positions de l'Université, se sont plu à prêter généreusement caution pour notre maison et à l'honorer de leur concours temporaire.

Il m'est doux, à cette heure où je me sépare de l'École, de saluer d'un dernier adieu nos chers morts. Le premier de tous, Mme de Friedberg, noble et vaillante directrice et une vraie femme, dont la présence et l'amitié me devinrent de plus en plus précieuses, à mesure que nous apprîmes à nous mieux connaître, et qui devait déployer dans sa longue et terrible agonie une fermeté d'âme et d'intelligence, une sollicitude pour la moindre de ses élèves qui ne s'effaceront de la mémoire d'aucun de ceux qui en furent témoins. Après elle, Charles Bigot, si estimé de vous toutes pour sa parfaite droiture d'historien littéraire et de moraliste, et son ami Marion, si sérieux et si loyal de pensée, si simple de langage et si aimable d'allure, votre premier initiateur aux doctrines et aux habitudes philosophiques, et à ce qui vaut mieux encore que tout système, à ce qui est l'âme de toute philosophie, à la sincérité intellectuelle.

Je n'oublie pas son camarade d'école, Léon Robert, l'un de nos plus dévoués collaborateurs, qu'une cruelle destinée a ravi prématurément à notre affection. Enfin, le vénérable M. Mourgue, venu plus tard, mais que l'attachement passionné à notre maison, son zèle sans bornes pour les élèves, son aimable caractère mirent bientôt au rang des amis de vieille date.

Qu'il me soit permis aussi d'exprimer, en votre nom, ma gratitude à ceux qui, sans figurer au nombre de nos professeurs ordinaires, nous ont fait l'honneur de faire entendre de temps à autre leur voix parmi nous. D'abord à Paul Bert, enlevé trop tôt à la République, qui, le premier, vint nous donner une conférence sur la philosophie de l'histoire naturelle, dont toutes *vos anciennes* furent profondément remuées; enfin à M. Ravaisson, à M. Bréal, à M. Delage, à M. Boutroux, dont les visites presque annuelles ont été pour l'École une fête, fête austère de l'esprit, dont l'impression ne s'effaçait pas.

Je ne me priverai pas non plus de rendre hommage à des hommes qui, à plus d'une reprise, interrompant leurs travaux personnels, ont consenti à nous prêter une collaboration prolongée et se sont montrés en toute occasion prêts à nous venir en aide : tels M. Rabier et M. Séailles. Je veux en particulier rappeler à toute l'association, avant que plus d'années aient passé sur nos têtes, le dévouement (ce mot trop prodigué se trouve être ici le mot propre) que M. Liard témoigna à l'École dans une circonstance grave. Nous étions à la fois attristés et embarrassés par la maladie d'un de nos professeurs, qui arrêtait un des enseignements les plus importants. Il me vint tout à coup à l'esprit une hardiesse qui ne se concevrait guère sous un autre régime que la démocratie, et qui eût été une impertinence si j'avais moins estimé celui qui en était l'objet : c'était de m'adresser pour cette difficile et laborieuse suppléance au directeur de l'enseignement supérieur, philosophe lui-même. J'osai lui en faire la demande de vive voix, un jour de réception officielle, au Ministère. Non, je n'oublierai jamais avec quelle promptitude de décision et quelle parfaite simplicité il répondit sur-le-champ : « Je tiens à grand honneur d'accepter cette proposition; j'irai ». Il vint en effet durant tout un hiver, arrivant de Passy le samedi à neuf heures du matin, à travers la neige et la boue, et faisant en tout le métier de professeur, enseignant, interrogeant, corrigeant les compositions très nombreuses, et donnant ainsi, lui, le plus haut fonctionnaire de l'Université, un rare exemple de dévouement à la cause populaire. Vous me reprocheriez de laisser un pareil trait s'effacer peu à peu de notre histoire.

Enfin, il me sera sans doute permis, malgré l'amitié qui nous unit depuis longtemps, de rendre à M. Buisson, en votre nom et au mien, l'hommage que nous lui devons à tant de titres. Après M. J. Ferry, c'est lui (il m'appartient plus qu'à personne d'en témoigner) qui peut s'appeler le fondateur de l'École; et après l'avoir fondée, il l'a constamment suivie, conseillée, protégée avec le même effacement de soi qu'il montrait dans toutes les parties de sa vaste activité. Par une coïncidence bien involontaire, nous nous éloignons tous deux en même temps, lui de son poste éminent de directeur de l'Enseignement primaire, où il était notre chef immédiat, moi de l'École où il m'avait fait appeler; je manquerais à un grand devoir si je ne disais, au moins une fois que, sans lui, Fontenay n'eût pas été le Fontenay que l'on connaît, dont vous aimez à vous réclamer, et dont nous n'avons pas à rougir devant le pays.

Si, maintenant, je repasse en esprit ce qui s'est fait durant les seize ans qui finissent aujourd'hui, ce qui me frappe le plus, c'est d'abord l'effort considérable, à la fois d'intelligence et de conscience, auquel j'ai assisté; effort qui n'a pas été chaque année également heureux pour toutes les élèves dans ses résultats visibles et immédiats, mais qui en fait ne s'est jamais relâché depuis l'origine, sous une diversité d'apparences qui tenait à l'âge plus ou moins jeune de nos élèves et aussi à leur première éducation. J'ai dit *effort de conscience*, c'est-à-dire travail intérieur, personnel et moral, joint au travail intellectuel. On s'est plu quelquefois, tantôt avec une intention bienveillante, tantôt avec une arrière-pensée ironique, à appeler Fontenay un Port-Royal laïque. C'était nous faire beaucoup d'honneur, et le rapprochement n'a sûrement rien qui nous déplaise. Je ne pense pas qu'il y ait une maison en France, soit laïque, soit ecclésiastique, où la mémoire des « Messieurs de Port-Royal », de leur esprit d'indépendance dans les choses spirituelles, de leur religion tout intérieure, de leur piété grave et douce, de leurs malheurs immérités, des grands et durables services qu'ils ont dans l'espace de quelques années rendus à l'éducation, ait été plus honorée que chez nous. L'admirable ouvrage de Sainte-Beuve, qui fait d'eux en quelque sorte nos contemporains, est un de ceux que vous avez appris à goûter, à lire et à relire.

Mais si l'exemple des *petites écoles* et de leurs maîtres a souvent été mis sous vos yeux, si nous n'avons pas de peine à comprendre le mot de Sainte-Beuve : « Pour que ce pays d'honneur devînt un pays de force et de légalité, il eût fallu que l'élément janséniste, si peu aimable qu'il fût, entrât pour n'en plus sortir dans le tempérament moral de la France »; d'autre part, il ne nous a point échappé que Port-Royal, celui du XVIIe siècle, celui du grand Arnaud et des Religieuses, celui de Jacqueline Pascal et même de son illustre frère, nous aurait probablement su peu de gré de notre sympathie, et ne nous eût pas payés de retour. De quoi il n'y pas lieu de nous étonner. C'est qu'en effet nous sommes, nous, si j'ose le dire, capables de le comprendre, de le respecter, de l'aimer et il eût été, lui, hors d'état de nous comprendre, d'être seulement juste à notre égard. Un mot dit tout : nous sommes une maison d'éducation laïque; ils étaient une maison ecclésiastique. Leur conception de la morale est admirable parce qu'elle nous adresse au for intérieur, à la source même de la vie, et non pas seulement aux actes, soit rituels, soit moraux; mais elle est empreinte d'ascétisme, réduisant la vie présente à un minimum, qu'ils acceptent sans y mettre leur cœur, tandis que la nôtre est séculière, considérant la vie et la nature, en leurs diverses branches, famille et cité, politique, science, industrie, comme légitimes et susceptibles d'être pénétrées de l'esprit supérieur. Il est vrai que leur manière de penser est souvent hardie, animée d'un souffle de raison libre, précisément parce qu'elle est sérieuse, plus occupée du dedans et de la vérité que des conventions établies et des apparences : mais elle n'en reste pas moins rivée à la lettre de la tradition ecclésiastique : tandis que la nôtre, sans être en aucune façon « libertine » à l'égard de la religion ni même indifférente, sans être irrespectueuse à l'égard du passé, réserve avec un soin jaloux, dans les choses d'éducation et de morale, le droit d'appel au tribunal de la raison ou de la conscience. C'est pour cela que Fontenay est et restera une entreprise nouvelle dans l'histoire de notre pays, et que, le cours de sa destinée vînt-il à être interrompu à la suite d'une réaction politique, le fait seul qu'il a été fondé, qu'il a pu réussir un assez long temps, et gagner le respect de tous, deviendrait un témoignage de grand poids en faveur de l'éducation laïque. Quel que soit un jour le destin des murs qui nous ont abrités, et qui sans doute n'échapperont pas plus à la loi du changement que n'y ont échappé Port-Royal de la ville, Port-Royal des champs et Saint-Cyr, j'atteste qu'ils auront été plus d'une fois témoins du plus noble des spectacles : celui de jeunes esprits de femmes s'appliquant d'un effort sincère, sous la conduite de leurs maîtres, non seulement aux études professionnelles, mais à la recherche de la vérité suprême et du bien ; cherchant à pénétrer le sens de la destinée humaine, non par simple curiosité spéculative, mais avec l'ardent désir de fonder leur existence morale sur autre chose que la coutume établie, l'opinion régnante, les convenances sociales, avec le souci de n'être pas de ceux et de celles dont le poète a dit : « Ils ne seront jamais, ils n'ont jamais été », et de se mettre par là en état d'enseigner, d'élever les institutrices du peuple en pleine lumière de raison et en pleine dignité de conscience. Oui, je me persuade que si un jour, au siècle prochain, ou plus tard encore, quelque érudit, ami des bonnes études et de la bonne éducation, vient visiter ces lieux, il dira, s'il est bien informé, que non seulement on y a beaucoup travaillé — (quelquefois trop !) — mais que des jeunes femmes de vingt à vingt-cinq ans, des filles de France, y ont appris à vivre de la vie de l'esprit et de celle de l'âme; qu'on y a beaucoup aimé la patrie et le peuple, sans mépriser ni haïr l'étranger; que nulle part la liberté et la démocratie n'ont été l'objet d'un culte à la fois plus fervent et plus clairvoyant, plus réfléchi et moins superstitieux.

C'est qu'en effet, vos maîtres, en vous initiant à ce culte, ne vous ont pas abusées sur ce que vous aviez à attendre de la vie. Ils ne vous ont pas caché que vous êtes venues dans un temps difficile, tout hérissé de contradictions, plein de problèmes posés qui ne sont pas près d'être résolus, plein de choses qui meurent et qui ont de la peine à disparaître, comme aussi de choses qui naissent et qui ont de la peine à prendre vie et corps; plein de conflits et de haines, de préjugés tenaces et de peu de foi réelle; plein d'indécision et de témérité. — Mais aussi un temps et un pays fertiles en ressources cachées, en bonnes volontés qui s'ignorent et cherchent à tâtons leur meilleur emploi, en incitations multipliées au bien sous toutes ses formes; un temps favorable au libre jeu des activités, et que domine de plus en plus non seulement la pitié pour les humbles, mais, ce qui vaut mieux, le sentiment d'un devoir social envers eux, obligatoire et urgent; surtout, oh! surtout un temps que l'on peut aimer résolument de préférence à tous ceux où se plaît notre imagination complaisante, parce que, au fond de ses contradictions et de ses incertitudes, se cache une vertu souveraine : la *dévotion à la vérité*, en d'autres termes, la sincérité de l'intelligence, vertu sans laquelle toutes les autres baissent aussitôt de prix, mais vertu de laborieuse pratique en face d'une complexité de problèmes moraux et sociaux telle qu'aucune époque n'en a connu de semblable. Et c'est pourquoi, ce n'est plus le temps du paisible enseignement des corporations et de la bonne vieille coutume : tout est ébranlé, tout est en voie de transformations, idées et institutions; et il ne faut pas s'étonner que dans cette fermentation universelle, ce soit le mal qui frappe d'abord la vue, le mal débordant de toutes parts avec la diffusion (malgré tout si désirable !) du bien-être et de l'instruction.

Pour conjurer ce mal, dont les esprits frivoles sont les seuls à détourner la vue, et que les plus clairvoyants d'entre nos concitoyens, les moins suspects de défaillance, nous dénoncent à haute voix, le plus efficace des moyens à notre portée, le plus pénétrant, pour ne pas dire l'unique, est et sera toujours l'éducation. Aussi n'y a-t-il pas aujourd'hui de besoin plus universellement ressenti. De tous côtés, en haut et en bas, dans les classes moyennes et dans les classes populaires, dans l'Université, dans les familles, dans les rangs du parti libéral comme dans ceux du parti contraire, le même cri se fait entendre, de plus en plus pressant à mesure que le désordre apparaît plus menaçant : *l'éducation!* Il y a quelques jours à peine, c'était le thème de deux éloquents discours prononcés à la Sorbonne, l'un par M. le ministre de l'Instruction publique, et l'autre par M. Desjardins, après avoir été, les années précédentes, dans une solennité semblable, le sujet de discours non moins sérieux ni moins émouvants de M. Darlu et de M. Rabier. Si, dans cette capitale question, quelque chose distingue les partis entre eux, c'est que, de notre côté, nous ne nous dissimulons pas les difficultés du problème et son extrême complexité ; nous voyons et nous acceptons les données que notre temps nous apporte, données scientifiques, sociales, morales ; nous n'essayons pas de galvaniser des idées, des mœurs, des institutions mortes ; nous nous obstinons à ne vouloir fonder que sur le vrai, tel qu'il nous est possible de le découvrir ; nous ne séparons pas la vérité dans l'éducation de la vérité dans l'enseignement, ni la vérité dans l'enseignement de la vérité dans les sciences naturelles ou morales ; et sans avoir (oh ! combien il s'en faut !) une foi superstitieuse à la vertu de l'instruction, nous restons pourtant des *croyants*, continuant de croire que « la dignité de l'homme est dans la pensée et que c'est de là qu'il peut se relever ». C'est la supériorité de l'enseignement laïque, en dépit de ses imperfections, de chercher toujours plus de lumière et une lumière plus pure : mais par cela même que, voulant faire œuvre de vie et non œuvre artificielle, il envisage la tâche à remplir dans son vrai jour, telle que l'état présent de la société, les résultats de la science, les conditions permanentes de la nature humaine la lui imposent, par cela même, dis-je, il se trouve aux prises avec des difficultés de toute sorte, qu'il est de son honneur de ne pas éluder, qu'il serait de son devoir de ne jamais perdre de vue.

Ai-je besoin d ajouter que la nécessité de pourvoir à l'éducation nationale n'apparaît nulle part plus urgente que dans le domaine primaire. Assurément, il y a beaucoup à faire dans celui de l'enseignement secondaire, et l'on ne peut pas séparer l'intérêt de l'un de l'intérêt de l'autre; mais c'est le champ primaire qui est le vrai champ de bataille. Je l'ai déjà dit, et peut-on le trop répéter? notre pays, avec ses institutions libres et populaires, mourra inévitablement par le suffrage universel, s'il ne sait le pénétrer à temps de raison, de justice, de fraternité. Voilà bien le redoutable problème dans ses termes nus.

Eh bien! nous ne cachons à personne qu'en travaillant à ce que chacune de vous eût sa vie propre, sa vie intellectuelle et morale, à ce qu'elle comptât pour *une* au lieu d'être une copie effacée de ses maîtres, un simple organe de transmission des connaissances ou des habitudes, nous avons nourri une grande ambition; c'est qu'ayant leur vie à elles, elles fussent capables et dignes de la communiquer à d'autres; et qu'ainsi, de proche en proche, de foyer en foyer, à travers les écoles normales, les écoles supérieures, les écoles élémentaires, l'éducation nationale des jeunes filles atteignît à quelque degré l'âme même du peuple et contribuât à former de meilleures mœurs privées et publiques..

.... Si l'on ne vous a pas abusées sur les difficultés de l'œuvre à accomplir et sur les conditions du temps et du pays où vous étiez appelées à y travailler, d'autre part on ne vous a pas laissées démunies et, pour ainsi dire, sans provision de route. Ni les impulsions généreuses ne vous ont manqué de celles qui décident de l'avenir dans les âmes honnêtes, et que le temps n'use pas; ni les directions pédagogiques; ni même, j'ose le dire, les principes de croyance et de conduite. Sans doute, vos maîtres ne vous ont rien appris qui ressemble à un *credo* dogmatique; non seulement, nous sommes restés fidèles à la loi de neutralité qui régit nos écoles, mais nous avons évité avec le dernier soin tout empiétement sur votre foi intérieure. Le premier des articles de notre croyance laïque a été le respect de l'âme elle-même, du mystère de liberté qu'elle porte en elle,

> Et tout homme est un livre, où Dieu lui-même écrit,

et de tout ce que cette liberté intérieure recèle de puissances latentes, susceptibles, soit de se développer, soit de demeurer à jamais endormies; de ce qu'elle implique de responsabilités à longue portée; de tout ce qu'elle appelle de hautes prévisions sur la direction générale des choses et leur fin dernière, sur Dieu et sur le monde, sur les rapports de l'un et de l'autre.

En ce qui me concerne, je vous ai souvent exprimé mon sentiment personnel, que l'âge et l'expérience n'ont pas affaibli, sur les trois conditions hors desquelles l'éducation morale, privée ou publique, ne saurait déployer toute sa fécondité. D'abord, qu'elle s'inspire sans cesse d'une claire connaissance de notre nature, de sa grandeur et de sa misère, de notre force et de notre faiblesse. J'ai dit *connaissance* : je devrais plutôt dire *vue*, la plus directe, la plus intime, la plus sympathique possible, et telle à peu près qu'elle s'exprime dans ces vers de Musset :

> Ta pitié dut être profonde
> Lorsque avec ses biens et ses maux
> Cet admirable et pauvre monde
> Sortit en pleurant du chaos.

Dénué de cette pitié et de ce respect incessamment renouvelés, l'éducateur et à plus forte raison l'éducatrice primaire ou secondaire ne trouvera, ne cherchera même jamais les chemins profonds de l'âme : elle s'arrêtera à l'entrée.

Une seconde condition, déjà indiquée, c'est que l'éducation laïque se meuve en pleine raison, en pleine sincérité de l'intelligence et de la conscience morale, en plein et constant accord avec la vérité connue, la vérité de l'histoire, de la science, de l'expérience des choses de la nature et des choses de l'âme. A ce prix seulement elle sera sérieuse, profonde, efficace. Toute défaillance sur ce point, toute transaction, de quelques beaux prétextes qu'elle se pare, si commode et si séduisante qu'elle soit, finit pas être stérile, sinon mortelle, à la fois pour le maître et pour l'élève.

Et, enfin, je pense que l'éducation morale laïque n'atteint sa plus haute portée, qu'elle ne manifeste toute sa vertu, qu'elle ne plonge au plus intime des choses et jusqu'à la racine même de notre être, en un mot qu'elle n'est pleinement dans le vrai que si elle offre à l'instable et précaire existence humaine un point d'appui immuable et éternel, si elle éveille et entretient dans l'enfant le sentiment de sa parenté divine, si elle fonde par là son incomparable grandeur, si elle le rend sacré et inviolable à ses propres yeux comme aux yeux d'autrui,... et pourquoi n'ajouterais-je pas, si elle lui ouvre une issue vers la vie éternelle : donnant ainsi du même coup à la vie actuelle tout son prix et sa parfaite légitimité, la faisant désirable, bonne, digne d'être vécue. J'estime qu'on peut croire tout cela sans crédulité, sans superstition, sans tomber dans la servitude spirituelle, et même que l'on sera à l'abri de la servitude et de la superstition, comme aussi de la vulgarité et de la platitude morales, à mesure qu'on le croira davantage.

Ces idées vous ont été proposées; chacune de vous, depuis sa sortie de l'école, a eu le loisir de les examiner, d'en prendre ou d'en rejeter ce que l'expérience de la vie et la réflexion lui ont suggéré. Mais il est au moins une chose dont je ne saurais douter, c'est que vous n'ayez pris de plus en plus conscience et possession du trésor de vérités morales dont votre sexe est en quelque sorte l'interprète-né. La nature a fait de vous, femmes (combien de fois on vous l'a fait entendre !), les gardiennes désignées des sentiments qui sont, par excellence, le propre de l'humanité et son titre supérieur, que les philosophes et les théologiens s'étudient à fixer dans leurs définitions, mais que les simples sont aussi aptes à éprouver que les sages, et que l'instruction toute seule ne suffit pas à protéger. Tendresse, délicatesse, respect, compassion pour les petits et les faibles, patience, résignation, piété domestique, dévouement gratuit, enthousiasme pour les nobles causes, même pour celles de la vérité, de la justice, de la liberté que certains revendiqueraient plutôt pour le sexe viril. C'est votre rôle à vous, c'est votre dignité d'être, au sein de la société, les conservatrices de cette flamme des sentiments généreux, si sujette à pâlir, sinon à s'éteindre, dans la mêlée épaisse des disputes intellectuelles, dans le conflit de plus en plus violent des passions et des intérêts.

Veillez donc sur ce feu véritablement sacré : c'est l'avenir même de la famille, de la nation, de l'humanité qui en dépend. Suppléez par cette supériorité à ce qui pourra vous manquer par ailleurs, du côté du savoir ou de la pénétration d'esprit. Encore une fois, n'oubliez jamais que vous avez votre place marquée dans l'entreprise la plus hardie et la plus nécessaire, la plus controversée et la plus inévitable, des temps modernes; aussi hardie, aussi difficile, aussi inévitable que la démocratie elle-même, à savoir : former par un enseignement de raison le bon sens public; fonder par une éducation de raison et de sentiment la moralité publique; assurer ainsi la paix intérieure de la famille et le développement régulier de la cité. N'oubliez pas que si l'éducation intellectuelle ne réclame qu'un savoir abondant, précis, sans cesse renouvelé, rectifié, et dirigé en vue de la formation du jugement, d'autre part l'éducation morale réclame votre âme tout entière, la vie morale ne s'allumant, comme toute vie, qu'au contact d'une vie semblable. N'ayez surtout garde d'oublier que le besoin de cette éducation, principes, sentiments, habitudes, est à ce point ressenti universellement que si nos jeunes filles, les élèves de nos Écoles normales, n'y donnaient pas une satisfaction conforme à notre esprit libéral et à nos méthodes, les familles françaises finiraient par se jeter les yeux fermés dans les bras de nos adversaires, les mêmes que ceux de nos institutions politiques, au risque de préparer à notre pays pour l'avenir des réactions violentes en sens contraire.

Permettez-moi maintenant de m'expliquer avec une entière franchise sur un sujet délicat : celui de ma retraite et des effets que l'on en peut appréhender. Mesdemoiselles, laisseriez-vous dire, et vous oublieriez-vous à penser, qu'en m'en allant j'emporte Fontenay avec moi? Si pareille chose était possible, elle serait humiliante pour moi autant que pour vous; car elle témoignerait que l'esprit de Fontenay était bien peu de chose, se réduisant à l'influence personnelle d'un seul homme. Vous savez qu'il n'en n'est rien; que cet esprit s'est formé de jour en jour non seulement par l'action assidue de votre inspecteur, mais par le libre et incessant concours de vos maîtres, de vos maîtresses, sous les auspices et avec l'adhésion expresse et réitérée de nos Ministres; je dis plus, d'accord avec la plus sérieuse et la plus libérale tradition de notre pays; et, à cause de cela même, d'accord avec l'élite de l'Université et de tout le parti libéral. Vous savez enfin que le bon renom dont il jouit en France et à l'étranger, il le doit non pas à une personne en particulier, mais à ses effets, dont tout le monde a pu être juge, à la vertu dont il a fait preuve, c'est-à-dire, en définitive, aux vérités qu'il exprime, et à ce que vous lui prêtez vous-mêmes d'autorité par votre conduite et votre enseignement. Ces vérités ne demeurent-elles pas? Les maîtres et les maîtresses qui en ont été jusqu'à aujourd'hui, chacun en son ordre, les interprètes, ne demeurent-ils pas aussi? Ne demeurez-vous pas vous-mêmes? Ou comptez-vous pour rien l'*action en retour* que vous pouvez exercer du fond de vos écoles sur l'École mère, en montrant par votre exemple la fécondité de l'enseignement que vous tenez d'elle, et en vous élevant, s'il le fallait, contre les altérations dont il viendrait à être menacé? Je suis sûr d'ailleurs de n'être pas désavoué en affirmant que

M. le Ministre de l'Instruction publique, et avec lui notre nouveau Directeur, apprécient trop l'École et les services qu'elle a rendus au pays, pour n'être pas résolus à la maintenir en état d'en rendre de nouveaux, et pour ne pas laisser porter atteinte à son esprit.

Mme de Maintenon, écrivant aux dames de Saint-Cyr la victoire de Denain, s'écriait : « Vive Saint-Cyr! qu'il vive autant que la France, et la France autant que le monde! » Le mot honore celle qui l'a laissé échapper dans un mouvement de joie patriotique. Nous avons appris de notre histoire à être plus modestes dans nos espérances. Saint-Cyr n'est plus! Les petites écoles de Port-Royal ne sont plus! Les lieux ont changé de destination, ils ne reconnaîtraient plus leurs anciens hôtes ni leurs fondateurs. Qui peut dire également ce que deviendra un jour cette maison, et combien son histoire est exposée à s'effacer vite de la mémoires de ses plus proches voisins, de ceux mêmes qui l'habiteront; aussi vite sans doute que celle de Mme de Maintenon a disparu de la mémoire des élèves militaires de Saint-Cyr, ou celle du grand Arnauld et de la mère Angélique de la mémoire des élèves de la Maternité de Paris. Mais ce qui reste, c'est l'esprit; il reste en proportion de ce qu'il a de durable, c'est-à-dire de vrai, d'approprié aux besoins nouveaux, de compatible avec l'esprit général du temps. Saint-Cyr n'a pas vécu, comme le souhaitait sa fondatrice; il ne nous a guère laissé que les *lettres* de sa fondatrice, recueil peu fécond, il est vrai, mais néanmoins très utile à lire aujourd'hui encore dans nos maisons laïques en raison de ce qui s'y trouve de sens pratique et de sagesse moyenne, et qui à ce titre mérite de rester dans la tradition pédagogique française. Et quant à Port-Royal, si étranger à toute notre manière actuelle de penser, et qui, même épargné par la persécution, n'aurait pu maintenir sa première autorité et son influence sur le siècle qu'en se transformant profondément, il est pourtant vrai que son esprit a vécu bien au delà de son existence apparente; je dis son esprit propre, celui des *Messieurs*, esprit d'indépendance, de religion intérieure, de piété grave, retrempée aux sources mêmes de l'Évangile, d'indépendance ecclésiastique; il a marqué de son empreinte, presque jusqu'à nos jours, un certain nombre de familles catholiques et d'hommes distingués; et je n'ai pas besoin de vous rappeler que les exemples et les méthodes des petites écoles ont pris place, pour n'en plus sortir, dans notre meilleur patrimoine pédagogique.

Nous est-il réservé à notre tour, est-il réservé à notre esprit de vivre, sinon « autant que la France et que le monde », du moins assez pour imprimer, lui aussi, sa modeste marque à l'éducation populaire? Vous n'avez pas à composer, à l'imitation de Port-Royal, des Méthodes ou des Manuels; d'autres, plus compétents que nous, se chargent de ce soin. Mais il est un office où nous n'avons pas à craindre de nous trouver inutiles et en quelque sorte *surnuméraires*; c'est l'office de l'éducation populaire proprement dite, éducation de l'esprit et de l'âme, largement ouverte aux inspirations de la nature et de la vie, mais les soumettant au contrôle supérieur de la loi morale. Ni l'intelligence ni le savoir ne manqueront jamais à la France, mais trop souvent ils se montrent séparés du caractère; et c'est le caractère qui importe dans l'éducation.

Vous dirai-je sans détour quelles sont mes appréhensions pour l'avenir de Fontenay? Certes je ne doute pas que son esprit mérite de vivre, qu'il soit susceptible de recevoir toutes les améliorations jugées opportunes, sans perdre pour cela ses caractères essentiels; qu'il soit nécessaire à la démocratie française, et d'accord avec ses meilleures tendances; qu'il soit hardiment idéaliste, sans être pour cela chimérique ni mystique; qu'attentif aux procédés, aux appareils d'enseignement, au mécanisme technique, il ne perde cependant pas de vue le principe supérieur qui seul leur prête vie. Ce que je redoute le plus dans l'avenir, ce n'est pas non plus une réaction politique, toujours possible en France, et dont vous seriez, ne l'oubliez jamais, les premières victimes, mais qui, je pense, vous amènerait à prendre plus claire conscience de ce qui vous distingue et à vous y attacher plus fortement. Non, c'est plutôt l'*usure* de chaque jour, l'usure par le frottement des personnes, des choses, de la coutume, si puissante dans notre pays d'extrême sociabilité; l'usure par le travail quotidien excessif, et par le sentiment envahissant du peu d'utilité de vos efforts; plus que tout cela, l'usure par l'appauvrissement intérieur insensible, par le laisser-aller et le défaut de vigilance sur vous-même. N'est-ce pas dire qu'en dernier ressort la destinée du bon esprit que vous servez, qui vous a faites ce que vous êtes, n'est pas ailleurs qu'entre vos mains?

On peut affirmer, je crois, sans être taxé de présomption, que, bon gré mal gré, par le fait de notre système de centralisation, vous constituez à vous toutes un des plus puissants appareils d'influence qui existent, non seulement en France, mais dans le monde. Quelqu'un pourrait-il vous voir réunies en ce moment, et avec vous vos compagnes de province, présentes d'intention et de cœur à votre assemblée, sans se dire que par votre étroite solidarité dans l'accomplissement d'un haut dessein moral et national, vous êtes en état de devenir une de ces *forces vives* qui empêchent un peuple de déchoir? Mais encore faut-il que cet appareil, dont les organes s'étendent à toute la France et se prolongent jusque dans les villages les plus reculés, ne soit pas un simple service administratif, fonctionnant sous la seule impulsion des règlements, mais qu'il soit tout pénétré de *vie*, c'est-à-dire que chacune de vous participe à l'inspiration supérieure de l'ensemble et y ajoute sa part d'activité propre et désintéressée.

Vous avez donc à décider lesquels ont le plus raison, ou des gens qui se piquent d'être raisonnables, et qui, forts de leur expérience, de leur connaissance du monde et de la société présente ou passée, se raillent du grand espoir que nous mettons dans l'œuvre de l'éducation, se plaisant à nous répéter que nous ne pouvons changer le cours des habitudes séculaires; de ceux qui, en particulier, font peu de cas de l'action rénovatrice des femmes, de leur jugement et de leur portée d'esprit, comme aussi de leur caractère mobile et sans lest, sujet aux engouements et aux défaillances...; ou bien de ceux qui ont confiance dans votre sexe et dans votre œuvre, qui vous estiment capables de rester conséquentes avec vous-mêmes et de ne pas démentir un jour votre passé, qui se persuadent enfin que les germes déposés en terre sont trop précieux pour ne pas lever. Aux craintes ou aux railleries fondées sur des faits, soit contemporains, soit anciens et séculaires, il vous appartient d'opposer, non pas des objections victorieuses — elles prouvent peu ou rien, — mais des faits nouveaux, à savoir des personnes vivantes, croyantes, aimantes, agissantes, et capables d'animer de leur souffle des communautés nombreuses.

Terminons sur ces paroles de confiance et d'espoir. Vous aiderez Fontenay à vivre ici, dans la maison mère, en le faisant vivre dans vos écoles normales d'une vie plus jeune, plus fraîche, plus simple; vous l'aiderez surtout en le faisant d'abord vivre en vous-mêmes. Vous n'êtes ni des philosophes, ni des savantes, ni des apôtres : vous êtes des femmes, des institutrices; et c'est assez, à qui voit par d'autres yeux que ceux de la vanité, pour contenter la plus noble ambition et pour occuper de hautes facultés. Pourvoyez donc sans relâche à votre éducation; approfondissez-la par l'expérience personnelle et la réflexion, par l'étude et par la pratique, par la connaissance assidue de la vie contemporaine. Et ce que vous vous serez dit de meilleur à vous-mêmes pour votre usage per sonnel, redites-le ensuite à vos élèves; c'est le grand secret pédagogique : sincérité avec soi, sincérité avec les autres.

Il faut nous séparer. Et toute séparation, surtout lorsqu'elle clôt une longue période d'intimes relations spirituelles, est pleine de mélancolie, en nous rappelant l'écoulement rapide des choses et « que la vie n'est que d'un instant ». Le mot de Bersot, qui vous est familier, vient ici à propos : « La vie, en effet, n'est que d'un instant, mais cet instant suffit pour entreprendre des choses éternelles; on pense, on aime et c'est tout l'homme ». Oui, on pense, on aime; à quoi je voudrais seulement ajouter : et l'on travaille à réaliser sa pensée et son amour. Entreprendre dans notre humble et brève existence « des choses éternelles », des choses qui, tout obscures qu'elles sont, méritent de durer et de modifier salutairement, fût-ce dans la plus petite mesure, la destinée de nos familles, de notre pays, de l'humanité, de la cité universelle des esprits, oui, voilà bien, pour la femme comme pour l'homme, le plus digne emploi des dons naturels et de l'instruction reçue! — N'arrivons pas au terme de la vie sans avoir vécu, sans avoir ajouté quelque chose de nous à la provision de route de la génération qui nous suivra : un peu plus de raison, un peu plus de respect de la justice et de la vérité, un peu plus de courage et de force morale, un peu plus de bonté et de pitié. Mon dernier vœu, vous n'en sauriez douter, c'est que vous soyez toutes heureuses, mais en vous souvenant que l'on ne peut l'être qu'en se subordonnant dans toute l'habitude de la pensée et de l'action à plus haut et à meilleur que soi. Tenez donc votre esprit, selon le conseil du père de Pascal, « au-dessus de votre besogne », pour la juger, la rectifier, l'élargir, la renouveler incessamment, et tenez votre cœur plus haut encore, au-dessus de votre esprit, pour lui communiquer chaque jour le souffle vivifiant.

Un de vos maîtres me parlait ce matin d'un tableau de la *Cène*, qu'il avait admiré au dernier Salon, et particulièrement de la figure du Christ. C'est bien, me disait-il, un fils de la terre, le fils de l'homme, l'un des nôtres : « *Mais son regard porte loin!* » Je n'imagine pas un plus frappant symbole du bon éducateur : qu'étant bien de son temps, de son pays, de la société présente, et formant ses élèves en vue de cette société, son regard néanmoins porte haut et loin, et découvre en plein les vérités supérieures qui peuvent illuminer à la fois l'enseignement et l'éducation.

Adieu, mesdemoiselles! Je vous remercie des affectueuses assurances que votre Présidente m'a adressées tout à l'heure au nom de l'Association, et du beau souvenir dont vous avez voulu les accompagner. Je remercie les présentes et les absentes, les maîtres et les élèves, toute la grande communauté de Fontenay, aujourd'hui rassemblée d'intention autour de cette chaire. Vous ne vous trompez pas en disant que j'avais donné mon cœur tout entier à votre École, et que me séparer d'elle est le grand sacrifice de ma vie. A mon tour, je ne dis que la vérité en vous assurant que votre confiance et votre affection m'ont rendu tout facile. Et, d'accord aussi avec vous, je veux une fois de plus ne pas douter de l'avenir; je veux croire, selon la vieille devise, que « *vous maintiendrez* »

CONFÉRENCES DU MATIN

IV

Henri Marion à Fontenay-aux-Roses.

Conférence du 28 avril 1896.

Ma première parole, en me retrouvant au milieu de vous, Mesdemoiselles, après une longue absence, ne saurait être que pour M. Marion. Bien que la maladie, la même qui vient de l'enlever, l'eût éloigné de nous il y a environ treize ans, nous aimions à le considérer toujours comme l'un des nôtres, et sa mort est pour notre école un deuil de famille. Vous ne savez pas, vous êtes pour la plupart trop jeunes pour savoir tout ce que nous lui devons, et qu'il y a quelque chose de lui dans l'air que vous respirez ici, dans les manières de penser et de sentir, de parler et d'écrire que les premières promotions ont transmises aux suivantes.

Il ne m'appartient pas de retracer toute l'œuvre pédagogique de M. Marion, ni la grande part qu'il prit aux réformes successives de l'enseignement et de l'éducation des lycées de garçons, ainsi qu'à l'organisation de l'enseignement secondaire des jeunes filles et de l'enseignement normal primaire; d'autres, dont il a été le collaborateur, sauront vous l'expliquer mieux que moi. Mais je peux dire du moins, ayant eu l'honneur et le bonheur de le voir à l'œuvre dès le premier jour, ce qu'il a fait à Fontenay pour préparer aux quatre-vingt-six écoles normales d'institutrices des professeurs et des directrices capables de répondre aux intentions des pouvoirs publics de la République ; je puis dire en particulier ce qu'il a fait pour établir sur de solides assises l'enseignement moral, qui a été la grande et bienfaisante nouveauté de l'œuvre scolaire de 1880.

Vous auriez de la peine à vous représenter aujourd'hui, habituées que vous êtes à rencontrer cet enseignement à tous les degrés de nos écoles, combien était hardie cette tentative, à la fois si nécessaire, si urgente même, et si peu favorisée par nos traditions séculaires. C'est au peuple, aux maîtresses du peuple, à de simples femmes, à de jeunes institutrices qu'on allait parler de morale rationnelle et de psychologie appliquée à l'éducation ! Quelle sagesse, quelle sûreté de jugement, quel tact, quelle connaissance des nécessités sociales, quel sens délicat de ce que comporte ou réclame la nature propre de la femme, ne fallait-il pas demander à l'homme chargé d'inaugurer une pareille discipline d'esprit !

J'ai encore présente à la mémoire l'heure matinale de l'un des premiers jours d'octobre 1880, où j'allai chercher M. Marion dans son petit appartement de garçon, rue de Vaugirard, pour lui offrir, de la part du ministre, M. J. Ferry, de se charger de cet enseignement de si grand avenir, mais de si maigre passé, sans programme et sans direction précise, dans une école qui elle-même était une hardie nouveauté, sans analogue en aucun pays, où tout était à construire de neuf, où chaque professeur devait se frayer à lui-même sa voie, l'œil fixé sur les besoins intellectuels et moraux de la démocratie française.

J'eus quelque peine à vaincre les hésitations et les scrupules du jeune professeur (il n'avait à ce moment que trente-trois ans). Sans doute je n'avais pas à lui révéler l'importance ni l'urgence de l'enseignement qui lui était offert, mais il en comprenait encore mieux que moi la diffiulté; et puis, cela n'allait-il pas le détourner de sa voie naturelle, des travaux philosophiques commencés ou projetés? Je me permis de lui assurer que sa philosophie elle-même, loin d'avoir rien à perdre, aurait beaucoup à gagner à ce contact direct et familier avec la réalité, avec des esprits de jeunes femmes, curieux, ouverts, dociles, mais moins préoccupés de spéculation abstraite que du secret de vivre, de bien vivre et d'être heureux; en un mot, d'éducation et de morale plus que de philosophie pure. M. Marion se rendit, vaincu sans doute par son patriotisme et par le vif sentiment de la situation morale et sociale de la France plutôt que par mes raisons. Toutefois, je me trouvais dire encore plus vrai que nous ne le pensions l'un et l'autre : en acceptant un enseignement de philosophie dans le premier établissement supérieur de pédagogie qui ait été créé en France, M. Marion se traçait à lui-même sa carrière; il se vouait à la philosophie appliquée; et sa chaire de Fontenay le préparait et le désignait à son insu pour la future chaire de Sorbonne.

Peu de jours après notre rencontre, il commençait son Cours devant dix-huit élèves, moitié de la section des sciences, moitié de la section des lettres, dans une salle de l'école normale des Batignolles qui nous donnait asile en attendant l'achèvement des travaux d'appropration de Fontenay; deux semaines plus tard, il prenait possession de la petite salle de notre vieux bâtiment, au rez-de-chaussée, où sont déposés aujourd'hui les grands appareils de physique. C'était notre salle *des lettres*, où enseignaient tour à tour MM. Croiset, Vidal-Lablache, Ch. Bigot, Albert Sorel, etc., et plusieurs de nos inspecteurs généraux. Je mentionne ces indications, qui feront plaisir à vos aînées.

Le succès du professeur fut dès l'abord très grand; celui de la philosophie le fut encore plus, et ici l'un ne peut pas se séparer de l'autre. Sans doute, M. Marion avait pour lui d'être un « jeune » parlant à des jeunes; un jeune par l'âge, et aussi par la chaleur d'âme, par la vivacité de l'esprit et de l'imagination; son langage simple, aisé, souple, plein d'abandon, de naturel, de grâce, et avec cela élégant et châtié, sans l'ombre de rhétorique, sans jamais viser aux faciles effets, avait déjà les qualités saines et fortes sans raideur qui, cultivées d'année en année, devaient en faire l'un des modèles accomplis de la langue du professeur. Et cette simplicité robuste, enveloppée de bonne grâce, qui n'était chez lui qu'une forme de l'amour du vrai, du respect de la pensée, il la montrait également dans les discussions familières avec les élèves, qui occupaient une partie de l'heure de la leçon, ainsi que dans ses jugements sur les travaux écrits. Nulle flatterie, nul éloge banal, tel que des professeurs hommes peuvent quelquefois être tentés d'en adresser à des jeunes filles animées de bon vouloir et donnant toute leur mesure ; idées et style étaient passés au crible sans minutie pédante, mais avec fermeté et précision. Je n'ai jamais rencontré de correcteur de dissertations plus pénétrant, plus équitable, plus mesuré ; ses notes d'appréciation étaient remarquables de souplesse et d'exactitude : à n'être pas d'accord avec lui sur la valeur d'un travail d'élève, on n'était plus bien sûr de soi.

Ainsi s'explique en partie le prompt ascendant que prit le professeur. Mais je disais que celui du philosophe, ou plutôt de la philosophie, ne fut pas moindre, et qu'à l'honneur du maître il se confond avec le premier. Ce qui mit les élèves sous le charme du cours, ce fut la discipline rationnelle elle-même, dont M. Marion se fit l'interprète. Si préoccupé qu'il fût d'aplanir les rudes voies de la science et de la faire tourner à la culture de la conscience, c'est pourtant la science, l'austère méthode scientifique, appliquée aux questions humaines par excellence, qui apparaissait partout dans les leçons.

Ce caractère *rationaliste* de l'enseignement — je dis bien rationaliste, mais nullement sceptique, soit à l'endroit du principe religieux, soit à l'endroit du principe moral, — ni mystique, ni sentimental, donnait une singulière autorité à la parole du maître. Ajoutez à cela que c'était pour la première fois que les jeunes filles entendaient exposer avec cette ampleur, cette impartialité, cette absence de parti pris et de passion, les plus grands sujets de la méditation es penseurs. Outre que l'imagination intellectuelle en était oute saisie, elles savaient bien reconnaître que la modération de langage du professeur, ses précautions pour se mettre à leur portée, ne recouvraient aucune diplomatie suspecte, aucune condescendance injurieuse à leur sexe autant qu'à la vérité. Il parlait à des femmes comme à des êtres capables de raison et de conscience, et non comme à des mineures auxquelles convient un régime de tutelle et d'autorité. Et cette physionomie du cours, déjà marquée dans la première année, celle de Psychologie, se dessina plus vive encore dans l'année de Morale, où furent abordées, avec autant de liberté que de souci de l'intérêt moral proprement dit, les questions vitales. Je ne doute pas que maintes maîtresses des écoles normales n'aient reçu à ce moment une impulsion qui a décidé pour toujours de la direction de leur vie spirituelle.

Dirai-je avec quel soin, avec quel scrupule dans le choix des idées et de l'expression, il préparait ses leçons; comme il délibérait à l'avance sur les discussions à admettre ou à écarter, sur l'étendue à donner à certains chapitres (par exemple à celui du déterminisme), sur la place à faire à l'histoire des grandes doctrines; également attentif à ne pas énerver son enseignement et à ne pas excéder les besoins et la portée d'esprit de ses auditrices, se demandant chaque fois, s'informant autour de lui s'il aurait passé la mesure, s'il aurait versé dans l'érudition, dans la subtilité, dans la spéculation pure? Ainsi se sont faites les *Leçons de psychologie* et les *Leçons de morale* publiées plus tard, rédactions fidèles des Cours, écrites par des élèves, mais qu'il retouchait et remaniait avec soin, et qui ont donné naissance à leur tour à une nombreuse lignée de Manuels du même genre à l'usage des écoles normales et des lycées de jeunes filles, où se retrouvent un plan et des caractères communs, manifestement dérivés du même premier exemplaire.

C'était, en effet, le mérite singulier de ces *Leçons* — qui, sur certains points, ont pu être dépassées en sobriété de théorie ou en applications pratiques par d'autres essais, —

qu'elles étaient composées en quelque sorte sous la dictée des élèves, toutes prises *du vif*; subissant l'épreuve de l'exposition orale, de la rédaction revisée, de l'interrogation, de la discussion familière en classe, des dissertations se rapportant à divers points du Cours, sans parler des libres entretiens avec les collègues, qui souvent précédaient ou suivaient les leçons. Comment ne pas mentionner, entre autres conférences, celle qu'aucune de vos compagnes d'alors n'a sûrement oubliée, à laquelle M. Jules Ferry nous fit l'honneur d'assister, prenant un vif intérêt à la fois à l'exposé du professeur et aux objections tâtonnantes, mais très animées des élèves, disant même son mot, et aussi sensible que nous tous au talent souple et ferme que déployait le professeur dans la conduite de l'argumentation?

C'étaient là de beaux jours pour ceux qui les ont connus; il fait bon se les rappeler et les faire revivre devant vous : jours de création, si j'ose le dire, où chacun cherchait de son côté en vue de l'intérêt supérieur et commun, celui de l'éducation profonde du peuple; jours aussi d'espérance et d'un optimisme qui ne fermait les yeux à aucune des difficultés de la situation, mais qui se flattait peut-être de les surmonter à trop bref délai. Comment oublier surtout ces conversations pleines de confiance mutuelle, où l'on échangeait ses vues sur tous les sujets traités devant les élèves et sur leur rapport avec les nécessités du pays ou avec les circonstances du moment! C'est là que M. Marion montrait à nu sa riche et charmante nature, où la plus franche sève plébéienne se mariait au goût le plus délicat, affiné par une savante culture. Cet aristocrate de la pensée et du langage avait été, en effet, nourri de par sa naissance et de par son éducation de la plus forte moelle populaire; fils de fermier, issu de cette élite rurale infatigable à la peine, inépuisable en initiative, en courage et en sens pratique, il aimait à dire tout ce qu'il devait à la rude et sérieuse éducation de famille qu'il avait reçue, aux exemples qu'il avait eus sous les yeux. Et si ce fils de paysan était devenu par le travail un maître éminent dans l'ordre le plus élevé de l'enseignement, s'il avait mérité de prendre place dans les plus hauts Conseils du pays et de donner son avis sur ses plus hauts intérêts, il n'avait pourtant garde de répudier ses origines. Non seulement il conservait dans ses jugements sur les personnes et sur les choses, dans toute la tenue de sa pensée et de sa conduite, entre toutes ses qualités naturelles ou acquises, une certaine verdeur de terroir, une vigoureuse franchise de race, mais il était le serviteur convaincu et dévoué, bien que clairvoyant, de la démocratie, où il plongeait par ses plus fortes racines, et de la République, où il avait mis ses meilleures espérances. Il n'était — et il ne fut jamais — ni un dilettante impuissant, habile à jongler avec les idées et les phrases, ni un transfuge de la cause libérale : cet esprit délicat et fin était un vaillant homme, toujours prêt à agir, sans illusions, mais sans découragement, sûr de sa voie, et la tenant sans fléchir; et, pour l'issue, « laissant faire aux dieux ».

Le beau printemps de notre école, que je me suis laissé attarder à vous retracer, fut trop court pour notre cher professeur. Une crise subite du mal redoutable l'obligea d'interrompre ses cours de Fontenay et de Saint-Cloud, et d'aller chercher le repos et le salut là où il les avait déjà trouvés, sous le climat de Pau, auprès d'un médecin éminent, son ami, le Dr Valery-Meunier, qui l'a plus d'une fois arraché à la mort, et qui, à cette heure, ne se console pas du fatal dénouement. Il ne nous revint pas; sa santé ne lui permettait plus de courir les hasards du voyage régulier et fréquent à la campagne; d'ailleurs, il eut bientôt l'insigne honneur, juste hommage rendu à son mérite, de voir créer à la Sorbonne, à son intention, la chaire de la *Science de l'éducation*.

Il consentit encore, dans les premiers temps, à nous donner quelques rares conférences de pédagogie; mais il dut enfin réserver tout ce qu'il avait de forces pour sa nouvelle tâche. Nous ne renonçâmes pourtant pas à l'entendre ici, mais c'était en quelque sorte indirectement; vous vous rappelez que cet hiver encore, et jusqu'à la dernière séance de son Cours très remarquable sur l'Éducation publique aux États-Unis, vos camarades de troisième année, dans notre conférence du vendredi matin, vous apportaient, en la résumant, la leçon de la Sorbonne à laquelle elles avaient assisté la veille, et qui devenait le sujet d'un commentaire familier.

Cette fois, c'est bien fini, fini pour toujours! Nous n'entendrons plus sa voix, ni même l'écho de sa voix. Mais « ses œuvres le suivent » ; il nous reste, avec ses écrits, ce qui vaut mieux que les meilleures choses, le souvenir d'une belle et bonne vie, trop courte, hélas! mais pleine d'action et d'étude, où il a semé à pleines mains la bonne semence, sans même se promettre la récompense de la voir lever de ses propres yeux.

Et en ce qui concerne notre école, n'avais-je pas raison de vous dire en commençant qu'il y a quelque chose de lui dans l'air que vous respirez? S'il y a dans la tradition des seize années de Fontenay quelque probité de l'intelligence, quelque respect de la pensée sincère, quelque amour réfléchi de la vérité, s'il y a le goût du simple et du naturel, s'il y a la foi à la dignité et à l'efficacité des institutions démocratiques et libres, croyez-moi, aucun de nos collègues d'alors ne me désavouera si j'assure qu'une part, et non médiocre, en revient à l'impulsion première de M. Marion.

V

Conférence de rentrée (novembre 1894).

J'ai regretté de n'avoir pas assisté à votre rentrée, retenu que j'étais dans le Midi par une indisposition. Ma pensée n'en était pas moins au milieu de vous, et en particulier avec les nouvelles venues qui, au début de l'année scolaire, ont le plus droit à notre sollicitude. J'étais sans inquiétude à leur sujet sachant qu'elles ne manquaient ni de directions ni d'assistance de toute sorte, et qu'elles n'étaient pas exposées à se sentir seules, entre leurs maîtresses dévouées et leurs compagnes de la promotion supérieure.

Cette abondance de ressources, qui me rassurait, a ramené vivement ma pensée vers les premiers jours de l'École. Je me suis pris à mesurer la différence des temps, et combien ce début de la quatorzième année de Fontenay ressemble peu à celui de la première. Aujourd'hui, vous trouvez en arrivant tout préparé pour vous recevoir, une maison d'aspect riant et hospitalier, que dépare seul un vieux bâtiment voué à la reconstruction; des chambres commodes; des salles spacieuses de classe et d'étude; un non moins ample réfectoire et une salle de récréation où jeux et danses peuvent se déployer; des bibliothèques, des cabinets de physique et d'histoire naturelle; un laboratoire de chimie. Avec cela tout le régime bien organisé des leçons, des répétitions, des exercices divers de sciences ou de lettres. Outre les professeurs réguliers, institués dès l'origine, vous avez auprès de vous, à l'intérieur, pour vous prêter aide et conseil, six répétitrices, deux pour les sciences, deux pour les lettres, deux pour les langues vivantes; et en vérité, vous n'auriez qu'à vous en prendre à vous-mêmes si vous ne profitiez pas de tout leur bon vouloir. Je ne pense pas qu'il y ait nulle autre part, dans l'un ou l'autre hémisphère, une maison d'éducation publique où les secours soient offerts avec tant de libéralité aux élèves de votre sexe.

Combien différente était la situation à la rentrée de 1880! Des bâtiments disparates, délabrés, d'aspect sordide au dehors et lépreux au dedans, dépendances de l'ancien château de Fontenay, plus tard propriété et demeure du sculpteur Pajou, où s'installaient durant l'été, jusqu'à la veille même de notre arrivée, plusieurs familles de Paris. Le beau parc rachetait seul l'air déplaisant des pavillons. C'est là que nous entrâmes aux premiers jours de novembre 1880, après que l'architecte du gouvernement, M. Lecœur, par des prodiges d'activité et d'ingéniosité, eut mis, dans l'espace de trois semaines, la vieille demeure en état de nous recevoir. On avait eu hâte de quitter l'école normale de Batignolles, où nous avions trouvé un abri provisoire, pour s'installer tant bien que mal dans la résidence définitive, parmi une multitude d'ouvriers de tous corps de métier, occupés nuit et jour à clouer, peindre, entoiler des cloisons de planches, et à les sécher à grand renfort de braseros.

Tout était rudimentaire, le matériel et l'organisation scolaire : une salle d'étude unique, au premier étage, réservée aujourd'hui aux expériences ordinaires de physique, réunissait les deux sections; c'est là que dès le premier jour nous inaugurâmes les conférences familières du matin. Deux salles de classe, au rez-de-chaussée, l'une pour les leçons de sciences, aujourd'hui encore affectée au même usage; l'autre pour les leçons de lettres, où sont maintenant déposés nos plus grands appareils de physique, et où enseignèrent au début Marion, Croizet, Charles Bigot, Albert Sorel, et combien d'autres. Des petites cellules à coucher, dont il reste malheureusement encore quelques spécimens, coquettement arrangées, avec tout ce qu'on avait pu y introduire de commodité ou de sécurité, mais exposées aux intempéries des saisons et aux risques du feu; un réfectoire où l'on pouvait à grand'peine trouver place.

Dix-neuf élèves composèrent d'abord toute l'école, dont l'existence était à peine connue et la destination mal comprise; tandis qu'aujourd'hui deux cents aspirantes des deux ordres se présentent au concours annuel. Aucune répétitrice : songez qu'il n'y avait dans toute la France qu'une douzaine au plus de femmes pourvues du nouveau titre de *professeur* des écoles normales, et que l'on eût difficilement trouvé chez une seule, quel que fût d'ailleurs leur mérite, les qualités requises pour une fonction si nouvelle. Nous pûmes cependant nous adjoindre au bout de quelques mois Mlle Layet, professeur à Versailles, qui s'acquitta de sa tâche délicate et laborieuse à notre entière satisfaction.

Mais si l'extérieur était à ce point peu attrayant, si l'organisation même des études était encore à l'essai, je ne pense pas qu'à l'intérieur l'École connaisse jamais de meilleurs jours. L'automne de 1880 fut notre vrai printemps, plein de lumière, de sourires et de promesses. Jamais les professeurs ne donneront leurs leçons avec plus d'ardeur, de sérieux et de joie; jamais les élèves ne s'ouvriront à la parole des maîtres avec plus d'empressement. On respirait dans la maison un air de liberté, de respect, de confiance mutuelle. Tous, maîtres et disciples, avaient le sentiment de travailler à une œuvre bonne et grande, de portée infinie pour le pays, et dont la valeur, dans la suite, serait en proportion de ce que chacun y aurait mis de travail personnel, de réflexion, de sagesse, de moralité. En dépit des inconvénients de la mauvaise installation, l'École se constituait au jour le jour, par le zèle et la bonne entente des professeurs, par le bon vouloir des élèves : d'abord ses programmes et l'organisation de ses cours; mais surtout son esprit, qui naissait en quelque sorte de lui-même, et que chacun de nous reconnaissait aussitôt pour sien. Au-dessus de la communauté planait, invisible, l'image de la patrie; ses malheurs récents, son avenir obscur, ses efforts de relèvement dans tous les sens, étaient sans cesse présents à l'esprit de tous, et donnaient secrètement le ton aux enseignements les plus divers. C'était notre commun et ardent désir de contribuer de tous nos moyens à lui assurer une meilleure destinée.

On peut voir par le tableau de ces débuts ingrats en apparence, combien est vrai le mot de l'antiquité : *spiritus intus alit : c'est l'esprit intérieur qui nourrit.* Avec un mécanisme encore informe, la vie de l'École était aussi animée, aussi pleine, aussi réglée, et sans doute aussi féconde qu'elle pourra jamais l'être; car on savait où l'on allait, on avait un but autre que l'examen et le diplôme; on servait un haut dessein; et à la lumière de ce dessein, chaque professeur s'appliquait de son côté à mieux choisir la matière, la méthode et les procédés de ses leçons, à perfectionner l'appareil des interrogations, des compositions, des exercices oraux ou écrits: on mesurait avec plus de sûreté le point qu'il ne fallait pas dépasser, ce qui, en chaque partie, était à dire ou à ne pas dire, ce que les jeunes esprits pouvaient supporter et ce qui eût excédé leurs moyens ou les besoins de leur future profession. La liberté individuelle de théorie et de pratique s'accordait le plus aisément du monde avec les nécessités de l'ordre général. On cherchait le mieux, mais on le cherchait dans un sentiment de déférence mutuelle, en consultation quotidienne et en parfait accord avec la directrice et l'inspecteur général, sans qu'aucune susceptibilité d'amour-propre ait troublé une seule fois le cordial échange des observations.

Comment ne rappellerais-je pas ici tout ce que feu Mme de Friedberg mêlait de courage, d'entrain, de gaîté, en même temps que de savoir-vivre et de bonne tenue féminine, au régime austère d'une maison d'études, où le travail intellectuel à outrance menaçait d'envahir la vie entière! Les *anciennes* vous diront quelle vaillante et généreuse femme fut la première directrice de Fontenay, et quelle grande place elle savait se faire avec aisance et dignité, sans sortir de son rôle ni de son sexe, au milieu de tant de maîtres éminents, qui la voyaient avec plaisir s'asseoir souvent au pied de leur chaire, plus sérieuse, plus attentive, plus prompte à l'admiration que ses *filles* elles-mêmes.

Ce beau printemps est passé sans retour, comme passe le printemps de la jeunesse. Mais si la fraîcheur des commencements est unique et éphémère, l'esprit qui les animait reste le même; et s'il vient à faiblir, malgré que nos ressources de tout genre se soient multipliées, ce n'est pas aux circonstances adverses qu'il faut s'en prendre, c'est aux hommes, c'est à nous. De toutes les circonstances, a dit, je crois, Mme de Staël, un homme est la plus grande. Il dépend de nous, professeurs et maîtresses, il dépend de vous, élèves, et en particulier de celles de deuxième et troisième années, dépositaires de la tradition, que les années de maturité de l'école répondent à ces premiers jours, et que, chacun y mettant le sien, tout le sien, on y sente abonder la vie et une perpétuelle jeunesse.

VI

Conférence de rentrée (octobre 1893).

Nous ouvrons aujourd'hui la quatorzième année de l'École. Quatorze ans, c'est une courte période; mais les années d'une institution, comme celles d'une vie d'homme, comme les heures mêmes d'une de vos journées d'étude, valent moins par le nombre que par ce qui les a remplies, par le but que l'on s'est proposé, par la sincérité intense de l'effort. Pascal, mort à l'âge de trente-neuf ans, Spinoza à quarante-cinq ans, ont vécu longtemps. Mais combien meurent enfants à soixante-dix ans!

Ils ne seront jamais et n'ont jamais été.
Ils sont, et voilà tout.
(V. H., *Ch. du Crép.*)

J'ose dire aux élèves qui entrent aujourd'hui dans cette maison que les années de leurs devancières ont été pleines, non seulement de travail, mais d'activité d'esprit; pleines de pensées et de sentiments. On a beaucoup étudié les livres; mais en même temps on a réfléchi, on a cherché, on a douté, on a cru à la vérité, à l'esprit, on a cru au devoir, et en conséquence on a travaillé sur soi pour se réformer et s'améliorer; on a aussi pensé aux autres, à la France, au peuple, aux écoles. Un esprit s'est formé et propagé, à la fois très haut sans être chimérique, et pratique sans tourner à l'empirisme; esprit de foi à l'éducation, c'est-à-dire à la conscience, à la dignité supérieure de l'homme, à la liberté morale, ainsi qu'aux destinées du pays et de la démocratie.

Pour ce qui est des résultats, apparents à tous les yeux, pensez aux quatre ou cinq cents professeurs de sciences et de lettres formées dans cette École ou par ses méthodes, et avec l'aide de ses leçons transmises en province; aux soixante ou soixante-dix directrices, anciennes élèves. Pensez au savoir agrandi, aux méthodes d'enseignement perfectionnées, à la discipline rendue plus libérale, plus souple, plus douce, sans être moins sérieuse, au régime intérieur presque partout transformé; enfin au renom de bonne instruction, de moralité, de bonne tenue, de zèle professionnel, dont jouissent la plupart des écoles normales, et qui réduit au silence leurs adversaires ou les met du moins dans l'embarras, si bien que les élèves tiennent à honneur d'y être admises, et les maîtresses d'y enseigner.

Il me serait facile autant qu'agréable de prolonger cetterevue encourageante. Mais cela dit, combien il nous sied d'être modestes! Ne craignons pas de constater ce que nous laissons perdre en chemin en passant de Fontenay aux écoles normales, et des écoles normales aux écoles primaires, et combien le *bon esprit* que nous cherchons à cultiver ici, soit dans les études, soit dans la pratique morale, risque — en partie par notre faute — d'arriver exténué, appauvri de lumière, de chaleur et de vertu, à son adresse véritable, aux filles du peuple. S'il s'agit des résultats qui se rapportent surtout à l'intelligence, rappelons, entre autres choses, combien il s'en faut encore que toutes nos jeunes institutrices normaliennes entretiennent et renouvellent leur instruction première par la lecture assidue des bons livres; qu'elles gardent ainsi le goût désinteressé des choses de l'esprit, sans lequel leurs occupations professionnelles perdent bientôt de leur attrait et tournent à la pratique machinale.

S'agit-il surtout de la moralité, n'oublions pas que la tâche de l'école primaire s'est considérablement agrandie. Nous ne sommes plus au temps où la plupart des filles du peuple, arrivées à l'adolescence ou à la jeunesse, continuaient de vivre dans leurs villages ou leurs bourgs, sous l'œil de la famille et des voisins, sous la garde de la vieille coutume. En leur apprenant à lire, à écrire, à faire des comptes, à rédiger une lettre, à consulter une carte du département ou de la France, nous leur donnons aussi l'envie et les moyens de travailler à améliorer leur condition. Elles vont en grand nombre dans les grandes ou moyennes villes, cherchant une position à travers mille hasards. Nous qui savons à quels périls elles seront exposées, et qui avons charge d'elles durant les six ou sept années de l'âge scolaire, faisons-nous, et les jeunes institutrices, nos élèves, font-elles tout ce qui serait en notre pouvoir soit pour les éclairer sur les risques de toute sorte qu'elles vont courir, soit pour les munir de fermes principes et de fortes habitudes ainsi que de prudence? Sommes-nous bien sûrs qu'au milieu des tentations multipliées du livre, du feuilleton, du roman, du spectacle, de l'atelier, à l'abri de tout contrôle, ces jeunes filles, devenues par nos soins plus intelligentes, plus instruites, plus aptes à *se tirer d'affaire*, soient en même temps devenues plus vertueuses, à la fois plus clairvoyantes et plus aguerries contre le mal? Certes, on n'a pas à regretter de leur avoir ouvert l'intelligence, et l'on ne peut pas non plus rendre l'instituteur responsable des changements qui résultent pour elles des nouvelles conditions sociales, industrielles, morales; rien de ce qui leur a été enseigné n'est à *rétracter* : mais a-t-on mis dans les leçons et les avertissements la vigueur et la netteté de langage, la chaleur et l'accent persuasif, l'*autorité* que donnent la foi morale et l'amour?

Que conclure de là en ce qui concerne Fontenay? En tout cas une chose : c'est qu'au lieu de nous cloîtrer dans nos belles et séduisantes études comme dans une tour d'ivoire, nous devons prendre soin, en vue des écoles populaires, de réformer l'impulsion initiale qui, partie d'ici, se fera sentir dans tout le pays. L'impulsion, c'est, dans tous les sens du mot, l'esprit de vie; c'est l'esprit qui pour ne citer que l'un de ses traits distinctifs), tout en se défendant de mettre sans cesse tout en question et de rien changer à la légère, se tient attentif à l'expérience, pour éviter les excès, les insuffisances, les erreurs de direction générale ou de procédés particuliers qu'elle révèle dans l'éducation, toujours prêt à corriger ou à compléter sans bouleverser. En le définissant ainsi, n'ai-je pas marqué les caractères de l'enseignement laïque?

Et vous, mesdemoiselles de deuxième et de troisième année, tracez la voie à vos compagnes nouvelles venues; dirigez leur pensée et leur ambition vers le service du peuple, du vaste et puissant peuple, de qui dépend aujourd'hui la destinée de la nation entière; aidez-nous efficacement à entretenir dans l'École les habitudes établies de droiture, d'égards mutuels, de prévenances cordiales, de simplicité, de respect et de modestie.

VII

Conférence du 6 janvier 1888. Ouverture de la nouvelle année et de la nouvelle salle de conférences.

Que nous apportera la nouvelle année? Faut-il croire, selon le mot d'un poète, que les astres qui président à notre destinée sont dans notre propre sein? Non pas tous, assurément; nous sommes à maints égards dans une étroite dépendance de causes étrangères, inconnues ou imprévues, supérieures à notre prévoyance ou à notre pouvoir; mais cela est vrai des principaux, et de ceux-là mêmes qui modifient, corrigent, règlent la plupart des autres. Nierez-vous que nous construisions chaque jour insensiblement notre destinée, en dépit des événements extérieurs, suivant la direction habituelle que nous imprimons à nos pensées, direction frivole ou sérieuse, égoïste ou généreuse? Ce pli, volontairement contracté, de la pensée, du sentiment, de l'imagination, nous porte ensuite à prendre de certains partis, à suivre des voies, à choisir des relations qui répondent à notre état d'esprit : et notre vie se trouve ainsi déterminée, presque à notre insu, dans un sens ou dans un autre. Il dépend de nous que la présente année, quels qu'en soient les événements imprévus, contribue pour sa bonne part à nous ménager un avenir heureux, puisque la première condition pour être heureux c'est d'être maître de soi, de faire l'ordre et la paix en soi, de ne pas rester à la merci des choses ni des hommes. Cela, il y a longtemps que les sages l'avaient dit; et cette vieille vérité ra toujours nouvelle. Sans doute, elle ne renferme pas ut le secret du bonheur (le cœur de l'homme ne se suffit as à lui-même), mais elle en marque un caractère essenel. Et comme ce n'est pas l'œuvre d'un jour d'atteindre cette maîtrise, ni d'arriver à l'exercer sans défaillance, ns raideur, sans ostentation, vous ne sauriez commencer op tôt de vous y appliquer.

Cela dit, je me sens libre et heureux de vous souhaiter, vous et à ceux que vous aimez, des « astres propices ». uisse l'année ne vous apporter aucune des grandes preuves de famille ou personnelles qui ébranlent l'âme troublent la vie jusqu'au fond! Puissiez-vous voir se aliser vos vœux les meilleurs! Et comme l'un des plus gitimes se rapporte pour les élèves de deuxième année leur examen, souhaitons-leur ensemble que le succès compense leurs efforts! Et enfin, comme la santé, en vue e ce résultat, vous est le bien le plus désirable, puissiezous faire des progrès dans l'art de la bien conduire, où ous êtes encore trop novices!

Avec la nouvelle année nous inaugurons aussi notre ouvelle salle de conférences. Vous aurez sans doute, omme moi, quelque peine à vous séparer de l'ancienne; éjà, il y a quelques années, nous n'avions pas quitté sans egret celle qui l'avait précédée, le véritable berceau de École, à la fois salle d'étude et salle de réunion, à laquelle os compagnes, aujourd'hui directrices ou professeurs des coles normales, rattachent quelques-uns de leurs plus hers souvenirs. Ainsi nous prêtons aux lieux une partie e notre âme, soit individuelle, soit collective. Ce qui fait attrait durable d'une salle de réunion comme celle-ci, c'est l'abord sans doute ce que l'on y entend, ce que l'on y essent, ce que l'on y entreprend à part soi; mais c'est ussi ce que l'on y a entendu, senti et résolu ensemble, lans l'intime entente des esprits, des cœurs, des volontés. Et lorsqu'à ces impressions se mêle celle de la jeunesse, orsqu'on les a éprouvées et partagées à l'âge où tout en nous sourit à la vie et s'élance avec espoir vers l'action, elles revêtent un charme indéfinissable, et font une sorte de lieu sacré du lieu le plus vulgaire où il nous a été donné de les goûter pour la première fois. C'est de là que nous aimons à faire dater notre véritable entrée dans le monde de l'intelligence ou de l'âme.

Jouissez donc librement, et sans en rien perdre, de l'échange d'idées et de sentiments qui va se faire tous les jours ici; approvisionnez-vous de ces précieux souvenirs où votre existence morale prendra ses plus fortes racines; ils vous seront une lumière et une force aux heures inévitables d'isolement et de tristesse. Jouissez des paroles et des chants; mais comptez particulièrement sur ce que vous y apporterez de votre propre fonds, curiosité sérieuse, amour de la vérité, droite intention, bienveillance mutuelle.

Je n'oublie pas que cette salle n'est pas une chapelle, ni un autel où nous adorions en commun; mais il dépend certainement de nous qu'elle soit pour toute la durée de notre vie un foyer de chaleur et de lumière. Si l'on n'y célèbre pas des cérémonies religieuses, du moins l'on y *parle*, et quoi de plus auguste sur la terre que la parole humaine? Ici la parole est honorée, plus encore, respectée; la parole, c'est-à-dire la pensée, c'est-à-dire l'âme. On y professe de croire *à l'âme*, c'est-à-dire à la destinée morale de l'homme; à la destinée d'un être libre, qui n'est pas un simple mécanisme, une pièce dans la grande machine, qui est raison, volonté, qui est conscience, qui est capable de concevoir et de réaliser la vérité et la justice; et qui n'est tout cela que parce que le principe suprême des choses, au lieu d'être la force universelle aveugle, est aussi liberté, sagesse, amour.

Ici l'on professe encore de croire que chacun de nous, non content d'avoir une existence et une destinée distinctes, personnelles, est relié à tous, particulièrement à la famille et à la patrie, par une étroite solidarité. On croit à la patrie, surtout parce qu'on la croit capable, comme l'individu lui-même, de choisir sa destinée et de s'y fixer; on l'aime avec ses faiblesses et ses forces; on l'aime pour ce qu'elle a été, mais plus encore pour ce qu'elle pourrait être; on la veut indépendante à l'égard de l'étranger, maîsse d'elle-même à l'intérieur, fraternelle dans l'égalité ses membres; cité de liberté et non de césarisme men-ır; cité de démocratie et non de privilège; cité volon-rement soumise à la loi et non anarchique; digne à tous titres de la confiance et du respect des peuples. Et c'est urquoi l'on professera dans cette salle, comme on a fait ns les deux précédentes, que c'est une bonne et belle ose de donner sa vie à l'éducation populaire; à une édu-tion vraiment libérale, qui, non contente de dégourdir ıtelligence en vue d'un métier utile, prétend élever l'âme; i, de tous les enfants du peuple, filles et garçons, vriers des villes et cultivateurs, veut faire des êtres res, capables de se gouverner eux-mêmes selon la loi orale, et par là même de concourir dignement au gou-rnement du pays.

En voilà assez, je pense, pour nous rendre cette nouvelle lle à la fois attrayante et vénérable. Et pourquoi, dans acune de nos écoles normales, la salle de réunion géné-le ne serait-elle pas aussi un lieu privilégié par les nsées fécondes qui s'y échangeraient, par les émotions l'on y ressentirait en commun, par les résolutions géné-uses qu'on y formerait ensemble à l'entrée de la vie tive?

VIII

La lecture. Première conférence. Mars 1887, juin 1896.

« Peu lire et beaucoup penser à ses lectures, a dit Rousseau, c'est le moyen de les bien digérer. » Et Vinet : « Notre siècle est malade de trop lire et de mal lire ».

C'est, en effet, après la maladie de ne rien lire (laquelle sévit également, même parmi les gens d'école), celle qui fait le plus de ravages. Vinet écrivait il y a un demi-siècle environ : que dirait-il aujourd'hui à la vue des journaux, des romans en livraisons, des livres à vil prix qui vont chercher les lecteurs jusque dans les villages reculés de France, de Suisse, de Belgique? On lit avec avidité, c'est dire peu, avec voracité; on ne lit pas pour s'instruire, mais en manière de passe-temps, pour chasser l'ennui et ne pas se trouver seul avec soi-même, pour se procurer un plaisir presque sensuel d'imagination. Cet exercice, non seulement ne profite pas à l'esprit, mais l'énerve et l'affadit, effaçant une impression fugitive par une autre, le dispensant de l'effort d'agir et de penser par lui-même; il émousse également la sensibilité, qu'il chatouille ou irrite à coups répétés, offrant sans relâche à son appétit d'émotions les sentiments d'autrui au lieu des siens propres. C'est ainsi que la lecture, dont la plus haute destination est sans doute d'évoquer et de nourrir la personnalité, en est un des dissolvants les plus actifs, tel qu'un narcotique, à la fois surexcitant et assoupissant.

Ce n'est pas précisément à quoi vous êtes exposées ici.

urant vos deux années d'études, astreintes que vous êtes des lectures austères et réglées. Mais c'est, n'en doutez as, la tentation dont vous aurez plus tard à vous défendre ans les jours de loisir et aux heures inévitables d'ennui d'isolement moral. C'est surtout le mal dont vous aurez préserver vos jeunes institutrices, dont un grand nombre uront à passer les années de leur jeunesse et peut-être de ur âge mûr loin de leurs familles, ou dans le célibat. Que ire dans les longues soirées d'hiver, les jeudis et les imanches, après que l'on a pourvu à la préparation des çons et aux soins d'un petit ménage? L'ennui les guette; our s'échapper à elles-mêmes, elles seront tentées de beaucoup lire et de lire sans discernement, comme d'autres, oussées par le même mobile, dispersent leur temps et ur esprit dans les réunions mondaines.

Rousseau nous conseille de lire peu, et seulement en roportion de ce que nous pouvons en *digérer* par une flexion active. A première vue, vous jugerez assurément ue le conseil est bon, quoique d'air un peu sévère et de ratique difficile. Penser beaucoup à ses lectures, — près avoir eu, cela va sans dire, la précaution de les ien choisir; *repenser* pour soi, à la suite de l'auteur, au oins les idées principales, les passages qui nous ont plus frappés, et que nous aurons sagement fait de arquer d'un léger signe; les repenser à notre compte in de les digérer, c'est-à-dire de nous assimiler, et non as seulement de retenir dans la mémoire, tout ce qui ous est assimilable, ce que nous avons réussi à bien omprendre, ce qui s'ajuste à notre état présent d'esprit, notre culture, à notre expérience, en laissant tomber le este jusqu'à nouvel ordre,... oui, c'est là incontestablement la seule méthode qui convienne à une personne isonnable, la seule qui assure ce qu'on pourrait appeler bonne nutrition mentale.

Peut-être serez-vous tentées de me dire qu'il ne dépend as de vous, dans le présent, au cours de vos études, de *re peu*; qu'il y a beaucoup de livres importants, ou de agments de livres, à étudier, à analyser, à retenir dans le court espace de ces deux années scolaires, et que dès lors il est bien malaisé de « penser en proportion de ce qu'on lit, et par conséquent de le bien *digérer* ».

C'est en effet l'écueil le plus redoutable de l'enseignement dans les hautes écoles, primaires ou secondaires; c'est le vrai problème à résoudre, qui préoccupe sans cesse vos maîtres, et qu'on résout au jour le jour du mieux que l'on peut, sans y réussir jamais à son plein gré : lire assez, lire autant qu'il le faut pour satisfaire à une légitime curiosité de savoir et aux exigences de l'examen final, lire autre chose que des manuels abrégés; entrer, à l'aide d'ouvrages plus étendus et plus voisins des sources, en rapport direct avec les peuples et leurs mœurs, avec les personnages et leurs caractères, avec les situations et leurs traits principaux, ou bien avec la nature et l'inépuisable richesse de ses productions, la diversité de ses phénomènes, la régularité de ses lois; en un mot, pénétrer, sous la conduite des livres-maîtres en tout genre, jusqu'à la réalité même, jusqu'aux êtres vivants, hommes ou choses, au lieu de s'arrêter à de brèves généralités, exactes mais abstraites et stériles, cela n'est-il pas l'a b c de l'art d'apprendre, et pouvons-nous vous demander moins?

Vous en convenez sans peine : Fontenay ne serait pas ce qu'il est, ce qu'il doit être, une école supérieure de pédagogie, si l'on ne vous invitait pas à ces longues, diverses, laborieuses lectures. Mais, d'autre part, où trouver le temps d'y réfléchir, de les *repenser*, afin de les *digérer*, au milieu de cette succession presque ininterrompue de cours, de répétitions, d'exercices pratiques, de compositions? Réfléchir, penser, demande du loisir, du calme; hors de cette condition, comment l'activité spontanée et originale de l'esprit entrerait-elle en jeu? Or c'est précisément le loisir et le calme qui manquent le plus.

Convenons ensemble qu'il n'est jamais facile, ici ni ailleurs, de concilier ces besoins contraires, l'un et l'autre légitimes. C'est ce qui m'a souvent fait insister auprès de vous, dans nos conférences, sur le bon emploi des vacances. Je vous ai rappelé, m'appuyant sur mon expérience personnelle de jeunesse, que les vacances sont le temps prédestiné à la lecture; je dis à la lecture intéressante autant qu'instructive, précisément parce que, l'esprit n'étant pas encombré ni incessamment tendu par des tâches prescrites, son énergie propre se dégage sans effort et s'exerce utilement sur les idées ou les faits que lui présente un livre. Il les *pense* et les *digère* en vertu de sa fonction naturelle, sans en ressentir de fatigue.

Telles ne sont pas, je le sais, les conditions où vous vous trouvez au cours de l'année scolaire. A l'épreuve, on s'aperçoit vite qu'à vouloir *réfléchir* sur tout ce qu'on lit, et sur ce que l'on entend, on serait arrêté à chaque pas, et l'on finirait par lire extrêmement peu.

N'y a-t-il donc aucun remède à cet état de choses? De remède infaillible, certainement non. La meilleure organisation réglementaire des exercices de la journée n'y suffirait pas. C'est à chacun, selon ses moyens et son tempérament, de pourvoir au jour le jour, le mieux possible, à cette salutaire et indispensable obligation de *repenser* ce qu'il a lu. Néanmoins, cette réserve faite, peut-être n'est-il pas inutile de vous indiquer un moyen bien simple dont une pratique assez constante m'a démontré l'efficacité. Il n'a d'ailleurs rien de nouveau; bien des gens, sans doute, en usent avec plus ou moins de régularité; et vous-mêmes, il vous sera plus d'une fois arrivé de l'employer.

En deux mots le voici. C'est de mettre à profit le moment qui précède le sommeil, ou celui qui suit le réveil pour évoquer sommairement toute l'histoire de votre journée, sorte d'examen quotidien, non de conscience, mais d'intelligence. Quand je dis l'*histoire*, j'entends seulement ce qui, dans vos lectures, dans les leçons, dans les lettres reçues, dans les entretiens, vous a particulièrement frappées, mais qui s'est promptement dissipé dans le tourbillon des occupations diverses. Nous recevons chaque jour de ces vives impressions, intellectuelles ou morales, qui peuvent être fécondes si nous les fixons un temps suffisant sous l'œil de la conscience, mais qui restent ordinairement stériles parce qu'elles s'effacent, aussitôt formées. Les faire reparaître, ne fût-ce qu'un court instant, devant notre esprit, et leur donner figure distincte au lieu de les penser vaguement et en bloc, c'est les introduire en quelque sorte dans notre circulation vitale, pour y devenir des ferments actifs de réflexion ultérieure.

Remarquez bien, je vous prie, qu'il ne s'agit pas de se remettre en mémoire tout ce que l'on a lu ou entendu, ni même tout le principal, mais seulement ce qui vous a vivement touchées au passage, soit par son évidence, soit par sa beauté ou sa nouveauté, et qui risque de vous échapper sans retour, ou de rester lettre morte, faute d'avoir pénétré assez avant dans votre intelligence, ou dans votre cœur.

Il ne s'agit pas non plus, veuillez retenir cette observation, de *juger* tout ce qui a passé devant votre esprit : cela excéderait manifestement votre pouvoir *actuel* et ne serait qu'une improvisation hâtive destituée de toute valeur. Non! repenser ses lectures, ce n'est pas les juger, ou du moins cela ne l'est qu'à un faible degré; c'est, je le répète, les rappeler sous notre regard pour que cette impression renouvelée les mêle définitivement au courant de notre vie mentale, où ils serviront plus tard, presque à notre insu, sous le stimulant de l'expérience, à provoquer d'utiles rapprochements de pensées, et à préparer par là des *jugements* de toute sorte, substance véritable de notre individualité.

Je vous recommande cette pratique. Elle n'a rien de *merveilleux*, mais elle emprunte une vertu particulière à cette heure privilégiée du soir ou du matin, où les objets se peignent plus vivement dans l'imagination, dépouillant la forme abstraite et revêtant une figure et des couleurs concrètes. Si vous y joigniez une autre précaution non moins simple et abrégée, celle de noter le lendemain d'un trait, d'une mention, ne fût-ce même que d'un titre, d'une indication de page, le passage du livre, de la leçon, de la lettre, de l'entretien, qui a fait impression sur vous, le profit sera bien consolidé, et de jour en jour, n'en doutez pas, vous sentirez s'accroître à la fois votre *acquis* et votre force de réflexion.

Un mot en finissant. Le mot de Rousseau : « Peu lire, et beaucoup penser », me semble appeler un correctif. Encore est-il bon, et même nécessaire, de lire en vue de donner à son esprit de l'air, de l'espace, du libre jeu, sans se préoccuper toujours de réfléchir et de « digérer ». C'est la sorte de profit que nous retirons des journaux, des conversations, de tout le commerce social. Appliquer notre esprit avec suite, le plier à l'effort habituel de penser à tout ce qui se présente à lui, oui, c'est la règle par excellence de quiconque, professeur, instituteur, homme d'étude, veut arriver à parler de *son fonds*, avec un peu d'*autorité personnelle*. Mais la *tension* sans relâche, la réflexion *obligée* à la suite de chaque lecture, serait une autre cause de stérilité, en paralysant la spontanéité de la pensée et du sentiment, où se retrempe sans cesse le pouvoir même de réfléchir.

IX

La lecture. Deuxième conférence. Décembre 1888.

Le Temps a publié ces jours-ci un curieux autographe d'Auguste Comte, le fondateur du positivisme, qui se rattache à ce que nous avons dit plus d'une fois de la lecture. Vous aurez plaisir à l'entendre. Auguste Comte répond à l'éditeur M. Guyard, qui lui avait offert et recommandé des publications nouvelles :

« Ayant bientôt reconnu que, chez les modernes, la lecture nuit à la méditation, j'ai, depuis de longues années, contracté l'habitude de ne lire que les grands poètes occidentaux. Je lis chaque matin un chapitre de l'*Imitation* et chaque soir un chant du Dante, en réservant pour mes instants de loisir mes autres lectures poétiques, de manière à relire annuellement tous les chefs-d'œuvre. Ce régime cérébral m'ayant toujours été très salutaire, je m'y suis tellement attaché que je n'y puis admettre que de rares et courtes exceptions, motivées d'après l'importance extraordinaire de quelques ouvrages, quoique je me trouve ainsi privé de communications intéressantes.

Salut et fraternité. »

10, rue Monsieur-le-Prince, Paris, samedi, 27 Charlemagne.

I

Sur la date, vous remarquerez qu'Auguste Comte a substitué au calendrier universellement adopté en Occident un calendrier de son invention, où les mois portent les noms des plus grands personnages de l'histoire, et les jours ceux des hommes qui, ayant le plus marqué dans les diverses branches de l'activité humaine, moralistes, législateurs, réformateurs, inventeurs, héros de tout ordre, se recommandent, comme des saints d'une nouvelle espèce, à la commémoration de la postérité. L'ère des *positivistes*, au lieu de compter à partir de Jésus-Christ, est fixée à la grande Révolution ; et ainsi le vingt-septième jour du mois de Charlemagne de l'année 67 se trouve répondre au 14 juillet 1855.

II

Arrivons au contenu.

D'abord Auguste Comte « a reconnu que la lecture nuit à la méditation », c'est-à-dire à l'activité réfléchie de l'esprit, par où l'on prend la direction de sa vie. C'est qu'en effet, on se laisse ainsi aller à vivre hors de soi, que les livres soient sérieux et absorbants, ou frivoles et *dissipants*, et même si on les « digère », pour parler avec J.-J. Rousseau ; à plus forte raison si l'on se borne à recevoir des impressions fugitives ou à recueillir passivement des idées toutes faites. Comte a raison de voir là une fâcheuse disposition des modernes, que tout notre zèle pour l'enseignement risque, si nous n'y prenons garde, de propager et d'aggraver.

III

Aussi s'en tient-il à un petit nombre de livres, toujours les mêmes : les grands poètes de l'Occident, parmi lesquels il range sans doute ceux de l'antiquité ; et selon son habitude de régler et d'organiser jusque dans le détail sa vie spirituelle, comme fait le religieux ou le prêtre catholique, il dispose ses lectures de manière à relire annuellement tous les chefs-d'œuvre; en outre, il s'impose la règle de lire chaque matin un chapitre de l'*Imitation*, et chaque soir un chant du Dante, comme les protestants pieux lisent un chapitre de la Bible.

Sur quoi je vous invite à observer que ce grand travailleur, ce maître-novateur, dont l'influence a été un temps si considérable, et reste encore sensible bien que diminuée, ne craint pas de *relire* et de *relire* encore. — Règle de grand prix, trop peu commune, qui est chez lui un trait de supériorité, et que je vous souhaite d'apprendre à pratiquer plus tard, en choisissant pour cela l'*excellent* parmi le *très bon*, au lieu d'éparpiller votre attention d'un volume à un autre volume, ce qui réduit peu à peu le plaisir intellectuel de lire à une sorte de chatouillement des sens. — Considérez ensuite que, non content de relire les chefs-d'œuvre poétiques, il place chacune de ses journées sous l'inspiration de deux de ses livres de chevet. C'est, dit-il, un *régime cérébral* qui lui a été très salutaire. Cette expression, toute physiologique, que les positivistes ont mise à la mode, est déplaisante par son air matérialiste autant qu'elle est arbitraire ; car la lecture des poètes et de l'*Imitation* affecte peu, je pense, le bon état du cerveau : traduisons-la librement par *régime* intellectuel, ou mieux *spirituel*. Voici donc un penseur aussi affranchi que possible des dogmes et des pratiques des religions positives, qui vers la fin de sa laborieuse carrière comprit la nécessité d'encadrer la vie individuelle et la vie sociale dans des habitudes *régulières* et même *quotidiennes* de recueillement, de méditation, d'*élévation*, de lectures bien appropriées, afin de soutenir la débilité, la mobilité, le caprice des individus. Et c'est pour la même raison qu'il avait adopté, ainsi que je l'ai dit, un nouveau calendrier de *Saints* laïques, de représentants éminents de l'humanité, destiné selon son intention à présider de mois en mois et de jour en jour à l'existence de chacun et de la communauté entière. — Encore un avertissement pour nous, qui volontiers abandonnerions la conduite de notre vie au hasard des bonnes résolutions, sinon au hasard plus incertain encore des « bonnes aspirations ». Pour qui estime à son vrai prix la santé de l'esprit et celle de l'âme, il y a des règles d'hygiène quotidiennes à observer : on ne les néglige pas plus impunément qu'on ne fait la régularité des repas en vue du ravitaillement des forces physiques.

IV

Et de quelles lectures fait-il choix? De celles qui répondent à l'idée qu'il a conçue, et où il veut se confirmer, de la destinée humaine (si ce mot de *destinée* n'est pas impropre dans le langage positiviste); de celles qui maintiennent la direction *normale* de la pensée et de la *pratique*. Il lit chaque matin un chapitre de l'*Imitation* et chaque soir un chant du Dante, sans doute parce que l'un et l'autre sont des poètes (on peut bien appeler de ce nom l'auteur de l'*Imitation*), des hommes de *sentiment* et non de *raisonnement*, d'intuition et non de démonstration, et aussi parce que tous deux, chacun à sa manière, expriment la direction de vie qu'Auguste Comte estime à sa manière être la meilleure direction *normale*, à savoir l'*altruisme* ou l'amour; et l'*Imitation*, en particulier, parce que, selon sa tendance mystique, ce livre nous prêche dans chacune de ses pages l'*intelligence serve du cœur*. Or, c'est à cette grande conclusion qu'avait finalement abouti la philosophie d'Auguste Comte; cette philosophie, d'abord si exclusivement *intellectuelle* ou scientifique, qui proscrit la métaphysique et la morale *rationnelle*, la recherche de la cause première, des causes finales, de l'essence des choses; qui écarte comme inaccessibles les questions de Dieu, de la liberté, de la personnalité, de l'âme et de sa nature; qui prétend n'étudier que les *faits*, les phénomènes observés par les sens, et les rapports constants entre les faits, et qui par ces *omissions* favorise implicitement chez ses adeptes des *négations* correspondantes. Cet homme, adonné toute sa vie à l'exercice de la pensée et à l'observation, en vient à découvrir par delà, nous dirons plutôt dans le *fond* même de la pensée, une autre puissance encore plus intérieure, non moins légitime et même plus distinctive de l'humanité, celle du cœur, à laquelle il subordonne la superbe intelligence. C'est pour s'entretenir dans cette manière de voir et d'être qu'il confie à des maîtres chrétiens, mystiques interprètes d'un sentiment semblable, le soin d'inaugurer et de clore ses journées.

V

Sur quoi faisons encore deux ou trois réflexions. La première, c'est qu'en effet l'homme ne vit pas seulement par l'intelligence; mais que l'intelligence se retrempe et se renouvelle elle-même aux sources de la vie intérieure, à celles du cœur, et que s'il est bon, beau et véritablement *humain* de penser, c'est une fonction encore meilleure et plus digne de l'homme d'*aimer*.

A la condition toutefois d'aimer ce que la *pensée* peut avouer; car si le cœur est la faculté inspiratrice, il reste néanmoins que la raison est la faculté régulatrice, sans le contrôle de laquelle l'*amour* risque souvent de s'égarer. Et cela nous conduit à cette seconde réflexion : qu'on peut s'étonner de la sorte de primauté qu'Auguste Comte assigne dans son *régime* spirituel à l'*Imitation*, à un livre digne de rester *classique* en ce qui est du recueillement, de la vie intérieure, de la vie en Dieu, du désabusement à l'égard des formules et du raisonnement scolastique, ombres vaines et trompeuses de la réalité religieuse et morale, comme aussi à l'égard de la vertu souveraine des pratiques ecclésiastiques; mais livre de moine et non de séculier, qui, au lieu des vertus actives et courageuses, propres à la pratique des devoirs quotidiens, nous prêche le renoncement à la famille, à la société, à la science, à l'industrie, « à toutes les sortes de vanités passagères », en un mot à toute la vie présente, qu'il absorbe dans la vie éternelle. Et ainsi la morale entière, laquelle n'a d'autre étoffe, d'autre contenu que ces divers devoirs séculiers, disparaît au profit d'un ascétisme spirituel, limité au salut de l'individu.

Il semble donc qu'un *régime vraiment normal* unirait à ces lectures, qui ont leur prix et leur grande vertu, d'autres lectures, plus *toniques*, si je puis ainsi parler, plus fortiiantes, plus appropriées à la vie séculière, aux devoirs variés, pénibles de la société humaine. Tels les moralistes stoïciens, Epictète, Marc Aurèle, et au-dessus leur maître à tous, Socrate. Telle aussi la Bible, livre bien autrement riche de leçons, d'inspirations, de fortes impulsions que ne l'est l'*Imitation*, pourtant émanée d'elle; qui a formé non pas des religieux cloîtrés, mais des caractères virils en grand nombre, des âmes de héros capables d'oser, d'affirmer et de nier; capables d'entreprendre et de résister, sur un grand théâtre ou dans l'obscurité de la vie privée; capables de réformer le monde autour d'eux en se réformant d'abord eux-mêmes; un livre dont un grand philosophe peu suspect de superstition crédule, M. Renouvier, a pu dire « que toute considération religieuse mise à part, s'il avait un livre à donner pour occuper, consoler, distraire, instruire, faire penser à toute sorte de sujets, les plus variés et les plus profonds », il choisirait la Bible. Mais ce livre est malheureusement à peu près étranger à la tradition française laïque, et bien peu familier aussi à la tradition ecclésiastique, ainsi qu'aux habitudes aujourd'hui régnantes.

VI

Finissons par cette remarque: Auguste Comte reconnaît qu'en bornant ainsi ses lectures à ce petit nombre d'œuvres poétiques ou édifiantes, afin de ne pas se distraire de la *méditation*, « il se trouve ainsi privé de communications intéressantes ». En quoi il a sûrement plus raison qu'il ne pense. On peut dire que sur bien des points ce puissant esprit a eu jusqu'à la fin comme des œillères, qui l'empêchaient de voir bien des choses *à côté*, choses d'histoire ou de morale en particulier, qui auraient élargi l'horizon de sa pensée et corrigé maints de ses jugements sur les doctrines et les institutions. Peut-être que, moins absorbé dans « la méditation », plus familier avec l'histoire étudiée aux sources, il eût appris à reconnaître, à côté de l'intelligence et du cœur, une autre puissance, qui, elle aussi, a fait ses preuves de fécondité, celle de la conscience : puissance souveraine, elle aussi, hors de laquelle l'humanité, même *savante* ou *altruiste*, apparaît découronnée, et qui, heureusement pour la dignité de notre espèce, fonde et consacre, dans la religion, dans la morale, dans la politique, dans l'éducation, la noble doctrine de l'*individualisme*, suspecte aux positivistes.

On ne s'isole pas impunément du plein courant de l'humanité et de la vie comtemporaine, même quand ce courant est trouble. Relire assidûment les meilleurs maîtres spirituels est une règle excellente : n'être pas *l'homme d'un seul livre*, ni de quelques-uns seulement, surtout des livres mystiques, en est une autre, qui complète et corrige la première.

X

Comment l'enseignement pourrait-il atteindre toutes les élèves d'une École normale nombreuse?

(AU RETOUR D'UNE TOURNÉE D'INSPECTION)

J'ai été frappé une fois de plus, en visitant les écoles ormales, de voir combien il est difficile aux professeurs, ans une classe nombreuse, d'atteindre efficacement hacune des élèves. On peut sans doute jeter à travers la çon de brèves questions, appelant une brève réponse, ui, sans rompre le fil de l'exposé, tiennent les jeunes prits en haleine. Mais ce procédé, tout nécessaire qu'il est ans la conduite d'une leçon, n'a qu'une portée très reseinte. La vérité est qu'on n'inculque le savoir, on ne fait en comprendre ce que l'on enseigne, et à plus forte raison n ne *forme* l'esprit d'un élève, qu'en le faisant souvent arler; parler à son aise et assez longuement sur la chose u'il a entendue ou étudiée; parler, c'est-à-dire *penser pour n compte*, et non pas seulement se rappeler; *penser comme est obligé de penser en vue de parler*, c'est-à-dire, non pas guement, à peu près, mais avec exactitude, avec précision, distinguant l'une de l'autre les différentes idées, enfin vec ordre.

C'est le problème qui hante à bon droit les meilleures aîtresses et les directrices des écoles normales. Comment ire parler toutes les élèves? Où en trouver le temps et les oyens? On y fait assurément de son mieux; mais songez que le moins de temps que réclame en moyenne une sérieuse interrogation individuelle, sur des points tant soit peu difficiles, c'est six à sept minutes; que par conséquent quatre élèves au plus pourront être soumises utilement à l'exercice dans la demi-heure qu'il est de règle ou d'habitude d'y affecter. De sorte que, la classe comptant vingt, vingt-cinq, trente élèves, et la leçon revenant une seule fois par semaine ou au plus deux fois, le tour de chaque élève d'avoir à *parler ainsi* risque de n'arriver qu'une fois par mois dans chaque branche du programme, c'est-à-dire huit ou neuf fois par an, et, au plus, dix ou douze fois.

On s'explique par là comment les maîtresses sont surprises et déçues lorsque, n'ayant rien négligé durant les trois années d'études pour se mettre à la portée des jeunes filles, et celles-ci ne s'étant point épargnées à la peine d'apprendre et de comprendre, elles les entendent, à l'examen du brevet supérieur, balbutier et donner des réponses informes à des questions dont on avait lieu de les croire bien instruites. Faut-il s'en prendre à l'impéritie du professeur, ou au peu d'intelligence de l'élève? Ni à l'un ni à l'autre. Mais l'élève n'a pas été assez souvent mise en demeure de dépasser, en écoutant la leçon, ou en l'étudiant, l'état de compréhension passive et crépusculaire, pour atteindre une pensée nette, claire, bien ordonnée, qui se prête sans peine à l'expression *parlée*.

Si maintenant vous considérez que ces jeunes filles ne sont pas des *élèves* ordinaires, qui puissent à la rigueur se contenter d'un savoir peu défini et flottant, qu'elles seront demain institutrices, obligées cette fois de *parler* pour enseigner, vous comprendrez sans peine quel grand dommage c'est pour leur avenir professionnel de n'avoir pas été rompues par une suffisante pratique à *penser* tout ce qu'elles étudient de manière à le pouvoir *exprimer* fidèlement. Beaucoup sans doute feront un peu tard leur apprentissage sous l'aiguillon de la nécessité, et aux dépens de leurs élèves : mais combien en est-il qui, livrées désormais à elles-mêmes, ne sauront jamais réparer ce vice de leur éducation et contracter les qualités d'esprit et de savoir ui donnent au plus humble enseignement toute son efficacité!

I

A ce mal, inhérent aux écoles nombreuses, y-a-il des mèdes? On ne saurait évidemment songer ni à multiplier s leçons communes, ni à les prolonger assez pour y loger tant d'interrogations suivies qu'il faudrait : outre que temps ferait défaut, les meilleures élèves ne gagneraient en à être les auditeurs muets de ce long défilé d'épreuves. ourtant, les maîtresses ne manquent pas qui sont pénéées de ce principe capital : à savoir que cela seul est arfaitement compris de la jeune fille, qu'elle a *exprimé*, oit de vive voix, soit par écrit. Elles s'ingénient de leur ieux, prodiguant temps et peine, instituant des conférences ou exercices extraordinaires : mais avec le plus uable zèle du monde, elles ne peuvent suffire à tout. Ce u'elles font, vous le ferez à votre tour, et au grand profit e vos élèves, particulièrement des plus faibles; mais vous e réussirez encore pas à votre gré à atteindre toutes vos unes filles.

Cette difficulté, qui m'a souvent préoccupé à Fontenay, ù l'on dispose pourtant d'un personnel de répétitrices 'élite, a bien plus vivement attiré mes réflexions dans s Écoles normales, où les élèves arrivent beaucoup moins ultivées, et où le corps des professeurs se réduit à un très etit nombre. Je ne prétends pas vous apporter des proédés merveilleux, ni tout à fait nouveaux, ni d'une exécuon si aisée qu'elle ne coûte aucun effort et n'entraîne ucun inconvénient. J'ai dit seulement à quelques-unes de os directrices que si j'avais l'honneur d'être à leur place, en ferais l'essai, sauf à les modifier selon les besoins et les irconstances.

D'abord, je m'appliquerais à choisir parmi les premières lèves de troisième année, et, au besoin, de deuxième, uelques répétitrices, en très petit nombre, à qui, selon eurs aptitudes diverses, je confierais des groupes de trois ou quatre élèves. Cette délégation ne serait que temporaire, pouvant se porter sur d'autres élèves qui viendraient à faire preuve dans une branche ou dans une partie de cette branche, d'une certaine supériorité. Je les formerais à interroger successivement leurs camarades, c'est-à-dire à les faire parler avec un peu d'étendue et de continuité sur des points de quelque importance, mais sous mes yeux et sous mon contrôle direct. Durant une demi-heure ou trois quarts d'heure au plus (car il faut ménager le temps), les deux, trois, quatre *groupes de répétitrices* fonctionneraient ensemble dans la même salle, chaque élève à son tour disposant de quelques minutes, et le groupe entier défilerait ainsi un à un. Je serais là pour redresser la gaucherie ou l'erreur de nos jeunes maîtresses improvisées; et je craindrais peu de les voir s'enfler de vanité et blesser leurs condisciples, parce que ma présence assidue et mes corrections de toute sorte, administrées publiquement, suffiraient à rabattre leur amour-propre, et que, d'ailleurs, maîtresses aujourd'hui sur tel chapitre, elles pourraient n'être plus jugées dignes de l'être demain sur tel autre.

Je ne me dissimule pas que le procédé, s'il est applicable à des choses de mémoire, aux faits et aux dates, aux éléments de la Géographie, aux récitations littéraires, à tout ce qui réclame une reproduction textuelle; si même il peut servir dans l'enseignement des sciences, mathématiques, physique, où la rigueur logique et l'indispensable propriété des termes facilitent, loin de la compliquer, la communication du savoir, en revanche, il est d'un emploi bien délicat dans les choses d'intelligence et de goût, en particulier (mais non pas exclusivement, tant s'en faut) dans l'ordre des lettres : ainsi de la lecture expliquée, des appréciations littéraires, des jugements historiques, où la nuance, la juste mesure, le trait exact, demandent, pour être observés, plus d'expérience et de sens critique que n'en ont la plupart des jeunes filles de l'âge de nos Normaliennes.

Et cependant je ne renoncerais pas, même dans cet ordre

d'exercices, à mettre en jeu les repétitrices, bien entendu sous mon contrôle. Loin d'avoir scrupule à leur dérober pour cet usage un peu de leur temps si précieux, j'estimerais leur rendre un grand service et les former de la meilleure manière à l'art d'enseigner, en les obligeant de passer au crible leur propre savoir en vue d'éprouver ensuite le savoir et le langage de leurs camarades; j'en prendrais occasion de relever *sur le fait* et de redresser les erreurs des unes et des autres. Mais assez sur ce point. Vous aviserez plus tard au parti que vous pourrez tirer de cette indication . . . .

II

Il est, pour atteindre toutes les élèves, un second procédé, dont l'efficacité, à mes yeux, n'est pas douteuse, pourvu que la maîtresse le manie avec discernement et sans s'y attarder aux dépens du principal de la leçon. Je le conseille sans hésiter dans toutes les Écoles normales, mais à plus forte raison dans les classes nombreuses. Il consiste à répartir, sinon à chaque leçon, du moins assez fréquemment, entre des groupes de trois, quatre, cinq élèves, de petits exposés à faire par écrit, d'une *demi-page au plus*, en réponse à des questions d'intelligence bien déterminées, portant sur la leçon déjà faite, sur une démonstration scientifique, sur un point précis d'histoire, sur l'explication littéraire d'une phrase ou deux, *parmi celles qui ont été commentées en classe*, de manière que les *thèmes* proposés aux divers groupes fassent passer en revue les points les plus difficiles de la leçon. A la séance suivante, j'inviterais une élève de *chaque* groupe à lire à haute voix sa réponse, et mes corrections profiteraient non seulement à ses compagnes du même groupe, mais à toute la classe, qui verrait ainsi reparaître en bref les traits les plus importants de la leçon précédente. Il va sans dire que je corrigerais de vive voix, et en quelque sorte au vol, ces petits exposés, sans m'astreindre au travail excessif d'annoter en mon particulier de si nombreuses copies. Nul doute, à mon avis, que cet appareil fort simple, s'il est employé avec quelque suite, n'assouplisse singulièrement l'intelligence en la pliant à l'exactitude et à la sûreté de l'expression. Quelquefois, pour ménager le temps et aussi pour habituer les élèves à une prompte mise en train, on pourra leur répartir par groupes des questions tout à fait limitées, comportant une réponse de quelques lignes, qu'elles auront à éclaircir dans l'espace de huit à dix minutes. Ce serait une interrogation indirecte qui atteindrait infailliblement la classe entière en l'obligeant à un effort énergique de comprendre et de s'exprimer.

Ai-je besoin de vous avertir que la correction *au vol*, brève, sûre, précise, où l'on doit intéresser toute la classe en provoquant çà et là l'aide des unes et des autres, demande au professeur une forte préparation, sans quoi l'exercice n'aboutira qu'à embrouiller l'intelligence au lieu d'y porter un supplément de lumière. En ceci comme en tout les meilleurs appareils pédagogiques ne valent que par la main du pédagogue.

L'expérience vous enseignera plus tard quelle énorme déperdition se fait dans l'esprit des élèves parmi ce qu'elles ont entendu et même compris au cours des leçons. Vous en serez plus d'une fois découragées. Le moyen que je vous propose me semble particulièrement propre à diminuer cette perte déplorable, en ramenant, par un salutaire effort de mémoire, d'intelligence et de parole, l'attention de toute la classe sur le champ déjà parcouru. Considérons d'ailleurs que cette nouvelle épreuve empiète peu sur l'emploi du temps, d'abord parce que la *rédaction* prescrite est fort courte, et ensuite parce que les *frais d'invention*, pour ainsi parler, sont déjà plus d'à moitié faits, la leçon y ayant pourvu d'avance. Et néanmoins il reste encore une bien suffisante marge ouverte au travail personnel de l'élève, qui doit ressaisir l'explication du maître, et la reproduire en termes justes et clairs.

XI

Conférence. La poésie à l'école primaire.

A propos du morceau *Unité*, par VICTOR HUGO (*Contemplations*, ecueil STEEG, p. 249.)

Par-dessus l'horizon aux collines brunies,
Le soleil, cette fleur des splendeurs infinies,
Se penchait sur la terre à l'heure du couchant.
Une humble marguerite, éclose au bord d'un champ,
Sur un mur gris croulant parmi l'avoine folle,
Blanche, épanouissait sa candide auréole.
Et la petite fleur, par-dessus le vieux mur,
Regardait fixement dans l'éternel azur
Le grand astre épanchant sa lumière immortelle.
Et moi, j'ai des rayons aussi », disait-elle.

I

J'ai dit ailleurs, et l'on ne saurait trop répéter, que c'est ne des plus intelligentes, et tout ensemble des plus ienfaisantes nouveautés de notre pédagogie contempoaine, d'avoir introduit la poésie dans l'école primaire. On e saurait l'offrir trop tôt à l'enfant, ni la lui choisir trop elle. Ce serait une singulière erreur d'attendre qu'il fût n état d'en comprendre tout le sens et tous les mots; utant vaudrait lui demander d'éprouver par anticipation ous les sentiments, joies ou douleurs, que les progrès de âge et l'expérience de la vie lui réservent. Il la comprend outefois, ou plutôt il la sent, et de très bonne heure; mais sa manière et à son degré, par le sentiment plus que par l'intelligence, et par l'imagination plus que par le sentiment. Ayez seulement le soin de la très bien lire; et aussitôt, pour peu qu'il ait l'esprit dégrossi et que le vocabulaire français lui soit familier, il sera ému, quelquefois transporté; et si haut d'ailleurs qu'en soit le ton ou plutôt en proportion même de cette hauteur, soit religieuse, soit patriotique, vous n'aurez pas de peine à lui suggérer l'envie de l'apprendre par cœur. Elle s'insinuera en lui par toutes les voies, par l'harmonie, par l'oreille et le cœur, sans qu'il ait souci ni besoin de saisir nettement toutes les pensées, encore moins d'en épuiser toute la signification. Ainsi par exemple, de la pièce de V. Hugo : « Waterloo, Waterloo, Waterloo, morne plaine ». Ainsi du morceau que nous venons de lire.

Si l'enfant est ému, ravi, c'est que la poésie trouve déjà un écho en lui, c'est donc qu'elle ne lui est pas étrangère, si fort qu'elle dépasse la partie présente de son expérience; c'est que, semblable à la morale et à la religion, elle exprime à la fois ce qui le touche de plus près et le plus au vif, ce qu'il y a de plus profond en lui, et par où il est uni à tous et à tout. Ne vous étonnez pas s'il est difficile, ou même impossible de la définir, si l'homme mûr, déjà cultivé, n'a pas moins de peine que l'enfant à en épuiser le contenu : elle déborde les définitions et les descriptions. N'en est-il pas de même de la religion, que l'on définit misérablement par un ensemble d'institutions, de rites, de croyances, de prescriptions, de devoirs se rapportant à Dieu, c'est-à-dire par autant de manifestations variables, d'ordre cérémoniel, pratique, intellectuel, qui n'atteignent pas le fond? Elle a été, elle peut être aujourd'hui encore tout cela, mais elle est encore autre chose.

Ne tentez pas, non plus, d'expliquer la poésie soit par le rythme, la mesure, la cadence, soit par l'harmonie des mots et des périodes, par la splendeur des images, et encore moins par la richesse des rimes : elle ne se réduit ni à la musique ni à la peinture, auxquelles elle communique seule leur plus haut essor; elle est tout cela sans doute, mais elle est autre chose, qui résonne, s'épanche,

;clate ou soupire, pleure ou chante par ces voix diverses. Nous pouvons toutefois, si l'on nous presse, nous hasarder ı dire que c'est l'intuition du mystère de la vie elle-même ɪn son intime fond; mystère de l'âme, de la nature, de la lestinée de l'homme et de toutes choses; c'est encore, si ɔn veut, le sentiment immédiat de la loi universelle qui elie ensemble tous les êtres, depuis la plante obscure usqu'à l'astre lumineux, depuis l'animal jusqu'à l'homme ntelligent. Cette *vue* chez le poète confine à l'intuition eligieuse la plus haute; il franchit peut-être le pas lorsque, renant plus nettement conscience de lui-même, en tant u'être personnel, raisonnable, moral, il se refuse à con-evoir sous des traits moindres le Principe de la vie uni-erselle où plonge par ses dernières racines son propre tre : dès lors le sentiment poétique devient un sentiment *ctif*, celui du *moi* humain qui ose en son infirme langage arler au *toi* suprême, étant de la même famille; c'est ce lialogue intime qui a produit au cours des siècles modernes es plus grands caractères, les hommes d'initiative ou de ésistance les plus énergiques.

Ce que l'homme mûr, avec toute sa raison développée et xercée, n'arrive jamais qu'à voir confusément, et qui néanmoins le ravit et le transforme en le révélant à lui-nême, en l'élevant au-dessus de lui-même, laissons l'en-ant l'entrevoir et en jouir à sa manière à la faveur du lan-gage poétique et de ses multiples enchantements. N'a-t-il pas de tout temps fait ainsi, lorsqu'il était bercé par es chants de sa mère, ou lorsque, en écoutant de bonne neure les hymnes chrétiennes, il buvait, selon le mot expressif de Renan, le « philtre galiléen »; ou bien lorsque adis il apprenait des rapsodes ou des troubadours les nobles chansons des *vieux gestes*? C'est là sa constante et naturelle première éducation, qui lui ébauche une âme, le meilleur de son âme; et le malheur est presque irrépa-rable lorsque cette première initiation à une vie supérieure vient à lui manquer, comme c'est, hélas! le cas de plus en plus fréquent dans nos populations ouvrières et même dans beaucoup de familles aisées. Assurément il ne comprend pas tout ce qu'il entend, tout ce qu'il chante; mais cette haute ou profonde conception de la vie s'insinue en lui, mêlée à ses plus fraîches impressions d'enfance.

Ne nous piquons pas encore une fois de lui en expliquer prématurément le secret : l'expérience révélera peu à peu à son intelligence, s'il sait regarder et réfléchir, le sens caché des paroles profondes ou vaillantes qui avaient autrefois charmé son imagination : mais d'avance il l'avait vaguement aperçu; et c'est, à vrai dire, par cet obscur sentiment de la destinée humaine associée à la vie divine qu'il entre dans l'auguste et sainte *humanité*, fille du ciel ainsi que de la terre, appelée à réaliser ici et ailleurs un dessein idéal, et à cause de cela même tourmentée de désirs, de regrets, de repentirs, d'espérances qu'exprime la poésie, et qui dépassent de toutes parts les réalités du monde visible. Ne pas initier le plus misérable des enfants du peuple à la haute poésie, qui en son dernier fond est religieuse, c'est le frustrer de son bien par excellence, c'est mutiler sa nature jusqu'au vif.

II

La petite pièce de Victor Hugo, de dix vers seulement, que nous avons sous les yeux, nous permet d'apprécier ce qu'il y a de vertu éducative dans la poésie, même lorsque la pensée dépasse à quelques égards la portée d'esprit du jeune âge. De composition simple, d'expression splendide, de sens profond, elle est également propre à charmer l'enfant par la magnificence du tableau et à captiver l'esprit de l'homme mûr en ouvrant à sa méditation un champ sans bornes. Le poète n'observe pas la nature avec l'œil du savant, mathématicien, physicien, chimiste, naturaliste, qui mesure, pèse, compte, analyse les éléments composants des choses, leurs proportions et leurs fonctions; il la regarde avec l'œil de l'homme simple et du *voyant*, qui n'est pas dupe de ces explications mécaniques, et qui, par delà les parties ou les conditions d'existence, perçoit la *vie* même, rebelle à toute analyse, et pénètre au dedans de la vie même, si l'on ose ainsi parler, jusqu'à l'*esprit*, répandu à des degrés divers dans toute la création.

La scène, disions-nous, est simple et grande. Elle met en face l'un de l'autre, dans un dialogue muet, deux personnages bien différents en *dignité* : d'un côté le soleil, le grand astre du jour, « fleur des splendeurs infinies » (c'est-à-dire du firmament aux mille lumières étincelantes), qui, à l'heure calme et silencieuse du couchant, se penche vers la terre par-dessus l'horizon des collines, qu'il brunit de ses derniers rayons ; — et de l'autre, une « humble marguerite », fleur commune, qui épanouit, joyeuse et naïve, sa blanche auréole dans l'entourage le plus vulgaire, au bord d'un champ, sur un vieux mur croulant où pousse la folle avoine. Les voici en présence l'un de l'autre : le grand astre « épanchant » comme d'un vase inépuisable « sa lumière immortelle » ; la petite fleur par-dessus le vieux mur, le « regardant fixement dans l'éternel azur », comme fascinée de sa beauté. Et tout à coup de cette entrevue silencieuse s'échappe le cri de la petite marguerite, cri d'admiration et de fierté tout ensemble : si beau que soit l'astre rayonnant, « elle aussi a ses rayons », qui dérivent de la même source infinie. Voilà, non pas sans doute expliqué, mais reconnu, proclamé, le mystère de Dieu présent en toutes choses, et leur communiquant, avec l'être, leur beauté et leur dignité.

D'autres, mieux que moi, vous feront remarquer la grandeur et tout à la fois la simplicité de la scène, qui, avec ses deux seuls acteurs muets, s'agrandit de tout ce que lui prêtent « l'horizon des collines brunies », « l'azur éternel » ; ils vous expliqueront l'ampleur magnifique des images, la riche résonance des paroles, la vivacité charmante du cri de la petite fleur. Je me contente d'attirer votre attention sur le sens profond de cet entretien silencieux, qui se résume dans la naïve saillie de « l'humble marguerite ». La fleur contemple l'astre dans son « éternel azur » ; mais elle ne s'absorbe pas, elle ne se perd pas dans cette contemplation ; elle ose regarder fixement ; et dans ce simple mot, dont le tour familier fait éclater la sublimité,

« et moi aussi, j'ai des rayons », elle atteste sa vie à la fois *semblable* et *individuelle*. Sa beauté, à elle, est bien modeste auprès de l'éclat puissant de l'astre; mais elle n'est pas méprisable, car elle a, elle aussi, des rayons, et à ce titre elle n'est pas indigne de lui être comparée et « de le regarder fixement ».

Ai-je besoin de faire ressortir la leçon morale qui se dégage de ce tableau, si riche en son raccourci? La contemplation de Dieu, principe et idéal suprême, doit, au lieu de nous absorber, susciter en nous la vie morale, pleine du sentiment de notre essentielle parenté avec Dieu, mais une vie « rayonnante », c'est-à-dire individuelle et marquée de notre énergie propre. De la sphère obscure où s'écoule notre vie, du cercle étroit qui limite de toutes parts nos pauvres moyens d'intelligence et d'influence, il nous est permis d'oser regarder fixement le « soleil des esprits », qui « épanche libéralement sa lumière » sur les fils des hommes : comme lui nous pouvons avoir des rayons, semblables aux siens et à ceux des plus grands de la famille humaine; nous sommes des personnes, des foyers d'action et de lumière *personnels*, et non pas seulement des *reflets*. N'y a-t-il pas là de quoi agrandir et illuminer notre humble existence, sans la noyer dans l'extase mystique?

Il serait superflu, je pense, d'insister sur les applications pratiques, qui varieraient selon l'âge et la situation. Le fond en serait toujours le même : le plus petit d'entre nous dans la plus humble condition, le cultivateur sur son champ, l'ouvrier à son atelier, le serviteur ou la servante dans la maison du maître, le commis dans sa boutique, chacun a sa dignité de raison et de conscience, par où il ressemble à Dieu même; chacun doit la respecter en soi et la faire rayonner en bonne influence et en bons exemples sur sa famille, ses voisins, la société dont il fait partie. Mais il n'est pas indifférent que cette leçon se présente revêtue de la plus brillante parure et d'une solennelle harmonie; elle reparaîtra aux yeux de l'enfant à toutes les heures graves de sa vie.

XII

Les forces vives d'une nation [1].

I

J'ai souvent exprimé devant vous le vœu que l'école de Fontenay, avec les Écoles normales issues d'elle, devînt une des *forces vives* de notre pays. Ces mots sonnent bien à l'oreille et flattent l'imagination; mais que signifient-ils au juste? Qu'est-ce qui fait une force vive; qu'est-ce qui l'entretient? Comment est-elle nécessaire à la vie normale d'une nation? A quel titre pouvons-nous, sans sortir de notre obscurité, prétendre à être une de ces forces vives?

On ne se trompera pas, je pense, en disant que les forces vives d'un pays ne consistent pas simplement en de grands appareils fortement constitués; si utiles d'ailleurs, si indispensables même que soient les cadres administratifs, scolaires, militaires, judiciaires, etc. Comme l'expression l'indique clairement, ce sont des forces animées d'une vie propre, et qui se renouvellent d'elles-mêmes en vertu d'un principe intérieur, d'une pensée, d'une tradition, d'un sentiment dominants; qui, étant capables d'agir, sont également capables de résister, et qui, par le jeu de leur action particulière, concourent à la vie de l'ensemble. Parmi ces forces il peut s'en rencontrer qui, au lieu de favoriser le

1. Conférences des 11 juin 1885, 28 février 1887, 15 juin 1891, 2 août 1894 et 12 mars 1895.

développement normal de la nation, le troublent ou le paralysent. Heureux le peuple dont toutes les forces vives, après des conflits plus ou moins violents, finissent par travailler dans le même sens, chacune en son ordre. Ces peuples sont rares; le nôtre, malheureusement, n'est pas encore du nombre.

Des exemples nous aideront à mieux comprendre ce qu'est une force vive et à en mesurer l'importance.

Il est des pays, l'Angleterre par exemple, où certaines classes de la nation, l'aristocratie, la petite noblesse, les grands et moyens propriétaires ruraux, ont pu être longtemps considérées comme l'une des grandes forces vives. Dépositaires des traditions et du vieux droit, elles étaient habituées, de génération en génération, à s'occuper de la politique, comme de leur *affaire*. Familières avec les questions d'intérêt général, notamment celles de politique étrangère, elles y apportaient une application, une suite, une circonspection, un besoin d'informations exactes, un souci de la grandeur nationale, une habitude de discipline, enfin les qualités qui composent par excellence l'esprit politique. Grâce à elles l'Angleterre avait une *tête*, une tête dirigeante, condition sans laquelle les États libres, et particulièrement les États démocratiques, ne sauraient fournir une longue carrière.

La France n'a pas eu cette bonne fortune. Ni son aristocratie ni sa petite noblesse n'ont su former une classe politique et dirigeante, dévouée à l'intérêt général du pays, et en particulier à la revendication et au maintien des libertés publiques. La bourgeoisie, la grande propriété n'ont pas su davantage, depuis la Révolution, remplir ou conserver ce haut office; elles ont perdu leur prééminence sociale; et depuis l'institution du suffrage universel on ne les a pas vues se mêler franchement au peuple et entreprendre de lui communiquer les lumières, les vertus, l'esprit d'initiative et de conduite dont elles étaient trop destituées elles-mêmes.

C'est sans doute une force vive en France que la *petite propriété*, tout un peuple de modestes travailleurs, jaloux de conserver ou d'accroître ce qu'ils ont à grand'peine amassé, croyant encore aux vieilles vertus de la prévoyance, de l'économie, de l'abstinence volontaire en vue de l'avenir, et les pratiquant avec persévérance. Mais c'est une force de stabilité, ou conservatrice, plutôt que libérale, ou de progrès; une sagesse neutre et de courte vue, oublieuse ou ignorante des leçons du passé, et qui, insouciante de l'avenir, s'accommode trop aisément de tout régime qui garantit l'ordre et la sécurité dans le présent.

J'ai nommé en commençant l'*armée* : elle se présente la première à l'esprit, lorsqu'on veut se faire une idée des forces effectives d'une nation. Et assurément elle mérite de s'appeler une *force vive*, lorsqu'au lieu d'être seulement une multitude bien encadrée, disciplinée, exercée, elle a un esprit propre et des traditions qui ne jurent pas avec le sentiment général de la nation; esprit d'honneur, de dévouement au drapeau, de subordination, et aussi de respect de la loi et des institutions.

Les *Églises* sont une force vive lorsqu'elles ne bornent pas leur rôle à la célébration des rites et à la répétition de formules sacrées; lorsqu'elles ne se résignent pas à n'être qu'une institution d'ordre social ou une coutume organisée, encore moins une institution politique, un moyen de gouvernement; lorsque, portant plus haut leur ambition, elles veulent être, au sens vrai, une institution *religieuse*, entretenant la flamme sacrée au foyer de la famille, dans l'âme de la jeunesse, dans la conscience de la nation; la flamme sacrée, c'est-à-dire les croyances, les principes d'action, les sentiments qui arrachent l'homme à l'égoïsme naturel, qui le détournent de penser et de se conduire comme s'il n'était qu'un fils de la terre, et qui par le devoir le rattachent à Dieu.

C'est incontestablement une de nos forces vives que l'*esprit de famille*, quoi qu'en pensent les étrangers, et quoi que notre littérature de romans ou de théâtre les autorise à penser. Un esprit qui resserre le lien social, qui suscite en foule les dévouements obscurs, les efforts prolongés et les sacrifices de tout genre, qui est pour beaucoup de parents et de jeunes gens l'unique frein moral (bien insuffisant!) et la seule religion restée debout, qui maintient dans les âmes les plus usées quelque fraîcheur de sentiments. La discipline domestique, il est vrai, s'est relâchée par le fait des lois, des mœurs et des circonstances; mais pour ce qui est de l'affection et du respect, il est permis de croire que le régime moderne est loin de le céder à l'ancien.

C'est une force vive — malheureusement trop peu active, trop timide, dans les choses de l'éducation, trop dominée par la dévotion littéraire — que l'Université, avec son esprit invinciblement libéral, avec son culte de la vérité en tout, avec son recours constant à la raison comme à la règle unique de tous ses enseignements.

C'est aussi une force vive, c'est même la principale, que le patriotisme, l'*esprit de la famille nationale*. Ce sentiment est devenu depuis l'année terrible plus intense qu'il ne l'avait jamais été; l'école primaire d'une part, le service militaire universel de l'autre l'ont propagé dans tous les rangs de la nation. Jamais n'a été plus forte ni plus réfléchie, parmi les Français, la volonté de vivre ensemble dans la mauvaise comme dans la bonne fortune, si divisés que l'on soit d'opinions politiques, philosophiques, religieuses.

C'est encore une force vive — d'autant plus précieuse qu'elle est libre et non officielle — que les nombreuses sociétés qui, dans nos grandes et moyennes villes, sous des noms et des auspices divers, s'emploient sans bruit, avec une activité régulière et continue, à instruire, à civiliser, à humaniser ceux qui, ayant appris à lire, n'ont pas appris à se conduire. Si le mal moral et social peut sembler à quelques égards, non pas plus profond (nous préserve le Ciel des turpitudes cachées ou déclarées des classes supérieures du XVIIe siècle : clergé, noblesse et cour!), mais plus étendu qu'il ne l'était autrefois; si la grande réserve de santé populaire, de saines coutumes, de simplicité et d'honnêteté des mœurs, a été entamée à mesure que la petite bourgeoisie et l'élite ouvrière étaient appelées à l'aisance, à l'action publique, à l'instruction; s'il n'y a plus, pour tenir ce mal en échec, i la puissance de la coutume, ni celle de doctrines morales niversellement acceptées; si le péril extérieur, devenu lus menaçant, rend plus redoutables les effets du désordre ntérieur,... d'autre part il est certain qu'en aucun temps il e s'est déployé chez nous plus d'influences réparatrices u préventives, privées ou collectives, religieuses ou simlement morales; jamais le *corps social* n'a fait preuve de lus d'*action médicatrice* pour éliminer les éléments morides et pour fortifier son tempérament. J'oserais dire que notre fin de siècle peut être comparée, en fait de mœurs ubliques et privées, à la seconde moitié du *grand siècle*, elle que nous la révèlent des témoins non suspects, elle ui est supérieure en ce que, la conscience générale étant lus éveillée et mieux avertie, les efforts de l'État et des parculiers pour conjurer le danger sont autrement multipliés t vont plus directement au but. Les classes aisées en iennent peu à peu à reconnaître leur égoïsme séculaire et eur devoir présent. La solidarité de destinée entre toutes es parties de la nation, en se révélant aux yeux de tous vec une clarté toute nouvelle, les dispose à des sacrifices naccoutumés en vue de prévenir la ruine commune. Si ce 'est pas encore la fraternité, c'est au moins l'intérêt bien ntendu, et parfois une vision de justice. Et cependant un esoin presque nouveau apparaît et se propage de jour en our, celui d'une communauté *effective*, c'est-à-dire spiriuelle, entre tous les membres de la cité, entre ceux d'en aut et ceux d'en bas; communauté de principes d'action, 'habitudes de penser et de sentiments, de plaisirs intelectuels et esthétiques; communauté d'inspiration morale u sein de la liberté.

Je ne sais à cet égard rien de plus encourageant, de plus ropre à donner confiance au présent et espoir en l'avenir, que le spectacle offert le 2 août dernier, en pleine Sorbonne, l'élite de la France savante ou politique. A s'arrêter ux apparences, les deux discours prononcés ce jour-là par M. Desjardins et par M. Rambaud pouvaient témoigner d'une disposition inquiète, lasse et presque découragée de l'esprit public, le premier la dépeignant en traits douloureux, le second lui opposant les leçons de l'histoire. Mais si l'on y regarde de plus près, on se demandera si aucun pays, entre les plus civilisés, donnerait aujourd'hui en public, en présence de la jeunesse et de ses maîtres, un témoignage plus réconfortant de virile sincérité que celui d'un Ministre de l'Instruction publique, historien de profession, et d'un littérateur publiciste, professeur de lycée, traitant l'un en face de l'autre avec une parfaite liberté et dans un langage exempt de vaine rhétorique, l'une des plus graves questions qui concernent l'existence nationale; tous deux également préoccupés de l'unité morale de la France moderne, de l'*âme* qu'elle cherche ou qui l'anime à son insu; tous deux unis par leur ardente piété patriotique et par une égale confiance dans la liberté et dans la raison; mais chacun parlant de son point de vue particulier sans autre souci que celui de la vérité. Aussi longtemps que l'on entendra parmi nous des voix si franches et d'un accent si sérieux, et tant qu'elles éveilleront de l'écho, il ne sera pas permis de douter de la vitalité de la France; car cette vaillante sincérité de raison, n'est-ce pas le fond même de la vie?

C'est aussi une force que la *Presse*. En est-il de plus grande dans une démocratie libérale? Redoutable autant que nécessaire. Également propre à faire le plus grand mal et le plus grand bien; gardienne des libertés publiques, et leur dissolvant le plus actif; censeur vigilant des mœurs et corruptrice irrésistible; conseillère de sagesse politique et de paix civile, ou maîtresse infatigable de discordes et d'aventures périlleuses. Nulle puissance n'égale la sienne; elle devient de jour en jour la véritable institutrice du peuple; elle l'est déjà; elle discute, prêche, endoctrine, dénonce sans trêve ni relâche, parlant chaque matin à tout le monde, à tous ceux qui savent lire, sur les tons les plus variés et dans les plus divers langages. C'est de la presse qu'on serait porté à dire désormais qu'elle élève ou abaisse les nations, qu'elle fait leur décadence ou leur prospérité,.... si l'on ne se rappelait qu'elle-même est l'expression bruyante de l'état général du pays. Qu'est-elle aujourd'hui en France? Un agent de décadence et de dissoution, ou une conseillère de sagesse et d'union? S'inspire-elle de l'amour de la vérité et du bien public, des leçons le l'expérience et de l'histoire? Enseigne-t-elle à la démoratie, encore jeune et inexpérimentée, incertaine et mobile, es vertus politiques et morales qui fixeraient sa destinée n la rendant capable de supporter à son honneur le gouernement libre et populaire? En un mot cette force sans pareille est-elle une *force vive* qui aide le pays à vivre; ou 'achemine-t-elle à mourir? A voir déborder chaque jour a calomnie, le sophisme, la rhétorique déclamatoire, les ncitations à la haine, les cyniques prédications de mauvaises mœurs, on serait porté parfois à n'y voir qu'une puissance de destruction; mais on se ravise en songeant que son silence empêcherait les voix les plus salutaires de parler, sans étouffer pour cela les plus pernicieuses.

Dans cette revue des *forces vives*, il semble que nous oublions celle qu'on invoque, qu'on exalte tous les jours, le *peuple*. Mais pour qui ne se paie pas de mots il est trop évident que e *peuple*, la multitude électorale, n'est pas actuellement une force qui ait en elle-même son principe moteur, qui ne varie pas au gré des circonstances et des accidents politiques, économiques, militaires, qui ne soit pas au service, aujourd'hui de la république libérale, hier du césarisme boulangiste, demain de l'inconnu. Ce n'est pas sur lui qu'on peut faire fond dès à présent pour le progrès ni pour la résistance. Mais, d'autre part, comment ne pas voir qu'il est le seul réservoir d'énergies latentes; que de son sein et de nulle part ailleurs peuvent surgir des forces de salut ou de destruction. A défaut des anciennes classes supérieures il faut qu'il se devienne à lui-même classe dirigeante : qu'*il le devienne*, dis-je; car il s'en faut qu'il le soit, et ce sont des amis bien imprudents qui lui laissent ignorer ce commencement de toute sagesse qui consiste à se connaître soi-même. Il faut, pour dire la chose plus exactement, qu'il se forme dans son sein une élite capable de le conduire et sachant faire accepter sa direction à force de bon sens, de justice et d'esprit fraternel; une élite de bon conseil, répandue partout, dans les champs, dans les ateliers, dans les usines; une élite qui ose surtout dire aux travailleurs la vérité sur eux-mêmes.

« Il est besoin pour cela d'un grand courage, écrivait « Edgar Quinet en 1861 en parlant des ouvriers. Ils n'ont « guère entendu que le langage de la flatterie : supporte- « ront-ils celui de la vérité? Les flatter, c'est achever de « les perdre; leur dire la vérité, c'est leur déplaire, et, ce « qu'il y a de plus probable, c'est parler dans le désert. « Pourtant, c'est là pour eux la seule, la dernière voie de « salut. » (*Lettres d'exil.*)

Les austères paroles d'un homme que nul n'accusera de n'avoir pas aimé et servi le peuple sont aussi opportunes aujourd'hui, en pleine République, qu'elles l'étaient sous l'Empire. Mais qui fera surgir cette élite populaire? qui la formera aux saines habitudes d'esprit et de caractère? qui lui communiquera un savoir plein de substance, non de mots et d'apparences? qui lui révélera les lois naturelles et morales qui régissent la vie, et qui ne se laissent pas violer impunément? qui lui transmettra, simplifiée, dépouillée, appropriée aux besoins nouveaux, la sagesse des siècles passés? A quels maîtres recourir, qui soient bien de sa famille, qui parlent sa langue, la langue de l'esprit moderne, qui ne se chargent de l'élever que pour l'affranchir; qui ne l'aliènent pas plus de la science, de la liberté, de la nature, de la vie, que de la loi morale et de Dieu; enfin qui s'emploient fraternellement, comme dit encore Edgar Quinet, « à la chose la plus indispensable, la plus urgente, c'est de l'aider à ranimer ou plutôt à refaire l'âme, la conscience, qui disparaît chaque jour? » A quels maîtres, dis-je, recourir, à quelle institution, sinon à l'École? Ce sont d'humbles maîtres, j'en conviens, et c'est une humble institution, dont les moyens paraissent bien limités en regard d'une si vaste tâche! Mais en savez-vous d'autres, et de meilleurs?

II

C'est pourquoi je ne me lasse pas de vous convier à prendre une part active à cette œuvre du salut national (car il ne s'agit pas de moins que cela) par l'éducation populaire; c'est votre lot particulier. D'autres s'occupent d'une classe plus restreinte : ne leur portez pas envie; votre champ à vous, c'est la *multitude*, obscure et ignorante d'elle-même, mais de jour en jour plus souveraine; champ immense et neuf, où la plus noble ambition peut se donner indéfiniment carrière, où l'on ne risque guère de se heurter à l'indifférence railleuse, au scepticisme précoce, et à la volonté inerte; où l'on trouve communément une attention docile et une application vigoureuse; où les bonnes paroles éveillent de l'écho, où l'on *croit* encore à ce que l'on entend et à ce que l'on fait.

Votre privilège à vous, le privilège des institutrices que vous êtes appelées à former, c'est que, occupant de bonne heure autant que la famille, en son nom et avec son autorité ainsi qu'au nom et avec l'autorité de l'État, toutes les avenues, encore libres, de l'âme de l'enfant, sa conscience, son cœur, son imagination, non moins que son intelligence; les occupant plusieurs heures chaque jour durant six ou sept ans, vous êtes en position, si vraiment vous êtes des forces vives (c'est-à-dire si à une intelligence active et bien nourrie vous joignez un cœur pur et généreux) de susciter autour de vous des forces semblables qui entretiendront la vie du pays. Et comme votre action, l'action de vos écoles, est quotidienne, continue, autant qu'elle est directe et pénétrante; comme elle s'étend partout, vous pouvez prétendre, sans folle présomption, à modifier dans un sens favorable les chances de l'avenir, soit en élevant de quelques degrés le niveau de l'instruction et des mœurs, soit en suscitant des individualités vaillantes qui, à leur tour, provoqueront autour d'elles l'activité nationale sous les formes les plus saines.

C'est ainsi que, par un merveilleux phénomène, les forces vives peuvent balancer en quelque mesure la *force même des choses*. Ne pas croire à cela, c'est se résigner à être vaincu, non seulement dans la bataille de la vie, mais dans les luttes morales du dehors et du dedans : toute grandeur, politique ou morale, individuelle ou nationale, est à ce prix. Quoi donc! la *force des choses* ne serait-elle qu'un mot?. Tant s'en faut : si ce n'est pas une invincible fatalité, c'est au moins une logique immanente à toute existence, à celle de l'individu et à celle de la nation; qui fait la génération présente solidaire du passé, des fautes commises ou évitées, des habitudes contractées, du régime moral adopté, des institutions subies, enfin de toutes les influences qui, ayant concouru à former nos pères et nous-mêmes, nous inclinent aujourd'hui encore à penser, à vouloir, à agir dans un sens ou dans un autre. C'est le caractère national, avec ses traits persistants, ce sont les manières d'être et de vivre séculaires où l'on s'est abandonné; c'est aussi la direction générale de l'esprit public, à une certaine époque, déterminée par des causes diverses, telles que les révolutions politiques, scientifiques, industrielles.

Est-il une force capable de rompre celle-là, ou même de l'interrompre temporairement, et par suite de la modifier? Oui, sans doute : quelquefois ce sont des causes extérieures, fléaux de la nature, bouleversements sociaux, qui agissent profondément sur l'esprit public; quelquefois aussi de simples causes morales, des doctrines de longue portée, d'où sortent des impulsions si fortes qu'elles substituent de nouvelles manières de penser et de vivre aux anciennes; témoin le monde gréco-romain à l'avènement du christianisme, et la chrétienté occidentale à l'époque de la Réforme. A un moindre degré, et dans un cercle moins étendu, ce sont des causes, des *énergies* individuelles qui changent le cours des choses dans une famille, dans un pays même : des esprits lucides et vigoureux, des caractères forts et hardis, des âmes dévouées à la vérité. Qui mesurera ce qu'un homme tel que Luther au XVIe siècle, ou Fichte vers la fin des invasions napoléoniennes, ont introduit de nouveau par leur seule action personnelle dans la trame des événements de leur pays!

Au reste, cette possibilité d'interrompre et de modifier la

force des choses apparaît déjà dans l'expérience individuelle. S'il est vrai qu'il soit au-dessus de nos moyens de nous refondre en entier, de mettre à néant le naturel, c'est-à-dire la force des choses en nous, il l'est aussi que le propre de l'homme, c'est de se faire violence pour se faire meilleur, et que nul ne peut marquer la limite où expire son pouvoir : il le doit, il le peut, pourvu qu'il ait en lui une force vive, une volonté raisonnable et vigilante. Et de même, s'il est vrai qu'un peuple porte le poids ou qu'il jouisse du bénéfice de son passé, et que les mœurs séculaires favorisent ou entravent son essor, il l'est aussi qu'il peut se réformer, remonter les mauvaises pentes, créer des courants nouveaux d'opinion et de sentiments, adopter un régime plus sain de gouvernement, d'éducation, de religion même. Il y a, Dieu merci, pour les peuples comme pour les particuliers, une liberté de choix, une faculté de renouvellement intérieur, une possibilité d'ajourner la décadence. Encore faut-il qu'il surgisse des *forces vives*, des hommes de foi et d'action, pour avertir et animer leurs concitoyens, et pour créer çà et là des centres d'impulsion qui durent après eux et multiplient leur initiative.

Eh bien! si tout cela est vrai, comprendrait-on que les Écoles normales de l'un et de l'autre sexe ne fussent pas une de ces forces vives qui comptent pour quelque chose dans la destinée d'un peuple, qui ont leur principe de mouvement en elles-mêmes, leur *esprit* propre; qui font pénétrer par des milliers de canaux l'activité saine et honnête, la vie normale, jusqu'aux extrémités du pays; qui entretiennent partout le sentiment de la dignité personnelle et celui de la dignité nationale, le respect de la pensée et celui de la parole? Votre situation, en vous conférant une influence exceptionnelle, vous impose des devoirs exceptionnels : vous pouvez y manquer, mais vous ne pouvez pas échapper à la responsabilité attachée à votre fonction.

Que si vous me demandez de définir avec précision ce que vous avez à faire, la réponse sera facile.

Vous êtes à la fois professeurs et institutrices, vouées à l'enseignement et à l'éducation. Mais c'est l'enseignement qui remplit vos journées comme il remplira plus tard celle de vos élèves-maîtresses à l'école primaire. C'est donc surtout par l'enseignement — je ne parle pas du bon exemple et du bon conseil — que s'exercera votre influence. C'est par toutes vos leçons que vous aurez non seulement à transmettre le savoir utile et utilisable à bref délai, mais (ce qui regarde plus directement l'avenir du pays) à former des esprits actifs et droits, des âmes sincères et honnêtes.

Cela même vous paraît-il encore vague? Essayons de préciser. Vous rappelez-vous le remarquable portrait qu'a tracé de la nation française l'un de nos principaux historiens contemporains, Mignet, un juge dont personne ne soupçonnera ni la clairvoyance ni le patriotisme. Relisons-le ensemble.

« Spirituel et brave, hardi dans ses idées, prompt dans ses conclusions, aventureux dans ses entreprises, brusque dans ses progrès, changeant dans ses lois, peu disposé à développer avec patience ce qu'il a conquis avec fougue, ce peuple généreux mais mobile, plus capable de grandes choses que de choses suivies, errant sans cesse de l'obéissance à l'insurrection, mettant la même passion à poursuivre, tantôt la liberté, tantôt l'ordre, tantôt la grandeur, tantôt le bien-être, a plus que tout autre besoin de se contenir pour être libre, et de se modérer pour être heureux. »

Comparez ce portrait à celui que Tocqueville a tracé, et qui sur presque tous les points confirme et développe le premier en l'accentuant plus fortement.

Je voudrais que les professeurs et instituteurs de France, non contents d'enseigner selon les règles et pour l'amour de l'art les matières spéciales du programme, eussent ce portrait sous les yeux, et qu'il présidât à leurs leçons. Car il est trop manifeste qu'un peuple si richement doté, mais de dons si contraires, court aujourd'hui, dans l'état présent de l'Europe, les plus grands périls pour son existence même, à travers les aventures du dedans ou du dehors. Et la preuve, s'il en fallait une nouvelle que l'illustre écrivain n'a pas eu le temps de connaître, nous la trouvons, hélas! gravée en caractères ineffaçables dans la folle guerre de 1870, dans les désastres sans précédents de Sedan, de Metz, de Paris, de la Commune; enfin, ce qui résume tout, dans le démembrement de la patrie, jusqu'alors réputée inviolable. A qui donc, je vous prie, confierez-vous le soin vraiment sacré de mettre dans ce caractère national, si plein de contradictions, un peu d'unité et d'équilibre? Où chercher une garantie contre de nouvelles fautes et d'irréparables malheurs, sinon dans une éducation plus sincère et plus profonde, moins complaisante aux défauts de l'esprit et du caractère, plus dégagée des lâches timidités; comme aussi dans une instruction moins superficielle, exempte des superstitions historiques et de la frivolité littéraire, plus docile aux faits, plus attentive aux idées, en un mot plus vraie et plus virile? Une instruction et une éducation qui préparent des hommes libres, capables d'obéir à la voix de la raison et de la conscience, maîtres d'eux-mêmes, et par là maîtres de la destinée!

Enfin, si vous me demandiez encore, émues de cette responsabilité et tout à la fois attirées, comment vous mettre en état de la porter avec honneur : d'abord, vous dirais-je, en étendant et en approfondissant votre instruction; car vous ne sauriez trop savoir, ni trop bien, pour être capables de former de bons esprits. Mais cette première condition nettement réservée, le vieux conseil de Marc-Aurèle reste et restera toujours le mot souverain :

« Assez de livres. C'est au dedans de toi qu'il faut regarder; là est la source du bien, source intarissable, pourvu que tu creuses toujours. » Après cette voix qui nous arrive de l'antiquité, écoutez celle d'un moderne, de notre Michelet; c'est le même conseil, le même accent : « Pour aider au renouvellement de la France, n'attendez pas les autres; commencez par vous réformer vous-même.

Vous croyez la chose difficile? Non! rien n'est plus simple : vous y arriverez par le travail, le sacrifice volontaire de chaque jour, par la pratique des vertus efficaces. Alors la France sera sauvée par vous, et *vous par elle*. N'en doutez point, l'avenir est en vous, dans votre cœur. » (*Revue des Deux Mondes*, 15 novembre.)

Le grand secret est donc là; et non pas ailleurs : vous recueillir, vous concentrer, « fuir la dispersion, qui énerve la volonté, efface la personnalité », et par là devenir pour vous-même une force vive, ayant en elle son point d'appui et sa règle, supérieure aux accidents quotidiens et variables du dehors. En méritant ainsi d'agir salutairement sur la société dont vous faites partie, elle agira par un juste retour sur vous. Remarquez le mot si juste et si profond de Michelet : « la France sera sauvée par vous, et *vous par elle* ». Cette idée de solidarité, de réaction mutuelle, corrige, ou plutôt complète le sens énergiquement individualiste du mot précédent; et Michelet l'explique avec sa grande autorité d'historien en ajoutant : « Celui qui enseigne la morale et l'histoire sait que l'intensité ou la défaillance de la vie nationale décide en grande partie de celle de l'individu. Il faut se défaire de cette idée qu'il puisse être grand avec une patrie petite, *j'entends moralement amoindrie; car nous la ressentons partout, nous la respirons;* in eâ movemur et sumus (en elle nous nous mouvons; en elle nous sommes). *Nous en vivons. Nous en mourons.* »

On ne saurait enfermer une plus forte sagesse en moins de mots.

Pour achever, oserai-je vous dire le fond de ma pensée? Saurai-je me faire comprendre si je dis qu'une force vive *spirituelle* comme la vôtre, une force qui n'agit que par l'esprit, par l'ascendant de la vérité, de la raison, de l'amour, n'atteint son plus haut degré d'intensité, ne déploie toute sa vertu persuasive, que lorsqu'elle se sait l'auxiliaire de l'esprit infini « qui travaille incessamment le monde »; lorsque les grands intérêts qu'elle sert, patrie, liberté, justice, démocratie, science, civilisation, lui apparaissent étroitement liés au dessein divin universel, dont la présence invisible les agrandit au delà de notre petite mesure, les soustrait à la mobilité de nos affections et nous les rend sacrés, c'est-à-dire dignes de notre respect autant que de notre désir; qui par là nous interdit à l'égal d'une apostasie de jamais les abjurer par calcul d'utilité sociale ou par lassitude. Qu'est-ce à dire, sinon que l'homme n'est tout lui-même que s'il a conscience de Dieu présent? Les stoïciens l'avaient déjà dit : Parere Deo, ea libertas. « Obéir à Dieu, c'est la liberté. » Et c'est aussi la force, la force active et résistante.... Je parle du Dieu des consciences libres.

TABLE DES MATIÈRES

DEUXIÈME PARTIE

ALLOCUTIONS AUX ANCIENNES ÉLÈVES DE FONTENAY DANS LES RÉUNIONS ANNUELLES, ET CONFÉRENCES DU MATIN A L'ÉCOLE

1150-07. — Coulommiers. Imp. PAUL BRODARD. — P9-07.

Bentzon (Th.) : *Questions américaines*. 1 vol.

— *Promenades en Russie*. 1 vol.

— *Les Américaines chez elles*. 1 vol.

Ouvrage couronné par l'Académie française.

Berger (A.) : *Histoire de l'éloquence latine depuis l'origine de Rome jusqu'à Cicéron*, publiée par M. V. Cucheval; 4e édition. 2 vol.

Ouvrage couronné par l'Académie française.

Voir *Cucheval*.

Berger (Eug.) : *Le vicomte de Mirabeau*, Mirabeau-Tonneau (1754-1792). 1 vol.

Berger (G.) : *L'école française de peinture*, depuis ses origines jusqu'à la fin du règne de Louis XIV. 1 vol.

Berlioz (H.) : Voir *Tiersot*.

Bersot : *Mesmer, le magnétisme animal, les tables tournantes et les esprits*; 5e édition. 1 vol.

— *Un moraliste*, études et pensées, précédées d'une notice biographique par Edmond Scherer et d'une photographie de M. Bersot; 5e édition. 1 vol.

Bertrand, de l'Académie française : *Éloges académiques*. 2 vol.

Bertrand (L.), professeur de rhétorique au lycée d'Alger : *La fin du classicisme et le retour à l'antique* dans la seconde moitié du XVIIIe siècle et dans les premières années du XIXe en France. 1 vol.

Binet (Alf.), directeur adjoint du laboratoire de Psychologie des Hautes-Etudes à la Sorbonne : *Psychologie des grands calculateurs et joueurs d'échecs*. 1 vol.

Boissier, de l'Académie française : *Cicéron et ses amis*; 13e édition. 1 vol.

— *La religion romaine d'Auguste aux Antonins*; 6e édition. 2 vol.

— *Promenades archéologiques* : *Rome et Pompéi*; 8e édit. 1 vol.

— *Nouvelles Promenades archéologiques : Horace et Virgile*; 5e édition. 1 vol.

— *L'Afrique romaine*. Promenades archéologiques en Algérie et en Tunisie. 3e édition. 1 vol.

Boissier (suite) : *L'opposition sous les Césars*; 5e éd. 1 vol.

— *La fin du paganisme*; 5e édition. 1 vol.

— *Tacite*. 2e édition. 1 vol.

— *La Conjuration de Catilina*. 1 vol.

Bonet-Maury (G.) : *Le Congrès des religions à Chicago* (1893). 1 vol.

— *L'Islamisme et le Christianisme en Afrique*. 1 vol.

— *France, Christianisme et civilisation*. 1 vol.

Bossert (A.), inspecteur général honoraire de l'instruction publique : *La littérature allemande au moyen âge et les origines de l'épopée germanique*; 3e édition. 1 vol.

— *Gœthe et Schiller*; 5e édit. 1 vol.

— *Gœthe, ses précurseurs et ses contemporains*; 4e édition. 1 vol.

— *La légende chevaleresque de Tristan et Iseult*. Essai de littérature comparée. 1 vol.

— *Schopenhauer*, l'homme et le philosophe. 1 vol.

Ouvrage couronné par l'Académie française.

— *Essais sur la littérature allemande*. 1 vol.

Bouché-Leclercq, membre de l'Institut : *Leçons d'histoire grecque*. 1 vol.

Bouillier, de l'Institut : *L'Institut et les Académies de province*. 1 vol.

— *Nouvelles Etudes familières de psychologie et de morale*. 1 vol.

— *Questions de morale pratique*. 1 vol.

Bourdeau (J.) : *Poètes et humoristes d'Allemagne*. 1 vol.

Bourgain : *Un moraliste éducateur* (Octave Gréard). 1 vol.

Bréal (M.), de l'Institut : *Quelques mots sur l'instruction publique en France*; 5e édition. 1 vol.

— *Essai de Sémantique*, science des significations. 3e édition, revue. 1 vol.

— *Pour mieux connaître Homère*. 1 vol.

Brédif (L.), recteur honoraire de l'Académie de Besançon : *L'éloquence politique en Grèce; Démosthène*; 2e édition. 1 vol.

Brunet (Louis), député de La Réunion : *La France à Madagascar* (1815-1895); 2e édition. 1 vol.

Brunetière, de l'Académie française: *Etudes critiques sur l'histoire de la littérature française.* 8 vol.

Ouvrage couronné par l'Académie française.

1re *série* : La littérature française au moyen âge. — Pascal. — Mme de Sévigné. — Molière. — Racine. — Montesquieu. — Voltaire. — La littérature française sous le premier Empire; 5e édition. 1 vol.

2e *série* : Les Précieuses. — Bossuet et Fénelon. — Massillon. — Marivaux. — La direction de la librairie sous Malesherbes. — Galiani. — Diderot. — Le théâtre de la Révolution; 6e édition. 1 vol.

3e *série* : Descartes. — Pascal. — Le Sage. — Marivaux. — Prévost. — Voltaire et Rousseau. — Classiques et romantiques; 5e édition. 1 vol.

4e *série* : Alexandre Hardy. — Le roman français au XVIIe siècle. — Pascal. — Jansénistes et Cartésiens. — La philosophie de Molière. — Montesquieu. — Voltaire. — Rousseau. — Les romans de Mme de Staël; 4e édition. 1 vol.

5e *série* : La réforme de Malherbe et l'évolution des genres. — La philosophie de Bossuet. — La critique de Bayle. — La formation de l'idée de progrès. — Le caractère essentiel de la littérature française. 4e édition. 1 vol.

6e *série* : La doctrine évolutive et l'Histoire de la littérature. — Les fabliaux du moyen âge et l'origine des contes. — Un précurseur de la pléiade : Maurice Scève. — Corneille. — L'esthétique de Boileau. — Bossuet. — Les Mémoires d'un homme heureux. — Classique ou romantique? André Chénier. — Le cosmopolitisme et la littérature nationale. 1 vol.

7e *série* : Un épisope de la vie de Ronsard. — Vaugelas et la theorie de l'usage. — Jean de la Fontaine. — La langue de Molière. La Bibliothèque de Bossuet. — L'évolution d'un genre : La tragédie d'évolution d'un poète : Victor Hugo : La littérature européenne au XIXe siècle. — Appendice. 1 vol.

8e *série* : Une nouvelle édition de Montaigne. — La maladie du burlesque. — Les époques de la comédie de Molière. — L'éloquence de Bourdaloue. — L'Orient dans la littérature française. — Les transformations de la langue française au XVIIIe siècle. — Joseph de Maistre et son livre du « Pape ». 1 vol.

— *L'évolution des genres dans l'histoire de la littérature.* Tome 1er : Introduction. Evolution de la critique depuis la Renaissance jusqu'à nos jours; 3e édition. 1 vol.

Brunetière (suite) : *L'évolution de la poésie lyrique en France au* XIXe *siècle*; 2e édition. 2 vol.

— *Les époques du théâtre français* (1636-1850). (*Conférences de l'Odéon.*) 5e édition, revue et corrigée. 1 vol.

— *Victor Hugo*, leçons faites par les élèves de l'Ecole normale supérieure. 2 vol.

Busquet (Ch.) : *Le poème des heures.* 1 vol.

Busquet Pagnerre (Mme) : *Pour ceux qui pleurent.* 1 vol.

Byron (Lord) : *Œuvres complètes*, traduites de l'angl. par Benjamin Laroche. 4 vol., qui se vend. sépar. :

I. *Childe-Harold.* 1 vol. — II. *Poèmes.* 1 vol. — III. *Drames.* 1 vol. — IV. *Don Juan.* 1 vol.

Cabart-Danneville, sénateur : *La défense de nos côtes.* 1 vol.

Caro (E.), de l'Académie française : *L'idée de Dieu et ses nouveaux critiques*; 10e édition. 1 vol.

Ouvrage couronné par l'Académie française.

— *Le matérialisme et la science*; 6e édition. 1 vol.

— *Mélanges et portraits.* 2 vol.

— *Poètes et romanciers.* 1 vol.

— *Philosophie et philosophes.* 1 vol.

Carrau (L.), ancien maître de conférences à la Faculté des lettres de Paris : *Etude sur la théorie de l'évolution* aux points de vue psychologique, religieux et moral. 1 vol.

Cervantes : *Don Quichotte*, traduit de l'espagnol par M. L. Viardot. 2 vol.

Charmes (F.), membre de l'Institut : *Etudes historiques et diplomatiques.* 1 vol.

Chateaubriand : *Le génie du christianisme.* 1 vol.

— *Les martyrs et le dernier des Abencerages.* 1 vol.

— *Atala; René; les Natchez.* 1 vol.

Voir *Giraud.*

Chavanon (I.) et **G. Saint-Yves** : *Joachim Murat* (1767-1815). 1 vol.

Ouvrage couronné par l'Académie des sciences morales et politiques.

Chefs-d'œuvre des littératures étrangères (Traduction des). Voir : *Byron, Cervantes, Dante, Ossian, Shakespeare.*

Chefs-d'œuvre de la littérature grecque (Traduction des). Voir : *Anthologie grecque, Aristophane, Diodore de Sicile, Eschyle, Euripide, Hérodote, Homère, Lucien, Plutarque, Sophocle, Thucydide, Xénophon.*

Chefs-d'œuvre de la littérature latine (Traduction des). Voir : *Juvénal et Perse, Lucrèce, Plaute, Sénèque, Tacite, Tite-Live, Virgile.*

Chevrillon (A.), agrégé de lettres, chargé de cours à la Faculté des lettres de Lille : *Dans l'Inde.* 1 vol.

— *Sydney-Smith* et la renaissance des idées libérales en Angleterre au XIXe siècle. 1 vol.

Ouvrages couronnés par l'Académie française.

— *Terres mortes*, Thébaïde, Judée. 1 vol.

— *Études anglaises.* 1 vol.

— *Sanctuaires et paysages d'Asie.* 1 vol.

— *Un crépuscule d'Islam*, le Maroc. 1 vol.

Colson : *Les chemins de fer et le budget.* 1 vol.

Compayré, inspecteur général de l'Instruction publique : *Histoire critique des doctrines de l'éducation en France depuis le* XVIe *siècle* ; 7e édit. 2 vol.

Ouvrage couronné par l'Académie française et par l'Académie des sciences morales et politiques.

— *Études sur l'enseignement et sur l'éducation.* 2e édition. 1 vol.

Cottin (P.) et **Hénault** : *Mémoires du sergent Bourgogne* ; 4e édition. 1 vol.

Coubertin : *L'éducation anglaise en France.* 1 vol.

— *Universités transatlantiques.* 1 vol.

— *Notes sur l'éducation publique.* 1 vol.

Coynart (Ch. de) : *Une sorcière au* XVIIIe *siècle : Marie-Anne de la Ville* (1680-1725). 1 vol.

— *Les malheurs d'une grande dame sous Louis XV.* 1 vol.

— *Une petite nièce de Lauzun.* 1 vol.

Cruppi (Jean) : *Un avocat journaliste au* XVIIIe *siècle : Linguet.* 1 vol.

Cucheval (V.), professeur honoraire au lycée Condorcet : *Histoire de l'éloquence latine depuis la mort de Cicéron jusqu'à l'avènement d'Hadrien* (43 avant J.-C., 117 après J.-C.). 2 vol.

Ouvrage couronné par l'Académie française.

Voir *Berger.*

Dante : *La divine comédie*, traduction P. A. Fiorentino ; 13e édition. 1 vol.

Daudet (E.) : *Histoire des conspirations royalistes du Midi sous la Révolution* (1790-1793). 1 vol. avec 2 cartes.

— *Le roman d'un conventionnel.* Hérault de Séchelles et les Damse de Bellegarde. 1 vol.

— *La Terreur blanche*, épisodes et souvenirs (1815). 1 vol.

Dehérain (H.) : *Études sur l'Afrique.* Soudan oriental, Éthiopie, Afrique équatoriale, Afrique du sud. 1 vol. avec 11 cartes.

Ouvrage couronné par l'Académie française.

— *L'expansion des Boers au XIXe siècle.* 1 vol. avec huit cartes.

Deltour, ancien inspecteur général de l'instruction publique : *Les ennemis de Racine au* XVIIe *siècle* ; 5e édition. 1 vol.

Ouvrage couronné par l'Académie française.

Deschanel (E.), ancien professeur au Collège de France : *Études sur Aristophane* ; 3e édition. 1 vol.

Dieulafoy (Marcel), de l'Institut : *Le roi David.* 1 vol.

Diodore de Sicile : *Bibliothèque historique*, traduite et annotée par M. F. Hœfer. 4 vol.

Doniol (H.) : *La Basse-Auvergne*, sol, population, personnages, description. 1 vol.

Douady (J.), professeur à l'École navale : *Vie de William Hazlitt* l'essayiste. 1 vol.

Du Camp (M.), de l'Académie française : *Paris, ses organes, ses fonctions, sa vie* ; 9e édit. 6 vol.

— *Les convulsions de Paris* ; 8e édition. 4 vol.

— *La charité privée à Paris* ; 5e édition. 1 vol.

— *La Croix rouge de France*, société de secours aux blessés militaires de terre et de mer. 1 vol.

— *Le crépuscule* ; 2e édition. 1 vol.

Dugard : *La Société américaine*; 2e édition. 1 vol.
Ouvrage couronné par l'Académie française.

Duruy (A.) : *L'instruction publique et la démocratie* (1879-1886). 1 vol.

Duruy (V.), de l'Académie française : *Introduction générale à l'histoire de France*; 4e édition. 1 vol.

Eschyle : *Les tragédies*, traduction française par M. Ad. Bouillet. 1 vol.

Esmein (A.), de l'Institut : *Gouverneur Morris*, un témoin américain de la Révolution française. 1 vol.

Estournelles de Constant (Baron d') : *La vie de province en Grèce*. 1 vol.

Euripide : *Théâtre et fragments*, traduction française par Hinstin. 2 vol.

Expansion (l') de la France et la diplomatie. Hier, aujourd'hui. 1 vol.

Fabre (J.) *Washington*, libérateur de l'Amérique. 1 vol.

Fage (René) : *Vers les steppes et les oasis*. Algérie, Tunisie. 1 vol.

Figuier (L.) : *Histoire du merveilleux dans les temps modernes*; 3e édition. 2 volumes.
Les prophètes protestants. 1 vol.
Le magnétisme animal. 1 vol.

— *Le lendemain de la mort* ou La vie future selon la science; 11e édition. 1 vol.

— *Vies des savants illustres de l'antiquité*; 2e édition. 2 vol.

Filon (A.) : *Mérimée et ses amis*. 1 vol.

— *La caricature en Angleterre*. 1 vol.

Fleury (Comte) : *Les Drames de l'histoire*. Mesdames de France pendant l'émigration, Madame de Lavalette, Gaspar Hauser. 1 vol.

Fouillée, membre de l'Institut : *La philosophie de Platon*; 2e édition. 4 vol.
Tome I : Théorie des idées et de l'amour (*épuisé*.)
Tome II : Esthétique, morale et religion platonicienne.
Tome III : Histoire du platonisme et de ses rapports avec le christianisme.
Tome IV : Essais de philosophie platonicienne.

— *L'enseignement au point de vue national*. 1 vol.

— *L'idée moderne du droit*. 5e édition. 1 vol.

— *La science sociale contemporaine*; 5e édition. 1 vol.

Franck (Ad.), de l'Institut : *Essais de critique philosophique*. 1 vol.

— *Nouveaux essais de critique philosophique*. 1 vol.

Funck-Brentano : *Légendes et archives de la Bastille*, avec préface par M. V. Sardou; 7e édition. 1 vol.

— *Le drame des poisons*; 7e édition. 1 vol.

— *L'affaire du collier*, d'après de nouveaux documents. 6e édit. 1 vol.

— *La mort de la reine*, les suites de l'affaire du Collier, d'après de nouveaux documents recueillis en partie par A. Bégis. 4e édition. 1 vol.

— *Les nouvellistes*, avec la collaboration de M. Paul d'Estrée; 2e édition. 1 vol.

Fustel de Coulanges, de l'Institut : *La cité antique*; 19e édition. 1 vol.
Ouvrage couronné par l'Académie française.

Garnier (Ad.) : *Traité des facultés de l'âme*; 4e édition. 3 vol.
Ouvrage couronné par l'Académie française.

Gaultier (P.), professeur de philosophie au collège Stanislas : *Le rire et la caricature*. 2e édit. 1 vol. avec 16 planches hors texte.
Ouvrage couronné par l'Académie française.

— *Le sens de l'art*. Sa nature, son rôle, sa valeur. 2e édit. 1 vol. avec 16 planches hors texte.

Gauthiez (P.) : *L'Italie du XVIe siècle*. — *L'Arétin* (1492-1556). 1 vol.

Gautier (E.) : *L'année scientifique et industrielle* de L. Figuier. 1901 à 1906. 6 vol.

Gebhart (E.), de l'Académie française : *L'Italie mystique*, histoire de la Renaissance religieuse au moyen âge; 5e édition. 1 vol.

— *Moines et papes*; 4e édition. 1 vol.

— *Au son des Cloches*, contes et légendes; 4e édition. 1 vol.

— *Conteurs florentins du moyen âge*. 3e édition. 1 vol.

— *D'Ulysse à Panurge*, contes héroï-comiques. 2e édition. 1 vol.

Geoffroy Saint-Hilaire (Etienne) : *Lettres écrites d'Egypte* recueillies et publiées avec une préface par M. E.-T. Hamy, de l'Institut. 1 vol.

— *Livres et questions d'aujourd'hui*. 1 vol.

Girard (J.), de l'Institut : *Études sur la poésie grecque*. 1 vol.

Giraud (Victor), professeur à l'Université de Fribourg : *Essai sur Taine*. 1 vol.
Ouvrage couronné par l'Académie française.

— *Chateaubriand*, études littéraires. 1 vol.

Glachant (P. et V.) *Papiers d'autrefois*. 1 vol.
Ouvrage couronné par l'Académie française.

— *Essai critique sur le théâtre de Victor Hugo*. 2 vol.

Glotz (G.), professeur d'histoire au lycée Louis-le-Grand : *Études sociales et juridiques sur l'antiquité grecque*. 1 vol.

Goumy (E.) : *Les latins* (Plaute et Térence — Cicéron — Lucrèce — Catulle — César — Salluste — Virgile — Horace). 1 vol.

Grandeau (L.), directeur de la station agronomique de l'Est : *Etudes agronomiques*. 4 volumes, qui se vendent séparément.

Gréard (O.), de l'Académie française : *De la morale de Plutarque*; 6e édition. 1 vol.
Ouvrage couronné par l'Académie française.

— *L'éducation des femmes par les femmes*. Etudes et portraits; 6e édit. 1 vol.

— *Éducation et instruction*; 4 vol. :
Enseignement primaire; 4e édit. 1 vol.
Enseignement secondaire; 2e édit. 2 vol.
Enseignement supérieur; 2e édit. 1 vol.
Chaque ouvrage se vend séparément.

— *Edmond Schérer*; 2e édit. 1 vol.

— *Prévost-Paradol*. Étude suivie d'un choix de lettres; 2e édit. 1 vol.

Guiraud (P.), ancien professeur à la Faculté des lettres de Paris : *Fustel de Coulanges*. 1 vol.

— *Études économiques sur l'antiquité*. 1 vol.

Guizot (F.) : *Le duc de Broglie*. 1 vol.

— *Lettres de M. Guizot à sa famille et à ses amis*, recueillies par Mme de Witt, née Guizot; 2e édit. 1 vol.

— *Les années de retraite de M. Guizot*. lettres à M. et Mme Lenormant. 1 vol.

Guizot (Guillaume) : *Montaigne*, études et fragments. 1 vol.

Hauréau (B.), de l'Institut : *Bernard Délicieux et l'inquisition albigeoise* (1300-1320). 1 vol.

Hayem (J.) : *Quelques réformes dans les écoles primaires*. 1 vol.

Henry (Victor) : *Les littératures de l'Inde*. 1 vol.

Hérodote : *Histoires*, traduction française avec notes par P. Giguet; 7e édit. 1 vol.

Hervé (E.) : *La crise irlandaise depuis la fin du XVIIIe siècle jusqu'à nos jours*. 1 vol.

Hinstin (G.), : *Chefs-d'œuvre des orateurs attiques*, traduction nouvelle. 1 vol.

Homère : *Œuvres complètes*, traduction française par P. Giguet; 15e édition. 1 vol.

Hübner (Comte de) : *Promenade autour du monde* (1871) : 8e édition. 2 vol.

— *Sixte-Quint d'après des correspondances diplomatiques inédites*; 2e édition. 2 vol.

Ideville (H. d') : *Journal d'un diplomate en Allemagne et en Grèce* (Dresde, Athènes, 1867-1868); 2e édition. 1 vol.

Imbart de la Tour : *Questions d'histoire sociale et religieuse*. Epoque féodale. 1 vol.

Jacqmin (F.) : *Les chemins de fer pendant la guerre de 1870-1871*; 2e édition. 1 vol.

Joly (H.), de l'Institut : *Psychologie des grands hommes*. 1 vol.

— *Psychologie comparée : l'homme et l'animal*; 4e édition. 1 vol.
Ouvrage couronné par l'Académie des sciences morales et politiques.

— *Le socialisme chrétien*. 1 vol.

Jouffroy (Th.) : *Cours de droit naturel*; 5e édition. 2 vol.

— *Mélanges philosophiques*; 6e édition. 1 vol.

Juglar (L.). docteur ès lettres : *Le style dans les arts et sa signification historique*. 1 vol.
Ouvrage couronné par l'Académie française.

Jullian (C.), professeur au Collège de France : *Vercingétorix*, avec 7 cartes et plans. 3e édit. 1 vol.
Ouvrage couronné par l'Académie française.

Jung (Eug.), ancien vice-résident de France en Indo-Chine : *Les puissances devant la révolte arabe*. 1 vol.

Jusserand (J.) : *Les Anglais au moyen âge* : 2 vol.

La vie nomade en Angleterre et les routes d'Angleterre au XIVe siècle. 1 vol.

Ouvrage couronné par l'Académie française.

L'épopée mystique de William Langland. 1 vol.

Juvénal et Perse : *Œuvres*, suivies des Fragments de Lucilius, de Turnus et de Sulpicia. Traduction publiée avec les imitations et des notices par E. Despois. 1 vol.

Kergomard (Mme) : *L'éducation maternelle dans l'école*; 3e édition. 2 vol.

Kovalewsky (Sophie) : *Souvenirs d'enfance*, écrits par elle-même, traduits du suédois, et suivis de sa biographie, par Mme A.-Ch. Leffler, duchesse de Cajanello. 1 vol.

Kropotkine (Pierre) : *L'Entr'aide, un facteur de l'évolution*, trad. de l'anglais. 1 volt

Lafoscade (L.), professeur agrégé au lycée de Lille : *Le théâtre d'Alfred de Musset*. 1 vol.

Lamartine : *Œuvres*, 22 vol.

Premières méditations poétiques. 1 v.
Nouvelles méditations. 1 vol.
Harmonies poétiques. 1 vol.
Recueillements poétiques. 1 vol.
Jocelyn. 1 vol.
La chute d'un ange. 1 vol.
Voyage en Orient. 2 vol.
Confidences. 1 vol.
Nouvelles confidences. 1 vol.
Lectures pour tous. 1 vol.
Le manuscrit de ma mère. 1 vol.
Histoire des Girondins. 6 vol.
Correspondance (1807-1852). 4 vol.
Chaque ouvrage se vend séparément.

Langlois (Ch.), professeur à la Faculté des lettres de Paris : *Questions d'histoire et d'enseignement*. 2 vol.

Ouvrage couronné par l'Académie française.

— *La société française au XIIIe siècle*, d'après dix romans d'aventures. 1 vol.

Langlois (Ch.) **et Seignobos**, professeurs à la Faculté des lettres de Paris : *Introduction aux études historiques*. 1 vol.

Lapauze (H.) : *Mélanges sur l'art français*. 1 vol.

Larchey (Lorédan) : *Les cahiers du capitaine Coignet* (1799-1815), publiés d'après le manuscrit original; nouvelle édition. 1 vol.

Larroumet (G.), membre de l'Institut : *La comédie de Molière*; 6e édition. 1 vol.

— *Etudes d'histoire et de critique dramatiques*. 1 vol.

— *Nouvelles études d'histoire et de critique dramatiques*. 1 vol.

— *Etudes de littérature et d'art*. 2 vol.

— *Marivaux*, sa vie et ses œuvres; 2e édition. 1 vol.

— *L'art et l'état en France*. 1 vol.

— *Petits portraits et notes d'art*. 2 vol.

— *Derniers portraits*. 1 vol.

— *Etudes et critiques dramatiques*. 2 vol.

La Sizeranne (Robert de) : *La peinture anglaise contemporaine*; ses origines préraphaélites, ses maîtres actuels, ses caractéristiques. 3e édition. 1 vol.

— *Ruskin et la religion de la beauté*; 6e édition. 1 vol. avec 2 portraits.

— *Le miroir de la vie*, essais sur l'évolution esthétique, avec 34 gravures. 1 vol.

— *Les Questions esthétiques contemporaines*. 1 vol.

Latreille (C.) : *Joseph de Maistre et la Papauté*. 1 vol.

Laugel (A.) : *Études scientifiques*. 1 v.

— *L'Angleterre politique et sociale*. 1 vol.

La Vaulx (Cte de) : *Seize mille kilomètres en ballon*. 1 vol.

Laveleye (E. de) : *Études et essais*. 1 v.

— *La Prusse et l'Autriche depuis Sadowa*. 2 vol.

Lavisse (E.), de l'Académie française : *Études sur l'histoire de Prusse*; 4e édit. 1 vol.

— *Essais sur l'Allemagne impériale*; 2e édition. 1 vol.

Lavollée (Ch.) : *Essais de littérature et d'histoire*. 1 vol.

Le Breton (A.) : *Le roman au XVIIe siècle*. 1 vol.

Ouvrage couronné par l'Académie française.

Leger (Louis), de l'Institut : *Russes et Slaves*, études politiques et littéraires. 3 vol.

1re série : Les Slaves et la civilisation. — Formation de la nationalité russe. — Les débuts de la littérature russe. — La femme et la société russe au XVIe siècle, etc. 1 vol. (*épuisée.*)
2e série : Le développement intellectuel de la Russie. — La comédie russe au XVIIIe siècle : Von Vizine. — Les premières années de Catherine II. — En Bohême, notes de voyage. 1 vol.
3e *série* : Un précurseur : Radistchev. — Les Russes en France. — Le Cesarevitch en Orient. — L'enseignement du Russe. — Adam Mickiewicz. — Mickiewicz et Pouchkine. — La littérature tchèque. 1 vol.

— *Le monde slave, études politiques et littéraires.* 2 vol.

— *Souvenir d'un Slavophile.* 1 vol.

Lehugeur (A.) : *La chanson de Roland*, traduite en vers modernes, avec le texte ancien en regard. 1 vol.

Lemonnier (H.), professeur à l'École des Beaux-Arts : *L'art français au temps de Richelieu et de Mazarin.* 1 vol.

Ouvrage couronné par l'Académie française.

Lenient, ancien professeur honoraire à la Faculté des lettres de Paris : *La satire en France au moyen âge*; 4e édition. 1 vol.

Ouvrage couronné par l'Académie française.

— *La satire en France*, ou la littérature militante au XVIe siècle; 3e édition. 2 vol.

— *La poésie patriotique en France au moyen âge.* 1 vol.

— *La poésie patriotique en France dans les temps modernes*, du XVIe au XIXe siècle. 2 vol.

— *La comédie en France au* XVIIIe *et au* XIXe *siècles.* 4 vol.

Lenthéric : *La région du Bas-Rhône.* 1 vol.

Leroy-Beaulieu (A.), de l'Institut : *Un homme d'État russe* (Nicolas Milutine), d'après sa correspondance écrite. Étude sur la Russie et la Pologne pendant le règne d'Alexandre II (1855-1872). 1 vol.

Lévy (Raphaël-Georges) : *Mélanges financiers.* 1 vol.

Lévy-Bruhl : *L'Allemagne depuis Leibniz* (Essai sur le développement de la conscience nationale en Allemagne, 1700-1848). 1 vol.

Lichtenberger (E.), professeur à la Faculté des lettres de Paris : *Étude sur les poésies lyriques de Gœthe*; 2e édition. 1 vol.

Ouvrage couronné par l'Académie française.

Liégeard (S.) : *Au caprice de la plume* (Études — Fantaisies — Critique). 1 vol.

— *Rêves et combats.* 1 vol.

Loir (Maurice) et de **Cacqueray**, lieutenants de vaisseau : *La marine et le progrès.* 1 vol.

Luce (S.), de l'Institut : *Jeanne d'Arc à Domremy*; 2e édition. 1 vol.

— *La France pendant la guerre de Cent Ans*, épisodes historiques et vie privée aux XIVe et XVe siècles; 2e édition. 2 vol.

Luchaire (A.), de l'Institut : *Innocent III, Rome et l'Italie.* 1 vol.

— *Innocent III, la Croisade des Albigeois.* 1 vol.

— *Innocent III, la Papauté et l'Empire.* 1 vol.

Lucien : *Œuvres complètes*, traduction française par M. Talbot; 5e édition. 2 vol.

Lucrèce : *De la nature*, traduction française par M. Patin; 2e édition. 1 vol.

Malherbe : *Œuvres poétiques*, réimprimées pour le texte sur l'édition publiée par M. Lud. Lalanne dans la collection des *Grands Écrivains de la France.* 1 vol.

Cette édition ne comprend pas les notes.

Manuel (Eugène) : *Mélanges en prose.* 1 vol.

Maréchal (H.) : *Rome, souvenirs d'un musicien.* 1 vol.

Ouvrage couronné par l'Académie française.

— *Paris. Souvenirs d'un musicien* (185.-1870). 1 vol.

Martha (C.), de l'Institut : *Les moralistes sous l'empire romain*; 7e édition. 1 vol.

Ouvrage couronné par l'Académie française.

Martha (suite) : *Le poème de Lucrèce*; 6e édition. 1 vol.
Ouvrage couronné par l'Académie française.

— *Études morales sur l'antiquité*; 3e édition. 1 vol.

— *La délicatesse dans l'art*; 3e édition. 1 vol.

Martinenche (E.), docteur ès lettres. *La comédie espagnole en France de Hardy à Racine*. 1 vol.

— *Propos d'Espagne*. 1 vol.

— *Molière et le théâtre espagnol*. 1 vol.

Masson : *La sorcellerie et la science des poisons*. 1 vol.

Maurel : *Petites villes d'Italie, Toscane, Venesie*. 1 vol.

Méline (Jules) : *Le retour à la Terre et la surproduction industrielle*. 1 v.

Merlant (J.) : *Le roman personnel de Rousseau à Fromentin*. 1 vol.

Mézières (A.), de l'Académie française : *Shakespeare, ses œuvres et ses critiques*; 6e édition. 1 vol.

— *Prédécesseurs et contemporains de Shakespeare*; 4e édition. 1 vol.

— *Contemporains et successeurs de Shakespeare*; 4e édition. 1 vol.
Ces trois ouvrages ont été couronnés par l'Académie française.

— *Hors de France* : Italie, Espagne, Angleterre, Grèce moderne; 2e édition. 1 vol.

— *Vie de Mirabeau*. 1 vol.

— *Gœthe*, les œuvres expliquées par la vie (1795-1832). 2 vol.

— *Pétrarque*. Etude d'après de nouveaux documents. 3e édition. 1 vol.
Ouvrage couronné par l'Académie française.

— *Morts et vivants*. 1 vol.

— *Au temps passé*. 1 vol.

— *Silhouettes de soldats*. 1 vol.

— *Hommes et femmes de jadis*. 1 vol.

Michel (Émile), de l'Institut : *Études sur l'histoire de l'art* (Diego Velazquez; les débuts du paysage dans l'école flamande; Claude Lorrain; les arts à la cour de Frédéric II). 1 vol.

Michel (Henri) : *Le Quarantième Fauteuil*. 1 vol.

— *Notes sur l'enseignement secondaire*. 1 vol.

— *Propos de morale*. 3 vol.

Michelet (J.) : *L'insecte*; 13e édition. 1 vol.

— *L'oiseau*; 19e édition. 1 vol.

Millet (R.) : *La France provinciale*. Vie sociale. — Mœurs administratives. 1 vol.

Mismer (Ch.) : *Souvenirs d'un dragon de l'armée de Crimée*. 1 vol.

— *Souvenirs de la Martinique et du Mexique*. 1 vol.

— *Souvenirs du monde musulman*. 1 vol.

Monod (Bernard) : *Le moine Guibert et son temps* (1053-1124). 1 vol.

Monod (G.), de l'Institut : *Jules Michelet*, sa vie et ses œuvres. 1 vol.

Montégut (E.) : *L'Angleterre et ses colonies australes*; 2e édition. 1 vol.

— *Types littéraires et fantaisies esthétiques*. 1 vol.

— *Essais sur la littérature anglaise*. 1 vol.

— *Les écrivains modernes de l'Angleterre*. 3 vol.
1re série (Epuisée).
2e série : Mistress Gaskell. — Mistress Browning. — George Borrow. — Alfred Tennyson. 1 vol.
3e série : Anthony Trollope. — Miss Yonge. — Charles Kingsley. — Les souvenirs d'un écolier anglais. — Conybeare : un plaidoyer anglican contre l'incrédulité. 1 vol.

— *Livres et âmes des pays d'Orient*. 1 vol.

— *Choses du Nord et du Midi*. 1 vol.

— *Mélanges critiques* (Victor Hugo — Edgar Quinet — Michelet — Edmond About). 1 vol.

— *Libres opinions morales et politiques*; 2e édition. 1 vol.

— *Dramaturges et romanciers*. 1 vol.

— *Heures de lecture d'un critique*. 1 vol.

— *Esquisses littéraires*. 1 vol.
Voir *Shakespeare*.

Moreau-Vauthier : *Gérome*, peintre et sculpteur, l'homme et l'artiste 1 vol. avec portraits.

Moüy (Comte de) : *Discours sur l'histoire de France*. 1 vol.

Nisard, de l'Académie française : *Etudes de mœurs et de critique sur les poètes latins de la décadence*; 5e édition. 2 vol.

Noblemaire (S.) : *En congé* (Egypte, Ceylan, Sud de l'Inde). 3e édit. 1 vol.

— *Aux Indes* (Madras, Nizam, Cashmire, Bengale). 2e édit. 1 vol.

Nourrisson (J.), de l'Institut : *Les Pères de l'Eglise latine*, leur vie, leurs écrits, leur temps. 2 vol.

Paris (G.), de l'Académie française : *La poésie du moyen âge*, leçons et lectures. 2 vol.

1re série : Les origines de la littérature française ; La chanson de Roland; Le pèlerinage de Charlemagne; L'ange et l'ermite; L'art d'aimer ; Paulin Paris et la littérature au moyen âge. 3e édition. 1 vol.

2e série : La littérature française du XIIe siècle; L'esprit normand en Angleterre ; Les contes orientaux dans la littérature française au moyen âge; La légende du mari aux deux femmes; La parabole des trois anneaux ; Siger de Brabant; La littérature française au XIVe siècle; La poésie française au XVe siècle. 1 vol.

— *Légendes du moyen-âge.* 2e éd. 1 vol.

Roncevaux. — Le Paradis de la Reine Sibylle. — La Légende du Tannhäuser. — Le Juif Errant. — Le Lai de l'Oiselet.

— *La littérature française au moyen âge*; 3e édition revue. 1 vol.

Pâtin : *Études sur les tragiques grecs*; 8e édition. Trois parties qui se vendent séparément :

Études sur Eschyle. 1 vol.
Études sur Sophocle. 1 vol.
Études sur Euripide. 2 vol.

— *Études sur la poésie latine*; 3e édition. 2 vol.

— *Discours et mélanges littéraires.* 1 vol.

Voir *Lucrèce.*

Pellat (S.) : *L'éducation aidée par la graphologie.* 1 vol.

Pellissier : *Le mouvement littéraire au XIXe siècle*; 7e édition. 1 vol.

Ouvrage couronné par l'Académie française.

Picot (G.), de l'Institut : *La réforme judiciaire en France.* 1 vol.

— *Histoire des États généraux*; 2e édition. 5 vol.

Ouvrage qui a obtenu en 1874 le grand prix Gobert.

Plaute : *Les comédies*, traduction française par M. Sommer. 2 vol.

Plutarque : *Les vies des hommes illustres*, traduction française par M. Talbot. 4 vol.

— *Œuvres morales et œuvres diverses*, traduction française par M. Bétolaud. 5 vol.

Ouvrage couronné par l'Académie française.

Pomairols (Ch. de) : *Lamartine.* Étude de morale et d'esthétique. 1 vol.

Ouvrage couronné par l'Académie française.

Prévost-Paradol : *Études sur les moralistes français*; 8e édition. 1 vol.

— *Essai sur l'histoire universelle*; 5e édition. 2 vol.

Quinet (Edgar). *Œuvres complètes.* 30 vol.

Génie des religions. 6e édition. 1 vol.
Les Jésuites. — L'ultramontanisme. 11e édition. 1 vol.
Le christianisme et la révolution française. 6e édition. 1 vol.
Les révolutions d'Italie. 5e édition. 2 vol.
Marnix de Sainte-Aldegonde. — Philosophie de l'histoire de France. 4e édition. 1 vol.
Les Roumains. — Allemagne et Italie. 3e édition. 1 vol.
Premiers travaux : Introduction à la philosophie de l'histoire. — Essai sur Herder. — Examen de la vie de Jésus. — Origine des dieux. — L'Eglise de Brou. 3e édition. 1 vol.
La Grèce moderne. — Histoire de la poésie. 3e édition. 1 vol.
Mes vacances en Espagne. 5e édit. 1 vol.
Ahasvérus. — Tablettes du Juif errant. 5e édition. 1 vol.
Prométhée. — Les esclaves. 4e édit. 1 v.
Napoléon (poème). (*Epuisé.*) 1 vol.
L'Enseignement du peuple. — Œuvres politiques avant l'exil. 8e édition. 1 vol.
Histoire de mes idées (Autobiographie). 4e édition. 1 vol.
Merlin l'Enchanteur. 2e édition. 2 vol.
La révolution. 10e édition. 3 vol.
Campagne de 1815. 7e édition. 1 vol.
La Création. 3e édition. 2 vol.
Le Livre de l'exilé. — La révolution religieuse au XIXe siècle. — Œuvres politiques pendant l'exil. 2e édit. 1 vol.
Le siège de Paris. — Œuvres politiques après l'exil. 2e édition. 1 vol.
La République. — Conditions de régénération de la France. 2e édition. 1 vol.
L'esprit nouveau. 5e édition. 1 vol.
Le génie grec. 1re édition. 1 vol.
Correspondance. — Lettres à sa mère. 2 vol.

Chaque ouvrage se vend séparément.

— *Extraits de ses œuvres.* 1 vol.

Ralston : *Contes populaires de la Russie.* 1 vol.

Rey (Guido) : *Le Mont Cervin.* 1 vol.

Ricardou, docteur ès lettres, professeur au lycée Charlemagne : *La critique littéraire*, étude philos. 1 v.

Richter (J.-P.) : *Œuvres diverses.* Etude et traduction française par M. Emile Rousse. 1 vol.

Rigal (E.), prof. à la Faculté des lettres de Montpellier : *Le Théâtre français avant la période classique.* 1 vol.

Ritter (Eug.), doyen de la faculté des lettres de Genève : *La famille et la jeunesse de J.-J. Rousseau*. 1 vol.
Ouvrage couronné par l'Académie française.

Rochard (Dr Jules) : *Questions d'hygiène sociale*. 1 vol.

Robiquet (P.) : *Histoire et Droit*. 2 vol.

Rosebery (Lord) : *Napoléon*; la dernière phase. 4e édition. 1 vol.

Rousset (C.), de l'Académie française : *Histoire de la guerre de Crimée*; 2e édition. 2 vol.

Ruinat de Gournier : *Un amour de philosophe*, Bernardin de Saint-Pierre et Félicité Didot. 1 vol. avec 8 grav.

Saint-Simon (Duc de) : *Mémoires*, publiés par MM. Chéruel et Ad. Regnier fils et collationnés de nouveau pour cette édition sur le manuscrit autographe. 22 vol.
Le tome XXI contient le Supplément, publié par M. de Boislisle, et le tome XXII, la Table alphabétique des Mémoires, rédigée par M. Paul Guérin.

— *Scènes et portraits*, choisis dans les Mémoires, par M. de Lanneau; 5e édition. 2 vol.

Sainte-Beuve : *Port-Royal*; 6e édition, revue et augmentée. 7 vol.

Saintine (X.) : *Picciola*; 54e édition. 1 vol.

Schneider (R.), agrégé des lettres : *L'Ombrie*, l'âme des cités et des paysages. 1 vol.
Ouvrage couronné par l'Académie française.

— *Rome*, complexité et harmonie. 1 vol.

Schrœder (V.), professeur au lycée Carnot : *L'abbé Prévost*, sa vie et ses romans. 1 vol.

Sénèque le Philosophe : *Œuvres complètes*, traduction française par M. J. Baillard. 2 vol.

Shakespeare : *Œuvres complètes*, traduites de l'anglais par M. E. Montégut. 10 volumes, qui se vendent séparément.
Ouvrage couronné par l'Académie française.
Les tomes I, II et III comprennent les comédies; les tomes IV, V et VI, les tragédies; les tomes VII, VIII et IX, les drames; le tome X, *Cymbeline*, les poèmes, les petits poèmes et les sonnets.

Sigwalt (Ch.), professeur au lycée Michelet : *De l'enseignement des langues vivantes*. 1 vol.

Simon (Jules), de l'Académie française : *La liberté politique*; 5e édit. 1 vol.

— *La liberté civile*; 5e édition. 1 vol.

— *Le devoir*; 17e édition. 1 vol.
Ouvrage couronné par l'Académie française.

Simonin (L.) : *Les ports de la Grande-Bretagne*. 1 vol.

Sophocle : *Tragédies*, traduites en français par M. Bellaguet. 1 vol.

Souriau (P.), professeur à la Faculté des lettres de Nancy : *L'imagination de l'artiste*. 1 vol.

Spencer (Herbert) : *Faits et Commentaires*, trad. de l'anglais. 1 vol.

Spuller (E.) : *Au ministère de l'instruction publique*. Discours, allocutions, circulaires. 2 vol.
1re série (1887). 1 vol.
2e série (1893-1894). 1 vol.

— *Lamennais*. 1 vol.

Staël (Mme de) : *Lettres inédites à Henri Meister*, publiées par MM. P. Usteri et Eug. Ritter. 1 vol.

Stapfer (P.), doyen honoraire de la Faculté des lettres de Bordeaux : *Molière et Shakespeare*; 4e édition. 1 vol.
Ouvrage couronné par l'Académie française.

— *La famille et les amis de Montaigne*. Causeries autour du sujet. 1 vol.

Tacite : *Œuvres complètes*, traduites en français par J.-L. Burnouf. 1 vol.

Taine (H.), de l'Académie française : *Essai sur Tite-Live*; 7e édit. 1 v.
Ouvrage couronné par l'Académie française.

— *Essais de critique et d'histoire*; 9e édition. 1 vol.

— *Nouveaux Essais de critique et d'histoire*; 7e édition. 1 vol.

— *Derniers Essais de critique et d'histoire*. 3e édition. 1 vol.

— *Histoire de la littérature anglaise*; 11e édition. 5 vol.

— *La Fontaine et ses fables*; 16e édition. 1 vol.

— *Les philosophes classiques du XIXe siècle en France*; 8e éd. 1 vol.

Taine (H.) (suite) : *Voyage aux Pyrénées*; 16e édition. 1 vol.

— *Notes sur l'Angleterre*; 12e édition. 1 vol.

— *Notes sur Paris : vie et opinions de Frédéric-Thomas Graindorge*; 15e édition. 1 vol.

— *Carnets de voyage*, notes sur la province (1863-1865). 1 vol.

— *Un séjour en France de 1792 à 1795*, Lettres d'un témoin de la Révolution française. Traduit de l'anglais; 5e édition. 1 vol.

— *Voyage en Italie*; 12e édit. 2 vol., qui se vendent séparément :

Tome I. *Naples et Rome.*
Tome II. *Florence et Venise.*

— *De l'intelligence*; 10e édition. 2 vol.

— *Philosophie de l'art*; 11e édit. 2 vol.

— *Les Origines de la France contemporaine*; 25e édition. 11 vol. :

L'Ancien régime. 2 vol.
La Révolution. 6 vol. : *L'Anarchie*. 2 vol. — *La Conquête jacobine*. 2 vol. — *Le Gouvernement révolutionnaire*. 2 vol.
Le Régime moderne. 3 vol.

— *Table analytique*. 1 fr.

— *Sa vie, sa correspondance*. 4 vol.

Texte (Joseph), docteur ès lettres, professeur à la Faculté des lettres de Lyon : *Jean-Jacques Rousseau et les origines du cosmopolitisme littéraire*. Etude sur les relations littéraires de la France et de l'Angleterre au XVIIIe siècle. 1 vol.

Ouvrage couronné par l'Académie française.

Thamin (R.), recteur de l'Académie de Bordeaux : *Un problème moral dans l'antiquité*; étude de casuistique stoïcienne. 1 vol.

Ouvrage couronné par l'Académie des sciences morales et politiques.

Thomas (Emile), professeur à la Faculté des lettres de Lille : *Rome et l'empire aux deux premiers siècles de notre ère*. 1 vol.

Thucydide : *Histoire de la guerre du Péloponèse*, traduction française par M. Bétant. 1 vol.

Tiersot (S.) : *Hector Berlioz et la société de son temps*. 1 vol.

Ouvrage couronné par l'Académie française.

Tite-Live : *Histoire romaine*, traduction française par M. Gaucher, professeur au lycée Condorcet. 4 vol.

Tréverret (De), professeur à la Faculté des lettres de Bordeaux : *L'Italie au XVIe siècle*, études littéraires, morales et politiques. 2 vol.

1re série (Machiavel — Castiglione — Sannazar). 1 vol.
2e série (L'Arioste — Guichardin). 1 vol.

Valbert : *Hommes et choses d'Allemagne*. 1 vol.

— *Hommes et choses du temps présent*. 1 vol.

Varigny (De) : *L'Océan Pacifique*. 1 vol.

— *Les grandes fortunes aux États-Unis et en Angleterre*. 1 vol.

Vignon (L.) : *L'exploitation de notre empire colonial*. 1 vol.

Ville-Hardouin : *Histoire de la conquête de Constantinople*. Texte rapproché du français moderne et mis à la portée de tous par M. Natalis de Wailly. 1 vol.

Villetard de Laguérie : *Trois mois avec le Maréchal Oyama*. 1 vol.

Virgile : *Œuvres complètes*, traduction française par M. Cabaret-Dupaty. 1 vol.

Waddington (Ch.), de l'Institut : *La philosophie ancienne et la critique*. 1 vol.

Wallon, de l'Institut : *Vie de N.-S. Jésus-Christ, selon la concordance des quatre évangélistes*; 3e édit. 1 vol.

— *La Terreur*, études critiques sur l'histoire de la Révolution française; 2e édition. 2 vol.

— *Jeanne d'Arc*; 7e édition. 2 vol.

Ouvrage qui a obtenu de l'Académie française le grand prix Gobert.

— *Eloges académiques*. 2 vol.

Weil (H.), de l'Institut. *Études sur le drame antique*. 1 vol.

— *Étude sur l'antiquité grecque*. 1 v.

Xénophon : *Œuvres complètes*, traduction française par M. Talbot; 5e édition. 2 vol.

Zurlinden (Général) : *La guerre de 1870-1871*; 3e édition. 1 vol.

Coulommiers. — Imp. Paul BRODARD. — 5-07-1605.

France, 2ᵉ édit.

COMPAYRÉ

Études sur ... l'éducation

COUBERTIN (P. de)

l'éducation publique

L'éducation ...

Universités ...

DURUY (A.)

FOUILLÉE (A.)

www.ingramcontent.com/pod-product-compliance
Ingram Content Group UK Ltd.
Pitfield, Milton Keynes, MK11 3LW, UK
UKHW031830260826
14628UKWH00001B/312

9 782011 766878